INVESTIMENTOS EM SÃO TOMÉ E PRÍNCIPE:
LEGISLAÇÃO BÁSICA

KILUANGE TINY
RUTE MARTINS SANTOS
N'GUNU TINY

INVESTIMENTOS EM SÃO TOMÉ E PRÍNCIPE:

LEGISLAÇÃO BÁSICA

INVESTIMENTOS EM SÃO TOMÉ E PRÍNCIPE: LEGISLAÇÃO BÁSICA

AUTORES
KILUANGE TINY
RUTE MARTINS SANTOS
N'GUNU TINY

EDITOR
EDIÇÕES ALMEDINA, SA
Rua da Estrela, n.º 6
3000-161 Coimbra
Tel.: 239 851 904
Fax: 239 851 901
www.almedina.net
editora@almedina.net

EXECUÇÃO GRÁFICA
G.C. – GRÁFICA DE COIMBRA, LDA.
Palheira – Assafarge
3001-453 Coimbra
producao@graficadecoimbra.pt

Janeiro, 2006

DEPÓSITO LEGAL
236408/05

Toda a reprodução desta obra, por fotocópia ou outro qualquer processo, sem prévia autorização escrita do Editor, é ilícita e passível de procedimento judicial contra o infractor.

ÍNDICE

PREFÁCIO 7

INTRODUÇÃO 11

CONSTITUIÇÃO POLÍTICA DA REPÚBLICA DEMOCRÁTICA DE SÃO TOMÉ E PRÍNCIPE
(Lei n.º 1/2003, de 29 de Janeiro) 27

LEI-QUADRO DA REFORMA DE EMPRESAS DO ESTADO
(Lei n.º 14/92, de 15 de Outubro) 35

QUADRO JURÍDICO INSTITUCIONAL REGULADOR DA PROPRIEDADE FUNDIÁRIA DO ESTADO
(Lei n.º 3/91, de 31 de Julho) 53

CÓDIGO DE INVESTIMENTOS
(Lei n.º 13/92, de 15 de Outubro).. 69

REGULAMENTO PARA CONTROLO DOS BENEFÍCIOS FISCAIS
(Decreto-lei n.º 74/95, de 31 de Dezembro).................................. 103

REGIME GERAL DO EXERCÍCIO DO COMÉRCIO
(Decreto n.º 7/2004, de 30 de Junho).. 125

LEI DAS INSTITUIÇÕES FINANCEIRAS
(Lei n.º 9/92, de 3 de Agosto) 139

CONDIÇÕES DE ACESSO E DE EXERCÍCIO DA ACTIVIDADE SEGURADORA
(Decreto-lei n.º 47/98, de 31 de Dezembro)................................. 157

REGIME FRANCO
(Decreto-lei n.º 61/95, de 31 de Dezembro)................................. 213

CÓDIGO DAS ACTIVIDADES FRANCA E OFFSHORE
(Decreto n.º 33/98, de 10 de Novembro)....................................... 225

REGIME DAS SOCIEDADES ANÓNIMAS OFFSHORE
(Decreto-lei n.º 70/95, de 31 de Dezembro).. 281

REGIME DOS BANCOS OFFSHORE
(Decreto-lei n.º 62/95, de 31 de Dezembro)... 299

GABINETE DE MATRÍCULA DE ACTIVIDADES OFFSHORE
(Despacho do Ministro do Comércio, Indústria e Turismo) 309

LEI DA PROPRIEDADE INDUSTRIAL
(Lei n.º 4/2001, de 31 de Dezembro) 311

REGULAMENTO DA PROPRIEDADE INDUSTRIAL
(Decreto n.º 6/2004, de 30 de Junho) 333

LEI DAS TELECOMUNICAÇÕES
(Lei n.º 3/2004, de 2 de Julho) 351

LEI-QUADRO DA ACTIVIDADE PETROLÍFERA
(Lei n.º 4/2000, de 23 de Agosto) 373

CONSELHO NACIONAL DO PETRÓLEO
(Decreto-lei n.º 3/2004, de 18 de Junho).. 417

AGÊNCIA NACIONAL DO PETRÓLEO DE SÃO TOMÉ E PRÍNCIPE
(Decreto-lei n.º 5/2004, de 30 de Junho).. 421

LEI-QUADRO DAS RECEITAS PETROLÍFERAS
(Lei n.º 8/2004, de 30 de Dezembro) 433

PREFÁCIO

Não são apenas reflexões quanto ao Direito positivo em vigor nos Países Africanos de Língua Oficial Portuguesa aquilo que nos faz falta. Há também enormes dificuldades de acesso aos diplomas e outros materiais que possam servir de fundamento a tais estudos. Nalguns casos – designadamente os dos países africanos lusófonos em que funcionam Faculdades de Direito (Angola e Moçambique são os exemplos de eleição) – são por via de regra produzidas colectâneas que visam suprir esta carência. Nos outros, não, apesar de, também nisso, Cabo Verde se mostrar atípico, demonstrando um muito bem-vindo vigor em garantir a publicação, fora dos muros académicos, de muita da sua produção legislativa.

Infelizmente, São Tomé e Príncipe (tal como, aliás, se bem que decerto por razões diferentes, a Guiné-Bissau) tem estado na cauda dessa "publicitação". Perdem com isso os santomenses, como com tanto se sentem frustrados todos aqueles que possam querer beneficiar de um melhor acesso e conhecimento aos quadros normativos jurídico-legais existentes.

É certo que, no caso de São Tomé e Príncipe, virtualmente toda a produção jurídica pós-colonial até 1989 foi coligida e publicada no ano de 2000, com o apoio financeiro e logístico da ajuda pública portuguesa ao desenvolvimento – numa edição em cinco grandes volumes paga pelo então chamado Instituto da Cooperação Portuguesa. Desde aí, contudo, pouco tem sido feito em termos de garantir uma fácil acessibilidade ao Direito estadual santomense em vigor. O resultado (agravado pela irregularidade na impressão e distribuição da série única do Diário da República do arquipélago) tem causado algum embaraço e desconforto interno e externo.

Colectâneas como a que agora temos o gosto e a honra de prefaciar têm sido raras. E, como o mostra um segundo de reflexão, muito nas circunstâncias actuais de São Tomé e Príncipe as torna cada vez mais urgentes, e designadamente aqueles esforços que visem coligir tudo o que que vigora e que tem vindo a ser produzido e promulgado no que diz respeito *à área económica. Estudos sísmicos têm sido levados a cabo na Zona Económica Exclusiva santomense, bem como na Zona de Exploração Conjunta que São Tomé e Príncipe partilha com a Nigéria, na convicção, por todos partilhada, de que venham a ser encontradas reservas petrolíferas substanciais, tanto na plataforma insular como, a mais alta profundidade, nos fundos marinhos ao seu redor. Concessões de "blocos" têm sido objecto de licitações internacionais, e entidades jurídico-administrativas criadas, tais como Agência Nacional do Petróleo e o Conselho Nacional do Petróleo, e Comissões Conjuntas bilaterais (com a Nigéria). A União Africana foi erigida; o NEPAD instituído. A instabilidade política nacional e regional aumentaram. O Código de Investimentos santomense (datado de 1992) carece de revisões e ajustes, face à expectativa de uma intensificação e de um adensamento de investimentos estrangeiros, directos e indirectos, no país. Nada disto é despiciendo, contra o pano de fundo das alterações jurídico-económicas estruturais de conjunto (mas nem sempre concluídas) soletradas por uma transição democrática como aquela de que São Tomé e Príncipe beneficiou em inícios dos anos 90 do século passado. Como o não são as ramificações variadas em que, no plano dos enquadramentos normativos, as profundas mudanças em curso – tanto as mais como as menos recentes – inevitavelmente se repercutem.*

Oxalá a presente edição preencha um papel de peso para uma melhor fruição de um futuro que se advinha tão eivado de esperança como de dificuldades para o magnífico arquipélago de São Tomé e Príncipe e para as suas gentes, a que tantos laços históricos e emocionais nos unem. É em momentos difíceis de transição como o vivido na presente conjuntura que edificações jurídicas como as aqui coligidas são chamadas a preencher funções mais nobres. O timing *do que ora se publica, em todo o caso, dificilmente podia ser melhor.*

Escusado será seguramente sublinhar o cuidado, o rigor e a preocupação com exaustividade manifestados pelo Dr. Kiluange Noronha Tiny, pela Dra. Rute Martins Santos e pelo Dr. N'Gunu Tiny. Tudo o que importava coligir nesta área genérica fundamental aqui está publicado de forma acessível e muitíssimo bem sistematizada. A introdução, redigida pelos autores, disponibiliza com rica atenção ao pormenor enquadramentos vários – desde o rastreio da dinâmica patente entre o Direito, desenvolvimento e Estado, até aos desafios que São Tomé e Príncipe terá de enfrentar neste início de século – ultrapassando de longe o que seria tão-somente imprescindível para uma colectânea deste tipo: trata-se de um texto científico que vale por si só e fá-lo de maneira exemplar.

Mais do que uma simples colecção de diplomas de utilidade prática, a presente obra levanta assim alto uma fasquia que havia que erguer e que importa saber manter, num contexto editorial em que, infelizmente, a publicação de colectâneas jurídicas redunda em pouco mais do que expedientes económico-académicos instrumentais sem quaisquer valores científicos acrescentados. É por isso também de saudar uma publicação que, para além de útil, merece com toda a justiça constar da bibliografia curricular dos seus três organizadores.

Professor Doutor ARMANDO MARQUES GUEDES

INTRODUÇÃO

O DIREITO COMO INSTRUMENTO DE DESENVOLVIMENTO ECONÓMICO

Direito e desenvolvimento

Direito e desenvolvimento andam de mãos dadas. Tal relação tem vindo a ser constantemente ensinada nas faculdades e objecto de incontáveis estudos, relatórios, livros e conferências. O renovado interesse por esta relação entre Direito e desenvolvimento tem oferecido respostas às questões políticas que se prendem com as alternativas das escolhas distributivas e modos de regulação económica. Durante muito tempo entendeu-se que a lei, ou na vulgarmente conhecida expressão saxónica a *rule of law*, podia constituir ela mesma o centro da estratégia do desenvolvimento económico e social, em alternativa às complexas políticas desse desenvolvimento, acreditando-se quase ingenuamente que bastava assegurar a publicação de uma lei para que o desenvolvimento estivesse encaminhado. Hoje, porém, após variadas experiências, nomeadamente na América do Sul, reconhece-se que os regimes legais resultam do debate (senão mesmo de contestação) sobre as escolhas estratégicas e não são o único elemento (para não dizer determinante) na implementação das soluções adoptadas. Neste sentido, o compósito resultante das leis e dos regime legais (o Direito) incorporarão as políticas de desenvolvimento e são adaptadas em conformidade com as condições políticas, sociais e culturais específicas da comunidade destinatária dessas políticas, servindo-se como instrumento de implementação.

Assim, nas sociedades modernas, o Direito tem vindo progressivamente a ser conceptualizado como instrumento normativo de desenvolvimento económico-social. Essa conceptualização não é alheia à relação entre o papel desempenhado pelo Estado e o desenvolvimento dos países. Daí resultando que as políticas de desenvolvimento económico-social sejam hoje concebidas *pari passu* com as necessárias reformas legislativas e judiciais. Essa necessidade de conjugação do quadro normativo dos países com vista ao seu desenvolvimento, conduziu ao re-equacionamento do papel do Estado e do lugar das instituições no processo de desenvolvimento também por parte das instituições internacionais de apoio ao desenvolvimento. Dois exemplos bastarão para ilustrar essa preocupação. No Banco Mundial, criou-se um departamento jurídico que se ocupa, *inter alia*, com questões relacionadas com Direito e desenvolvimento. Também o Fundo Monetário Internacional (FMI), para dar um outro exemplo, introduziu, como um dos novos elementos da sua política de condicionalismos às ajudas ao desenvolvimento, a reforma do sistema judiciário e do pacote legislativo dos países em vias de desenvolvimento. Assiste-se, pois, a uma generalizada preocupação com processos de racionalização da vida colectiva, através do Direito, conduzido por um harmonioso e participativo processo de exercício de cidadania; isto é, a uma acomodação dos problemas globais a luz das necessidades e respostas locais: as políticas de desenvolvimento são enquadradas em macro-referências globais conformadas à luz das preocupações jurídicas, económicas, políticas e sociais de cada realidade social.

Esta articulação intrínseca entre Direito e desenvolvimento encontra-se ancorada no papel do Estado, no seu modo de actuação e na eficácia da sua actuação. Igualmente, o Estado de Direito funda-se no respeito pela norma jurídica, norma essa tomada como parâmetro causal da acção do Estado, bem como de controlo e sanção (coerciva) dos actos (indevidamente) praticados por todos os agentes sociais e o próprio Estado. Essa vinculação torna-se mais intensa em relação ao Estado visto que, em respeito do princípio da legalidade, o Estado está também obrigado (e mais do que obrigado, condicionado) pelas normas que cria, colocando-se numa posição de sujeição ao seu próprio Direito e do Direito resultante da comunidade maior dos Estados e nações de que faz parte, isto é, da commummente designada por comunidade internacional.

O Direito como arena de debate e conformação de direitos, expectativas e obrigações ou deveres, apresenta-se então como mediador entre as escolhas da teoria económica e a opção política concreta, traduzindo-se tantas vezes em compromissos programáticos de acomodação dos interesses sociais. Contudo, a atenção dada ao Direito e ao seu complexo de direitos subjectivos e instituições não pode deixar de lado outros aspectos, económicos e sociais, do desenvolvimento. Podemos afirmar que existe uma tensão dinâmica entre o Direito e o desenvolvimento.

Do ponto de vista jurídico, é com base na confiança de um quadro de actuação pré-existente e que permita uma previsibilidade da acção do Estado e dos agentes económicos e sociais que os investidores avaliam a capacidade e a predisposição do Estado e dos demais agentes sociais honrarem os compromissos que mutuamente assumem. Ao actuar de acordo com o Direito, o Estado transmite um indicador importante para a credibilidade, que se torna vital para obtenção de financiamento público (interno ou externo), para a avaliação do clima de investimentos (públicos e privados) e para o grau de confiança no retorno dos empréstimos concedidos e dos investimentos realizados. Quando actua fora dos quadros enformadores do Direito, o Estado degrada-se em considerações alheias à legalidade, ao processo racional de escolhas e acomodações mútuas, distanciando-se daquilo que os investidores e os parceiros sociais para o desenvolvimento podem razoavelmente prever e, desse modo, pautar as suas condutas. Quando assim acontece, esses agentes deixam de ter confiança no cumprimento dos compromissos do Estado, deixam de contar com garantias de que os compromissos assumidos sejam cumpridos e, em consequência, esses agentes, nacionais ou estrangeiros, tenderão a não investir nesse Estado. Neste contexto, o Estado ao invés de um papel de promotor e garante, torna-se um obstáculo aos projectos de desenvolvimento e investimento no país.

Da perspectiva económica, as soluções resultam de considerações do pensamento económico baseados, muitas vezes, em modelos abstractos e em práticas de outros países. Os instrumentos económicos utilizados podem, por isso, conduzir a hipóteses teóricas e ideológicas contraditórias, por vezes geradoras de tensões políticas e sociais redutoras do espaço para os necessários consensos. O Direito é frequentemente chamado a mediar esta tensão dialéctica que tanto pode resultar das escolhas económicas possíveis, como dos próprios interesses conflituantes.

A estratégia de desenvolvimento requer um exame cuidado das políticas distributivas que possam resultar também dos diversos sistemas legais, devendo-se, tanto quanto possível, avaliar o impacto da escolha da solução jurídica na própria estratégia. Ou seja, as diferentes escolhas estratégicas/programáticas podem elas mesmas conduzir a diferentes soluções jurídicas. E cada solução jurídica pode traduzir impactos não negligenciáveis que apelam a um constante movimento de fluxo e refluxo entre o Direito e o desenvolvimento, num processo de constante avaliação, comparação e escolha de resultados, tendo em conta os aspectos sociais, políticos e económicos da estratégia.

A construção dos sistemas jurídicos, do Direito, envolve a utilização de um poder que conforma comportamentos e impõe escolhas que implicam, num ou noutro sentido, políticas distributivas de desenvolvimento. É do resultado do debate democrático e enquadrado em regras consensuais de decisão que os diversos interesses acomodam mutuamente os caminhos escolhidos, bem como as soluções legitimadas pela escolha e nos termos dessas regras. Ou seja, o Direito é o terreno de discussão e acomodação das políticas de desenvolvimento, actuando como complemento e instrumento de concretização, mas não como substituto dessas políticas.

Definindo o papel do Estado

É relativamente pacífica a ideia de que o Estado, mesmo nas economias liberais de mercado, desempenha um significativo papel na economia, tanto promovendo e garantindo as condições de desenvolvimento político, social e económico, como pelo contrário, actuando como um obstáculo a esse desenvolvimento, quando se demite das suas funções essenciais ou não implementa as melhores práticas para desempenhar essas funções. O importante da discussão voltou-se não para saber se o Estado deve ou não participar na economia, mas sim sobre que papel deve o Estado assumir como agente ou parceiro para o desenvolvimento económico.

No desempenho eficaz desse papel, a generalidade dos desenvolvimentistas reconhece a necessidade de dar especial atenção ao reforço institucional do Estado. Ora, institucionalizar o Estado é dotá-lo de mecanismos que lhe permitam actuar de forma legítima, previsível e eficaz. Isto é, trata-se de dotar o Estado de mecanismos que, por um lado, lhe permitam desempenhar o seu papel e, por outro lado, aumentar a confiança dos particulares na capacidade do Estado fazer cumprir a lei.

Consequentemente, e como questão prévia, é necessário efectuar um exercício de (re)definição das funções do Estado e dos meios de que dispõe para concretizar a prestação dos bens que a colectividade política espera do Estado. De acordo com o Relatório *The State in a Changing World*, do Banco Mundial, ao Estado competem cinco tarefas essenciais, com vista ao desenvolvimento económico-social da comunidade política, a saber: i) estabelecer o primado da lei; ii) manter um quadro político e macro-económico estável; iii) investir em serviços sociais básicos e infra-estruturas; iv) proteger as camadas sociais vulneráveis; e v) proteger o ambiente.

Não é indiferente estabelecer-se o primado da lei como a tarefa mais fundamental de todas. Com efeito, o estabelecimento do primado da lei e do Direito surge no topo das prioridades, porque é através da lei e do Direito que se reconhecem os instrumentos jurídicos necessários e se define o quadro estrutural de legitimação da actuação do Estado. Também é o Direito que constitui o pilar de legitimação para outros dois mecanismos, hodiernamente, considerados essenciais ao Estado para o bom desempenho das suas funções: a Boa Governação e o Reforço da Capacidade do Estado. Com efeito, assegurar o primado da lei trata-se de uma tarefa essencial, por três motivos que sumariamente enunciaremos:

Em primeiro lugar, o primado da lei como fundamento e legitimação da actuação do Estado. O Estado só pode actuar por respeito a um quadro legitimador. Esse quadro, quando assumido em leis geralmente conhecidas e resultante do debate democrático, permite que o Estado esteja legitimado para actuar dentro das tarefas que os cidadãos o cometeram.

Em segundo lugar, a lei e o Direito como limite da actuação do Estado. Esse primado da lei e do Direito significa que o Estado não poderá exercer o seu *jus imperi* de forma arbitrária. Antes pelo contrário, deverá pautar essa actuação pelos limites que ele próprio impôs a si e aos privados através da lei. Com base no princípio da legalidade, a actuação do Estado também pode ser escrutinada tanto pelos destinatários da norma (os parceiros sociais), como pelos tribunais, que em última instância julgarão, também com *jus imperi,* se esses limites foram ou não respeitados.

Em terceiro lugar, a lei como instrumento de garantia dos particulares (e, no caso particular de países em vias de desenvolvimento, como alicerce no quadro das relações internacionais). A previsibilidade de comportamentos possibilita aos agentes anteverem o que é (ou não) permitido e serve de incentivo à criação de um quadro de confiança, que permite aos privados acreditar que o Estado garante os seus direitos. Como já se disse, essa garantia permite-lhes, por um lado, antecipar os seus comportamentos em relação ao Estado, e, por outro lado, avaliar a capacidade do Estado preservar os interesses e patrimónios públicos.

Ou seja, um Estado que procura promover o desenvolvimento tem pois de agir legitimamente, dentro dos limites que ele próprio se impôs, de modo a não atropelar as funções que lhe foram cometidas e, pela sua acção, servir como garante da actuação dos demais actores do processo. Isto é, trata-se, no fundo de (re)inventar o quadro legitimador, actuante e garantístico do Estado, de modo a prosseguir não só as suas próprias funções enquanto prestador de bens públicos essenciais e regulador da economia, mas também como garante do cumprimento das relações jurídicas privadas e entre os privados e a administração estatal.

A Constituição Política da República de São Tomé e Príncipe contém algumas normas relativas ao modelo económico do Estado adoptado pelo legislador constituinte, cuja referência, ainda que breve, nos afigura pertinente. O artigo 9.º da Constituição constitui o núcleo central da Constituição Económica de São Tomé e Príncipe. A norma reza o seguinte:

«Artigo 9.º
Estado de economia mista

1. A organização económica de São Tomé e Príncipe assenta no princípio de economia mista, tendo em vista a independência nacional, o desenvolvimento e a justiça social.

2. É garantida, nos termos da lei, a coexistência da propriedade pública, da propriedade cooperativa e da propriedade privada de meios de produção.»

A norma é clara. Os objectivos do modelo económico adoptado pelo Estado santomense visam a independência nacional (hoje já garantida) e sobretudo o desenvolvimento económico e a justiça social. Na óptica do legislador constituinte, o desenvolvimento económico deve contribuir para a promoção de um Estado mais justo e socialmente equitativo. Por outro lado, por economia mista deve ser igualmente entendida a coexistência da propriedade pública, cooperativa (Artigo 45.º) e privada (Artigo 47.º). Convém, porém, usando os cânones da interpretação jurídica, dilucidar este articulado constitucional. A expressão "Estado de economia mista" deve ser alvo de uma interpretação actualista. É este, aliás, o espírito seguido pelo legislador ordinário ao materializar o modelo económico adoptado pelo Artigo 9.º da Constituição. Por conseguinte, deve ser hoje entendido que São Tomé e Príncipe adopta o modelo da economia de mercado, com fortes preocupações ao nível da justiça social. Economia de mercado, porém, não deve ser confundida com sociedade de mercado. Uma economia que segue as leis do mercado bem como a sua internacionalização, mas uma sociedade onde o Estado reserva o seu direito de intervenção em áreas sensíveis como a educação, saúde, segurança social, habitação, a esfera laboral, e a regulação geral da economia. Em suma a numa palavra: o desenvolvimento económico, na óptica do legislador constituinte, deve ser equilibrado com o objectivo da justiça social.

Boa governação e reforço da capacidade do Estado

O mero exercício de elaboração de leis não é suficiente para que o Direito seja colocado ao serviço da comunidade e do desenvolvimento. A esse respeito é essencial fazer corresponder o papel do Estado com as suas capacidades. Ou seja, em primeiro lugar deve definir-se o que o Estado pode e o que deve fazer, para em segundo lugar se definir como é que o Estado deve actuar e quais os mecanismos que tem ao seu dispor.

Uma boa parte do sucesso ou insucesso da actuação do Estado passa, por isso, por implementar medidas de boa governação, isto é, pela adopção de práticas que permitam um processo de tomada de decisões enformado por considerações ético-finalistas, visando a aplicação e gestão dos recursos de modo a responder às necessidades colectivas através de mecanismos, processos, relações e instituições mediante os quais os cidadãos e os grupos sociais articulam os seus interesses. Em complemento ao método, são (ou devem ser) implementados os meios de reforço da capacidade do Estado, que consistem na criação de novas instituições ou reforço das instituições estatais existentes com o objectivo de apetrechar o Estado dos meios necessários ao exercício eficaz das suas funções.

Isto é, o sucesso da actuação do Estado reside na harmonia entre, por um lado, a definição concreta do papel do Estado e, por outro lado, os mecanismos de concretização, reforço e consolidação dessa ideia fundamental de Estado. Com vista a esse fim, o aperfeiçoamento do aparelho (administrativo, empresarial, judicial e político), isto é, o reforço do factor institucional do Estado, é um factor crítico da boa governação e um veículo indutor de criação do clima de confiança para implementação de práticas que conduzam ao desenvolvimento social e económico.

Tendo por base a (re)definição do papel do Estado, o relatório da *Economic Comission for Africa Striving for Good Governance in Africa*, da Comissão das Nações Unidas para África, apresenta dez áreas essenciais para o reforço do Estado no continente africano: i) reforço do parlamento; ii) aprofundamento das reformas legais e judicias de protecção dos direitos de propriedade e assegurar a liberdade dos tribunais; iii) melhoria da gestão do sector público; iv) melhoria do fornecimento de bens públicos; v) remoção dos obstáculos à iniciativa empresarial; vi) recurso às tecnologias de informação e comunicação para reforço da governação; vii) incentivo à criação e consolidação de uma comunicação social responsável; viii) promoção do desenvolvimento e do cumprimento dos contratos; xi) garantia de que os parceiros mantêm os seus compromissos; x) combate ao HIV/SIDA.

O peso do Estado na economia e no Produto Interno Bruto qualificam-no como parceiro indispensável, mas não exclusivo no processo de desenvolvimento do país. Porém, para que a sua participação seja eficaz, necessário também se torna (re)organizar o modo como o Estado fornece bens, actua enquanto contraparte em contratos com os privados ou garante das condições para que o sector privado e sociedade civil funcionem eficazmente.

Esse processo de (re)definição do papel do Estado implica igualmente a adopção de mecanismos adequados à prossecução desse papel, devendo, como nos ensina Francis Fukuyama, criar-se um equilíbrio óptimo entre o âmbito das funções do Estado e a correspondente capacidade para o Estado garantir a efectivação dessas funções. Neste âmbito do processo de (re)definição do papel do Estado e respectiva capacitação deve ser reservado um lugar de destaque especial à sociedade civil, como elemento de diálogo, de controlo e de pressão sobre o Estado no caminho do desenvolvimento.

Ao destacarmos a sociedade civil, queremos sublinhar que o processo de definição das funções do Estado e da sua actuação, deve convocar à participação do mais amplo espectro de actores e interesses sociais, numa constante dialéctica de mútua acomodação dos interesses em causa e actuando como um poder fora do poder consubstanciado numa rede de permanente diálogo e concertação, que a coloca na posição de agente de vigilância, de impulso e responsabilização dos poderes públicos.

Os desafios de São Tomé e Príncipe

Os desafios político-económicos de São Tomé e Príncipe neste início de século são inúmeros. Atrevemo-nos a apresentar aqui uma enumeração meramente exemplificativa: i) obtenção do perdão da dívida externa – que se encontra entre uma das maiores dívidas *per capita* do mundo; ii) atracção de investimento privado nacional e estrangeiro; iii) criação e promoção de uma classe empresarial nacional; iv) estruturação da economia nacional face aos desafios da exploração do petróleo; v) concretização das actividades francas e offshore; vi) integração económica num dos diversos blocos regionais do continente africano; e vii) integração no comércio internacional, através do acesso ao estatuto de membro da Organização Mundial do Comércio.

A estes objectivos correspondem um ou vários diplomas legislativos aprovados pelas autoridades santomenses, nomeadamente ao longo da última década. Os objectivos desta proliferação legislativa foram os mais variados. Permitimo-nos uma breve ilustração em três pontos cardinais:

O primeiro objectivo é de carácter nacional: o de publicitar de forma acessível, compreensível, transparente e universal os instrumentos normativos que incorporam as políticas de desenvolvimento económico-social.

Em segundo lugar, um objectivo de protecção. Protecção dos operadores económicos, nomeadamente ao recortar e definir os seus direitos, deveres e obrigações; protecção das expectativas e interesses legítimos dos investidores privados; protecção dos interesses legítimos do Estado e do povo santomense.

Em terceiro e último lugar, apontamos o objectivo de credibilização, um Estado que procura tornar credível as suas políticas e escolhas sociais aos olhos não só dos seus cidadãos, mas também dos operadores económicos e igualmente da comunidade internacional.

Nesse período a elaboração das leis do regime franco, das telecomunicações e da propriedade industrial, só para dar alguns exemplos, demonstravam cabalmente estas preocupações. Mais recentemente, a publicação da Lei-quadro das Receitas Petrolíferas é o exemplo mais ilustrativo destas preocupações.

O sentir geral de expectativa nas potencialidades da exploração do petróleo veio recolocar a São Tomé e Príncipe o debate do papel do Estado como promotor do desenvolvimento económico do Estado. A recente Lei-quadro das Receitas Petrolíferas surgiu dessa necessidade de afirmar a vontade do Estado santomense de assumir-se como verdadeiro promotor do desenvolvimento, distribuindo os benefícios resultantes dessa actividade extractiva, criando ou reforçando os mecanismos de eficiência do Estado, agindo como prestador e garante. Esses propósitos não deixaram de constar da própria lei que consagra como um dos objectivos/princípios orientadores da lei o reforço da eficiência e eficácia da Administração do Estado, reconhecendo que essa é uma condição essencial – citando a própria lei – «para que tais receitas possam potenciar o progresso e o desenvolvimento económico e social sustentado de São Tomé e Príncipe.»

No que concerne à criação de um ambiente favorável ao investimento, seja na actividade petrolífera seja em outras indústrias conexas ou independentes dela, será preciso que São Tomé e Príncipe actue no sentido geral da modernização dos regimes jurídicos enformadores do quadro do investimento privado e público. Com efeito, a coluna vertebral da legislação santomense foi pensada e implementada no período colonial, sendo alguma dessa legislação datada no século XIX e outra de meados do século XX. Este enquadramento legislativo, ainda vigente, já não dá resposta cabal às relações jurídicas necessárias no momento histórico da globalização do conhecimento, do investimento e do próprio Direito.

Face às exigências do mundo de informatização, caracterizado pela desmaterialização do investimento e pela rápida deslocação de capitais e recursos humanos, no qual o investidor quer ganhar tempo e competitividade em relação aos termos que são oferecidos em outros ordenamentos jurídicos, os regimes ordenadores devem funcionar como facilitadores, reduzindo os obstáculos à iniciativa privada e simultaneamente oferecer garantias de segurança e tutela jurídicas dos direitos das partes. Neste início de século, um ordenamento de difícil compreensão e burocrático gera processos demorados, que conduzem a uma crescente ineficiência, pesando como desincentivo na balança das decisões de investimento.

No que acabámos de dizer, encaixam-se tanto os regimes do direito privado que regulam as relações de natureza civil e comercial, como os regimes de direito público do qual depende a organização das instituições e, em grande medida, dos mecanismos de garantia, de eficiência e de regulação económicas.

Neste sentido, não dispensamos fazer um breve sobrevoo sobre as medidas legislativas e administrativas que a nosso ver deverão ser revistas e as medidas que deverão ser adoptadas de modo a estimular um melhor ambiente de investimentos, sem contudo esquecer a defesa do mercado e dos consumidores.

Assim, no que diz respeito a medidas de reforma legislativa, pensamos que não poderá ser evitada a actualização e modernização do quadro legislativo vigente, adaptando os respectivos regimes jurídicos às necessidades do comércio actual, nomeadamente nos seguintes aspectos: actividade das sociedades comerciais; falência e insolvência de empresas; concessão de alvarás e licenças para o exercício do comércio e indústria; regime de empreitadas de obras públicas, aquisição pública de bens e serviços; incentivos ao investimento (Código de Investimento e Lei dos Benefícios Fiscais); o regime fiscal e aduaneiro em geral; legislação laboral (substantiva e processual); regime de utilização de imóveis (rústicos e urbanos) do Estado; regime das expropriações por utilidade pública; lei processual civil.

Relativamente à medidas de medidas de política legislativa, que se traduzam em introdução de novos regimes jurídicos que protejam tanto o investidor estrangeiro como o nacional e que promovam ao mesmo tempo a competitividade, a agilidade dos negócios e da própria economia santomense, propomos o debate em torno dos seguintes regimes a adoptar: lei da concorrência; lei de defesa do consumidor; lei de arbitragem voluntária, centros de arbitragem institucional e outros meios de resolução alternativa de litígios; regime geral de contratos administrativos; lei do procedimento administrativo; novos instrumentos contratuais públicos e privados (pensamos, por exemplo, num regime de contratos de agência, de *franchising*, de parcerias público-privadas, de associações em participação); acordos bilaterais que evitem a dupla tributação; regime da responsabilidade do Estado; leis de processo administrativo e tributário.

As leis por si só não oferecem garantias se o sistema administrativo que as aplica não tiver capacidade de actuação. Em complemento, não podemos deixar de apontar algumas medidas administrativas ordinárias e de enquadramento. Neste sentido, igualmente propomos o debate em torno da necessidade de serem adoptados: simplificação e aceleração dos procedimentos para a constituição e registo de sociedades comerciais; implementação de um "guichet único da empresa", que possibilite a célere e desburocratizada constituição de sociedades comerciais e realização de outros actos relativos à vida das sociedades; implementação de medidas de desburocratização dos procedimentos nos serviços do Estado; informatização e interligação dos serviços públicos.

A exemplo do que se passa no estrangeiro, será necessário estimular a banca, nomeadamente, de investimento, bem como as políticas de concessão de empréstimos ao empresariado nacional. É fundamental que essas medidas, acompanhadas da necessária revolução ao nível da modernização da administração pública, do reforço da justiça, da criação de um ambiente de estabilidade e confiança favorável ao investimento façam parte da agenda de acções a implementar pelo Estado.

É no contexto destes desafios que São Tomé e Príncipe terá de actuar. Por exemplo, a recente Lei-quadro das Receitas Petrolíferas é um importante instrumento que se crê capaz de enquadrar a actuação do Estado, dos demais entes públicos e agentes privados. O petróleo é visto como um bem temporário e por isso um motor de ajuda ao desenvolvimento a ser utilizado de forma a produzir uma economia mais desenvolvida. A Lei-quadro resultou de um intenso e bastante participativo debate entre as soluções técnicas (jurídicas e económicas) e as expectativas sociais. Deste debate resultou um equilibrado quadro de garantia de actuações que permite ao Estado e aos cidadãos retirarem os melhores resultados da exploração do petróleo, fazendo reverter para o país as melhores propostas (melhor rácio preço/qualidade e capacidade técnica/financeira), o melhor proveito (transferência de tecnologia, criação de emprego, conservação do meio ambiente, elevação da qualidade dos serviços prestados), a promoção de aparecimento de empresas mais competitivas e/ou estimulação da criação de *clusters* industriais/empresariais a jusante ou montante daqueles investimentos, e um harmonioso mecanismo de investimento em capital fixo e humano, de estabilização orçamental do Estado e de poupança para o futuro.

Não deixamos de sublinhar que estas medidas de (re)organização administrativa reclamam uma nova cultura e cidadania administrativa dos responsáveis e funcionários perante o papel de cada um e nas respectivas relações de inter-responsabilidade e dependência funcional, que deve ser incentivada pelo Estado, mas que depende em grande medida das estruturas organizativas dos serviços e do poder reivindicativo dos utentes (cidadãos e investidores). É ao nível dos serviços do Estado que deverão ser implementados os mecanismos de reforço institucional, devendo ser introduzidos os competentes sistemas de incentivos, os métodos de gestão por resultados e os critérios que promovam o mérito e avaliação dos serviços e das pessoas.

Em conclusão, é necessária a definição das tarefas essenciais do Estado, e do modo como ele as concretiza reclamará a modernização dos serviços jurídicos e judiciais estatais como condição para um eficiente funcionamento da Economia e garantia de uma sociedade democrática, desenvolvida, justa e transparente. A segurança dos investimentos e a busca de um modelo de desenvolvimento sustentável e equilibrado requerem uma sólida estrutura jurídica alicerçada num poderoso mecanismo de actuação rápida e eficaz no accionamento das garantias do investidor, incluindo mecanismos tradicionais de resolução de litígios, isto é, jurisdicionais e os modernos meios de resolução alternativa.

A economia do petróleo e a promoção da economia local

São sobejamente conhecidas as potencialidades turísticas, riqueza dos recursos piscatórios e agrícolas de São Tomé e Príncipe. Porém, com a proximidade da economia motivada do petróleo, toda a atenção tem sido virada para a exploração dos hidrocarbonetos e para o aproveitamento das oportunidades resultantes da indústria petrolífera.

Neste âmbito, o papel de promotor do Estado não pode ser esquecido quando se fala de Direito e desenvolvimento. Caberá equacionar se o Estado deve ou não promover a economia nacional, potenciando a utilização dos bens produzidos e serviços prestados através da indústria e empresas de serviços locais. Ou seja, trata-se de problematizar a realidade tradicionalmente designada por *local content*, isto é, o impacto global, o valor acrescentado à economia santomense, como resultado da actividade petrolífera desenvolvida no país.

Com a promoção do *local content* visa-se atingir quatro objectivos imediatos: i) diversificar a economia local para além da exploração de hidrocarbonetos; ii) aumentar o valor acrescentado associado às vantagens fiscais e para-fiscais directamente provenientes das actividades de exploração petrolífera; iii) promover a transferência de tecnologia e *know-how* (saber-fazer); iv) qualificação e promoção da mão-de-obra nacional.

Como se percebe desde logo, os benefícios da indústria petrolífera dependerão de medidas a serem tomadas pelo Governo, pela indústria e empresariado nacionais e pelas companhias estrangeiras. Neste contexto, a promoção e participação do empresariado e indústria nacionais dependem de algumas, entre outras, das seguintes acções a desenvolver pelo Estado, empresários e industriais e companhias petrolíferas estrangeiras.

O Estado deverá proporcionar um quadro legislativo e institucional que possibilite aos agentes económicos a utilização de novos instrumentos de relação entre o Estado e os privados, como sejam as parcerias público-privadas, que permitem a partilha do risco e custos na implementação de projectos de desenvolvimento e promoção da economia nacional. Aspectos complementares como a criação de estímulos ao investimento nacional e estrangeiro devem ser igualmente levados em conta. Também um maior esforço de abertura e liberalização do mercado, criando os estímulos e condições de implantação de certas indústrias e comércio em São Tomé e Príncipe.

Dos agentes económicos nacionais espera-se que consigam criar condições para fornecer certos bens, materiais e equipamentos a preços e qualidade competitivos internacionalmente. A potencialização da participação da indústria e empresariado nacionais dependerá da capacidade de participação dos empresários nacionais em concursos de fornecimento às empresas petrolíferas e de uma estratégia de promoção e divulgação das capacidades industriais e comerciais nacionais. O desenvolvimento de um sector que possa constituir *clusters* de fornecimento de bens, equipamentos e serviços desenvolvidos localmente dependerá da capacidade de acesso ao crédito e a condições e incentivos ao investimento nacional. Neste sector, haverá materiais que, devido às suas características tecnológicas (nomeadamente por serem de capital intensivo), não poderão ser obtidos no mercado santomense. Todavia, outros produtos de manutenção e construção civil, reparação de equipamentos, serviços de logística, transportes (aéreo e marítimo) e outros, que não carecem de grande investimento tecnológico e de capital, poderão ser desenvolvidos e prestados localmente.

A Lei-quadro das Actividades Petrolíferas obriga as companhias petrolíferas a dar preferência às empresas nacionais na aquisição de bens e serviços, prestados em condições competitivas. Ora, não se pedindo que sejam as empresas petrolíferas a fazer das empresas nacionais empresas mais competitivas, cremos que os parâmetros de tal competitividade serão concretizados não só através de estímulos jurídicos, mas também e sobretudo da adesão a práticas e utilização de padrões modernos e eficientes de regulação da concorrência e agilidade de criação de empresas. Se bem que, complementarmente, as companhias petrolíferas possam ser chamadas a assistir iniciativas empresariais locais, através da formação de quadros, contribuições financeiras ou participação directa em alguns desses projectos, nomeadamente, disponibilizando tecnologia e *know-how*.

Os benefícios do *local content* na economia santomense vão depender da capacidade da indústria e empresariado santomenses em conseguir competir internacionalmente com preços e a qualidade de alguns bens e serviços já existentes no país, como também da capacidade em se renovar e introduzir novas vantagens e produtos industriais e comerciais. Vai também depender da capacidade do Estado garantir que o investidor estrangeiro que efectua um investimento veja o seu investimento garantido juridicamente, quer por recurso aos meios estatais de garantia dos particulares, quer através da criação de um clima de confiança e estabilidade jurídicas para a realização desse investimento. Isto é, o Direito vai desempenhar um papel essencial de conciliar as necessidades de promoção do desenvolvimento de uma economia baseada na exploração do petróleo com as necessidades das companhias petrolíferas, que esperam encontrar instrumentos modernos que comportem soluções competitivas internacionalmente.

A legislação Básica de Investimentos em São Tomé e Príncipe

Com a presente obra, em formato de colectânea de legislação, propomo-nos dois objectivos: por um lado, dar a conhecer a legislação económica santomense; e por outro lado, motivar a discussão pública dos principais diplomas legislativos relacionados com a problemática do desenvolvimento económico em São Tomé e Príncipe. O objectivo da presente publicação não é o de apresentar uma compilação exaustiva da legislação económica das ilhas de São Tomé e Príncipe mas, ao invés, o de seleccionar cuidadosamente um conjunto de diplomas legislativos que dão corpo a uma política de desenvolvimento económico desenhada pelas autoridades legislativas e políticas do arquipélago de São Tomé e Príncipe.

Em consonância com os objectivos acima mencionados, a presente colectânea de legislação económica de São Tomé e Príncipe tem como destinatário um público alargado: os operadores económicos e sociais em São Tomé e Príncipe, bem como aqueles que se encontram fora do país mas que nele vêem algum interesse de cariz económico ou social. Assim, a presente obra destina-se a juristas, economistas, sociólogos, gestores, professores, alunos, operadores do sector público e agentes do sector privado, diplomatas e representantes de missões diplomáticas, cidadão comum e publico em geral.

Ao trazer-se ao conhecimento público e à discussão pública alguns dos principais textos de legislação económica de São Tomé e Príncipe, esperamos contribuir não só para um melhor conhecimento do edifício jurídico nacional de São Tomé e Príncipe, mas também para um debate vivo sobre as opções e caminhos seguidos pelas autoridades políticas e legislativas santomenses. Esperamos igualmente colocar na mão dos potenciais investidores uma ferramenta que lhes permita conhecer os quadros jurídico-públicos enformadores do seu investimento, para melhor antecipar as decisões necessárias com vista aos seus objectivos empresariais.

A selecção dos diplomas que agora trazemos ao conhecimento foi presidida por três ordens de considerações:

Regimes de garantia e enquadramento. Nesta arena importa considerar as normas constitucionais mais importantes de onde se realçam as normas que regem os direitos, princípios e garantias do investimento. Também neste âmbito relevam os regimes de acesso à propriedade fundiária do Estado, das privatizações de empresas estatais e o regime de acesso e de exercício do comércio.

Diplomas de incentivo ao investimento. Neste conjunto de diplomas sentimos a necessidade de dar a conhecer os incentivos gerais ao investimento, bem como os procedimentos necessários ao seu acesso.

Diplomas sectoriais. Ao coligirmos estes e não outros diplomas, tomamos em consideração os sectores em investimento melhor responderá à procura dos investidores. Falamos da banca, dos seguros, das telecomunicações, das actividades petrolíferas e das actividades franca e *offshore*.

Com a adopção do novo paradigma de relacionamento entre Direito e desenvolvimento, não se trata tanto (ou tão-só) de assegurar o primado da lei. Este paradigma convoca processos de legitimação das decisões, de melhoramento do modo de implementar as políticas de desenvolvimento consensualmente adoptadas, de avaliação dessas políticas, de institucionalização da actuação do Estado. Neste contexto, também a lei e o Direito são objecto de avaliação. Isto é, o quadro legal ou normativo que enforma a actuação do Estado é apreciado de modo a avaliar o seu impacto e adequação àquelas políticas decididas pelos processos adoptados. No que toca ao investimento, um dos índices de avaliação da conformidade do Direito com os objectivos pretendidos é a sua capacidade de promoção e atracção do investimento.

Se o Direito e o desenvolvimento andam de mãos dados, tal como iniciamos esta introdução, assim também acontece com o conhecimento e a discussão pública. Acreditamos que ao trazer ao público estas leis de investimento, estamos também a apostar num debate em torno dos mecanismos legais em vigor em São Tomé e Príncipe e da sua adequação à nova economia impulsionada pelo petróleo e pelas indústrias conexas com a actividade petrolífera.

Lisboa, 24 de Abril de 2005.

Os Autores

CONSTITUIÇÃO POLÍTICA DA REPÚBLICA DEMOCRÁTICA DE SÃO TOMÉ E PRÍNCIPE

(Lei n.º 1/2003, de 29 de Janeiro)

PARTE I
Fundamentos e objectivos

[...]

ARTIGO 4.º
Território nacional

1. O território da República Democrática de São Tomé e Príncipe é composto pelas ilhas de São Tomé e do Príncipe, pelos ilhéus das Rolas, das Cabras, Bombom, Boné Jockey, Pedras Tinhosas e demais ilhéus adjacentes, pelo mar territorial compreendido num círculo de doze milhas a partir da linha de base determinada pela lei, pelas águas arquipelágicas situadas no interior da linha de base e o espaço aéreo que se estende sobre o conjunto territorial atrás definido.

2. O Estado São-tomense exerce a sua soberania sobre todo o território nacional, o subsolo do espaço terrestre, o fundo e o subsolo do território aquático formado pelo mar territorial e as águas arquipelágicas, bem como sobre os recursos naturais vivos e não vivos que se encontrem em todos os espaços supra-mencionados e os existentes nas águas suprajacentes imediatas às costas, fora do mar territorial, na extensão que fixa a lei, em conformidade com o direito internacional.

[...]

ARTIGO 9.º
Estado de economia mista

1. A organização económica de São Tomé e Príncipe assenta no princípio de economia mista, tendo em vista a independência nacional, o desenvolvimento e a justiça social.
2. É garantida, nos termos da lei, a coexistência da propriedade pública, da propriedade cooperativa e da propriedade privada de meios de produção.

[...]

PARTE II
Direitos Fundamentais e Ordem Social

[...]

TÍTULO III
Direitos Sociais e Ordem Económica, Social e Cultural

[...]

ARTIGO 42.º
Direito ao trabalho

1. Todos têm direito ao trabalho.
2. O dever de trabalhar é inseparável do direito ao trabalho.
3. Incumbe ao Estado assegurar a igualdade de oportunidades na escolha da profissão ou género de trabalho e condições para que não seja vedado ou limitado, em função do sexo, o acesso a quaisquer cargos, trabalho ou categorias profissionais.
4. É garantido o direito ao exercício de profissões liberais nas condições previstas na lei.

ARTIGO 43.º
Direitos de trabalhadores

Todos os trabalhadores têm direito:
a) À retribuição do trabalho, segundo a quantidade, natureza e qualidade, observando-se o princípio de que para trabalho igual salário igual, de forma a garantir uma existência condigna;
b) À liberdade sindical como forma de promover a sua unidade, defender os seus legítimos direitos e proteger os seus interesses;
c) À organização do trabalho em condições socialmente dignificantes, de forma a facultar a realização pessoal;
d) À prestação do trabalho em condições de higiene e segurança;
e) A um limite máximo da jornada de trabalho, ao descanso semanal e a férias periódicas pagas;
f) À greve, nos termos a ser regulados por lei, tendo em conta os interesses dos trabalhadores e da economia nacional.

ARTIGO 44.º
Segurança social

1. O Estado garante a todo o cidadão, através do sistema de segurança social, o direito a protecção na doença, invalidez, velhice, viuvez, orfandade e noutros casos previstos na lei.
2. A organização do sistema de segurança social do Estado não prejudica a existência de instituições particulares, com vista à prossecução dos objectivos de Segurança Social.

ARTIGO 45.º
Cooperativas

1. É garantido o direito de livre constituição de cooperativas.
2. O Estado estimula e apoia a criação e a actividade de cooperativas.

ARTIGO 46.º
Propriedade intelectual

O Estado protege os direitos à propriedade intelectual, incluindo os direitos do autor.

ARTIGO 47.º
Propriedade privada

1. A todos é garantido o direito à propriedade privada e à sua transmissão em vida ou por morte, nos termos da lei.
2. A requisição e a expropriação por utilidade pública só podem ser efectuadas com base na lei.

ARTIGO 48.º
Empresas privadas

1. O Estado fiscaliza o respeito da lei pelas empresas privadas e protege as pequenas e médias empresas económica e socialmente viáveis.
2. O Estado pode autorizar o investimento estrangeiro, contanto que seja útil ao desenvolvimento económico e social do País.

[...]

TÍTULO IV
Direitos e Deveres Cívico-Políticos

[...]

ARTIGO 65.º
Impostos

1. Todos os cidadãos têm o dever de contribuir para as despesas públicas, nos termos da lei.
2. Os impostos visam a satisfação das necessidades financeiras do Estado e uma repartição justa dos rendimentos.

[...]

PARTE III
Organização do Poder Político

TÍTULO IV
Assembleia Nacional

[...]

ARTIGO 98.º
Reserva de competência legislativa

Compete exclusivamente à Assembleia Nacional legislar sobre as seguintes matérias:
- a) Cidadania;
- b) Direitos pessoais e políticos dos cidadãos;
- c) Eleições e demais formas de participação política;
- d) Organização Judiciária e estatutos dos magistrados;
- e) Estado de sítio e estado de emergência;
- f) Organização da defesa nacional;
- g) Sectores de propriedade de meios de produção;
- h) Impostos e sistemas fiscais;
- i) Expropriação e requisição por utilidade pública;
- j) Sistema monetário;
- k) Definição dos crimes, penas e medidas de segurança e processo criminal;
- l) Organização geral de Administração do Estado, salvo o disposto na alínea *c)* do artigo 111.º;
- m) Estatuto dos funcionários e responsabilidade civil da Administração;
- n) Organização das autarquias locais;
- o) Estado e capacidade das pessoas.

[...]

TÍTULO V
Governo

ARTIGO 111.º
Competência

Compete ao Governo:
a) Definir e executar as actividades políticas, económicas, culturais, científicas, sociais, de defesa, segurança e relações externas, inscritas no seu programa;
b) Preparar os planos de desenvolvimento e o Orçamento Geral do Estado e assegurar a sua execução;
c) Legislar, por decretos-lei, decretos e outros actos normativos, em matéria respeitante à sua própria organização e funcionamento;
d) Fazer decretos-lei em matéria reservada à Assembleia Nacional, mediante autorização desta;
e) Negociar e concluir acordos e convenções internacionais;
f) Exercer iniciativa legislativa perante a Assembleia Nacional;
g) Dirigir a Administração do Estado, coordenando e controlando a actividade dos Ministérios e demais organismos centrais da Administração;
h) Propor a nomeação do Procurador-Geral da República;
i) Nomear os titulares de altos cargos civis e militares do Estado;
j) Propor à Assembleia Nacional a participação das Forças Armadas são-tomenses em operações de paz em território estrangeiro ou a presença de Forças Armadas estrangeiras no território nacional;
k) Propor ao Presidente da República a sujeição a referendo de questões de relevante interesse nacional, nos termos do artigo 71.º;
l) Exercer a tutela administrativa sobre a Região Autónoma do Príncipe e sobre as autarquias, nos termos da lei;
m) Nomear e exonerar o Presidente do Governo Regional e os Secretários Regionais;
n) Dissolver as Assembleias Regional e Distritais, observados os princípios definidos na lei.

[...]

PARTE V
Disposições Finais e Transitórias

ARTIGO 158.º
Legislação em vigor à data da Independência

A legislação em vigor à data da Independência Nacional mantém transitoriamente a sua vigência em tudo o que não for contrário à presente Constituição e às restantes leis da República.

[...]

Assembleia Nacional, em São Tomé, aos 6 de Dezembro de 2002.

O Presidente da Assembleia Nacional, *Dionísio Tomé Dias*.

Promulgada em 25 de Janeiro de 2003.

Publique-se.

O Presidente da República, FRADIQUE BANDEIRA MELO DE MENEZES.

LEI-QUADRO DA REFORMA DE EMPRESAS DO ESTADO

(Lei n.º 14/92, de 15 de Outubro)

Considerando a necessidade de redefinir e reordenar o posicionamento estratégico na vida económica do país, através da transferência para a iniciativa privada das unidades produtivas não-estratégicas actualmente integradas no sector empresarial público;

Considerando a necessidade de promover a comparticipação mais adequada do sector privado na reabilitação económica e na realização de investimentos produtivos no país, incluindo a possibilidade de titularidade de partes sociais pelo grande público;

Considerando que compete ao Estado contribuir para o reforço da capacidade empresarial nos diversos sectores da economia nacional, com ampliação de oportunidades para o estabelecimento de actividades económicas competitivas capazes de gerarem novos empregos e rendimento;

Considerando ainda que o saneamento das finanças do sector empresarial do Estado passa, num primeiro momento, pela supressão de transferências e subsídios para essas empresas e, em seguida, a cobrança de impostos e demais contribuições devidas igualmente pelo sector empresarial privado;

Considerando finalmente que a Administração Pública deve naturalmente concentrar os seus esforços nas actividades em que a presença do Estado é essencial para a consecução das prioridades nacionais, nomeadamente nas áreas de infra-estrutura física e social;

Nestes termos, a Assembleia Nacional, no uso da faculdade que lhe é conferida pela alínea g) do artigo 87.º da Constituição Política, adopta a seguinte:

LEI QUADRO DA REFORMA DE EMPRESAS ESTATAIS

CAPÍTULO I
O Processo de Reformas de Empresas Estatais

ARTIGO 1.º
Enquadramento legal

É instituído o Processo de Reforma de Empresas Estatais através da presente Lei e de outros diplomas em vigor que forem eventualmente aplicáveis.

ARTIGO 2.º
Âmbito da Reforma

Poderão ser incluídas no Processo de Reforma todas as empresas e projectos que actualmente são propriedades do Estado e os que vierem a ser criados a fim de atender necessidades básicas de serviços públicos, nos termos do artigo 5.º.

ARTIGO 3.º
Componente do Processo de Reforma

Integra o Processo de Reforma de Empresas Estatais o Programa de Privatização e Liquidação estatuídos na presente Lei, sem prejuízo de outras componentes que vierem a revelar-se necessárias.

CAPÍTULO II
O Programa de Privatização e Liquidação

ARTIGO 4.º
Direitos e bens objecto do Programa

Poderão ser objecto do Programa de Privatização e Liquidação:
a) As participações societárias, representadas por acções ou quotas do capital social de empresas, que assegurem ao Estado o controlo

total ou maioritário nas deliberações e o poder de eleger ou indicar directores das empresas incluídas no Programa de Privatização e Liquidação;
b) As participações societárias minoritárias do Estado no capital social de quaisquer empresas integrantes do Programa;
c) Os bens e instalações de empresas controladas pelo Estado integrantes do Programa;
d) As componentes do activo patrimonial de empresas integrantes do Programa, que venham a ser liquidadas, desafectadas ou desmembradas, por decisão do Conselho Especial de Privatização instituído por esta Lei.

ARTIGO 5.º
Empresas integrantes do Programa

1. As empresas sujeitas ao Programa de Privatização e Liquidação serão indicadas, após avaliações realizadas e submetidas pelo Director Executivo de Privatização, para aprovação do Conselho Especial de Privatização.
2. A primeira relação de empresas integrantes do Programa deverá ser apresentada pelo Director Executivo de Privatização ao Conselho Especial de Privatização, para aprovação até 60 dias após entrada em vigor da presente Lei.
3. Integrarão prioritariamente a primeira fase do Programa as empresas comerciais, industriais, agro-industriais, de turismo e de prestação de serviços.

ARTIGO 6.º
Processos de privatização

Para os efeitos do disposto no precedente artigo 5.º serão adoptados os procedimentos seguintes:
a) Concurso público obrigatório, por editais e anúncios na forma prevista nos artigos 19.º e 20.º, quando se tratar de alienação total ou maioritária de acções, quotas ou empresas, de activos considerados estratégicos do ponto de vista operacional da empresa e de contratos e dos contratos de gestão ou de cessão de exploração.

b) Ajuste directo, com fixação prévia de preços e condições, com a devida publicitação quando se tratar de alienação de posições minoritárias das actuais empresas sob a tutela do Estado ou de alienação de activos não-estratégicos para a operação da empresa.

ARTIGO 7.º
Formas de privatização

O Programa de Privatização e Liquidação de empresas será executado mediante as seguintes modalidades operacionais:
  a) Alienação total das participações societárias, maioritárias e minoritárias do Estado nas Empresas;
  b) Abertura do capital à participação do sector privado, inclusive com a renúncia, cessão total ou parcial de direitos de subscrição do Governo, nas empresas em que a presença temporária do Governo na sociedade ainda se justifica;
  c) Transformação, desmembramento, incorporação, fusão ou cisão de empresas ou empreendimentos, com o objectivo de viabilizar a sua subsequente alienação;
  d) Liquidação de empresas, dissolução de sociedades, ou desactivação parcial dos seus empreendimentos ou sectores, com a consequente venda dos seus activos, absorção do passivo e dos activos remanescentes pelo Estado, e completa extinção legal da sociedade;
  e) Arrendamento, locação, contrato de gestão ou cessão de bens e instalações de empresas, para a exploração temporária pelo sector privado sob a condição contratual de serem alienados a médio prazo.

CAPÍTULO III
Responsabilidade Executiva do Programa

ARTIGO 8.º
Conselho Especial e Director de Privatização

O Programa de Privatização e Liquidação será gerido por um Director Executivo de Privatização, abreviadamente Director de Privatização, que se subordinará a um Conselho Especial de Privatização, abreviadamente Conselho de Privatização.

ARTIGO 9.º
Composição do Conselho de Privatização

1. O Conselho de Privatização é composto pelos seguintes membros:
a) O Ministro da Economia e Finanças, que será o presidente;
b) O Ministro do Comércio, Indústria, Turismo e Pescas, que será o Vice-Presidente;
c) O Governador do Banco Central de São Tomé e Príncipe;
d) O Director de Finanças;
e) O Director de Gabinete de Promoção de Investimentos Privados;
f) O Director de Privatização, que será o Secretário e sem direito a voto.

2. Os membros do Conselho de Privatização poderão delegar alguns dos seus poderes a outro membros ou à pessoa por si livremente designada.

3. Poderão participar nas reuniões do Conselho de Privatização sem direito a voto e com a concordância do seu Presidente quaisquer outras pessoas cuja presença seja considerada necessária para a apreciação dos respectivos processos.

ARTIGO 10.º
Competência do Conselho de Privatização

Além das previstas e as decorrentes da presente Lei, compete em especial ao Conselho de Privatização:
a) Apreciar, emitir parecer e submeter à aprovação do Primeiro Ministro a relação de empresas que integrarão o Programa e o seu consequente cronograma de execução;
b) Acompanhar, mensalmente, a execução do Programa, com base em relatório apresentado pelo Director de Privatização, com o fim de assegurar a estrita observância dos princípios e regras consagradas nesta Lei, especialmente a rigorosa transparência dos processos de alienação e liquidação e o cumprimento do cronograma de cada processo;
c) Apreciar e aprovar, antes da divulgação o edital de venda respeitante a cada processo nas descritas no artigo 7.º, especialmente

com a referência à fixação do preço mínimo e das demais condições contratuais da alienação, locação, contrato de gestão ou cessão de bens e instalações de empresas;
d) Apreciar e aprovar as prestações de contas por parte do Director de Privatização, relativas a cada processo, 30 dias após a sua conclusão;
e) Elaborar normas complementares para a operacionalização do Fundo Nacional de Privatização, acompanhar mensalmente, apreciar e aprovar trimestralmente a prestação de contas do Director de Privatização sobre o Fundo Nacional de Privatização;
f) Emitir normas, instruções e directrizes necessárias ao cumprimento do disposto na presente Lei.

ARTIGO 11.º
Nomeação do Director de Privatização

O Director Executivo de Privatização será nomeado pelo Conselho de Ministros, sob proposta do Ministro da Economia e Finanças.

ARTIGO 12.º
Competência do Director de Privatização

Além das previstas e as decorrentes da presente Lei, compete, em especial, ao Director Executivo de Privatização:
a) Promover a avaliação das empresas para a integração no Programa, com a indicação da respectiva modalidade operacional a ser aplicada em cada caso, para apreciação e aprovação do Conselho de Privatização, sendo que as primeiras avaliações deverão estar concluídas e submetidas ao Conselho de Privatização dentro de sessenta dias após a entrada em vigor da presente Lei;
b) Cumprir o cronograma aprovado para a implementação do Programa, adoptando as providências legais, administrativas e operacionais necessárias;
c) Divulgar amplamente em jornais e outras formas de comunicação para o grande público, no país e, pelo menos, num jornal de reconhecida circulação internacional quando se tratar de grandes empresas, o cronograma de execução do Programa, assim como os editais e anúncios individuais de cada processo de privatização e

liquidação descritos no artigo 7.° da presente Lei, com a antecedência mínima de trinta dias;
d) Promover a contratação de empresas de consultoria económica, jurídica, de avaliação de bens e de auditoria necessárias aos processos previstos na presente Lei;
e) Promover a avaliação dos activos e passivos ou dos bens de cada empresa a ser privatizada ou liquidada;
f) Preparar os editais de venda e anúncios individuais de privatização e liquidação, assim como a documentação individual de cada processo, tendo por base as avaliações feitas segundo a precedente alínea e), e submetê-los à aprovação do Conselho de Privatização, de acordo com a alínea c) do artigo 10.°;
g) Elaborar o cronograma individual de cada processo de privatização e liquidação, incluindo todas as fases até à celebração do contrato de venda ou dos respectivos actos jurídicos, assim como quaisquer outras providências necessárias à completa conclusão do processo;
h) Submeter, mensalmente, ao Conselho de Privatização um relatório executivo de prestação de contas sobre o cumprimento do cronograma e os avanços e providências adoptadas para cada processo de privatização, de acordo como a alínea b) do artigo 10.°;
i) Promover a preparação e implementação de programas individuais de ajustes de natureza operacional, contabilística ou jurídica que sejam indispensáveis à viabilização dos processos de alienação;
j) Actuar como a estrutura de ligação entre o Governo e os potenciais interessados no Programa, no sentido de detalhar as informações contidas no edital, realizar as negociações necessárias e promover o efectivo cumprimento do cronograma de cada processo de privatização;
l) Coordenar todos os actos e fases do Programa de Privatização e Liquidação, incluindo, a recepção das propostas, sua análise e elaboração de parecer consultivo, a redacção final e celebração dos contratos referentes a cada processo de negociação sobre quaisquer das modalidades operacionais prescritas nos artigo 7.°;
m) Preparar e submeter ao Conselho de Privatização as prestações de contas relativas a cada processo de desestatização, trinta dias após a celebração dos respectivos contratos e o recebimento dos valores correspondentes;

n) Superintender na gestão gerir do Fundo Nacional de Privatização e elaborar os correspondentes relatórios detalhados mensais e os trimestrais de prestação de contas, para apreciação e aprovação do Conselho Especial de Privatização;
o) Elaborar normas e instruções necessárias ao exercício de sua competência para o cumprimento pontual do estatuído na presente Lei.

ARTIGO 13.º
Relatórios trimestrais

O Director de Privatização deverá elaborar relatórios de contas trimestrais do Fundo Nacional de Privatização, para apreciação e aprovação pelo Conselho Especial de Privatização, sem prejuízo dos relatórios mensais da posição da conta do Fundo de que deverá informar o Conselho Especial de Privatização.

ARTIGO 14.º
Incompatibilidades

1. Os membros do Conselho de Privatização e os demais funcionários e pessoas envolvidas na condução dos processos de privatização e liquidação, por si ou por pessoa interposta, não poderão:
   a) Participar nas licitações e ajustes directos promovidos no âmbito do Programa;
   b) Adquirir, a qualquer título ou forma, participações societárias ou elementos do activo patrimonial de empresas e sociedades incluídas no Programa.
2. O disposto no número aplica-se a qualquer das modalidades operacionais de privatização.

ARTIGO 15.º
Obrigações dos directores e coordenadores
de empresas e projectos

1. Os directores ou coordenadores das empresas integrantes do Programa adoptarão, nos prazos estabelecidos, as providências que vierem a ser determinadas em resoluções emanadas pelo Conselho de

Privatização ou por actos decorrentes das atribuições do Director de Privatização, necessárias à instrução dos processos de alienação ou liquidação.

2. Será da responsabilidade exclusiva dos Directores ou Coordenadores das empresas incluídas no Programa o fornecimento, em tempo útil, das informações sobre as respectivas empresas, necessárias à instrução dos processos de alienação ou liquidação.

ARTIGO 16.º
Responsabilidade civil e criminal

Incorrerão em responsabilidade civil e criminal, a título pessoal, por eventuais acções ou omissões que impeçam ou prejudiquem o curso dos processos de privatização ou liquidação previstos nesta Lei:

a) Os directores e coordenadores das empresas incluídas no Programa;
b) Os directores e coordenadores dos demais órgão de Governo, especialmente os dos ministérios de tutela e daquele órgãos de que depende o curso dos processos relacionados com o referido programa;
c) Os membros do Conselho de Privatização e os servidores da administração pública com responsabilidades directas com a execução do Programa.

ARTIGO 17.º
Assistência institucional

1. O Ministério da Economia e Finanças prestará o apoio administrativo, operacional e financeiro, necessário ao adequado funcionamento do Conselho Especial de Privatização e ao cumprimento pontual das suas atribuições pelo Director de Privatização.

2. Além dos recursos financeiros e técnicos disponíveis dentro dos programas de apoio oferecidos pelos organismos financeiros internacionais, os Director de Privatização poderá contratar apoio técnico e operacional de instituição bancária nacional, do Fundo Social e de Infra-estruturas e do Gabinete de Promoção do Investimento Privado, nas suas áreas respectivas de competência.

ARTIGO 18.º
Transmissão de concessões

1. A privatização de empresas que prestem serviços públicos, sob o regime de concessão ou permissão do serviço objecto da exploração, efectivada mediante uma das modalidades previstas no artigo 7.º, presume a consequente transferência ou autorização de transferência, pelo Estado, da referida concessão ou permissão, observada a legislação específica e os documentos contratuais, sem prejuízo do subsequente n.º 2.

2. As condições e regulamentos específicos novos, referentes às concessões e permissões objecto da presunção de transferência, deverão ser estatuídos ou acordados, no prazo peremptório de sessenta dias, contados do acto determinativo de privatização da empresa.

CAPÍTULO IV
Os procedimentos de privatização

ARTIGO 19.º
Edital e venda

Para salvaguarda do conhecimento público das condições em que se processará a privatização, assim como da situação económica, financeira, legal e operacional de cada empresa incluída no Programa, o edital de venda conterá, nomeadamente, os elementos seguintes:

  a) A identificação da empresa, seu objecto, data e diploma legal da sua constituição;
  b) A descrição e localização dos bens ou instalações e os seus correspondentes valores;
  c) O capital social, número de acções ou quotas do capital total, valor individual de cada acção e indicação da participação do Governo na empresa;
  d) Indicação do passivo e activo da empresa, mencionando os responsáveis pelos mesmos, após a privatização;
  e) A situação económico-financeira e operacional da empresa, especificando lucros ou prejuízos, endividamento interno ou externo, pagamento de dividendos, impostos e contribuições, ou recebimento de recursos providos pelo Governo, nos últimos três exercícios;

f) As informações sobre a existência ou não de controlo de preços e tarifas sobre os produtos ou serviços da empresa a privatizar, a variação dos mesmos nos últimos exercícios e respectiva comparação com os índices de inflação e de depreciação cambial;
g) As informações sobre a existência ou não de montantes autorizados de transferências cambiais para os insumos e materiais da empresa a privatizar e a variação dos mesmos nos últimos exercícios;
h) A descrição do volume de recursos investidos nos projectos de investimento da respectiva empresa nos últimos exercícios, com destaque para a parcela, directa ou indirectamente, financiada pelo Governo e fonte do correspondentes recursos;
i) O resumos dos estudos de avaliação da empresa, elaborados de acordo com o disposto na alínea e) do precedente artigo 12.º;
j) O critério de fixação do preço total de alienação, valor de cada acção ou quota do capital social ou dos bens ou direitos objecto do correspondente processo de privatização ou liquidação, com base nos relatórios de avaliação realizados conforme o disposto na alínea e) do artigo 12.º e no artigo 21.º;
l) A determinação da forma operacional de alienação das acções, quotas de capital social, bens e direitos, de entre as formas previstas no precedente artigo 7.º;
m) A indicação, se for o caso, de que será criada acção ou quota de classe especial, e os respectivos poderes nela compreendidos;
n) O justificativo do processo de privatização da empresa.

ARTIGO 20.º
Preceitos específicos

Além dos preceitos gerais de outros artigos, os processos de privatização e liquidação deverão ser realizados com observância dos preceitos específicos seguintes:
a) A precedência de editais com ampla divulgação, com o conteúdo do estatuído nas alíneas d) a g) do artigo 19.º;
b) Os valores individuais mínimos de venda das acções, quotas de capital social, activos, bens, instalações e direitos de cada empresa serão decididos pelo Conselho de Privatização, com base em relatórios de avaliação, nos termos da alínea a) do artigo 12.º e do artigo 21.º.

ARTIGO 21.º
Conteúdo do relatório de avaliação

O relatório de avaliação nos termos da alínea b) do artigo 20.º deverá conter, nomeadamente:
a) As condições de mercado;
b) As perspectivas da rentabilidade da sociedade;
c) Os critérios de fixação de tarifas e preços dos bens ou serviços por ela produzidos;
d) A política de fixação dos montantes autorizados de transferências cambiais que afectem a rentabilidade da empresa;
e) O valor, a composição e o responsável pelo passivo da empresa.

ARTIGO 22.º
Critérios de composição de capital

O diploma legislativo que regulamenta a privatização de determinada empresa ou projecto deverá, entre outros aspectos, conter:
a) A percentagem do capital social reservada à subscrição dos respectivos trabalhadores;
b) A percentagem do capital reservada à subscrição de cidadãos nacionais que garantam a entrada de meios técnicos financeiros necessários à melhoria da gestão e eficiência;
c) Os critérios a observar de forma que, tendo em conta os objectivos da privatização, o capital social seja adquirido pelo maior número possível de cidadãos nacionais.

ARTIGO 23.º
Decisão pela oferta mais alta

1. A alienação das acções ou quotas de capital social, bens, instalações e direitos ou sua locação deverão ser decididas considerando o valor da oferta mais alta, desde que igual ou superior ao valor mínimo fixado no respectivo edital.

2. Na eventualidade de que não sejam apresentadas ofertas que atendam ao disposto no número anterior, será imediatamente iniciado um processo para a tomada de decisão de escolha de alternativas, para a venda parcial das acções ou quotas, locação, bem como a liquidação ou des-

membramento da empresa, com a consequente venda dos activos remanescentes e a extinção legal da sociedade.

ARTIGO 24.º
Obrigações específicas

Aos adquirentes das acções, quotas de capital social, direitos, bens ou instalações, bem como aos locadores poderão ser estabelecidas obrigações ou restrições contratuais, de carácter temporário e estratégico, que serão previamente explicitas no anúncio ou edital de venda ou de locação de acordo com o artigo 19.º.

ARTIGO 25.º
Associações de proponentes

Serão aceites propostas, no processo de privatização, nas suas diferentes modalidades operacionais referidas no artigo 7.º, de consórcios, cooperativas e associações de classe, especialmente dos empregados da respectiva empresa, desde que devidamente constituídas em conformidade com a lei vigente e previamente qualificadas perante o Director de Privatização.

ARTIGO 26.º
Aquisição individual ou colectiva

1. Por decisão discricionária do Conselho Especial de Privatização, poderá ser estabelecida, para alguns processos, uma reserva prévia, por um tempo determinado, para venda de património, bens, acções e quotas de capital aos empregados da respectiva empresa, a título individual ou colectivo.

2. A aquisição a título colectivo poderá ser feita por associações, cooperativas de classe, ou contitulares a serem previamente qualificados perante o Director de Privatização.

ARTIGO 27.º
Tratamento privilegiado

1. É facultada a concessão de algumas condições diferenciadas aos empregados vinculados às respectivas empresas, quanto às formas e mo-

dalidades de pagamento da compra das suas instalações, bens, acções, quotas de capital ou direitos, ainda que o financiamento seja realizado através de instituições financeiras.

2. Os bens objecto da aquisição em condições mais vantajosas referidas no precedente n.º 1 serão intransferíveis, a qualquer título, enquanto não for pago o valor total da compra, devendo ser considerados um património autónomo em caso de morte do titular.

ARTIGO 28.º
Fundo Nacional de Privatização

1. Para a execução do Programa de Privatização é criado o Fundo Nacional de Privatização, de natureza contabilística, constituído junto de uma instituição bancária nacional, mediante o depósito do valor total ou parcial da alienação do património ou das acções ou das quotas das empresas estatais, cuja a alienação vier a ser determinada nos termos da presente Lei.

2. A gestão do Fundo Nacional de Privatização será da competência de uma Comissão presidida pelo Director de Privatização e integrada por dois vogais nomeados pelo Conselho de Privatização.

ARTIGO 29.º
Movimentação do Fundo, subcontas específicas

1. Os títulos, documentos e valores pecuniários depositados no Fundo Nacional de Privatização serão escriturados por subconta, sob o título da correspondente empresa pública em processo de privatização.

2. Caberá à Comissão de gestão do Fundo Nacional depositar o fundo a favor da Direcção de Finanças através de uma conta especial de tesouraria que será utilizada prioritariamente para financiamentos de programas sectoriais de desenvolvimento previamente aprovados pelo Governo.

3. Porém, a Comissão de gestão do Fundo Nacional de Privatização poderá proceder às deduções pontuais seguintes por cada empresa em processo de privatização:
   a) Para cobertura dos gastos correspondentes à publicação de editais e anúncios e à divulgação do processo de privatização da respectiva empresa;

b) Para cobertura dos gastos de corretagem e de serviços de consultoria e auditoria ou outro ramo de actividade imprescindível à execução do processo de privatização da correspondente empresa;
c) Para o pagamento das taxas, emolumentos e demais encargos ou despesas relativas ao processo de privatização da empresa;
d) Para o pagamento de quaisquer custos não especificados e aprovados previamente pelo Conselho Especial de Privatização.

ARTIGO 30.º
Valor probatório dos recibos

1. A instituição bancária emitirá recibos de depósito de alienações a favor dos depositantes do Fundo Nacional de Privatização.
2. Estes recibos originários de instituição bancária têm duplo valor probatório do cumprimento das obrigações referentes à colocação à disponibilidade e à aquisição respectiva do património, dos bens e dos títulos das empresas estatais objectos dos processos de privatização.

ARTIGO 31.º
Remuneração da instituição bancária

A instituição bancária será remunerada pela sua intervenção no processo de privatização referente a cada empresa, na base de um acordo celebrado com o Director de Privatização.

ARTIGO 32.º
Empréstimos bancários sob caução

1. Os empregados das empresas estatais em processo de privatização podem requer, mediante prova da sua qualidade, à instituição bancária o financiamento necessário para a aquisição de património ou bens de suas respectivas empresas.
2. A instituição bancária poderá exigir discricionariamente caução prévia como condição de concessão do empréstimo referido no precedente n.º 1.
3. Em caso de concessão de empréstimo sem subsídio ou garantia por parte do Governo ou da respectiva empresa poderá a instituição bancária emitir um Certificado de Depósito Bancário de Privatização no valor

do empréstimo, a título duplo de moeda de pagamento e de caução contra a correspondente quota do capital ou do património da empresa em processo de privatização.

ARTIGO 33.º
Inegociabilidade e registo do certificado bancário

1. Enquanto durar o financiamento bancário o empregado mutuário não poderá alienar, ceder ou transaccionar os títulos e os valores patrimoniais que vier a adquirir na respectiva empresa, devendo o Director de Privatização tomar as devidas providências para tornar os referidos títulos e valores inalienáveis durante tal período.

2. O Certificado de Depósito Bancário de Privatização estará sujeito ao registo prévio que ao caso couber, à custa do mutuário, antes do seu depósito no Fundo Nacional de Privatização.

ARTIGO 34.º
Aquisição de empresas

Concluído o primeiro processo de privatização, poderá o Conselho Especial de Privatização, mediante proposta do Director de Privatização, decidir pelo uso de parte dos recursos do Fundo Nacional de Privatização como fonte de financiamento para aquisição de outras empresas estatais, com o objectivo de viabilizar e acelerar o processo de privatização, cabendo àquele definir as condições específicas de tais operações.

ARTIGO 35.º
Sindicância

1. O Fundo Nacional de Privatização está sujeito a sindicância, pelo menos, anual pela Inspecção de Finanças.

2. Sem prejuízo do estatuído no precedente n.º 1, o Fundo poderá ainda ser submetido a auditoria decidida pelo Governo a ser realizada por auditores independentes.

3. O relatório dessa auditoria será remetido ao Ministério da Economia e Finanças que enviará cópias à Presidência da República, à Assembleia Nacional e ao Governo.

ARTIGO 35.º
Retenção de acções especiais

1. Sempre que razões de interesse nacional o requeiram, o Conselho Especial de Privatização, por proposta do Director de Privatização, poderá deter, directa ou indirectamente, em nome do Estado, acções ou quotas de capital social, de classe especial, de empresas privatizadas que lhe confiram poder de veto, temporário e estratégico, em determinadas matérias.

2. Os estatutos sociais ou dos documentos contratuais referentes a essas empresas deverão explicitar essas matérias, estatuir o regime de transmissibilidade das empresas ou suas partes sociais a empresas de controlo estrangeiro e prever os casos de concordância prévia do Governo.

ARTIGO 37.º
Actos de gestão corrente

1. As empresas que integram o Programa de Privatização terão sua estratégia operacional voltada para atender aos objectivos de privatização e de liquidação, devendo apenas praticar os actos de gestão corrente.

2. Para efeitos da presente Lei, entende-se por actos de gestão corrente, nomeadamente, os estritamente necessários à operação normal da empresa, não podendo a mesma efectivar quaisquer novos projectos de investimento, nem contratar pessoal ou promover renegociação de contratos com fornecedores e clientes, em violação do seu cronograma de privatização.

CAPÍTULO V
Disposições Finais

ARTIGO 38.º
Autorização legislativa

No quadro da execução da presente Lei, está o Governo autorizado a legislar por decreto-lei que couber a cada caso.

ARTIGO 39.º
Extinção de comissões

Ficam extintos quaisquer comissões, grupos de trabalho e respectivas estruturas existentes, com a responsabilidade de planeamento, execução e tratamento de assuntos relacionados com o Programa de Privatização e Liquidação, de que trata a presente Lei.

ARTIGO 40.º
Gestão das participações do Estado

Durante a execução do Programa de Privatização e Liquidação, será criado um organismo autónomo, dotado de autonomia administrativa, financeira e patrimonial cujo objecto será a gestão das participações societárias do Estado.

ARTIGO 41.º
Conclusão do Programa

O Programa de Privatização e Liquidação enquadrado por esta Lei deverá estar concluído no período de dezoito meses contados da sua entrada em vigor.

ARTIGO 42.º
Entrada em Vigor

A presente Lei entra imediatamente em vigor.

Assembleia Nacional, em São Tomé, aos 27 de Agosto de 1992.

O Presidente da Assembleia Nacional, *Leonel Mário d'Alva*.

Promulgado, 7 de Outubro de 1992.

Publique-se.

O Presidente da República, MIGUEL ANJOS DA CUNHA LISBOA TROVOADA.

QUADRO JURÍDICO INSTITUCIONAL REGULADOR DA PROPRIEDADE FUNDIÁRIA DO ESTADO

(Lei n.º 3/91, de 31 de Julho)

Tornando-se necessário criar um quadro jurídico institucional regulador da propriedade fundiária;

Considerando a necessidade não só de regulamentação do regime de distribuição e utilização de terras actualmente pertença do Estado mas também as que pela sua natureza devam constituir o domínio público do Estado e por isso fora de qualquer tipo de apropriação;

Convindo definir os princípios básicos da criação de reservas;

Nestes termos, no uso da competência exclusiva que lhe é atribuída pela alínea g) do artigo 87.º da Constituição, a Assembleia Nacional aprova a seguinte Lei:

CAPÍTULO I
Dos Terrenos do Estado

SECÇÃO I
Domínio público

ARTIGO 1.º
Terrenos do domínio público

Pertencem ao domínio público do Estado:
a) Os terrenos correspondentes aos leitos dos rios e das águas marítimas;

b) A plataforma submarina;
c) Os terrenos das ilhotas e mouchões formados junto à costa;
d) Os terrenos das zonas territoriais reservadas para a defesa militar;
e) Os terrenos ocupados por estradas e caminhos públicos, bem como os ocupados por aeroportos e aeródromos de interesse público.

ARTIGO 2.º
Uso privativo

1. Os terrenos pertencentes ao demónio público do Estado só podem ser objecto de uso privativo nos casos e conforme as regras estabelecidas nos números seguintes.
2. As autorizações de uso privativo de terrenos do domínio público do Estado só poderão ser concedidas a título precário.
3. As autorizações de uso privativo de terrenos do domínio público do Estado obrigarão sempre os seus beneficiários ao pagamento de uma caução ou garantia equivalente, por forma a garantir a indemnização de quaisquer perdas e danos emergentes de mau uso.
4. A utilização do leito marítimo e da plataforma submarina só pode ser autorizada por decreto-lei do Conselho de Ministros.
5. As autorizações de uso privativo de terrenos do domínio público do Estado estabelecerão, sempre, as condições a que o uso se subordinará.

ARTIGO 3.º
Autarquias

Os terrenos referidos nas alíneas c), d) e e) do artigo 1.º deste diploma podem ser desintegrados de domínio público do Estado e incluído no domínio público das autarquias mediante lei adequada.

SECÇÃO II
Domínio privado

ARTIGO 4.º
Terrenos do domínio privado

1. Pertencem ao domínio privado do Estado:
a) Os terrenos onde se encontrem implantados os edifícios públicos;

b) Os terrenos onde se situem explorações agrícolas do Estado;
c) Os terrenos que directa ou indirectamente tenham sido objecto de nacionalização;
d) Os terrenos vagos;
e) Os demais terrenos cujos proprietários não sejam entidades privadas.

2. Para efeitos da alínea b) do número anterior, consideram-se explorações agrícolas do Estado, tanto as que são de exploração directa pelos serviços, como as que são levadas a cabo por empresas estatais autónomas ou empresas arrendadas pelo Estado com ou sem personalidade jurídica.

3. Terrenos vagos são todos aqueles que, não pertencendo ao domínio público, nem se inserindo nas alíneas a), b) e c) do n.º 1 deste artigo, também não se encontram submetidos a qualquer uso ou ocupação privada.

CAPÍTULO II
Das Reservas

ARTIGO 5.º
Noção

1. Denominam-se reservas as áreas de terrenos excluídas do regime geral de uso ou ocupação, tendo em vista certos fins.

2. Consideram-se totais as reservas em que não é permitido qualquer uso ou ocupação por entidades públicas ou privadas, salvo os necessários à sua conservação ou exploração para fins científicos ou turísticos.

3. Consideram-se parciais as reservas em que só é permitido o uso ou ocupação para os fins visados ao constituí-las.

4. Na constituição e delimitação de reservas podem incluir-se terrenos do domínio público, sem prejuízo do regime especial a que estes estão sujeitos.

ARTIGO 6.º
Reservas totais

Serão reservas totais, os parques nacionais e as reservas naturais que vierem a ser criadas.

ARTIGO 7.º
Reservas parciais

Serão reservas parciais as que vierem a ser criada como:
a) Reservas para expansão urbana;
b) Reservas florestais de harmonia com a legislação especial relativa a florestas;
c) Reservas para aproveitamento hidroeléctricos ou hidroagrícolas.

ARTIGO 8.º
Reservas de expansão urbana

As reservas para expansão urbana devem ser constituídas tendo em vista a tendência natural da expansão de centros urbanos e povoações, nelas se incluindo zonas de protecção de captação de águas para abastecimento das populações respectivas.

ARTIGO 9.º
Reservas para aproveitamentos hídricos

1. As reservas para aproveitamento hidroeléctrico ou hidroagrícola podem ser estabelecidas em terrenos adjacentes aos troços de cursos de água que se mostrem apropriados para esse efeito.
2. Após a sua criação, os terrenos destas reservas que sejam pertença do Estado só poderão ser ocupados pelos serviços ou empresas a quem for confiada a construção ou a utilização dos aproveitamentos hidroeléctricos ou hidroagrícolas, ou ser objecto de contrato de arrendamento nos termos do artigo 20.º deste diploma.

ARTIGO 10.º
Coexistência de reservas

As reservas podem coexistir quando os seus fins forem compatíveis e segundo as formas de conjugação previstas nos diplomas que as criarem.

ARTIGO 11.º
Criação de reservas

As reservas são criadas ou levantadas por decreto-lei do Governo.

CAPÍTULO III
Disposição de Terrenos do Domínio Privado do Estado

ARTIGO 12.º
Regimes de disposição

1. Os terrenos do domínio privado do Estado referidos nas alíneas b), c), d) e e) do artigo 4.º deste diploma, podem ser objecto de disposição a favor de particulares, nos regimes contratuais seguintes:
a) Venda;
b) Aforamento;
c) Concessão;
d) Arrendamento;
e) Direito de superfície.

2. Os contratos de aforamento, de arrendamento e de direito de superfície são regidos pelas disposições aplicáveis do Código Civil com as alterações e adaptações decorrentes deste diploma.

3. O contrato de concessão é um contrato administrativo oneroso pelo qual o Estado cede a exploração temporária de uma parcela de terra para que o concessionário exerça os direitos inerentes à exploração, nomeadamente, os de uso, fruição e administração.

4. No termo do contrato de concessão ou das suas prorrogações, o imobilizado corpóreo adquirido pelo concessionário reverterá, livre de quaisquer ónus ou encargos para o Estado[1].

ARTIGO 13.º
Condições de aplicação do regime de venda

A aplicação do regime de venda fica condicionada à aprovação na Assembleia Nacional de um Regulamento circunstanciado, a apresentar pelo Governo, sobre os termos e condições em que a mesma se deverá processar.

ARTIGO 14.º
Forma contratual

Todos os contratos são obrigatoriamente reduzidos a escrito.

---

[1] A numeração deste número não consta do texto publicado em *Diário da República*.

ARTIGO 15.º
Competência do Governo

1. Compete ao Governo proceder à disposição dos terrenos do Estado, nos termos deste diploma, definindo as condições a que a mesma deve obedecer.
2. Pode o Governo delegar em pessoa colectiva de direito público ou privado de capitais maioritariamente públicos a execução das medidas de disposição definidas nos termos do número anterior.

ARTIGO 16.º
Competência das autarquias

Lei especial pode atribuir às autoridades locais e à Autarquia Especial do Príncipe algumas competências nesta matéria.

ARTIGO 17.º
Terrenos urbanos

1. A disposição de terrenos em zonas urbanas ou reservas para a sua expansão só pode efectuar-se por venda, aforamento ou direito de superfície.
2. O direito de superfície a que se refere o número anterior será constituído por prazo não inferior a cinquenta anos, a estabelecer em função das características das construções a erigir, sendo a fixação do prazo estabelecido no acto da sua constituição, podendo ser prorrogado pelos períodos e nos termos que forem convencionados nesse mesmo acto.

ARTIGO 18.º
Terrenos em exploração

Os terrenos onde se situem quaisquer estabelecimentos, seja qual for a sua natureza, só podem ser objecto de venda ou de concessão.

ARTIGO 19.º
Prazo de concessão

Na fixação do prazo da concessão, atender-se-á período necessário à amortização dos investimentos previstos e que sejam condição prévia da concessão.

ARTIGO 20.º
Arrendamento de terrenos situados em reservas parciais

1. Os terrenos situados no interior dos perímetros de reservas parciais podem ser objecto de arrendamento enquanto aqueles não forem aplicados aos fins para que foram reservados.

2. Os arrendamentos a que se refere o número anterior conterão, obrigatoriamente, uma cláusula de caducidade automática quando os terrenos se tornem necessários aos fins da reserva.

ARTIGO 21.º
Obrigatoriedade da execução de obras

1. Os terrenos ou parcelas de terreno cedidos para construção obriga os seus beneficiários a iniciarem as obras no prazo de um ano e a terminá-las no prazo de cinco, podendo estes prazos serem prolongados por mais um ano, quando existem circunstâncias justificativas.

2. Os prazos estabelecidos no número anterior poderão ser alargados quando o projecto de construção, pela sua envergadura e grandeza, careça, justificadamente, de prazos maiores.

3. A prova do início das obras é obrigatória por parte dos beneficiários e será feita por certidão da entidade administrativa competente.

4. A falta do cumprimento dos prazos estabelecidos para o início e conclusão das obras implica a reversão dos terrenos a favor do Estado sem que aos beneficiários assista o dircito de serem reembolsados das quantias dispendidas nos termos do contrato.

ARTIGO 22.º
Negociabilidade de direitos

Todos os direitos adquiridos pelos beneficiários sobre os terrenos são negociáveis com as limitações previstas nos artigos seguintes.

ARTIGO 23.º
Aforamento

1. Os direitos decorrentes do aforamento só podem ser negociados pelos seus titulares após dez anos, salvo se antes de decorrido este prazo tiver sido dado aproveitamento total ao terreno.

2. Para efeitos do disposto na parte final do número anterior, a prova do aproveitamento dos terrenos será feita, a requerimento do interessado, pelos serviços ou entidade que superintenda na disposição de terrenos do Estado em favor dos particulares, que pode solicitar a colaboração de técnicos dos departamentos governamentais competentes nos sectores de actividade reflectidos no aproveitamento.

3. Considera-se que um terreno se encontra totalmente aproveitado quando tiverem sido executados os programas de ocupação ou de utilização que tenham sido condição da sua atribuição ou, na falta destes, quando o terreno se encontre totalmente explorado ou ocupado em conformidade com as suas potencialidades e com a legislação referente à natureza da exploração ou ocupação.

4. O prazo estabelecido no n.° 1 deste artigo não se aplica aos aforamentos que tenham por objecto exclusivo terrenos destinados à construção, os quais observarão, com as devidas adaptações, o disposto no artigo 16.°.

ARTIGO 24.°
Trespasse e subconcessão

1. A concessão pode ser, total ou parcialmente, definitiva ou temporariamente, objecto de trespasse ou subconcessão, mediante prévia autorização do serviço ou entidade concedente.

2. No trespasse, considerar-se-ão transmitidos, para o novo concessionário, os direitos e obrigações do anterior, assumindo aquele, ainda, todos os deveres e encargos que, porventura, lhe venham a ser impostos como condição para a autorização do trespasse.

3. Na subconcessão, o concessionário manterá os direitos e continuará sujeito às obrigações emergentes do contrato de concessão.

ARTIGO 25.°
Direito de preferência

1. O Estado gozará sempre do direito de preferência, em primeiro grau, na alienação do direito de superfície por acto entre vivos e na adjudicação em liquidação e partilha de sociedade.

2. Os actos praticados, sem que haja sido facultado o direito de preferência nos termos do número anterior, são anuláveis.

ARTIGO 26.º
Preços, foros e rendas

1. Os preços, foros e rendas a estabelecer consoante os contratos serão calculados segundo tabelas fixadas em regulamentação complementar, tendo em atenção a localização, potencialidades de exploração e utilização dos terrenos.
2. Quando a disposição dos terrenos deva ser feita por hasta ou concurso público, os montantes calculados nos termos do número anterior constituirão a respectiva base de licitação.

ARTIGO 27.º
Pagamentos

1. Os contratos estabelecerão as condições e prazos de pagamento das prestações periódicas a que houver lugar.
2. O montante das prestações a que se refere o número anterior serão revistas anualmente, pela fixação no contrato de uma percentagem de actualização automática.

ARTIGO 28.º
Remissão

Os foros podem ser remidos, a requerimento dos interessados, desde que o aforamento tenha pelo menos dez anos ou o terreno se encontre totalmente aproveitado ou ocupado.

CAPÍTULO IV
Da Legitimidade para Adquirir Direitos sobre os Terrenos

ARTIGO 29.º
Entidades com legitimidade

1. Podem adquirir direitos sobre os terrenos do Estado:
a) Os cidadãos nacionais;

b) Os cidadãos estrangeiros, com as limitações previstas neste diploma e demais, legislação em vigor;
c) As sociedades comerciais nacionais ou estrangeiras legalmente estabelecidas no país, desde que a utilização pretendida para os terrenos não seja estranha ao seu objecto social;
d) As pessoas colectivas de direito público ou de direito privado não incluídas na alínea anterior, que tenham capacidade de gozo de direitos.

2. Os cidadãos estrangeiros não podem ser beneficiários de mais de uma parcela cuja área máxima não pode ultrapassar dois hectares, salvo quando a utilização e exploração de terrenos estiver prevista em projectos de investimento devidamente autorizados em conformidade com a legislação em vigor.

3. Para efeitos deste diploma, nomeadamente para os previstos nos números anteriores, não se consideram estrangeiros, os cidadãos de outros países que residem habitualmente ou se encontrem estabelecidos há mais de dez anos em São Tomé e Príncipe.

4. Só as sociedades comerciais com estrutura financeira adequada podem ser beneficiárias de terrenos do Estado com área superior a cinquenta hectares.

ARTIGO 30.º
Pessoas singulares

1. Os terrenos com área inferior a dois hectares, que sejam exclusivamente destinadas a fins agrícolas, só podem beneficiar pessoas singulares.

2. Cada pessoa não pode ser beneficiário de mais de um terreno, nas condições referidas no número anterior.

ARTIGO 31.º
Pedido

Os interessados em parcelas de terreno agrícola, com os limites referidos no artigo anterior, requerê-las-ão à entidade que detenha os poderes de disposição, indicando a cultura a que pretendem destinar a parcela requerida e juntando a documentação que, por regulamento, possa ser exigida.

CAPÍTULO V
Das formas da disposição

ARTIGO 32.º
Formas de disposição

A disposição de terrenos do Estado a favor de particulares pode efectuar-se mediante:
a) Ajuste directo;
b) Hasta pública;
c) Concurso público.

ARTIGO 33.º
Hasta pública e ajuste directo

1. A disposição de terrenos destinados, exclusivamente à construção para habitação será feita mediante hasta pública ou ajuste directo por licitação sobre a importância que tiver sido fixada nos termos do artigo 26.º.
2. A disposição de terrenos não compreendidos no número anterior e que não deva fazer-se por concurso público poderá fazer-se por ajuste directo, salvo se houver mais que um interessado ou candidato, caso em que será efectuada por hasta pública.
3. Aplicar-se-á à hasta pública, com as necessárias adaptações, o disposto no artigo seguinte.

ARTIGO 34.º
Processo de concurso

1. O processo de concurso inicia-se pela publicação das condições do concurso através de aviso publicado no *Diário da República* e divulgação na imprensa escrita, na rádio e na televisão, bem como pela afixação de editais na sede de serviços públicos e igrejas ou outros lugares de culto da região onde se situam os terrenos.
2. Nos concursos que tenham por objecto terrenos agrícolas com uma área superior a dez hectares, os candidatos apresentarão obrigatoriamente um plano técnico-económico da sua exploração e ocupação, indicando as fontes de financiamento respectivo.

ARTIGO 35.º
Concurso público

O concurso público é o procedimento obrigatório quando se trate de terrenos com área superior a dois hectares ou se neles se encontrarem implementadas quaisquer estruturas industriais, agro-industriais ou agro-pecuárias, salvo se, por circunstâncias sócio-económicas especiais, o Conselho de Ministros autorizar que o contrato respectivo se celebre por ajuste directo.

ARTIGO 36.º
Reclamação de direitos

Dentro do prazo fixado para a entrega das propostas, o qual nunca poderá ser inferior a quarenta e cinco dias, qualquer interessado poderá reclamar contra a violação dos seus direitos.

ARTIGO 37:º
Obrigatoriedade de demarcação prévia

1. Os contratos só podem ser celebrados depois de as parcelas de terreno terem sido delimitadas com marcas perimetrais.
2. A planta da parcela constitui anexo obrigatório dos contratos.

ARTIGO 38.º
Configuração da demarcação

Às parcelas de terreno devem ser dadas, quando possível, a configuração de polígonos de poucos lados, de preferência quadriláteros.

CAPÍTULO VI
Do Registos de Direitos e Ónus

ARTIGO 39.º
Obrigatoriedade de registo

1. Os direitos e ónus sobre os terrenos conferidos por contratos celebrados ao abrigo deste diploma, estão obrigatoriamente sujeitos a registo.

2. Nenhum acto sujeito a registo, nos termos deste diploma, produz efeito contra terceiros senão depois da data do registo respectivo.

ARTIGO 40.º
Penhora e hipoteca de direitos

Os direitos a que se refere o artigo anterior podem ser objecto de penhora ou hipoteca, nos termos da lei, observando-se as limitações decorrentes da sua própria natureza e deste diploma.

ARTIGO 41.º
Servidões

Os beneficiários de terrenos do Estado são obrigados a registar e conservar as servidões que nelas existam e constem das respectivas plantas ou processos.

CAPÍTULO VII
Disposições Finais

ARTIGO 42.º
Unidade de cultura

A alienação, divisão ou partilha de terrenos agrícolas adquiridos nos termos deste diploma observará, sempre, a área correspondente à unidade de cultura que pela sua localização e cultura dominante foi fixada em lei ou regulamento.

ARTIGO 43.º
Disposição gratuita de terrenos

1. Pode o Governo dispor, gratuitamente, de parcelas de terreno com áreas não superiores a dois hectares a favor de trabalhadores licenciados em virtude de projectos ou programas de reconversão das empresas ou serviços.

2. Para efeitos do número anterior terão preferência os trabalhadores licenciados que contém, pelo menos três anos de trabalho ininterrupto no sector de actividade ou se insiram na empresa ou serviço.

ARTIGO 44.º
Propriedade privada

1. Todos os terrenos não englobados nos artigos 1.º e 4.º deste diploma são propriedade privada, assim se considerando, nomeadamente:
   a) As glebas;
   b) Os terrenos rústicos ou urbanos que não tenham sido objecto de medidas de nacionalização.

2. A propriedade dos terrenos a que se refere o número anterior prova-se segundo os meios e as formas legalmente permitidos.

ARTIGO 45.º
Prescrição e acessão imobiliária

Sobre os terrenos do Estado não podem ser adquiridos direitos por meio de prescrição ou de acessão imobiliária.

ARTIGO 46.º
Decreto-lei n.º 32/87

1. Os actuais detentores de «Títulos de Posse e Aproveitamento de Terras» conferidos ao abrigo do Decreto-lei n.º 32/87 mantêm o direito à utilização e ocupação dos terrenos respectivos no regime de concessão, com observância do disposto nos números seguintes.

2. Todos os concessionários de parcelas de terrenos com área superior a dez hectares têm um prazo de seis meses para cumprir o disposto no n.º 2 do artigo 34.º.

3. Se decorrido o prazo previsto no número anterior, o concessionário não apresentar os planos técnico-económicos nem os programas de financiamento, as concessões serão renegociadas, devendo ser restringidas às áreas efectivamente aproveitadas ou até ao limite das que, nos termos deste diploma, podem ser objecto de disposição a favor de particulares, mediante ajuste directo.

ARTIGO 47.º

Ficam revogadas as legislações que contrariam o presente diploma.

ARTIGO 48.º

Este diploma entra, em vigor no dia seguinte ao da sua publicação.

São Tomé, aos 4 de Junho de 1991.

O Presidente da Assembleia Nacional, *Leonel Mário d'Alva.*

Promulgado em 28 de Junho de 1991.

Publique-se.

O Presidente da República, MIGUEL ANJOS TROVOADA.

CÓDIGO DE INVESTIMENTOS
(Lei n.º 13/92, de 15 de Outubro)

Pretende-se, com a publicação deste novo código, a instituição de um regime claro e simples de incentivos ao investimento, que motive a aplicação de poupanças internas e sirva de atractivo à fixação de capitais externos nos vários sectores da economia nacional.

A criação de apenas três regimes de incentivos tendo em conta o montante de capital a aplicar vai ao encontro dessa preocupação de oferecer um sistema expedito e fiável aos potenciais investidores, garantindo um custo administrativo mínimo na aprovação dos seus projectos de investimento.

Por outro lado, estabelece-se um tratamento uniforme do capital investido, quer ele seja de origem nacional, quer estrangeira, garantindo-se a aplicação de regras e critérios idênticos na oportunidade de acesso ao investimento, sem prejuízo da ressalva expressa no que concerne às especificidades próprias que envolvem o regime cambial aplicável à remuneração do capital estrangeiro.

De igual modo se estabelece a possibilidade de acesso a linhas de crédito especial para o investimento, sendo certo que a concessão deste sempre terá que ser aferida tendo em conta quer as capacidades dos fundos disponíveis para tal efeito, quer a prioridade real do investimento para além da oportunidade de intervenção por parte das instituições públicas no mercado de capitais.

A existência de um serviço especialmente vocacionado à análise e tramitação do investimento, como é o caso da direcção de Planificação Económica (DPE), na esfera de acção do Ministério de Economia e Finanças, aconselhou fosse cometido àquele organismo o processamento dos projectos de investimento apresentados, desenvolvendo as acções de recepção, instrução, registo, análise, acompanhamento e fiscalização necessárias ao êxito desta medida.

Nestes termos, a Assembleia Nacional, no uso da faculdade que lhe é conferida pelas alíneas g) e h), do artigo 87.° da Constituição, adopta a seguinte Lei:

ARTIGO 1.°

É aprovado o Código de Investimentos, que se publica em anexo a esta lei.

ARTIGO 2.°

Farão parte integrante Código de Investimentos os anexos I e II, cujos modelos poderão ser adaptados ou alterados pelo Governo.

ARTIGO 3.°

Quaisquer dúvidas e omissões decorrentes da aplicação do Código de Investimentos serão resolvidas pelo Governo.

ARTIGO 4.°

A presente lei entra imediatamente em vigor.

Assembleia Nacional em S. Tomé, aos 25 de Agosto de 1992.

O Presidente da Assembleia Nacional, *Leonel Mário D'Alva*.

Promulgado em 7 de Outubro de 1992.

Publique-se.

O Presidente da República, MIGUEL ANJOS DA CUNHA LISBOA TROVOADA.

CÓDIGO DE INVESTIMENTOS

CAPÍTULO I
Disposições Gerais

ARTIGO 1.º
Objectivo

O Código de Investimentos tem por objectivo definir os termos, condições, modalidades e garantias aplicáveis aos investimentos de capital nacional, estrangeiro ou misto na República Democrática de S. Tomé e Príncipe.

ARTIGO 2.º
Princípios gerais

O regime instituído pelo presente código tem como pressuposto essencial o princípio da igualdade perante a lei, elegendo como princípios gerais o livre exercício da actividade empresarial segundo os termos da lei, o respeito pela livre concorrência, a não discriminação na concessão dos benefícios previstos, bem como o reconhecimento da iniciativa privada como factor de desenvolvimento da economia nacional.

ARTIGO 3.º
Definições

Para efeitos deste Código, define-se:
1. Investimento – toda a mobilização harmónica aí recursos financeiros, humanos e tecnológicos destinada a criar ou ampliar actividades produtivas.
2. Capital – conjunto dos factores de produção que, integram, designadamente, meios materiais, tecnológicos e financeiros, expressos em unidades monetárias destinados à consecução dos objectivos dos projectos, podendo ser:
   a) Nacional – quando expresso em moeda nacional e pertença integralmente a pessoa ou pessoas físicas ou jurídicas residentes, domiciliadas ou com sede em território nacional;

b) Estrangeiro – quando expresso em divisas e entrado no país através de operação cambial apropriada;
c) Misto – quando resulte da associação de capitais nacionais e estrangeiros.

3. Promotor de projecto – pessoa física ou jurídica que apresente um projecto de investimento e requer o seu enquadramento num dos regimes previstos neste código.

4. Incentivo – medida de carácter excepcional, instituída para tutela do interesse público, destinada a atrair ou incentivar a aplicação de capitais no quadro do processo de ré estruturação e modernização do tecido empresarial e da estratégia de desenvolvimento.

5. Transferência de tecnologia:
a) Contratos que tenham por objecto a cessão ou licença de uso de patentes, marcas, desenhos ou inventos, bem como a transferência de outros conhecimentos não patenteados;
b) Contratos de prestação de assistência técnica à gestão de empresas e à produção ou à comercialização de quaisquer bens ou serviços que prevejam, nomeadamente, despesas com consultas ou deslocações de peritos e com formação de pessoal nacional diverso;
c) Contratos com empresas especializadas para a construção ou manutenção das unidades industriais, vias de comunicação, pontes e portos;
d) Demais tipos de assistência técnica essencial ao desenvolvimento do projecto, conforme os conceitos actuais de tecnologia.

6. Plano de importação – relação semestral dos bens e equipamentos a serem importados para afectação ao projecto, discriminando as quantidades, características técnicas, origem, valor e destino final.

7. Período de instalação – lapso de tempo considerado necessário pela Direcção de Planificação Económica (DPE) para instalação do projecto, de acordo com a sua especificidade sectorial e nos termos do artigo 18.º.

8. Balança cambial – considera-se balança cambial da entidade promotora o conjunto de receitas e despesas relativas ao projecto e a seguir indicadas:
a) Receitas cambiais:
i) O valor das exportações FOB;
ii) O valor das vendas no mercado interno, em substituição das importações que o preço dos produtos seja competitivo internamente e que, em virtude do financiamento do projecto, não se tornou necessário realizar.

b) Despesas cambiais:
  i) O montante pago em divisas a pessoal estrangeiro ao serviço da entidade;
  ii) O pagamento ao exterior por licenças de fabrico, patentes, marcas, assistência técnica e outros valores referentes a tecnologia;
  iii) O valor CIF das importações directas de matérias-primas, produtos intermédios e outros bens afectos ao projecto;
  iv) Os juros e demais encargos com empréstimos contraídos no exterior para financiamento do projecto;
  v) O valor das amortizações dos bens de equipamento objecto de importação.

CAPÍTULO II
Do Investimento e Incentivos

SECÇÃO I

ARTIGO 4.º
Do regime de incentivos

São criados os seguintes regimes de incentivos ao investimento:
a) Regime simplificado;
b) Regime geral;
c) Regime contratual.

SECÇÃO II
Do Regime Simplificado

ARTIGO 5.º
Caracterização do regime

Enquadrar-se-á no regime simplificado o investimento definido nos termos do n.º 1 do artigo 3.º, cujo montante global, por projecto, não seja superior ao valor em dobras equivalente a USD 100.000.

ARTIGO 6.º
Incentivos

Os investimentos cujos projectos se enquadrem neste regime poderão beneficiar dos seguintes incentivos:
1. De natureza fiscal;
    a) Redução em 50 % da taxa da sisa devida pela aquisição ou constituição de direitos de propriedade sobre prédios rústicos ou urbanos integrados no projecto de investimento, desde que estes se destinem única e exclusivamente ao exercício da actividade respectiva, designadamente instalações comerciais e industriais, serviços administrativos e sociais conexos;
    b) Redução em 50 % da taxa de imposto sobre rendimento nos cinco primeiros anos de vida do projecto, incluído o ano de arranque;
    c) Isenção de todas as imposições aduaneiras devidas pela importação de bens de equipamento, destinados à realização do projecto, desde que tenham sido observadas as disposições constantes deste diploma sobre o período de instalação.
2. De natureza financeira – acesso a linhas especiais de crédito, nos termos a definir pela instituição bancária competente, até ao limite máximo de setenta por cento do valor global do investimento.
3. Outros – cedência de exploração de prédios rústicos ou urbanos que sejam propriedade do Estado e se mostrem adequados à realização do projecto, pelo período de duração deste, desde que não comportem consequências prejudiciais de carácter social ou ecológico.

ARTIGO 7.º
Condições de acesso

1. As entidades promotoras de projectos de investimento podem beneficiar dos incentivos previstos nesta secção desde que:
    a) Disponham de, pelo menos, trinta por cento de capital próprio;
    b) Disponham ou adoptem contabilidade regularmente organizada;
    c) Demonstrem possuir uma situação de viabilidade económica e financeira estável ou susceptível de ser conseguida com a realização do projecto.
    d) Apresentem certidão negativa de dívidas ao Estado e à Segurança Social.

2. Para além das condições presentes no número anterior, exige-se ainda que o estudo de viabilidade do projecto demonstre que:
   a) Contribui para a criação de postos de trabalho de carácter permanente e seja direccionado a ocupação de mão-de-obra nacional.
   b) Não tenha sido iniciado o projecto no momento da candidatura, exceptuados os actos de aquisição de prédios destinados à instalação do projecto.

SECÇÃO III
Do regime geral

ARTIGO 8.º
Caracterização do regime

Enquadrar-se no regime geral o investimento definido nos termos do n.º 1 do artigo 3.º, cujo montante global, por projecto seja superior ao valor em dobras equivalente USD 100.000 e não exceda USD 1.000.000.

ARTIGO 9.º
Incentivos

Os investimentos cujos projectos se enquadrem neste regime poderão beneficiar dos seguintes incentivos:
1. De natureza fiscal:
   a) Redução em 75 % da taxa de sisa devida pela aquisição ou constituição de direitos de propriedade no projecto de investimento, desde que estes se destinem única e exclusivamente ao exercício da actividade respectiva, designadamente, instalações comerciais e industriais, serviços administrativos e sociais conexos;
   b) Redução em 50 % da taxa de imposto sobre rendimento nos primeiros sete anos de vida do projecto, incluindo o ano de arranque;
   c) Isenção de todas as imposições aduaneiras devidas pela importação de bens de equipamento destinados à implementação e realização do projecto, desde que tenham sido observadas as disposições constantes deste diploma sobre o plano de importação respectivo;
   d) Serão passíveis de amortização, num período de 3 (três) anos os gastos suportados com a formação e aperfeiçoamento profissional de pessoal nacional afecto a tarefas relacionadas com o projecto de investimento.

2. De natureza financeira: acesso a linhas especiais de crédito a determinar pela entidade competente, até ao limite de 50% do valor global do investimento.

3. Outros – cedência de exploração de prédios que sejam propriedade do Estado e se mostrem adequados à realização do projecto pelo período de duração deste, desde que não comportem consequências prejudiciais de carácter social ou ecológico.

ARTIGO 10.º
Condições de acesso

1. As entidades promotoras de projectos de investimento podem beneficiar dos incentivos previstos nesta secção desde que:
   a) Disponham de, pelo menos, cinquenta por cento de capital próprio;
   b) Disponham ou adoptem contabilidade regularmente organizada;
   c) Demonstrem possuir uma situação de viabilidade económica e financeira presente ou susceptível de ser conseguida com a realização do projecto;
   d) Apresentem certidão negativa de dívidas ao Estado e à Segurança Social, quando a constituição da entidade promotora do projecto tenha tido lugar há mais de 90 dias contados da data da apresentação do referido projecto;
   e) Não tenha sido iniciado o projecto no momento da candidatura, exceptuados os actos de aquisição de prédios destinados à instalação do projecto.

2. As condições de acesso impostas pelo presente artigo não exoneram as entidades promotoras do cumprimento dos requisitos de forma e substância impostos pela legislação em vigor para os actos, contratos e demais diligências a efectuar no âmbito dos projectos.

SECÇÃO IV
Do Regime Contratual

ARTIGO 11.º
Caracterização de regime

1. Enquadrar-se-á no regime contratual o investimento definido nos termos do n.º 1 do artigo 3.º, cujo montante global, por projecto, seja superior ao valor equivalente a USD 1.000.000.

2. Ao regime contratual podem candidatar-se as pessoas físicas ou jurídicas promotoras de projectos que, respeitando o limite estabelecido no número anterior, apresentem projectos relevantes na prossecução dos objectivos de desenvolvimento económico e social.

ARTIGO 12.º
Incentivos

Os investimentos cujos projectos se enquadrem neste regime poderão beneficiar dos seguintes incentivos:

1. De natureza fiscal – Todos os incentivos previstos para o regime geral, podendo o Governo estabelecer, por contrato, prazos ou taxas superiores às fixadas para aquele regime geral sempre que o projecto de investimento se revista de excepcional interesse para a economia nacional.

2. De natureza financeira – Acesso a linhas especiais de crédito interno para financiamento do projecto, até ao limite de 25 % do montante global do investimento.

3. Outros – Todos os incentivos previstos para o regime geral, estabelecendo-se, porém, o limite para os benefícios associados aos gastos efectuados com formação e o aperfeiçoamento profissional dos empregos nacionais.

4. Nenhum benefício ou incentivo a conceder no âmbito deste regime poderá ser reivindicado se não constar do respectivo contrato administrativo.

ARTIGO 13.º
Condições de acesso

As entidades promotoras de projectos de investimento podem beneficiar dos incentivos previstos nesta secção desde que, além dos requisitos exigidos para o regime geral, cumulativamente observem os seguintes condicionalismos:
   a) Apresentem um relatório que contemple a análise da implicação macro-económica bem como outros indicadores económico-financeiros, tradicionalmente utilizados na análise de projectos;
   b) Apresentem um projecto de contrato administrativo, a submeter à apreciação da entidade competente, onde se fixam os objectivos, as metas, as obrigações e as garantias do projecto, e se enunciem os benefícios pretendidos.

c) As entidades promotoras deverão ainda indicar o foro competente para solução de conflitos, sendo permitida a junção de pareceres técnicos de origem nacional ou estrangeira a fornecer e suportar pela parte que invoque a sua necessidade.

CAPÍTULO III
Do Projecto de Candidatura e Concessão

SECÇÃO I
Do Processo de Candidatura

ARTIGO 14.º
Formas do processo

1. A candidatura à concessão dos incentivos ao investimento pode assumir a forma de processo de consulta prévia ou processo de candidatura propriamente dita, e depende da iniciativa dos interessados.

2. Os processos referidos no número anterior são de natureza administrativa, isentos de custos ou emolumentos, obedecendo a sua tramitação aos critérios de simplicidade, celeridade e economia processuais.

ARTIGO 15.º
Da consulta prévia

1. Antes de verificados os pressupostos do investimento previstos neste diploma, podem os interessados requerer ao Ministro de Economia e Finanças, que se pronuncie sobre uma dada situação de investimento ainda não concretizada.

2. O despacho que recair sobre o requerimento formulado nos termos do número anterior será notificado ao interessado, vinculando os serviços que, verificados os factos previstos na lei, não poderão proceder por forma diversa, salvo em cumprimento de decisão judicial.

3. O despacho a que se refere o número anterior não é susceptível de reclamação ou recurso e não dispensa os interessados do cumprimento das formalidades previstas na secção seguinte para concessão dos incentivos previstos neste código.

4. O despacho referido nos números anteriores deverá ser preferido no prazo máximo de 45 dias contados a partir da data de apresentação do processo à autoridade competente.

5. O despacho que defere o requerimento referido no n.º 2, caducará no prazo de 90 dias, contados a partir da data de notificação, se entretanto o requerente não cumprir as formalidades previstas na secção seguinte.

6. Logo que seja apresentado o projecto de investimento que tenha sido precedido de processo de consulta prévia, este será apensado ao requerimento do interessado, devendo a entidade competente conformar--se com o anterior despacho enquanto a situação hipotética objecto da consulta prévia coincida com a situação de facto descrita no projecto apresentado.

ARTIGO 16.º
Candidatura

1. O processo de candidatura será apresentado em seis exemplares, na Direcção de Planificação Económica (DPE) do Ministério de Economia e Finanças, e deverá conter os seguintes elementos:
   a) Projecto de investimento;
   b) Formulário e mapas constantes do Anexo I a este diploma;
   c) Avaliação técnico-económica adequada do projecto, quando exigida, conforme ao Anexo H;
   d) Plano da importação de bens a afectar ao projecto;
   e) Quaisquer outros estudos directamente ligados à realização do projecto;
   f) Documentos comprovativos do cumprimento das condições de acesso específicas de cada regime.

2. A entidade referida no número anterior poderá solicitar aos promotores do projecto de investimento esclarecimentos complementares, que deverão ser fornecidos em prazo a fixar até ao máximo de sessenta dias.

3. O não cumprimento do estabelecido no número anterior implica a desistência da candidatura, salvo quando devidamente justificada e aceite pela entidade competente.

ARTIGO 17.º
Apreciação e decisão

1. A DPE, após a recepção do processo, enviará simultaneamente, cópias completas ao Ministério que tutela o sector de actividade onde se insere o projecto, à Direcção de Finanças, à Direcção das Alfândegas, bem como ao Banco Central de São Tomé e Príncipe, quando seja caso disso.

2. Os serviços referidos no número anterior emitirão parecer, em prazo máximo de 20 dias contados da recepção da cópia do projecto, no que respeita às matérias da sua competência.

3. Recolhidos os pareceres, a DPE submeterá o processo devidamente instruído à apreciação e despacho do Ministro de Economia e Finanças.

4. O despacho que decida sobre o pedido de concessão de incentivos deverá conter, para além da suficiente identificação do requerente, os seguintes elementos:
   a) Natureza e data de início e termo de cada incentivo concedido;
   b) Quantificação exacta dos benefícios concedidos, em termos numéricos ou percentuais;
   c) Indicação da susceptibilidade de recurso, respectivo prazo e órgão competente para a sua apreciação;
   d) Fundamentos de facto e de direito que determinaram a concessão ou recusa de aplicação do regime de incentivos solicitados.

5. Nos processos em que tenha havido consulta prévia, nos termos do artigo 15.º, o silêncio da Administração nos 30 dias seguintes à recepção do processo equivale para todos os efeitos à aprovação do mesmo.

6. A não execução do projecto de investimento no prazo previsto nos respectivos estudos de avaliação técnico-económica, salvo razões justificativas e aceites pela Administração, faz caducar o contrato celebrado assim como as autorizações concedidas para efeito de implementação do projecto.

7. Na celebração de contrato em que se estabeleçam incentivos, nos termos do artigo 11.º, serão observados os requisitos enunciados no n.º 4 devendo, ainda, serem discriminadas as condições especiais ou penalidades a aplicar em cada contrato.

ARTIGO 18.º
Avaliação técnico-económica

1. Cada projecto de investimento será objecto de avaliação de carácter técnico-económico, a elaborar de acordo com as especificações constantes do Esquema Referencial anexo ao presente diploma e versando, nomeadamente, os seguintes aspectos:
   a) Análise dos objectivos e características do projecto;
   b) Estudo de mercado;
   c) Análise da viabilidade económica e financeira do projecto.

2. Para efeitos da análise prevista na alínea c) do número anterior, ter-se-ão em conta, dentre outros, os seguintes factores:
   a) Manutenção e/ou criação de novos postos de trabalho;
   b) Saldo positivo, em divisas, que contribua para o equilíbrio da balança de pagamentos externos;
   c) Valorização de recursos nacionais, nomeadamente pela sua transformação ou incorporação em produtos;
   d) Utilização de bens e serviços nacionais;
   e) Grau de incremento do valor acrescentado nacional e diversificação geográfico-económica;
   f) Montante previsto de recurso ao crédito para financiamento da formação do capital da empresa;
   g) Planos de formação profissional de trabalhadores nacionais;
   h) Impacto ecológico.
3. Para além das condições presentes no número anterior exige-se ainda que o estudo de viabilidade do projecto demonstre que o mesmo contribua para a maior absorção de recursos humanos nacionais no contexto do aumento do nível do emprego.

ARTIGO 19.º
Autorização e registo

1. A autorização do projecto de investimento será sempre formalmente comunicada à entidade promotora, devendo a DPE organizar um registo de projectos autorizados, de acordo com, a origem de capital utilizado para o seu financiamento nos termos das alíneas seguintes:
   a) Capital nacional;
   b) Capital estrangeiro;
   c) Capital misto.
2. Dos projectos referidos nas alíneas b) e c) do número anterior, sendo esta última na parte a que se refere ao capital estrangeiro, será elaborado um registo no Banco Central de São Tomé e Príncipe, visando o controlo da balança cambial da entidade promotora do projecto.

CAPÍTULO IV
Do Capital Estrangeiro

ARTIGO 20.º
Admissibilidade

É permitida a entrada de capital estrangeiro em todas as áreas de actividade económica nacional permitida por lei aos particulares, sem discriminação de qualquer espécie, observando-se as disposições constantes dos artigos seguintes.

ARTIGO 21.º
Regime

Considera-se capital estrangeiro aquele cujo montante global investido no projecto de investimento seja integrado unicamente por capitais estrangeiros, entendidos estes segundo o conceito definido na alínea b) do n.º 2 do artigo 3.º deste código.

ARTIGO 22.º
Caracterização

O regime a que deve submeter-se o investimento do capital estrangeiro no território nacional será, em todos os casos o previsto na secção IV do capítulo II deste diploma, independentemente do montante do investimento.

ARTIGO 23.º
Incentivos

Os incentivos a conceder ao investimento estrangeiro serão os previstos no artigo 12.º a que acrescerão os seguintes:
  a) Isenção de imposto sobre rendimento na parte dos lucros depois de impostos que, havendo sido objecto de autorização de transferência para o exterior, sejam mantidos como reserva da empresa;
  b) Direito de transferência para o exterior de lucros depois de impostos, até uma percentagem, em, cada exercício, de 15 % do montante do investimento estrangeiro determinado nos termos do artigo 21.º, e desde que tenham sido respeitadas as limitações

estabelecidas quanto ao saldo da balança cambial da entidade promotora do projecto.
c) Isenção de imposto sobre operações bancárias relativamente à entrada do capital estrangeiro destinado a integrar o projecto.

ARTIGO 24.º
Localização das operações cambiais

As operações cambiais respeitantes a projectos de investimento estrangeiro serão sempre efectuadas por intermédio de instituição bancária sedeada em território nacional, conforme a lei vigente e de acordo com as orientações emanadas da autoridade bancária competente.

ARTIGO 25.º
Acordos internacionais

As garantias concedidas ao investimento de capital estrangeiro, nos termos deste código, são asseguradas sem prejuízo de outras que resultem de acordos celebrados entre o Estado santomense e outros Estados e organizações internacionais.

ARTIGO 26.º
Investimento misto

1. Aplica-se aos projectos de investimento de capital misto, definidos nos termos da alínea c) do n.º 2 do artigo 3.º, na parte correspondente ao capital estrangeiro, as regras e incentivos previstos neste capítulo.

2. O regime de tramitação dos processos de candidatura e concessão dos projectos de investimento de capital misto será o previsto no artigo 22.º deste código.

CAPÍTULO V
Do Reinvestimento

ARTIGO 27.º
Definição

Para efeitos deste código considera-se reinvestimento a aplicação, no todo ou em parte, dos lucros líquidos obtidos no exercício, depois de impostos, na expansão, diversificação ou modernização da capacidade instalada.

ARTIGO 28.º
Regime de incentivos

Serão aplicáveis aos capitais reinvestidos os benefícios previstos nas alíneas seguintes:
 a) Dedução à matéria colectável de um montante igual a trinta por cento do valor dos lucros reinvestidos no exercício, até ao terceiro exercício seguinte ao do reinvestimento;
 b) Acumulação de direito de transferência, para o estrangeiro, do valor reinvestido, com os limites estabelecidos na alínea b) do artigo 23.º deste código.

CAPÍTULO VI
Disposições Comuns Finais e Transitórias

ARTIGO 29.º
Obrigações

1. As entidades promotoras de projectos de investimento realizados ao abrigo deste código, estão sujeitas ao cumprimento do que nele e demais legislação se prescreve, assim como ao estrito cumprimento dos termos exarados nos contratos e despachos de concessão de incentivos.

2. A não observância do disposto no número anterior dará lugar à revogação dos despachos de concessão dos incentivos ou à rescisão unilateral dos contratos, incorrendo as entidades promotoras na obrigação de entrega nos Cofres do Estado de todas as importâncias que em virtude dos incentivos concedidos deixaram de ser liquidadas.

3. Exceptuam-se do disposto no número anterior os casos em que por alteração substancial das condições de investimento, a requerimento da entidade promotora e com a anuência do Estado santomense, seja acordada a renegociação do contrato.

4. Para efeitos da análise de viabilidade económico-financeira e do impacto macro-económico do projecto a Direcção de Planificação Económica fará publicar directivas de observância obrigatória.

ARTIGO 30.º
Acompanhamento e fiscalização

1. As entidades promotoras que venham a beneficiar dos incentivos previstos neste código ficam sujeitas à verificação e controlo de realização dos investimentos projectados.
2. Competirá à DPE acompanhar e fiscalizar a realização dos projectos de investimento, podendo para o efeito solicitar a colaboração de todos os serviços públicos, que lha prestarão em regime de prioridade.
3. Quando os projectos a fiscalizar envolvam conhecimentos técnicos especializados na determinação do seu grau de realização, pode aquela Direcção de Planificação contratar auditorias especializadas, obtido o parecer favorável do ministério de tutela e sob despacho do Ministro da Economia e Finanças.

ARTIGO 31.º
Acumulação de incentivos

Os incentivos previstos neste diploma são acumuláveis com quaisquer outros de natureza financeira que venham a ser criados em legislação especial.

ARTIGO 32.º
Actividade petrolífera e extractiva

As disposições do presente código não são aplicáveis aos projectos de investimento realizados nas áreas de pesquisa e produção de hidrocarbonetos e outras indústrias extractivas, que se subordinarão a regulamento especial.

ARTIGO 33.º
Alienação de bens afectos ao projecto

1. Sempre que sejam alienados os bens importados no âmbito do projecto de investimento com isenção de direitos aduaneiros, a entidade promotora fica obrigada a requerer na Direcção das Alfândegas a liquidação das imposições que sejam devidas no momento da alienação, tomando-se por base de tributação o valor actual dos bens.
2. O regime previsto no n.º 1 aplicar-se-á quando aqueles bens sejam afectados a actividades diversas ou lhes seja dado destino diferente do previsto no projecto de investimento.

3. Quando a alienação ou afectação previstas nos números anteriores tiver por finalidade a integração dos bens importados em projecto de investimento diferente, ser-lhes-á aplicado o regime próprio do projecto a que se destinam, procedendo os serviços das Alfândegas às correcções devidas e necessárias.

4. A aplicação do disposto no número anterior depende de requerimento a apresentar pela entidade adquirente ou alienante, donde conste a descrição técnica dos bens a ceder, a sua afectação actual e a de destino, o valor atribuído e a identificação dos projectos alienante e adquirente.

5. A transgressão às disposições de natureza aduaneiras presentes neste diploma, será punida nos termos do contencioso aduaneiro em vigor e ao caso aplicável.

ARTIGO 34.º
Cessação de benefício – restituição

1. As entidades promotoras de projectos de investimento, titulares de benefícios resultantes de incentivos de natureza tributaria, são obrigadas a comunicar à DPE, no prazo de 30 dias, a cessação da situação de facto ou de direito em que de baseava o benefício, excepto quando esta deva ser de conhecimento oficioso.

2. A cessação referida no n.º 1 tem por consequência a reposição automática da tributação-regra, devendo os serviços competentes, após comunicação da DPE, proceder as liquidações a que houver lugar, processando-se como receita eventual para efeitos de contencioso tributário.

ARTIGO 35.º
Norma revogatória

1. É revogado o Decreto-lei n.º 14/86, de 10 de Abril, e demais legislação complementar.

2. Os incentivos concedidos ao abrigo do código revogado pelo número anterior manter-se-ão inalterados até à sua extinção, não podendo acumular os benefícios já acordados ao abrigo daquele decreto-lei com outros previstos neste código.

3. As entidades que beneficiem do anterior regime de incentivos ao investimento podem optar pela aplicação do regime instituído neste código devendo, para o efeito, apresentar candidatura adequada nos termos da secção I do capítulo III.

ESQUEMA REFERENCIAL PARA APRESENTAÇÃO DE PROJECTOS DE INVESTIMENTO PRIVADO

(Anexo ao Código de Investimento)

O esquema de apresentação para projectos de investimentos, a seguir explicitado, não pretende estabelecer uma norma única mas objectiva, fundamentalmente, assegurar um roteiro que garanta a organização das informações imprescindíveis às análises de conteúdo, de coerência, de consistência e, sobretudo, a avaliação económico-financeira e social.

É evidente que este esquema, de carácter geral, terá de adaptar-se, em cada caso, às características do projecto e as circunstâncias de estudo.

ESQUEMA

1 – CARACTERIZAÇÃO DO PROMOTOR
   - Identificação;
   - Vocação empresarial;
   - *Curriculum vitae* dos dirigentes;
   - Outras informações julgadas relevantes.

2 – OBJECTIVOS
   - Tipo de projecto (criação, expansão, reconversão ou modernização de unidade produtiva);
   - Caracterização dos bens e serviços a serem produzidos;
   - Sector; ramo de actividade;
   - Capacidade e tecnologia de produção.

3 – ESTUDO DE MERCADO
   - Usos e especificações do bem ou serviço;
   - Tipo e peculiaridades dos consumidores;
   - Distribuição geográfica e natureza competitiva do marcado;
   - Métodos de comercialização;
   - Fontes actuais de abastecimento do mercado e mecanismos de distribuição;
   - Demanda total actual e projectada;
   - Selecção e justificativa do método utilizado;
   - Preços unitários de venda para os produtos.

4 – TAMANHO E LOCALIZAÇÃO
   CAPACIDADE INSTALADA PROPOSTA CONSIDERANDO:
   - Mercado, localização e distribuição geográfica da procura;

- Técnicas de produção e custos de distribuição;
- Financiamento e adaptabilidade a instalação por etapas;

LOCALIZAÇÃO:
- Minimização de custos de transportes;
- Disponibilidade e custo dos recursos: matérias-primas, mão-de-obra, combustíveis, energia, etc.
- Outros aspectos relacionados com a localização: descentralização, facilidades de escoamento, clima, etc.

5 – ENGENHARIA DO PPOJECTO
- Descrição do processo de produção;
- Coeficientes técnicos do processo;
- Custos de produção;
- Especificação global dos equipamentos, de obra e de funcionamento;
- Construções e sua distribuição no terreno;
- *Lay-out* dos equipamentos;
- Instalações complementares;
- Flexibilidade na capacidade de produção (produção de outros bens, de adaptação de volume e ritmo de trabalho);
- Planeamento e execução (cronograma);
- Impacto ambiental.

6 – INVESTIMENTOS:
- Composição, volume e financiamento;
- Activo fixo e capital de giro;
- Cronograma de realização;
- Vida útil;
- Método de depreciação.

7 – ORÇAMENTO DE RECEITAS E DESPESAS:
- Orçamento anualizado a preços constantes:

DESPESA (mercado interno e externo):
- Mão-de-Obra, matérias-primas e outros materiais secundários, materiais diversos, gastos de funcionamento e manutenção, combustíveis e energia, depreciação, custo de comercialização, impostos e taxas, juros, etc.

RECEITA (mercado interno e externo):
- Quantidades programadas de vendas, preços de venda;
- Receitas não operacionais.

8 – BALANÇA CAMBIAL:
- Entrada de divisas:
- Receitas em divisas;

- Substituição de importações;
- Capital social origem externa;
- Empréstimos externos;
- Saída de divisas:
- Valor das matérias-primas importadas;
- Equipamentos importados;
- Salários em divisas;
- Juros de empréstimos externos;
- Amortização empréstimos externos;
- Salários e contratos em divisas;
- Outras saídas.

9 – AVALIAÇÃO ECONÓMICA E SOCIAL:
ECONÓMICA:
- Taxa interna de retomo;
  • Do capital total comprometido pelo projecto;
  • Do capital próprio dos promotores;
- Tempo de recuperação do capital;
- Valor actual líquido,
- Velocidade de rotação do capital;
- Análise do risco e incerteza;
SOCIAL:
- Relação custo/benefício;
- Postos de trabalho criados:
  • Directos;
  • Indirectos;
OUTROS INDICADORES:
- Aumento renda nacional;
- Volume de impostos gerados;
- Efeitos multiplicadores;
- Prioridades nacionais.

10 – ORGANIZAÇAO, ASPECTOS LEGAIS, ADMINISTRATIVOS E INSTITUCIONAIS
- Tipo e constituição jurídica do empreendimento;
- Composição do capital social (nacional/Estrangeiro);
- Instrumentos de constituição;
- Estrutura de direcção.

ANEXO I

FORMULÁRIOS SÍNTESE

—————-

CÓDIGO DE INVESTIMENTO
Formulário de Candidatura

Nome ou designação social do promotor:

Sede:

Projecto:

Actividade Sector

		Nacional	☐		Simplificado	☐
Capital:		Estrangeiro	☐	Regime:	Geral	☐
		Misto	☐		Contratual	☐

O(s) promotor(es) abaixo assinado(s) solicita(m) a concessão dos incentivos previstos no Código de Investimento e declaram que são verdadeiras as informações prestadas. Data .../.../.... ... ... (Assinatura) (Assinatura)	Recebido na DPE: .../.../... Processo n.º: ... .../....
... ... (Nome) (Nome)	Observações:

CÓDIGO DE INVESTIMENTO
Caracterização Geral do Promotor – Mod. A

Nome ou designação social

Morada ou sede

Telef.:					Telex/Fax

Forma Jurídica da sociedade

Nome dos principais responsáveis

Actividades:

Principal

Secundárias

Data de início de actividade

Tipo social do empreendimento

Sócios gerentes / Administradores

Curriculum profissional de cada gerente ou administrador

CÓDIGO DE INVESTIMENTO
Caracterização Geral do Projecto – Mod. B

IDENTIFICAÇÃO: _____

TIPO DE PROJECTO

Criação de novas unidades produtivas ☐
Expansão de unidades já existentes ☐
Reconversão de unidades já existentes ☐
Modernização e inovação de unid. Prod. ☐

OBJECTIVOS _____

BENS OU SERVIÇOS A SEREM PRODUZIDOS

PLANEAMENTO E EXECUÇÃO:

Início: .../.../......   Conclusão: .../.../......

Laboração normal: .../.../......

CÓDIGO DE INVESTIMENTO
Caracterização Geral do Projecto – Mod. B.1

ESTUDO DE MERCADO
Demanda actual:

Demanda projectada:

Método utilizado:

Preços de vendas unitárias:
    Produto 1: ....
    Produto 2: ....
    Produto 3: ....

Comercialização:
    Mercado Interno: ......%
    Mercado Externo: ......%

TAMANHO E LOCALIZAÇÃO

Capacidade instalada:

Localização:

Ponto de equilíbrio:

ENGENHARIA DO PROJECTO:
Descrição sumária do processo de produção:

Programa de produção anual
    Produto 1
    Produto 2
    Produto 3

CÓDIGO DE INVESTIMENTO
Caracterização Geral do Projecto – Mod. B.2

INVESTIMENTOS

Volume total: ....   Activo fixo: ....

Recursos próprios: ....   Activo circulante: ....

Financiamento:

Recursos de terceiros: ....

Crédito bancário: ☐

VIDA ÚTIL DOS PRINCIPAIS ACTIVOS FIXOS

Método de depreciação:

Avaliação económica social:	
Indicadores económicos	Indicadores sociais
TIR:............	Custo/ benefício: ....
TRC:............	Postos de trabalho: ....
VAL:............	Directo: ....
V/I:............	Indirecto: ....

Outros indicadores

– Aumento da renda nacional:
– Volume de impostos

CÓDIGO DE INVESTIMENTO
ANEXO II

MODELOS REFERENCIAIS
- Balanço patrimonial
- Cronograma de investimentos
- Conta de exploração previsional
- Origem e aplicação de fundos
- Balança cambial
- Plano de importação
- Evolução dos postos de trabalho

CÓDIGO DE INVESTIMENTO
Balanço
Esquema Geral de Apresentação(*)
(Preços Constantes)

Moeda: .... Mil

Activo	Passivo

A. CONTAS PATRIMONIAIS
1) DISPONÍVEL
  Caixa
  Bancos
 	
2) REALIZÁVEL (valores a receber)
– De curto prazo:
  Clientes
  Adiantamentos
  Stocks
  Matéria-prima
  Produtos não acabados
  Outros
 	
– De longo prazo (maior de 2 anos)
  Acções, títulos e participações
  Cauções, empréstimos compulsórios
  Outros
 	
3) IMOBILIZADO
  Terrenos
  Edifícios
  Equipamentos e instalações
  Móveis e utensílios
  Veículos
  Outros
	A. CONTAS PATRIMONIAIS
	1) NÃO EXIGÍVEL
	– Capital
	– Reservas
	
	2) EXIGÍVEL (valores a pagar)
	– De curto prazo:
	  Fornecedores
	  Dividendos
	– Impostos e contribuições fiscais
	  Outros
	
	– De Longo prazo (maior de 2 anos)
	  Empréstimos por obrigações
	  Empréstimos bancários
	  Outros

B. CONTAS DE RESULTADO	B. CONTAS DE RESULTADO
C. CONTAS DE COMPENSAÇÃO	C. CONTAS DE COMPENSAÇÃO
B.	D.

* Passível de adaptações
Preencher para os dois últimos exercícios financeiros.

CÓDIGO DE INVESTIMENTO
Investimento Total do Projecto
(Preços Constantes)

Moeda: ……… Mil

RÚBRICAS	Ano I			Ano II			Ano N		
	MI	ME	Total	MI	ME	Total	MI	ME	Total
A. INVESTIMENTO FIXO									
Operacional (1)									
_ Terrenos									
_ Construções									
_ Máquinas e equipamentos									
_ Veículos e embarcações									
_ Outros investimentos Operacionais									
_ Outros *									
6.1 - Estudos preliminares									
6.2 - Gastos de organização e patente									
6.3 - Engenharia e administração da instalação									
6.4 - Colocação e funcionamento									
6.5 - Instalações de obras									
6.6 - Juros durante a construção									
Não Operacional (2)									
_ Equipamento Administrativo									
_ Veículos									
_ Outras imobilizações									
B. CAPITAL DE TRABALHO									
Stocks									
_ Matérias-primas									
_ Matérias em processo de elaboração									
_ Produtos acabados									
_ Materiais secundários									
Créditos activos									
_ Adiantamentos a fornecedores									
_ Títulos em carteira									
Encaixe mínimo									
INVESTIMENTO TOTAL (A+B)									

MI = Mercado Interno
ME = Mercado Externo
(1) – Directamente ligado à produção
(2) Não directamente ligado à produção
* Na fase de instalação

CÓDIGO DE INVESTIMENTO
Investimento Total do Projecto
(Preços Constantes)

Moeda: .... Mil

Discriminação	Ano I			Ano II			Ano IV		
	MI	ME	TT	MI	ME	TT	MI	ME	TT
A. Receita Operacional									
Venda de produtos									
Venda de serviços									
(-) Devolução de produtos									
B. Despesas Operacionais									
B.1 Produção:									
Mão-de-obra directa									
Matéria-prima									
Insumos básicos									
Combustíveis e lubrificantes									
Amortização activo fixo									
Outras despesas de produção									
B.2 Comerciais:									
Comissões sobre vendas									
Propaganda/publicidade									
Outras despesas de comercialização									
C. Resultado Operacional (A-B)									
D. Despesas Gerais Administração									
Mão-de-obra indirecta/administração									
Despesa com insumos básicos									
Despesa com material de escritório									
Seguros									
Juros									
Despesas com fornecedores de serviços									
Amortização activo fixo não operacional									
Outras despesas gerais de administração									
E. Receitas não operacionais									
F. Resultados antes do imposto F=(C+E) – D									
G. Imposto sobre o rendimento									
H. Resultado líquido depois do imposto (H=F-G)									

MI = Mercado Interno
ME = Mercado externo

CÓDIGO DE INVESTIMENTO
Mapa de Origem e Aplicação de Fundos
(Preços Constantes)

Moeda: .... Mil

Fontes	200...	200...	200...	200...	200...	200...
EXTERNAS						
I. Aumento de capital						
II. Empréstimo de médio ou longo prazo						
1. Debentures						
2. Outros Recursos						
INTERNAS						
I. Lucros não distribuídos						
II. Reservas						
Total de Reservas						
USOS						
Capital fixo						
I. Terrenos						
II. Construções						
III. Equipamentos						
IV. Veículos						
V. Móveis e utensílios						
VI. Outros						
Capital de Trabalho						
Total de usos						

CÓDIGO DE INVESTIMENTO
Balança Cambial do Projecto
(Preços Constantes)

U. Monetária: ……… Mil

Rubricas	200...	200...	200...	200...	200...	200...
Entrada de Divisas						
1 - Valor FOB exportação						
2 - Valor CIF subst. de importações						
3 - Capital social de origem externa						
4 - Empréstimos externos						
5 - Outros						
6 - **Total**						
Saída de Divisa						
7 - Valor CIF das matérias-primas importadas pela empresa						
8 - Matérias-primas importadas adquiridas no mercado nacional						
9 - Equipamento importado						
10 - Comissões, patente e royalties						
11 - Fretes, seguros (pag. ext.)						
12 - Salários pagos em divisas						
13 - Remunerações de empréstimos externos						
14 - Juros de empréstimos externos						
15 - Reembolso de empréstimos externos						
16 - Outros						
17 - **Total**						
18 - **Saldo (6 -17)**						

1. O preenchimento deste mapa é facultativo para os projectos candidatos ao regime simplificado, salvo se possuírem participação estrangeira.

CÓDIGO DE INVESTIMENTO
Plano de Importação
... Semestre 200...

Moeda: ... ... Mil

Quantidades	Características Técnicas	Origem (País)	Valor aquisição		Destinação final
			Moeda	Valor	

CÓDIGO DE INVESTIMENTO
Evolução do Número de Postos de Trabalho

Discriminação	Número de efectivos previstos no projecto				
	200...	200...	200...	200...	Total
	(1)	(2)	(3)	(4)	(5)
Pessoal nacional					
1 – Cargos de direcção					
2 – Linha de produção					
Qualificado					
Não qualificado					
3 – Pessoal administrativo					
4 – Outro pessoal					
Pessoal expatriado					
1 – Cargos de direcção					
2 – Linha de produção					
Qualificado					
Não qualificado					
3 – Pessoal administrativo					
4 – Outro pessoal					

REGULAMENTO PARA CONTROLO DOS BENEFÍCIOS FISCAIS
(Decreto-lei n.º 74/ 95, de 31 de Dezembro)

As receitas fiscais constituem-se hoje como uma das principais fontes de financiamento dos gastos públicos. Tal realidade é bem visível na evolução das receitas do Estado, quando comparado o volume de receitas fiscais (RF) e não fiscais (RnF) no total das receitas: 1992 – RF 61%, RnF 39%; 1993 – RF 68%, RnF 32%; 1994 RF 75%, RnF 25%.

O crescimento económico do país deve ser incentivado e até suportado, por recurso à criação de condições especiais atractivas que levem os operadores a realizar investimentos nas áreas produtivas de riqueza nacional.

Os modelos mais comuns de incentivo nessas áreas são representados pela concessão de isenções e privilégios de natureza financeira, patrimonial e, muito especialmente, de natureza fiscal.

Estes benefícios caracterizam-se, quase na sua generalidade, pela renúncia por parte do Estado à recolha de uma parcela dos lucros ou rendimentos a título de imposto, redireccionando estas disponibilidades financeiras para o investimento e crescimento da actividade económica do seu detentor.

Importa, por isso, equacionar devidamente o interesse público subjacente à concessão de isenções ou benefícios fiscais, comparando o impacto ao nível do crescimento económico que gera, com o maior esforço que representa na obtenção de outras receitas públicas substitutivas, balançando estritamente esse saldo e garantindo que a não utilização desses dinheiros nas despesas públicas seja compensada pelo que representa em crescimento real da economia.

Actualmente, é muito alargado o contingente de isenções de que beneficiam os operadores económicos em São Tomé e Príncipe. Representa tal esforço público, segundo estudo realizado em 1989, cerca de 70%

da receita efectivamente cobrada pelas Alfândegas no período analisado. Para 1994, a mesma Direcção das Alfândegas indica que cerca de 78% do volume das importações goza de isenções.

Impõe-se, por isso, garantir o adequado controlo das isenções a conceder, quer pela análise rigorosa das situações a isentar quer pelo seguimento cuidado da manutenção e observância das condições legitimadoras dessas isenções e benefícios.

Assim se institui o presente regulamento que, mais do que limitar a concessão de privilégios, pretende garantir a máxima legalidade e eficiência na aplicação dos sacrifícios de receita tributária, que em última análise, a todos afectam positiva ou negativamente, conforme sejam ou não adequados às vantagens globais que proporcionam.

Nestes termos, no uso da autorização legislativa concedida pela a Assembleia Nacional através da Lei n.º 8/95, de 28 de Setembro e das competências próprias consagradas pela alínea d) do artigo 99.º da Constituição Política, o Governo da República Democrática de São Tomé e Príncipe, decreta e eu promulgo o seguinte:

ARTIGO 1.º

A concessão de isenções e demais benefícios de natureza fiscal autorizada por lei, quer impliquem ou não diminuição da carga tributária de qualquer contribuinte, obedecerá aos tramites e requisitos impostos pela lei que os com observância dos procedimentos estabelecidos no Regulamento que faz parte integrante do presente Decreto.

ARTIGO 2.º

1. Os mapas e impressos criados no presente diploma são de utilização obrigatória, apenas podendo ser alterados ou modificados por Despacho do Ministro da tutela, mediante parecer da Direcção de Finanças.

2. As entidades competentes para a concessão de benefícios poderão propor à entidade referida no número anterior, a alteração ou substituição dos mesmos impressos e mapas.

ARTIGO 3.º

O presente Decreto entra em vigor no primeiro dia do mês seguinte ao da sua publicação no *Diário da República*.

ARTIGO 4.º

As dúvidas surgidas na aplicação do presente diploma serão resolvidas por despacho conjunto dos Ministros das tutelas respectivas, sempre fundamentados em parecer técnico favorável da Direcção de Finanças.

Visto e aprovado em Conselho de Ministros em São Tomé, aos 12 de Outubro de 1995.

O Primeiro-Ministro e Chefe do Governo, *Carlos Alberto Monteiro Dias da Graça*. O Ministro Adjunto do Primeiro-Ministro, *Armindo Vaz d'Almeida*. Pelo Ministro dos Negócios Estrangeiros e Cooperação, *Joaquim Rafael Branco*. O Ministro da Defesa e Ordem Interna, *Carlos Paquete Carneiro da Silva*. O Ministro dos Assuntos Económicos e Financeiros, *Joaquim Rafael Branco*. O Ministro da Justiça, Administração Pública, Emprego e Segurança Social, *Alberto Paulino*. O Ministro do Equipamento Social e Ambiente, *Alcino Martinho de Barros Pinto*. O Ministro da Educação, Juventude e Desportos, *Guilherme Octaviano Viegas dos Ramos*. O Ministro da Saúde, *Fernando da Conceição Silveira*.

Promulgado em 25 de Outubro de 1995,

Publique-se,

O Presidente da República, MIGUEL ANJOS DA CUNHA LISBOA TROVOADA.

REGULAMENTO PARA CONTROLO DE BENEFÍCIOS FISCAIS

ARTIGO 1.º
Âmbito

O presente Regulamento aplica-se a todas as situações de reconhecimento ou concessão de benefícios de natureza fiscal ou previstos em leis fiscais, consagrados em diplomas ou códigos tributários, alfandegários, de investimento ou desenvolvimento económico, aplicáveis nos território da República Democrática de São Tomé e Príncipe.

ARTIGO 2.º
Conceitos

1. Considera-se benefício fiscal qualquer medida de carácter excepcional instituída para tutela de interesse público extra-fiscal relevante, que seja superior ao da própria tributação que visa impedir.

2. São benefícios fiscais as isenções, as reduções de taxa, as deduções à matéria colectável e à colecta e outras medidas fiscais que obedeçam às características enunciadas no número anterior.

3. Não são benefícios fiscais as situações de não sujeição tributária, considerando-se estas, para o efeito, as medidas fiscais estruturais de carácter normativo que estabeleçam delimitações negativas expressas da incidência.

ARTIGO 3.º
Reconhecimento e concessão

1. Todos os benefícios a conceder pelos serviços da administração fiscal e aduaneira obedecerão às regras constantes dos números seguintes.

2. O beneficiário deverá requer o reconhecimento do seu direito à concessão mediante o preenchimento completo do impresso Modelo A, a apresentar na entidade que seria competente para a tributação caso não existisse o direito ao benefício, no prazo estabelecido na lei própria para cumprimento da obrigação subjacente.

3. Quando pelo beneficiário tenha sido apresentado requerimento avulso, será aquele notificado para, no prazo de oito dias, proceder à sua

substituição pelo impresso Modelo A, devidamente preenchido e assinado, ficando ambos os documentos a fazer parte do respectivo processo.

4. Para efeitos do disposto no número anterior, considerar-se-á como data-início do pedido de concessão do benefício a data de apresentação do requerimento substituído.

5. A entidade competente para o reconhecimento da isenção ou benefício, após ter recebido a declaração Modelo A referida no número anterior, procederá ao enquadramento legal da situação, pronunciando-se em despacho fundamentado sobre o deferimento ou indeferimento do pedido.

6. O despacho que recair sobre o pedido de concessão será notificado ao beneficiário, especificando designadamente:
   a) A natureza do benefício;
   b) O prazo durante o qual vigorará aquela situação de excepção;
   c) Os limites ou percentagens do benefício concedido;
   d) Os requisitos essenciais que determinaram a concessão e cuja existência ou verificação constitui condição necessária à subsistência do benefício;
   e) A data de início e termo do benefício concedido;
   f) A indicação de que o beneficiário se acha obrigado a participar à entidade concedente, durante o período em que durar o benefício, qualquer alteração dos requisitos essenciais que determinaram a concessão, para efeitos do reenquadramento ou sujeição de regras de tributação normal;
   g) A cominação para a revogação do benefício por inobservância dos requisitos que determinaram a sua concessão.

7. A entidade concedente extrairá verbete de controlo do benefício concedido, conforme Modelo B anexo, que preencherá nos exemplares necessários às seguintes finalidades:
   a) Remessa de um exemplar ao Serviço da Administração Tributária;
   b) Organização de um ficheiro personalizado dos benefícios concedidos, por ordem alfabética dos nomes dos beneficiários.

8. O verbete referido no número anterior pode ser adaptado ao tratamento informático, por despacho do ministro da tutela, mediante proposta da entidade concedente.

9. Os verbetes recebidos pelo Serviço de Administração Tributária serão destinados à Repartição de Finanças que os organizará em ficheiros adequados para os devidos efeitos.

10. A Brigada de Fiscalização, segundo orientação do Chefe da Repartição de Finanças, manterá actualizado o cadastro de isenções e benefí-

cios concedidos, propondo e executando as acções de fiscalização que vierem a ser aprovadas.

11. Será organizado um processo individual englobando todos os verbetes remetidos ao Serviço de Administração Tributária e respeitantes a cada contribuinte beneficiário, para seguimento e controlo dos benefícios concedidos.

12. A Repartição de Finanças organizará o mapa demonstrativo dos benefícios concedidos e revogados, e dos respectivos autos levantados, segundo o modelo aprovado como Anexo C, que remeterá trimestralmente ao Director do Serviço de Administração Tributária, para análise e avaliação.

ARTIGO 4.º
Declaração de rendimentos isentos

Para efeitos de controlo da despesa fiscal, e mesmo que o Serviço de Administração Tributária possua os respectivos elementos, será exigida aos interessados a declaração dos rendimentos isentos.

ARTIGO 5.º
Responsabilidade disciplinar

A falta de cumprimento, pelas entidades obrigadas à elaboração do processo de controlo referidos no artigos anteriores, das obrigações impostas pelo presente diploma, determina levantamento imediato de processo disciplinar por infracção grave, nos termos do artigo 10.º, alínea h) e m) do Decreto-lei n.º 15/83 de 8 de Agosto, contra o responsável ou responsáveis do Serviço, para apuramento das responsabilidade que ao caso caibam.

ARTIGO 6.º
Responsabilidade subsidiária

Independentemente da instauração do processo disciplinar adequado, os funcionários públicos cujos actos determinaram a verificação de prejuízos ao Estado, no âmbito do processo de concessão de benefícios, serão responsáveis pela reparação do dano causado, em regime de subsidiariedade com o contribuinte que indevidamente beneficiou da concessão.

ARTIGO 7.º
Obrigação declarativa

1. Todas as situações de isenção ou benefício obtidas e que impliquem ou possam determinar diminuição de carga fiscal, constarão do impresso Modelo D, conforme modelo anexo, que será junto à declaração de rendimentos anual ou periódica a que o contribuinte esteja obrigado, no âmbito do Código do Imposto sobre o Rendimento.

2. Sempre que o contribuinte esteja dispensado do cumprimento da obrigação declarativa referida no número anterior, a concessão de isenção ou benefício determina a revogação dessa dispensa e a consequente apresentação de rendimentos nos prazos normais, acompanhada do impresso Modelo D, indicando sempre de forma inequívoca os montantes de rendimentos isentos ou objecto de benefício.

ARTIGO 8.º
Exigência de informações complementares

Sempre que o entenda oportuno, pode o Serviço de Administração Tributária exigir dos interessados os elementos necessários para o cálculo da receita que deixará de cobrar-se por efeito da concessão dos benefícios referidos neste diploma.

ARTIGO 9.º
Declaração de cessação de benefício. Prazo

Os titulares do direito ao benefício são sempre obrigados a declarar, no prazo de trinta dias, que cessou a situação de facto ou de direito em que em que se baseara aquele benefício, devendo para esse efeito, preencher o impresso Modelo D na parte respeitante.

ARTIGO 10.º
Início da vigência do benefício

O direito aos benefícios deve reportar-se à data de verificação dos respectivos pressupostos, ainda que esteja dependente de reconhecimento declarativo da entidade concedente ou de acordo entre esta e o beneficiário, salvo quando a lei dispuser de outro modo.

ARTIGO 11.º
Transmissibilidade

1. O direito aos benefícios, sem prejuízo do disposto nos números seguintes, é intransmissível *inter* vivos, sendo porém transmissível *mortis causa* se se verificarem no transmissário os pressupostos do benefício, salvo se este for de natureza estritamente pessoal.

2. É transmissível *inter* vivos o direito aos benefícios de carácter objectivo que sejam indissociáveis do regime jurídico aplicável a certos bens que pela sua natureza se apresentem de interesse público, inseridos em sectores preferenciais da economia nacional ou que, sendo concedidos por acto ou contrato fiscal a pessoas singulares ou colectivas, no transmissário se verifiquem os pressupostos do benefício e fique assegurada a tutela dos interesses públicos com ele prosseguidos.

MODELO A

REPÚBLICA DEMOCRÁTICA DE SÃO TOMÉ E PRÍNCIPE Ministério dos Assuntos Económicos e Financeiros	BENEFÍCIOS E ISENÇÕES FISCAIS
Serviço	Pedido para Concessão de:
Processo:　　　　　　　　Data: …/…/……	Pedido para Concessão de:

100 – Identificação do Beneficiário/Titular/Actividade

Nome:	N.I.F.
Morada ou sede:	
Actividade Principal:	C.A.E. n.º
Outras Actividades:	C.A.E. n.º

200 – Caracterização do Benefício Pretendido

Natureza:	Diploma Legal:

Descrição sumária do Projecto:

Descrição do Benefício	PRAZO			Montantes
	Duração	Início	Termo	

300 – Declaração de Responsabilidade

O representante dos benefícios acima identificados declara que as informação contidas no presente requerimento são verdadeiras e que Têm conhecimento de que se submetem às imposições legais previstas no diploma ao abrigo do qual recebe o benefício requerido, em caso de uso indevido ou ilegal.

Nome do Responsável

…………………………………………………………………………………

Assinatura:　　　　　　　　　　　　　　　Data: …/…/……

400 – A preencher pela entidade competente para a decisão

Projecto apresentado em:	Deferido em:
Despacho Final:	

Data: …/…/……　　　　　Assinatura

500 – Observações:

INSTRUÇÕES

CAMPO 100 – Deve constar o nome e morada ou sede, completos, do beneficiário bem como o número de contribuinte conferido pelo respectivo cartão.
A designação e código de actividade económica a utilizar será a indicada na Tabela anexa ao Código de Imposto Rendimento.

CAMPO 200 – Como «Natureza» do benefício deve ser indicado se se trata de benefício financeiro, fiscal ou de outra natureza. O diploma legal que o prevê será identificado pelo seu número e data, bem como o número e data do Diário da República em que foi publicado.
Os benefícios concedidos serão discriminados por cada acto de concessão e por cada contribuinte/beneficiário.
Indicar-se-á o montante exacto do benefício, quando conhecido.

CAMPO 300 – Esta declaração deverá ser lida ao requerente, quando este não queira, ou não possa, assiná-la. Se alguém assinar a rogo, deverá certificar-se de que esta declaração foi entendida e aceite pelo requerente, sob pena de responsabilidade subsidiária.

CAMPO 400 – O despacho que decide o requerimento deverá ser claro, preciso e fundamentado. De notar que além da assinatura deve ser indicado o nome e qualidade profissional de quem decide o processo.

CAMPO 500 – Servirá este campo para complementar qualquer dos outros campos que se mostrem insuficientes.

MODELO B

REPÚBLICA DEMOCRÁTICA DE SÃO TOMÉ E PRÍNCIPE Ministério dos Assuntos Económicos e Financeiros	BENEFÍCIOS E ISENÇÕES FISCAIS **Direcção de Finanças**
Serviço Processo: Data: .../.../......	VERBETE DE CONTROLO

100 – Identificação do Beneficiário/Titular/Actividade

Nome:	N.I.F.
Morada ou sede:	
Actividade Principal:	C.A.E. n.º
Outras Actividades:	C.A.E. n.º

200 – Caracterização do Benefício Pretendido

Natureza:	Diploma Legal:

Descrição sumária do Projecto:

Descrição do Benefício	PRAZO			Montantes
	Duração	Início	Termo	

300 – Requisitos de Concessão/Manutenção/Cessação do Benefício

De concessão:

De Manutenção:

De Cessação:

400 – Visitas de Fiscalização

500 – Observações:

INSTRUÇÕES

CAMPO 100 – Deve constar o nome e morada ou sede, completos, do beneficiário bem como o número de contribuinte conferido pelo respectivo cartão.
A designação e código de actividade económica a utilizar será a indicada na Tabela anexa ao Código de Imposto de Rendimento.

CAMPO 200 – Como «Natureza» do benefício deve ser indicado se se trata de benefício financeiro, fiscal ou de outra natureza. O diploma legal que o prevê será identificado pelo seu número e data, bem como o número e data do *Diário da República* era que foi publicado.
Os benefícios concedidos serão discriminados por cada acto de concessão e por cada contribuinte/beneficiário.
Indicar-se-á o montante exacto do benefício, quando conhecido.

CAMPO 300 – Deve constar neste quadro uma descrição objectiva e concisa dos requisitos que determinaram a concessão, bem com dos que condicionam a sua manutenção.
Quando ocorram factos que determinem a cessação do benefício, estes serão descritos igualmente de forma sucinta no item «De Cessação». Também aqui será anotado, o levantamento de auto de notícia pela infracção praticada, quando seja casa disso.

CAMPO 400 – Devem indicar-se as datas (dia/mês/ano) em que se realizaram acções de fiscalização no âmbito do benefício. Caso haja auto levantado, indicar pela aposição da letra (A).

CAMPO 500 – Servirá este campo para completar qualquer dos outros campos que se mostrem insuficientes.

REPÚBLICA DEMOCRÁTICA DE SÃO TOMÉ E PRÍNCIPE

Ministério dos Assuntos Económicos e Financeiros

MAPA DEMONSTRATIVO DOS BENIFÍCIOS FISCAIS
CONCEDIDOS OU REVOGADOS

MAPA MODELO C   TRIMESTRE: ANO:

N.º de Ordem	Nome do Beneficiário	Número de Identificação Fiscal	Data de Concessão	Data de Revogação	Benefício	Fundamento	Auto N.º
1	2	3	4	5	6	7	8

Contém esta relação .... benefícios .... (a), que importam na quantia total de Db.: ....
(...).
Repartição de Finanças de .... aos .... de .... de 20......
Visto em ..... / ..... / .... O Director de Finanças: .... O Chefe da Repartição de Finanças: ....

(VERSO)

OBSERVAÇÕES:

INSTRUÇÕES

MUITO IMPORTANTE: Deverão ser preenchidos mapas diferentes para os casos de «Benefícios Concedidos» e «Benefícios Revogados».

COLUNA (1) – Indicar o número sequencial correspondente a cada caso, segundo a distribuição que lhe couber na ordem alfabética.

COLUNA (2) – A relação deverá ser elaborada por ordem alfabética do nome ou designação social das entidades beneficiárias. Se houver que proceder à abreviatura dos nomes por insuficiência de espaço, a supressão deverá ser feita nos nomes intermédios, indicando-se sempre as iniciais maiúsculas dos nomes abreviados.

COLUNA (3) – É sempre indispensável a indicação do número de identificação fiscal (NIF) segundo consta do cartão de identificação respectivo.

COLUNA (4) – Indicar a data de início do benefício ou isenção, segundo o modelo dia/mês/ano (DD/MM/AA).

COLUNA (5) – Indicar a data em que se deva considerar revogado o benefício ou isenção. Caso não seja possível, deverá fazer-se, em «Observações», a explicação sucinta dos factos que determina essa impossibilidade, bem como da data provável a considerar.

COLUNA (6) – Fazer uma descrição breve do benefício, por referência à sua natureza (financeira, fiscal, cambial, patrimonial ou outras), indicando o diploma legal que o autoriza.

COLUNA (7) – Esta coluna respeita aos fundamentos de determinaram a revogação do benefício, que serão os mesmos indicados na notificação ao beneficiário para efeitos de comunicação da cessação do benefício ou isenção.

COLUNA (8) – Indicar o número do processo de transgressão instaurado em resultado de auto da notícia levantado por infracção às regras de concessão do benefício, quando seja caso disso.

MODELO D

REPÚBLICA DEMOCRÁTICA DE SÃO TOMÉ E PRÍNCIPE
Ministério dos Assuntos Económicos e Financeiros

Direcção de Finanças

IMPOSTO DOBRE OS RENDIMENTO

BENEFÍCIOS E ISENÇÕES FISCAIS
Mapa de Demonstrativo dos Benefícios Concedidos

Repartição de Finanças da Área Fiscal de ....

Anexo à Decl. Mod. ....
Exercício de ....

100 – Identificação do Beneficiário/Titular/Actividade

Nome:	N.I.F.
Morada ou sede:	
Actividade Principal:	C.A.E. n.º
Outras Actividades:	C.A.E. n.º

200 – Caracterização do Benefício Obtido

Natureza: Diploma Legal:

Descrição sumária do Projecto:

Descrição do Benefício	Duração	PRAZO		Montantes
		Início	Termo	

300 – Efeitos tributários no Exercício

Rubricas	Sinal (…, …)	Valor declarado	Valor corrigido
1 – Valor total do benefício	....	………,00	………,00
2 – Rendimento colectável do exercício	....	………,00	………,00
3 – Reportes de exercícios anteriores	....	………,00	………,00
4 – Valor do benefício a contabilizar no exercício	....	………,00	………,00
5 – Rendimento colectável (2-3-4)	....	………,00	………,00
6 – Taxa aplicável: SEM benefício ……;	....	………,00	………,00
COM benefício ……	....	………,00	………,00
7 – Resultado fiscal: SEM benefício	....	………,00	
8 – Resultado fiscal: COM benefício	....	………,00	
9 – Outras deduções	....	………,00	
10 – DESPESA FISCAL (2-3-4-9)	....	………,00	

400 – Declaração de Responsabilidade

O signatário acima identificado declara que as informações contidas no presente anexo são verdadeiras e que tem conhecimento de que se submete às imposições legais previstas no diploma ao abrigo do qual recebe o benefício requerido, em caso de uso indevido ou ilegal.

NOME DO REPRESENTANTE:

Assinatura: Data: … / … / …….

(Carimbo de recepção)

500 – Observações:

INSTRUÇÕES

CAMPO 100 – Deve constar o nome e morada ou sede, completos, do beneficiário bem como o número de contribuinte conferido pelo respectivo cartão.
A designação e código de actividade económica a utilizar será a indicada na Tabela anexa ao Código de Imposto de Rendimento.

CAMPO 200 – Como «Natureza» do benefício deve ser indicado se se trata de benefício financeiro, fiscal ou de outra natureza.
O diploma legal que o prevê será identificado pelo seu número e data, bem como o número e data do *Diário da República* em que foi publicado.
Os benefícios concedidos serão discriminados por cada acto de concessão e por cada contribuinte/beneficiário.
Indicar-se-á o montante exacto do benefício, quando conhecido.

CAMPO 300 – Linha 2: O montante a inscrever será o rendimento colectável apurado, antes da dedução do benefício (rendimento colectável bruto).
Linha 10: O valor a indicar será o resultante da diferença entre o imposto que seria pago se não houvesse o direito ao benefício, isenção ou dedução (Rend. colect. bruto x taxa da linha 6: SEM benefício) e o imposto efectivamente a pagar.

CAMPO 400 – De notar que além da assinatura e data, deve ser indicado o nome do responsável pela empresa, ou pelo preenchimento e apresentação da declaração.

CAMPO 500 – Servirá este campo para complementar qualquer dos outros campos que se mostrem insuficientes.

Obs.:

DOCUMENTOS JUNTOS AO PROCESSO

Pelo Requerente:

Pelo Concedente:

Pela Direcção de Finanças

MAPA DEMONSTRATIVO DOS BENIFÍCIOS FISCAIS CONCEDIDOS OU REVOGADOS

Repartição de Finanças de .... — .... Trimestre de ....

N.º de Ordem (1)	Nome do Beneficiário (2)	Número de Identificação Fiscal (3)	Data de Concessão (4)	Data de Revogação (5)	Benefício (6)	Fundamento (7)	Auto N.º (8)

Contém esta relação .... benefícios .... (a), que importam na quantia total de Db.: ....
(..).

Repartição de Finanças de .... aos .... de .... de 20......

Visto em .... / .... / ....
O Director de Finanças: O CHEFE DA REPARTIÇÃO DE FINANÇAS.

....

(VERSO)

OBSERVAÇÕES:

(a) — Indicar se se tratam de benefícios «concedidos» ou «revogados».

INSTRUÇÕES

MUITO IMPORTANTE: Deverão ser preenchidos mapas diferentes para os casos de «Benefícios Concedidos» e «Benefícios Revogados».

COLUNA (1) – Indicar o número sequencial correspondente a cada caso, segundo a distribuição que lhe couber na ordem alfabética.

COLUNA (2) – A relação deverá ser elaborada por ordem alfabética do nome ou abreviatura dos nomes das entidades beneficiárias. Se houver que proceder à abreviatura dos nomes por insuficiência de espaço, a supressão deverá ser feita nos nomes intermédios, indicando-se sempre as iniciais maiúsculas dos nomes abreviados.

COLUNA (3) – É sempre indispensável a indicação do número de identificação fiscal (NIF) segundo consta do cartão de identificação respectivo.

COLUNA (4) – Indicar a data de início do benefício ou isenção, segundo o modelo dia/mês/ano (DD/MM/AA).

COLUNA (5) – Indicar a data em que se deva considerar revogado o benefício ou isenção. Caso não seja possível, deverá fazer-se, em «Observações», a explicação sucinta dos factos que determina essa impossibilidade, bem como da data provável a considerar.

COLUNA (6) – Fazer uma descrição breve do benefício, por referência à sua natureza (financeira, fiscal, cambial, patrimonial ou outras), indicando o diploma legal que o autoriza.

COLUNA (7) – Esta coluna respeita aos fundamentos de determinaram a revogação do benefício, que serão os mesmos indicados na notificação ao beneficiário para efeitos de comunicação da cessação do benefício ou isenção.

COLUNA (8) – Indicar o número do processo de transgressão instaurado em resultado de auto da notícia levantado por infracção às regras de concessão do benefício, quando seja caso disso.

REPÚBLICA DEMOCRÁTICA DE SÃO TOMÉ E PRÍNCIPE

Ministério dos Assuntos Económicos e Financeiros

Serviço de Administração Tributária

Concessão
De
Benefícios e Isenções Fiscais

***

PROCESSO INDIVIDUAL DE ACOMPANHAMENTO

BENEFICIÁRIO:

SEDE:

RAMO DE ACTIVIDADE: CAE

DATA DE ISNTAURAÇÃO: SITUAÇÃO ACTUAL: ....
....
....
....
....
....
....

O Funcionário Responsável: Assim.: ....

Nome: ....

REGIME GERAL DO EXERCÍCIO DO COMÉRCIO
(Decreto N.° 7/2004, de 30 de Junho)

A regulamentação do exercício da actividade comercial em São Tomé e Príncipe aparenta-se ainda muito deficiente e incompleta;

Em consequência disso, assiste-se à uma proliferação e disseminação de estabelecimentos comerciais sem o devido licenciamento legal e sem as mínimas condições de operacionalidade;

Tal situação de relativa indisciplina comercial que não tem servido nem ao consumidor nem ao comerciante legalmente estabelecido, tem dificultando grandemente a eficiente acção de fiscalização e controlo das entidades públicas.

Reconhecendo-se, pois, a necessidade de regulamentar convenientemente o exercício da actividade comercial e o seu licenciamento, de tal forma que ela possa melhor contribuir para o desenvolvimento económico e social do país;

Nestes termos, no uso das faculdades conferidas pela alínea c) do artigo 111.° da Constituição Política, o Governo decreta e eu promulgo o seguinte:

REGIME GERAL DO EXERCÍCIO DO COMÉRCIO

CAPÍTULO I
Locais autorizados para o Exercício da actividade Comercial

ARTIGO 1.º

1. Só é permitido o exercício de comércio de venda por grosso ou a retalho nas povoações classificadas como comerciais.

2. São consideradas povoações comerciais de venda aquelas que, como tal, forem classificadas pelo Governo por meio de decreto.

ARTIGO 2.º

Compete ao ministério que tutela o Comércio propor a criação de povoações comerciais, após a audição de:
   a) A autoridade sanitária, sobre as condições de salubridade do local;
   b) A Direcção de Obras Públicas e Urbanismo, sobre as possibilidades de urbanização e saneamento;
   c) A Câmara Distrital local, no tocante aos aspectos políticos e sociais.
   d) A Empresa incumbida de prestação de serviços públicos de fornecimento de água potável.

ARTIGO 3.º

Criada uma povoação comercial, a Direcção de Obras Públicas e Urbanismo moverá, no espaço de 60 dias, o levantamento topográfico local e com base no mesmo, elaborará o respectivo esboço de urbanização a ser aprovado em Conselho de Ministros.

ARTIGO 4.º

São classificadas desde já como povoações de primeira classe as capitais dos distritos e da Região Autónoma do Príncipe e como povoações de segunda classe, as vilas não incluídas na área urbana das cidades já referidas.

ARTIGO 5.º

1. O exercício do comércio só pode permitido em edifícios de construção definitiva.

2. Para efeitos deste diploma consideram-se edifícios de construção definitiva as construções de pedra, tijolos ou aglomerados de betão, com cobertura de telhas, fibrocimento ou chapas metálicas, em conformidade com o Regulamento Geral das Edificações Urbanas, aprovado pela Portaria n.º 2709, de 29 de Janeiro de 1959.

3. Nas povoações comerciais classificadas de segunda classe poderá ser autorizada a abertura de estabelecimentos comerciais em edifícios que obedeçam em tudo ao Regulamento Geral das Edificações Urbanas, excepto quanto às paredes, nas quais poderá ser utilizada madeira ou material similar.

§ único – Transitoriamente e durante o período de 10 anos poderão continuar a existir o exercício do comércio nas povoações de primeira classe nas condições previstas número anterior.

CAPÍTULO II
Definição, abertura e funcionamento de estabelecimentos comerciais

ARTIGO 6.º

São considerados estabelecimentos comerciais edifícios legalmente autorizados a exercerem as actividades comerciais.

ARTIGO7.º

1. Toda a pessoa singular ou colectiva que pretender abrir um estabelecimento comercial em qualquer localidade do país, deverá requerer a respectiva autorização ao ministério que tutela o comércio.

2. A designação de estabelecimentos comerciais abrange, para efeitos deste diploma, não só os estabelecimentos comerciais propriamente ditos mas também:
   a) Os armazéns comerciais de venda por grosso;
   b) As casas de venda de leite e os seus derivados, de hortaliças, de gelados, de peixe, de carne e seus derivados e de pão;
   c) As casas de lotaria e tabacarias;

d) As barbearias, os institutos de beleza, os cabeleireiros de senhoras, as oficinas de ourives, joalharias, alfaiatarias, sapatarias, chapelarias, confecções de modistas e costureiras e laboratórios de fotografia, desde que em qualquer deles se faça em simultâneo com as suas actividades normais, venda ao público de quaisquer artigos que não sejam produtos de trabalhos próprio destes estabelecimentos ou oficinas;
e) Outros estabelecimentos onde se pratiquem actos comerciais.

ARTIGO 8.º

1. Nos requerimentos solicitando a abertura de estabelecimentos comerciais constarão:
   a) A denominação do requerente e, não se tratando de sociedade, a idade, o estado civil e a profissão;
   b) O domicilio ou sede social do requerente e indicação da caixa postal, se a tiver;
   c) Classe em que se pretende negociar de entre as previstas na tabela B;
   d) A povoação escolhida para instalação do estabelecimento com indicação do nome do proprietário do respectivo edifício, rua e número;
   e) O capital social ou fundo de garantia;
   f) O quadro do pessoal a admitir.
2. O requerimento será instruído com os seguintes documentos:
   a) Esboceto selado da planta de localização do edifício, se estiver situado em povoação cujas ruas não tenham nome e número;
   b) Certidão de registo do pacto social passado pelos registos, tratando-se de sociedade e nos casos em que existir conselho de administração, da acta da assembleia geral em que o representante tiver sido eleito;
   c) Procuração autenticada quando haja intervenção do procurador;
   d) Parecer da respectiva Câmara Distrital sobre o plano e regras de urbanização, se ainda não estiver aprovado.

ARTIGO 9.º

1. Nas empresas agrícolas, florestais, industriais e minerais que empreguem mais vinte trabalhadores pode ser autorizado o funcionamento de cantinas.

2. Este número poderá ser menor desde que a sede da empresa esteja há mais de dez quilómetros de qualquer povoação comercial.

3. As cantinas poderão funcionar em edifícios que reunam as condições referidas no número três do artigo 5.° do presente diploma.

ARTIGO 10.°

A entrega dos requerimentos e demais documentos a que se refere o artigo 8.° far-se-á:
  a) Na Direcção do Comércio para os estabelecimentos e cantinas a instalar na Ilha de S. Tomé;
  b) Na Secretaria Regional de Economia da Região Autónoma do Príncipe, para os estabelecimentos a instalar nesta Ilha.

ARTIGO 11.°

1. Os organismos públicos referidos no artigo precedente promoverão, a partir da data de entrada do requerimento, a criação de uma comissão constituída por um responsável dos serviços do Comércio, um responsável da Direcção de Obras Públicas e Urbanismo e um responsável da autoridade sanitária, servindo de escrivão.

2. O papel da comissão referida no número anterior tem como objectivo proceder a vistoria do edifício e elaborar um relatório, do qual constará se o respectivo edifício obedece ao disposto no artigo 5.° e no número 2 do artigo 7.°.

3. Os membros da comissão a que se refere o número 1 do presente artigo receberão, pela realização da vistoria, um subsídio a definir por despacho do Ministro de tutela do comércio devendo o subsídio ser reduzido de cinquenta porcento em caso de segunda vistoria motivada por deficiências encontradas na primeira.

4. O subsídio a que se refere o número 3 do presente artigo será pago previamente pelos requerentes ao escrivão da comissão que fará entrega aos restantes elementos da mesma da parte que lhes couber, após a realização da vistoria.

ARTIGO 12.°

Os processos respeitantes aos pedidos de abertura de estabelecimentos comerciais e outros como tal considerados pelo presente diploma que se refiram a Ilha do Príncipe serão seguidamente remetidos pela respectiva Assembleia Regional à Direcção Comércio.

ARTIGO 13.º

1. Organizado o processo, a Direcção do Comércio submetê-lo-á a despacho do ministro que tutela o comércio.
2. Deferido o requerimento, o requerente será imediatamente notificado, por correio e com aviso de recepção, do respectivo despacho para efeitos de inscrição nos serviços dos impostos, tendo em vista o pagamento das contribuições, impostos e licenças que forem devidos.

ARTIGO 14.º

1. A autorização de abertura de estabelecimentos comerciais e de cantinas será concedida sob a forma de alvará conforme modelo em anexo I, que é autenticado pelo ministro que tutela o comércio e faz parte integrante deste diploma, e serão entregues aos requerentes depois de terem satisfeito o estatuído no artigo anterior.
2. O alvará referido no número 1 do presente artigo é o documento que permite o exercício da actividade comercial, nunca podendo ser substituído pelo recibo da respectiva contribuição cobrada pela Direcção de Impostos.
3. O alvará constitui condição administrativa do exercício do comércio inseparável do estabelecimento a que disser respeito, não podendo transmitir-se, independentemente dele, devendo ser colocado em local bem visível.

ARTIGO 15.º

1. O trespasse de estabelecimento comercial, a cessão temporária de sua exploração ou a transferência definitiva de direitos sobre ele, seja a que título for, não dependem de autorização prévia, desde que os mesmos disponham já do alvará referido no artigo anterior.
2. É obrigatório o averbamento dos actos referidos no número anterior no alvará respectivo, o que deverá ser requerido ao ministro que tutela o comércio no prazo máximo de trinta dias, pelo adquirente, devendo este juntar ao requerimento os seguintes documentos:

a) Certidão da escritura do trespasse ou documento comprovativo da cessão temporária da exploração ou documento legal da transferência definitiva de direitos, instruídos em qualquer dos casos, do respectivo alvará, do emolumento a definir por despacho do ministro que tutela o comércio e selo fiscal exigido por lei;
b) Os documentos referidos nas alíneas b) e d) do número 2 do artigo 8.°do presente diploma.

3. Deferido o documento, a Direcção do Comércio procederá ao necessário averbamento no alvará e no processo respectivo e comunicará o facto na Direcção dos Impostos para efeitos fiscais de registo, procedendo seguidamente à devolução do alvará ao interessado.

ARTIGO 16.°

1. O estabelecimento comercial que pretender mudar de verba consignada no respectivo alvará, deverá requerê-lo ao ministro que tutela o comércio, entregando o devido requerimento na Direcção do Comércio e fazendo referência ao alvará a que está adstrito.

2. Deferido o requerimento, a Direcção do Comércio procederá de acordo com o disposto no artigo 14.° do presente diploma.

3. O interessado remeterá à Direcção do Comércio o alvará para efeitos de averbamento, acompanhado dos elementos que provem ter satisfeito o determinado no artigo 14.°, o pagamento do emolumento a definir por despacho do ministro que tutela o comércio e do selo fiscal exigido por lei.

ARTIGO 17.°

O encerramento temporário de estabelecimentos comerciais, estabelecimentos de venda de cooperativas de consumo e de cantinas deverá regular-se, na parte aplicável, pelo disposto no artigo anterior.

ARTIGO 18.°

1. O encerramento definitivo de qualquer estabelecimento referido no artigo anterior deverá ser comunicado à Direcção do Comércio acompanhado do respectivo alvará, a qual comunicará o facto à Direcção dos Impostos.

2. Anotado o despacho de cancelamento no respectivo alvará, será este junto ao processo de concessão.

ARTIGO 19.º

Os estabelecimentos comerciais que não tenham procedido de acordo com o disposto nos artigos 16.º, 17.º e 18.º deste Decreto, continuam obrigados ao pagamento das contribuições, impostos e licenças em que se encontram colectados até ao cumprimento das referidas disposições.

ARTIGO 20.º

1. A transferência do local do estabelecimento, ainda que dentro da mesma povoação, é equiparada à abertura de um novo estabelecimento, sendo apenas dispensada, na formação do processo, o exigido nas alíneas c) e d) do n.º 2 do artigo 8.º, devendo o interessado proceder simultaneamente quanto ao antigo estabelecimento como preceitua o artigo 18.º.

2. As contribuições, impostos e licenças respeitantes ao primeiro estabelecimento serão considerados, até ao fim do período a que disserem respeito, como referidos ao novo estabelecimento, desde que tenha havido apenas mudança de local.

ARTIGO 21.º

1. Os estabelecimentos comerciais existentes à data da publicação do presente diploma poderão continuar a funcionar nos termos vigentes até ao momento, devendo, no entanto, os respectivos alvarás serem apresentados à Direcção de Comércio para efeitos de confirmação no prazo de 90 dias após a publicação deste Decreto, findo o qual perderão a sua validade para todos os efeitos legais.

2. Não serão autorizados o trespasse, a cessão temporária da sua exploração, a transferência definitiva de direitos sobre eles ou o encerramento temporário dos estabelecimentos que continuarem a funcionar nos termos do número 1 precedente, bem como a alteração do pacto social de sociedades suas proprietárias, nas mesmas condições.

CAPÍTULO III
Do Comércio Ambulante, Quitandas e Similares

ARTIGO 22.º

1. Só é permitida a venda por vendedores ambulantes quando, sendo eles próprios portadores das mercadorias ou transportando-as em viaturas por eles conduzidas, vendam apenas jornais e lotaria, fruta, hortaliças, gelados, refrescos, doçarias, bugigangas, quinquilharias, peixe e aves domésticas.
2. Para exercer o comércio ambulante, é necessário obter uma licença do ministério que tutela o sector do comércio, mediante o requerimento do interessado, com indicação do local de venda e com a possível exactidão e declaração da forma como adquiriu o terreno.
3. Não é permitido o comércio ambulante de venda por grosso ou a retalho nem qualquer prática de comércio ambulante em violação das disposições deste artigo.

ARTIGO 23.º

1. Será autorizada a continuação da actividade dos actuais vendedores ambulantes que não se enquadre no disposto no artigo anterior, procedendo-se ao seu licenciamento nos moldes até agora vigentes, ficando bem expresso que essa actividade só poderá ser exercida pelos proprietários das respectivas licenças e nunca por interposta pessoa, mesmo na qualidade de empregados daqueles.
2. Os vendedores ambulantes referidos no número anterior serão possuidores de uma licença, renovável anualmente, conforme o modelo estabelecido.

ARTIGO 24.º

1. São consideradas quitandas os locais de venda de pequenas quantidades de produtos alimentares e outros já tradicionais, próprios da terra.
2. Só são permitidas quitandas fora das povoações classificadas como comerciais ou naquelas que ainda não disponham de mercado público.
3. Para o exercício deste comércio torna-se necessário o pagamento da respectiva contribuição e licença da instituição competente.

ARTIGO 25.º

A regulamentação da venda de produtos alimentares e outros nos locais colectivos dos mercados é da competência dos órgãos autárquicos.

ARTIGO 26.º

É permitida a venda de artigos a bordo dos navios surtos nos portos em São Tomé e no Príncipe, nos termos actualmente em vigor.

CAPÍTULO IV
Do Caixeiro Viajante

ARTIGO 27.º

1. Para o exercício da actividade de caixeiro viajante, são requisitos indispensáveis os seguintes:
   a) Ser cidadão santomense ou cidadão estrangeiro com estatuto de cidadão residente;
   b) Ser detentor do cartão de caixeiro viajante válido, passado pela Direcção do Comércio;
2. Para a obtenção de licença de caixeiro viajante, o interessado deverá depositar na Direcção do Comércio um requerimento dirigido ao Director do Comércio, solicitando o exercício dessa actividade, mediante o pagamento da taxa em vigor.
3. Os caixeiros viajantes serão possuidores de uma licença, renovável anualmente, conforme o modelo constante do anexo II, que faz parte integrante deste diploma.

CAPÍTULO V
Da Fiscalização e Penalidades

ARTIGO 28.º

1. A fiscalização das disposições do presente diploma será exercida pelos funcionários e agentes da Inspecção das Actividades Económicas, da Inspecção-Geral de Finanças, da Direcção do Comércio, da Polícia Nacio-

nal, da Inspecção de Trabalho, e ainda pelas Câmaras Distritais, na parte que lhes respeita, devidamente credenciados.

2. Com periodicidade a determinar por despacho do Ministro que tutela Comércio, as entidades mencionadas no número precedente designarão um dos seus fiscais para, em conjunto, formarem brigadas de fiscalização, tendo em vista a maior eficiência na observância das disposições deste diploma.

ARTIGO 29.º

Para efeitos de fiscalização, será permanentemente assegurado aos funcionários e agentes referidos no n.º 1 do artigo precedente o livre acesso aos locais onde funcionarem estabelecimentos comerciais, estabelecimentos de vendas, de cooperativas de consumo e cantinas.

ARTIGO 30.º

1. O funcionário ou agente que, no exercício das suas funções, verificar violação dos preceitos do presente diploma levantará ou mandará levantar o respectivo auto de notícia, do qual constará:
   a) Os factos que constituem a infracção, bem como o dia, a hora, o local e as circunstâncias em que foi cometida;
   b) O que se puder averiguar acerca do nome, estado civil, profissão naturalidade e residência do autor da infracção, da autoridade, do agente de autoridade ou do funcionário público que presenciar a transgressão;
   c) O nome, estado civil, profissão ou outros sinais que as possam identificar de, pelo menos, duas testemunhas que possam depor sobre esses factos, quando possível.

2. O auto de notícia a que se refere este artigo deverá ser assinado pelo funcionário ou agente que o levantar, pelas testemunhas quando for possível e pelo infractor, se quiser assinar.

3. O auto de notícia será remetido à Direcção do Comércio, no prazo de cinco dias, para despacho.

4. Do despacho referido no parágrafo anterior caberá recurso gracioso a interpor no prazo de quinze dias a contar da data da notificação ao interessado, para o Ministro que tutela o Comércio.

5. O recurso só terá efeito suspensivo quanto à apreensão das mercadorias e encerramento do estabelecimento.

6. Da apreensão de mercadorias de venda proibida não há recurso.

ARTIGO 31.º

As sementes ou quaisquer artigos distribuídos gratuitamente pelo Estado não podem, de qualquer modo, ser comercializados.

ARTIGO 32.º

1. As transgressões às disposições deste Decreto serão punidas nos seguintes termos:
   a) Multa variável entre Dbs. 500.000,00 (quinhentas mil dobras) e Dbs. 1.000.000,00 (um milhão de dobras), pelo exercício do comércio previsto nos artigos 22.º e 24.º sem prévia satisfação das disposições da lei;
   b) Multa variável entre Dbs. 2.000.000,00 (dois milhões de dobras) e Dbs. 3.000.000,00 (três milhões de dobras) pela venda a vendedores ambulantes, de artigos não previstos no número 1 do artigo 22.º e sua apreensão, salvo tratando-se de vendedores ambulantes ao abrigo do disposto no número 1 do artigo 23.º;
   c) Cancelamento definitivo da respectiva licença e apreensão de toda mercadoria para os vendedores ambulantes que, beneficiando de excepção do artigo 23.º não dêem integral cumprimento ao número 2 do mesmo artigo;
   d) Multa variável entre Dbs. 5.000.000,00 (cinco milhões de dobras) e Dbs. 10.000.000,00 (dez milhões de dobras), pelo exercício de actividade comercial diferente da indicada no alvará, além do pagamento imediato das contribuições, impostos e licenças devidos;
   e) Multa de Dbs. 20.000.000,00 (vinte milhões de dobras) e o encerramento do estabelecimento por 120 dias pela infracção ao disposto no artigo 31.º;
   f) Multa de 10 milhões de dobras e apreensão de mercadorias pelo exercício de actividade comercial durante o cumprimento das penas consignadas no número anterior ou pelo exercício clandestino de comércio em dependência ou anexos de casas residenciais ou outra edificação, mesmo à porta fechada;
   g) Multa variável entre Dbs. 2.000.000,00 (dois milhões de dobras) e Dbs. 3.000.000,00 (três milhões de dobras), apreensão da mercadoria e o encerramento do estabelecimento pela abertura em contravenção à disposições deste diploma de estabelecimentos comerciais, de estabelecimentos de venda, de cooperativas de

consumo ou de cantinas bem como o trespasse, a transferência de local e a cessão temporária da exploração dos correspondentes estabelecimentos;
h) Multa variável entre Dbs. 2.000.000,00 (dois milhões de dobras) e Dbs. 3.000.000,00 (três milhões de dobras), apreensão da mercadoria e encerramento do estabelecimento quando se verifiquem falsas declarações que tenham dado lugar à passagem de alvará;
i) Multa variável entre Dbs. 2.000.000,00 (dois milhões de dobras) e Dbs. 3.000.000,00 (três milhões de dobras), apreensão da mercadoria e encerramento do estabelecimento pela prática de actos que possam ser considerados atentatórios aos interesses nacionais ou nocivos manutenção da ordem pública;.
j) Multa variável entre Dbs. 2.000.000,00 (dois milhões de dobras) e Dbs. 3.000.000,00 (três milhões de dobras), pelo impedimento do livre acesso pêlos fiscais aos locais onde funciona o estabelecimento comercial.

2. As multas fixadas em montantes variáveis serão graduadas em função das circunstâncias acessórias da infracção, fixando-se no máximo em caso de reincidência são acumuláveis com as devidas por infracções fiscais.

ARTIGO 33.º

1. Nos casos em que à contravenção corresponda também a pena de apreensão deverá ser levantado, nos termos do artigo 30.º, o auto de notícias, procedendo-se de imediato ao arrolamento de todas as mercadorias apreendidas, as quais serão devidamente arrecadadas e conservadas até a decisão do processo, se forem insusceptíveis de deterioração rápida.

2. Proferida a decisão, as mercadorias apreendidas ou o valor correspondente obtido em hasta pública reverterão a favor do Instituto de Assistência Social que o utilizará ou lhes dará o destino mais conveniente.

ARTIGO 34.º

1. O prazo para o pagamento voluntário das multas será de 15 dias a contar data da notificação.

2. Em caso de não pagamento voluntário, seguir-se-á a cobrança coerciva através das execuções fiscais.

ARTIGO 35.º

1. As notificações serão efectuadas pelos agentes da Policia nacional podendo ainda recorrer-se às notificações pelo correio com aviso de recepção quando esta modalidade possa simplificar a resolução do processo.
2. Competirá Policia Nacional, coadjuvando as entidades competentes, garantir a execução das penas previstas neste diploma.

ARTIGO 36.º

As lacunas e dúvidas surgidas na aplicação do presente Decreto serão integradas e resolvidas por despacho do Ministro de tutela do comércio.

ARTIGO 37.º

É revogada toda a legislação contraria às disposições do presente Decreto.

ARTIGO 38.º

Este Decreto entra imediatamente em vigor.

Visto e aprovado em Concelho de Ministros de 18 de Setembro de 2003.

A Primeira Ministra e Chefe do Governo – *Maria das Neves Ceita Batista de Sousa*. O Ministro do Comércio, Indústria e Turismo – *Júlio Lopes Lima da Silva*.

Promulgado em 14 de Junho de 2004.

O Presidente da Republica, FRADIQUE BANDEIRA MELO DE MENEZES.

LEI DAS INSTITUIÇÕES FINANCEIRAS
(Lei n.º 9/92, de 3 de Agosto)

A Assembleia Nacional no uso das atribuições que lhe são conferidas pela alínea b) do artigo 86.º da Constituição, aprova a seguinte:

LEI DAS INSTITUIÇÕES FINANCEIRAS

CAPÍTULO I
Objecto e Autorização para Funcionamento

ARTIGO 1.º

Consideram-se Instituições Financeiras para efeitos da presente lei, as empresas constituídas no país ou sucursais de instituições estrangeiras cujo objecto social seja a intermediação nos mercados monetário e de capitais mediante a captação de recursos financeiros do público para aplicação por conta própria em operações de crédito, em títulos de crédito e títulos da dívida pública, em valores mobiliários, ou em outras actividades financeiras permitidas.

ARTIGO 2.º

O funcionamento de qualquer instituição financeira seja ele empresa do Estado, empresa mista, ou empresa privada, depende de prévia autorização do Banco Central.

ARTIGO 3.º

1. As instituições financeiras e os serviços que cada uma delas poderá explorar, obedecerão à seguinte classificação:
   a) Instituições especiais de crédito, que terão a capacidade definida na respectiva Lei Orgânica;
   b) Bancos Comerciais, cuja actividade principal é o exercício das operações bancárias correntes nomeadamente, a concessão de créditos e a captação de depósitos a ordem, movimentáveis por meio de cheques, bem como depósitos a prazo fixo inferior a um ano, e ainda a prática de outras operações de curto prazo previstas no respectivo estatuto;
   c) Bancos de Investimento ou de Desenvolvimento cuja actividade incluirá o recebimento de depósitos a prazo fixo, superior a um ano e a prática de operações de financiamento de capital fixo e circulante por prazos compatíveis com os praticados na captação de recursos, incluindo os fundos atribuídos pelo Governo;
   d) Sociedade de Financiamento, cuja actividade principal é o financiamento para aquisição de bens móveis ou serviços, com recursos provenientes de aceites de letras e livranças e de outras fontes, tais como depósitos do público, segundo os condicionalismos que forem definidos pelo Banco Central;
   e) Cooperativas de Créditos, cuja actividade principal é a concessão de financiamento a pessoas físicas nomeadamente para associados, para efeito de aquisição de bens;
   f) Sociedade ou Instituições de Poupança ou de Crédito Imobiliário, cuja actividade é o financiamento, para a aquisição, construção ou reforma de imóveis, concedido a pessoas físicas ou jurídicas, mediante a utilização de recursos captados através de contas de poupança;
   g) Outras Instituições de Crédito que não as mencionadas nas alíneas anteriores e que, segundo o critério do Banco Central, sejam, classificadas como instituições financeiras em consequência das actividades exercidas nos mercados financeiros e de capitais.

2. Entende-se por contas de poupança as contas de depósito mantidas nas sociedades referidas na alínea i) movimentáveis sem pré-aviso, e será recurso a cheques, às quais serão abonadas juros, sempre que nos períodos fixados pelo Banco Central, não forem efectuados saques.

3. O Banco Central poderá autorizar a prática de mais de uma das actividades acima previstas numa única instituição.

ARTIGO 4.°

1. As instituições que recebem depósitos, à excepção daquela prevista na alínea e) de artigo 3.°, são consideradas bancárias, pelo que só a elas é permitido o uso da denominação "Banco".
2. Fica vedado às demais instituições o uso desta denominação na sua razão social.

ARTIGO 5.°

É vedado às instituições financeiras a exploração directa ou indirecta de outras actividades financeiras para além daquelas especificadas na respectiva autorização de funcionamento, exceptuadas as actividades auxiliares ou complementares dos serviços financeiros, desde que autorizadas pelo Banco Central.

ARTIGO 6.°

1. A autorização para funcionamento em território nacional, de instituições financeiras de capital estrangeiro, sucursais de bancos estrangeiros ou escritórios de representação de instituições financeiras estabelecidas no exterior, somente será concedida, após a aprovação pelo Banco Central de acordo com artigo 7.°.
2. O investimento estrangeiro numa instituição financeira ou num estabelecimento que é sucursal de banco estrangeiro, obedece à regulamentação produzida pelo Banco Central e ao disposto no Código de Investimento.
3. Os Escritórios de Representação em São Tomé e Príncipe de instituições financeiras domiciliadas no exterior, não poderão receber depósitos, nem efectuar operações financeiras no território nacional.
4. As instituições financeiras domiciliadas no exterior sem escritórios de representação autorizados, não poderão praticar quaisquer das actividades privativas das instituições financeiras, directamente ou através de outros agentes não autorizados pelo Banco Central.

ARTIGO 7.°

A autorização para funcionamento de uma instituição financeira bem como o respectivo estatuto, será outorgada por acto do Banco Central, desde que o pedido seja formulado de acordo com as normas estabelecidas

pelo mesmo e esteja instruída com o estudo de viabilidade do empreendimento, demonstrando:
   a) A existência de capital e fundos adequados ao empreendimento;
   b) A participação no Concelho de Administração de pelo menos duas pessoas com reputação, qualificação e experiência necessárias para a adequada gestão da instituição;
   c) A necessidade e a conveniência da nova instituição para o país e para as comunidades a serem atendidas;
   d) O efeito positivo para o mercado, inclusive com o aumento da competição;
   e) Uma previsão razoável do período de tempo necessário para a instituição começar a gerar lucros.

ARTIGO 8.º

O Banco Central regulamentará o disposto no artigo anterior, estabelecendo os níveis mínimos de capital necessário à constituição de instituições financeiras, de acordo com as actividades que cada uma se propuser exercer.

ARTIGO 9.º

1. A autorização para o funcionamento de uma instituição financeira será outorgada por período indeterminado, e não é negociável nem transferível.
2. A instituição financeira deverá iniciar as suas operações com o público, num prazo máximo de um ano, após a homologação da autorização para o seu funcionamento.

ARTIGO 10.º

Será cancelada a autorização para funcionamento:
1. Se ficar provada a falsidade ou a incorrecção de qualquer dos dados fornecidos para a obtenção da autorização.
2. Se a instituição não cumprir no prazo indicado pelo Banco Central, a determinação para:
   a) Cumprir as normas que estabelecem novos níveis de capital social mínimo;
   b) Repor o capital social mínimo absorvido por prejuízos;

c) Cessar a prática de determinados actos específicos que importem violação da lei regulamento ou outra instrução do Banco Central, ou constituam inadimplemento de obrigação para com a autoridade;
d) Iniciar operações com o público:
3. Se ocorrer quaisquer dos seguintes factos:
a) A deliberação para uma liquidação forçada ou falência;
b) A extinção da pessoa jurídica, nos casos de fusão, incorporação ou cisão.

ARTIGO 11.º

1. A aprovação de fusão, incorporação ou cisão somente será concedida caso exista autorização para funcionamento da instituição ou instituições financeiras que delas resultem.
2. A transferência de qualquer bloco de acções que represente isolada ou cumulativamente mais de 15 por cento do capital social de uma instituição financeira, deverá ser precedida de autorização especifica do Banco Central.

ARTIGO 12.º

A instalação de dependências – sucursais, agências, balcões – de instituições financeiras instaladas no país, depende de autorização especifica do Banco Central.

ARTIGO 13.º

Excepto em casos particulares, todas as dependências das instituições financeiras devem estar abertas para atendimento do público nos horários e dias determinados pelo Banco Central.

CAPÍTULO II
Da Constituição

ARTIGO 14.º

As instituições financeiras estabelecidas no território nacional serão organizadas como sociedades anónimas comerciais, com observância das normas que regem o tipo que adoptarem e da presente lei, salvo as instituições mencionadas nas alíneas a), e) e f) do n.º 1 do artigo 3.º da presente Lei.

ARTIGO 15.º

As acções representativas do capital social, com ou sem direito de voto, serão obrigatoriamente nominativas.

ARTIGO 16.º

As acções preferenciais não poderão ser convertidas em acções com o direito a voto.

ARTIGO 17.º

As acções de qualquer instituição financeiras serão sempre expressas em moeda corrente do país.

ARTIGO 18.º

1. O capital inicial da instituição financeira será sempre expresso em moeda corrente do país.
2. A realização da participação estrangeira no capital social das instituições financeiras será feita pelo contra-valor em Dobras das correspondentes divisas.
3. A autorização para o funcionamento de uma instituição financeira só será dada após a realização da totalidade do capital social exigido, mediante depósito no Banco Central. Tais recursos só serão libertados quando o processo de licenciamento se completar.
4. Observadas as normas estabelecidas pelo Banco Central, o capital social de instituições financeiras pode ser aumentado mediante incorporação de reservas, inclusive das que são formadas pela reavaliação de bens do activo imobilizado.

ARTIGO 19.º

Os pedidos de autorização para funcionamento serão decididos no prazo máximo de 30 dias.

CAPÍTULO III
Da Administração

ARTIGO 20.º

A administração de instituição financeira estabelecida no território nacional caberá ao Conselho de Administração, como órgão de deliberação colegial, e aos directores com funções executivas e de representação da instituição.

ARTIGO 21.º

1. Toda a instituição financeira deverá ter um regimento interno que, observadas as normas do estatuto social, disporá sobre:
   a) A estrutura da administração e dos serviços operacionais e administrativos, seus órgãos e funções, os cargos de chefia e as relações de subordinação;
   b) As atribuições de cada director e os serviços sob sua direcção e fiscalização;
   c) Os sistemas de comissões internas e de auditoria interna;
   d) Os limites de competência e órgãos para decidir sobre a contratação de operações activas e passivas.

2. O regimento interno será aprovado pelo Concelho de Administração e de uma cópia autenticada do texto ou das alterações deverá ser enviada ao Banco Central.

ARTIGO 22.º

Todas as pessoas eleitas ou nomeadas para cargos de administração, deverão preencher requisitos de habilitação, experiência, conduta pessoal, e reputação previamente especificados pelo Banco Central e não poderão ser investidas no cargo sem a aprovação formal da eleição e nomeação por parte do Banco Central.

ARTIGO 23.º

O Concelho de Administração e a Directoria terão a sua competência e atribuições definidas na presente Lei, das Sociedades Anónimas e nos Estatutos e Regulamento Interno da instituição.

ARTIGO 24.º

Qualquer alteração no estatuto deverá ser sujeita à aprovação prévia do Banco Central.

ARTIGO 25.º

1. Toda a instituição financeira terá um Conselho Fiscal composto de três membros, nomeados pela Assembleia Geral.
2. Competirá ao Concelho Fiscal:
a) Verificar a regularidade dos livros, registos contabilísticos e documentos que lhe servem de suporte, bem como a exactidão do balanço e demonstração de resultados, bem como do parecer sobre o relatório e contas;
b) Acompanhar o cumprimento das leis e regulamentos aplicáveis à instituição financeira e submeter ao Conselho de Administração as situações que julgar convenientes;
c) Pronunciar-se sobre qualquer matéria que lhe seja submetida pelo Conselho de Administração.
3. O Conselho Fiscal reúne-se ordinariamente uma vez por trimestre e, extraordinariamente sempre que seja convocado pelos administradores. As deliberações são tomadas por maioria de votos dos membros presentes, não sendo permitidas abstenções.
4. O Conselho Fiscal pode ser auxiliado por técnicos especialmente designados ou contratados para esse efeito.

CAPÍTULO IV
Das Normas Operacionais

ARTIGO 26.º

É vedado às instituições financeiras emitir obrigações que possam dar lugar ao exercício de direito de gestão da instituição pelos detentores das mesmas.

ARTIGO 27.º

As instituições financeiras na prática de operações de crédito, devem observar os princípios de segurança, selectividade e liquidez, bem como as instruções emitidas pelo Banco Central.

ARTIGO 28.º

1. Em cada operação de crédito, as instituições financeiras deverão manter arquivados os respectivos documentos de formalização, a saber:
   a) Os títulos contratuais ou constitutivos das obrigações;
   b) A proposta do cliente e, se for o caso, os documentos em que declarou o destino que dará aos recursos mutuados; a situação jurídica e o valor por ele atribuído às garantias oferecidas;
   c) As informações cadastrais do cliente e dos garantes que tenham servido de base para a operação e que demonstrem capacidade para o seu resgate;
   d) O acto do órgão director que tenha decidido a operação, com a assinatura da pessoa ou pessoas responsáveis pela decisão e, no caso de órgão colegial, cópia da acta da reunião de aprovação da operação.

2. Consideram-se operações de crédito, quaisquer negócios mediante os quais a instituição se obriga a entregar activos financeiros, ou a assumir o risco de fazê-lo, adquirindo, em contrapartida, um direito de crédito, tais como empréstimo ou adiantamentos de dinheiro, desconto de títulos e de letras, abertura de crédito seja qual for o modo de utilização, ordens de pagamento e prestação de garantias.

3. O Banco Central expedirá normas complementares ao disposto neste artigo, podendo simplificar ou dispensar a documentação relativa a operações de pequeno valor unitário e operações de desconto ou caução de efeitos comerciais decididos por gerente das dependências, dentro dos limites da sua competência.

ARTIGO 29.º

As instituições financeiras devem observar os limites fixados nos regulamentos emitidos pelo Banco Central observando:
   a) A proporção a ser mantida entre os activos de risco constantes do balanço e a situação líquida patrimonial;

b) O limite máximo das operações de crédito em relação à situação líquida patrimonial, bem como a proporção destes activos em relação aos devedores individuais e pessoas ligadas;
c) A percentagem máxima de crédito que poderá ser consentida aos dez maiores devedores, incluindo grupos económicos.

ARTIGO 30.º

As instituições financeiras, na prática das suas operações activas e passivas, deve preservar a sua liquidez e obedecer às normas a esse respeito, fixados pelo Banco Central.

ARTIGO 31.º

As instituições financeiras informarão regularmente aos clientes das condições aplicáveis aos depósitos e aos empréstimos, incluindo a taxa de juros anual calculada sobre os mesmos, e o método de cálculo usado.

Parágrafo Único – O Banco Central decidirá sobre a periodicidade dessas informações e poderá impor um formato padrão para as mesmas.

CAPÍTULO V
Das Actividades Vedadas

Participação em Actividades Não-financeiras

ARTIGO 32.º

As instituições financeiras, directa ou indirectamente, poderão adquirir acções, ou serem sócias ou participar em projectos ou em empresas, desde que não representem mais ou de dez por cento do capital da empresa ou de projecto, e desde que o total desta participação não ultrapasse vinte e cinco por cento do total da sua situação liquida patrimonial. Não poderão as instituições estar sob controlo comum ou ligadas a empresas que não sejam instituições financeiras.

ARTIGO 33.º

As restrições do artigo anterior não abrangem os seguintes casos:
a) Aquisição de acções ou de outros interesses a título de reembolso de crédito concedido, caso em que a instituição adquirente deverá alienar a totalidade das acções ou das quotas sociais adquiridas num prazo de um ano, salvo se for prorrogado por orientação do Banco Central;
b) Aquisição de acções ou quotas sociais na qualidade de agente das transacções mercantis;
c) Compra de acções com o fim de revender as mesmas a terceiros concorrência desleal.

ARTIGO 34.º

É vedado ainda às instituições financeiras celebrar contratos ou acordos ou adoptar práticas de qualquer natureza que visem assegurar uma posição de domínio sobre os mercados monetários, financeiro ou cambial, ou recorrer na sua actividade, a práticas manipuladoras, ou obter vantagens ilícitas para si ou para terceiros.

CAPÍTULO VI
Dos Negócios com as Pessoas Ligadas

ARTIGO 35.º

Somente com observância do disposto neste Capítulo pode a instituição realizar negócio com pessoas a ela ligadas.

ARTIGO 36.º

1. São pessoas ligadas à instituição financeira, para os efeitos desta lei:
a) Os administradores, sendo assim considerados os membros do Conselho de Administração e os directores;
b) Os membros do Conselho Fiscal;
c) As sociedades que a controlam os seus sócios principais e administradores;

d) O cônjuge e o parente, ou afim, até ao terceiro grau, de membro do Conselho de Administração ou Fiscal, de director, administrador ou sócio da sociedade controladora;
e) A sociedade em que alguma das pessoas referidas nas alíneas anteriores possua directa ou indirectamente, participação igual ou superior dez por cento do capitai social;
f) Os sócios principais da instituição financeira, e as sociedades por eles controladas, directa ou indirectamente.

2. Para os fins deste Artigo, será considerado «sócio principal» o titular de dez por cento ou mais capital do empreendimento em questão.

3. São ainda pessoas ligadas á instituição financeira do Estado, ou da instituição mista, a pessoa jurídica de direito público e os administradores que a controlam, bem como qualquer pessoa jurídica, inclusive os administradores, por ele directa ou indirectamente controlada.

4. A pessoa ligada a qualquer das instituições integrantes de grupo financeiro, considera-se ligada a qualquer das instituições do grupo.

ARTIGO 37.°

1. É vedado à instituição financeira negociar com pessoas em condições de favor (ou de privilégio).

2. São modalidades de favor:
a) A realização de negócio que por sua natureza, finalidade, característica ou risco, a instituição não faria com outros clientes;
b) A cobrança de juros, comissões e outros encargos, ou aceitação de garantias menores do que a instituição exigiria de outros clientes.

ARTIGO 38.°

1. A instituição financeira somente pode realizar negócios com pessoas a ela ligadas, por deliberação do Conselho de Administração, mediante parecer do director que deve estar informado acerca da ligação existente e sobre a natureza da operação, a situação financeira e os rendimentos do proponente, bem como sobre a avaliação do risco de crédito feita pela instituição.

2. É vedado ao membro do Conselho de Administração interessado na operação, ou que tenha relações de casamento, parentesco, afinidade ou sociedade com pessoa ligada, permanecer na reunião durante a deliberação do órgão sobre a operação.

Dever de Sigilo

ARTIGO 39.º

1. Os administradores, directores, empregados e auditores externos das instituições financeiras, têm o dever de guardar sigilo sobre factos que tenham conhecido no exercício das suas actividades financeiras e dos serviços relacionados com as instituições.
2. As referidas informações somente podem ser divulgadas ao Banco Central, ou a outras autoridades administrativas ou judiciais mediante procedimento estabelecido pela lei.
3. Todos aqueles que infringirem as disposições deste artigo cometem um crime passível de ser punido com prisão de até 5 anos.

CAPÍTULO VII
Do Dever de Informar e Fiscalização

Informações Periódicas

ARTIGO 40.º

1. As instituições financeiras são obrigadas a elaborar balancetes e relatórios periódicos nos moldes estabelecidos pelo Banco Central, contendo informações sobre a situação administrativa e operacional, liquidez, solvência e rentabilidade, que permitam a avaliar a estabilidade e as tendências da evolução da sua situação financeira.
2. Os relatórios serão elaborados obedecendo as normas de contabilidade estabelecidas pelo Banco Central.

Fiscalizações por inspecções

ARTIGO 41.º

1. Todas as instituições financeiras estão sujeitas a inspecções determinadas pelo Banco Central.
2. O Banco Central e seus auditores nas inspecções realizadas nas instituições financeiras, poderão:
    a) Examinar a escrituração mercantil e respectivas provas, os livros sociais e quaisquer documentos dos arquivos da instituição;

b) Solicitar aos membros do Conselho Fiscal, administradores, mandatários, e empregados da instituição informações sobre quaisquer factos relacionados com a sua organização e funcionamento.

CAPÍTULO VIII
Das Infracções e Penalidades

ARTIGO 42.º

1. A violação do previsto nesta lei, acarreta para os infractores, sejam eles accionistas, administradores, membros de órgãos colegiais, gerentes, ou as próprias instituições financeiras, as seguintes penalidades:
   a) Advertência;
   b) Directivas, incluindo aquelas que limitem as operações das instituições financeiras;
   c) Multa;
   d) Inabilitação por tempo determinado ou indeterminado para o exercido de cargos em instituições financeiras;
   e) Cassação de autorização para funcionamento;
   f) Detenção e reclusão nos termos da legislação penal.

2. A aplicação das penalidades previstas nas alíneas a), b), c), e e) do número anterior será feita por decisão do director de supervisão bancária do Banco Central, sendo garantido aos acusados amplas possibilidades de defesa, incluindo o direito de recurso, com efeito suspensivo, para o Conselho de Administração do Banco Central, nos termos da lei.

3. A aplicação da penalidade prevista na alínea d) far-se-á por solicitação do Banco Central ao órgão encarregado do exercício da acção criminal. O mesmo procedimento será seguido na hipótese de infracção ao disposto no artigo 38.º, sendo aplicável à todas, as pessoas nele mencionadas.

4. Aplicação das sanções administrativas previstas nesta lei não exclui a adopção de outras previstas na legislação em vigor, sempre que o facto seja passível de punição na esfera civil ou penal.

5. Todos os processos envolvendo factos relacionados com instituições financeiras ou seus administradores correrão em sigilo, até a fase de audiência de julgamento, independentemente do órgão, instância ou Tribunal competente para julgá-los.

6. As penalidades serão aplicadas em função da gravidade da falta e da repercussão patrimonial, devendo especialmente ser levado em consideração a necessidade de ser mantida a credibilidade do sistema financeiro junto da opinião pública. Tais penalidades serão agravadas sempre que ocorrer uma reincidência genérica ou específica.

7. A aplicação das presentes penalidades será extensiva a qualquer pessoa singular ou colectiva que praticar um negócio que é especifico de uma instituição financeira.

8. As multas aplicadas de acordo com o artigo 44.°, revertem-se a favor do Estado.

CAPÍTULO IX
Da Intervenção e da Falência

ARTIGO 43.°

Quando forem observados indícios de que o estado de solvência de qualquer instituição não é adequada aos níveis mínimos de segurança para operar no mercado, colocando em risco as aplicações e os depósitos de seus clientes, o Banco Central poderá, por acto do seu Conselho de Administração, determinar a intervenção na mesma para repor a normalidade da situação.

ARTIGO 44.°

O acto de intervenção indicará:
a) Os motivos da intervenção;
b) O nome do interventor indigitado que poderá ou não ser funcionário do Banco Central;
c) O período de duração da intervenção;
d) A eventual indicação de inexigibilidade dos depósitos ou aplicações dos clientes da instituição;
e) As medidas aplicáveis em relação aos administradores da instituição, que poderão resultar inclusive no bloqueio de seus bens pessoais para garantir o pagamento de eventuais prejuízos causados à instituição ou a terceiros.

ARTIGO 45.º

A nomeação do interventor suspenderá, até o término da intervenção, os mandatos dos administradores, que somente poderão retomar os respectivos cargos, se não forem considerados inabilitados para o exercido dos mesmos.

ARTIGO 46.º

O interventor nomeado pelo Banco Central tem amplos poderes de gestão, podendo adoptar qualquer medida tendente a normalizar a situação da instituição, inclusive determinando o encerramento de dependências e demitindo funcionários que julgue incapazes ou desnecessários para o exercício da suas funções.

ARTIGO 47.º

Se entender necessário para o perfeito restabelecimento da instituição, o interventor poderá, em qualquer momento, declarar inexigíveis, total ou parcialmente, por um período máximo de 1 ano, os depósitos e aplicações feitas pelo público junto à instituição, desde que medidas adequadas sejam tomadas para manter aproximadamente, na opinião do interventor, o valor real desses depósitos e aplicações.

ARTIGO 48.º

As providências extraordinárias previstas neste capítulo subsistirão apenas enquanto se verificar a situação de desequilíbrio que as determinar.

ARTIGO 49.º

Durante este período o Banco Central poderá prestar apoio à instituição, nas condições que especificar, para suprir a carência temporária de liquidez.

ARTIGO 50.°

Se no decurso da intervenção, ou no final dela, o Banco Central entender que a reorganização da instituição será mais onerosa do que a sua liquidação, requererá ao órgão judicial competente a declaração de falência, ser nomeado pelo juiz sob proposta do Banco Central.

ARTIGO 51.°

Os recursos interpostos peio Banco Central durante o período de intervenção terão prioridade sobre os demais créditos da responsabilidade de instituição, que seguirão a classificação estabelecida na legislação específica.

ARTIGO 52.°

1. A intervenção será levantada:
a) Após o decurso do prazo fixado, se não houver prorrogação;
b) Se o Banco Central entender que a instituição já poderá operar em regime de normalidade;
c) Pela declaração de falência da instituição nos termos da lei.

2. Nos casos das alíneas a) e b) deste artigo, a intervenção somente será levantada, após a instituição ter pago ou programado, o pagamento dos recursos nela injectados pelo Banco Central.

CAPÍTULO X
Da Vigência

ARTIGO 53.°

Esta lei entrará em vigor na data de sua publicação no *Diário da República*.

ARTIGO 54.°

Todos os regulamentos, instruções e demais actos normativos do Banco Central, somente terão validade após a sua publicação.

ARTIGO 55.º

Fica revogada toda a legislação que contrarie o disposto na presente lei.

Assembleia Nacional em São Tomé, aos 17 de Junho de 1992.

Pelo Presidente da Assembleia Nacional, *Guilherme Posser da Costa*, Vice-Presidente.

Promulgado em 28 de Julho de 1992.

Publique-se.

O Presidente da República, MIGUEL ANJOS DA CUNHA LISBOA TROVOADA.

CONDIÇÕES DE ACESSO E DE EXERCÍCIO DA ACTIVIDADE SEGURADORA
(Decreto-lei n.º 47/98, de 31 de Dezembro)

Dentro da política de abertura do sistema financeiro do país, importa colmatar a lacuna vigente na área da actividade seguradora, definindo-se as condições de acesso e estabelecendo-se as regras de funcionamento do respectivo mercado;

Sendo indesmentível o importante papel que o sector segurador assume no desenvolvimento de uma economia, pela captação de poupanças e pelo ressarcimento dos danos, há que prevenir que não ocorram disfunções perturbadoras;

Assim, é de destacar, na vertente da supervisão prudencial, explícita na filosofia e texto do diploma as garantias financeiras estabelecidas, o controlo das participações qualificadas, a idoneidade dos accionistas detentores da tais participações e dos membros dos órgãos sociais, bem como a experiência profissional destes últimos, merece, ainda, relevância a regulamentação da conservação e microfilmagem dos documentos relativos à actividade seguradora e o esquema sancionatório.

Nestes termos, no uso das faculdades conferidas pela alínea d) do artigo 99.º da Constituição, o Governo da República Democrática de S. Tomé e Príncipe, decreta e eu promulgo o seguinte:

CAPÍTULO I
Disposições Gerais

ARTIGO 1.º
Âmbito

1. O presente diploma regula as condições de acesso e de exercício da actividade seguradora na República Democrática de São Tomé e Príncipe.

2. Este diploma regula ainda o processo de que depende a autorização do Banco Central da República Democrática de São Tomé para o estabelecimento, no anterior, de quaisquer formas de representação por parte de seguradoras com sede neste país.

ARTIGO 2.º
Terminologia

Para efeitos do presente diploma, entende-se por:
a) Actividade Seguradora – o exercício regular dos actos relativos à aceitação e cumprimento de contratos de seguro ou resseguro e operações de seguro, bem como a prática de actos e contratos conexos ou complementares daqueles, nomeadamente os respeitantes a salvados, reedificação e reparação de prédios e de veículos, manutenção de postos clínicos e aplicação provisões, reservas e capitais, excluindo-se a mediação de seguros, nos termos da legislação aplicável;
b) BC – a designação abreviada do Banco Central da República Democrática do São Tomé e Príncipe;
c) Contrato de Seguro – aquele pelo qual a seguradora obriga, em contrapartida do pagamento de um prémio e para o caso de se produzir o evento cuja verificação é objecto de cobertura, a indemnizar, dentro limites convencionados, o dano produzido ao segurado ou a satisfazer um capital, uma renda ou outras prestações nele previstas;
d) Delegação – o estabelecimento suplementar desprovido do personalidade jurídica e destinado ao atendimento do público que, pertencendo a uma seguradora com sede na República Democrática do São Tomé e Príncipe ou a uma seguradora com sede no exterior que aqui opere na forma de sucursal, efectua directamente, no todo ou em parte, operações inerentes à actividade destas;
e) Índice de Sinistralidade Bruta – a relação entre indemnizações brutas e prémios brutos processados no mesmo exercício económico, incluindo-se naquelas as provisões para sinistros;
f) Mediação de Seguros – a actividade profissional que consiste no exercício regular de prospecção de mercado ou de actos tendentes à realização de contratos seguros, bem como na prestação de assistência técnica ao segurado;
g) Operações de Seguro – a gestão de fundos de pensões e as operações de capitalização;

h) Participação Qualificada – quando qualquer accionista, directa ou indirectamente, detenha, pelo menos, 10% do capital social ou dos direitos de voto da seguradora participada ou, por qualquer outra forma, tenha a possibilidade de exercer uma influência significativa na respectiva gestão, sendo equiparados aos direitos de voto detidos pelo participante:
  I. Os detidos por cônjuge não separado judicialmente, seja qual for o regime de bens, os detidos por descendentes menores e os detidos por sociedades controladas pelo participante ou controladas pelas pessoas anteriormente referidas;
  II. Os detidos por outras pessoas ou entidades, em nome próprio ou alheio, mas por conta do participante;
  III. Os detidos por terceiro em virtude de um acordo celebrado com o participante ou com uma das empresas por ele controladas, pelo qual:
    a) O terceiro fique obrigado a adoptar, através do exercício concertado dos respectivos direitos de voto, uma política comum em relação à gestão da segurara; ou
    b) Se preveja uma transferência provisória dos oitos de voto.
  IV. Os que sejam inerentes a acções do participante entregues em garantia, excepto quando o credor detiver esses direitos e declarar a intenção de os exercer, caso em que os referidos direitos de voto são considerados como próprios do credor;
  V. Os que sejam inerentes às acções de que o participante tenha o usufruto;
  VI. Os que, por força de um acordo, o participante ou uma das outras pessoas ou entidades referidas nas subalíneas anteriores, tenham o direito de adquirir, por sua exclusiva iniciativa;
  VII. Os que sejam inerentes às acções depositadas junto do participante e que este possa exercer como entender na ausência de instruções específicas dos respectivos detentores.
i) Plano de Retenção – o capital seguro deduzido do montante que se ressegurar;
j) Ramo de Seguro – qualquer ramo, grupo ou grupos de ramos estabelecidos na tabela anexa a este diploma[2];

---

[2] A Tabela de Ramos de Seguro não foi publicada em anexo ao presente diploma no *Diário da República*.

k) Resseguro – o contrato pelo qual uma seguradora faz segurar, por sua vez, parte dos riscos que assume;
l) Seguradora – a entidade que subscreve o risco, abrangendo o termo, quer as seguradoras constituídas na República Democrática de São Tomé o Príncipe, quer as sucursais de seguradoras do exterior aqui estabelecidas;
m) Sinistralidade Anormal – aquela em que:
   I. Nos ramos gerais o índice de sinistralidade bruta de qualquer seguradora seja superior em, pelo menos, 50% ao índice de sinistralidade bruta do conjunto das seguradoras que operem naqueles ramos;
   II. No ramo vida se verifiquem desvios substanciais aos valores das tabelas actuariais adoptadas por qualquer seguradora a explorar esse ramo.
n) Sociedade Controlada – aquela em que o participante detenha mais de metade dos direitos de voto, ou de que seja sócio e:
   I. Tenha o direito de designar, ou de destituir, mais de metade dos membros dos órgãos de administração ou de fiscalização; ou
   II. Tenha o controlo exclusivo da maioria dos direitos de voto por força de um acordo celebrado com outros sócios dessa sociedade;
   III. Devendo aos direitos de voto do participante, de designação ou de destituição ser acrescidos os direitos detidos por sociedade controlada por aquele e ainda os direitos detidos por qualquer pessoa ou entidade a actuar em nome próprio, mas por conta do participante ou de sociedade por este controlada.
o) Sucursal – o estabelecimento, na República Democrática de São Tomé e Príncipe, de uma seguradora com sede no exterior ou estabelecimento, no exterior, de uma seguradora com sede na República Democrática de São Tomé e Príncipe que, desprovidos de personalidade jurídica, efectuam directamente operações inerentes à actividade da sede;
p) Tomador do Seguro – a pessoa singular ou colectiva que, por sua conta ou por conta de uma ou várias pessoas, celebra o contrato de seguro com a seguradora, sendo responsável pelo pagamento do prémio.

ARTIGO 3.º
Autorização prévia

1. A actividade a que se refere o n.º 1 do artigo 1.º só pode ser exercida por seguradoras que tenham sido autorizadas a constituir-se ou a estabelecer-se na República Democrática de São Tomé e Príncipe mediante despacho do Governador do BC, no qual são especificados o ramo ou ramos de seguros que a cada uma é permitido explorar.

2. As seguradoras podem aceitar livremente contratos de resseguro no ramo ou ramos em que estão autorizadas, bem como efectuar o resseguro dos seus contratos ou operações de seguro em entidades para tal autorizadas, ainda que as mesmas não estejam constituídas ou estabelecidas na República Democrática de São Tomé e Príncipe.

ARTIGO 4.º
Exclusividade do objecto social

1. As seguradoras têm por objecto social exclusivo actividade referida na alínea a) do artigo 2.º.

2. É permitida a exploração simultânea do ramo vida e dos ramos gerais.

ARTIGO 5.º
Jurisdição

O foro competente para conhecer dos litígios emergentes dos contratos ou operações de seguro celebrados no país ou respeitantes a pessoas ou entidades que à data dos mesmos contratos ou operações, nele fossem residentes ou domiciliados, a bens aí existentes ou a riscos nele situados, é o da República Democrática de São Tomé e Príncipe.

ARTIGO 6.º
Contratos ou operações de seguros
com seguradoras não autorizadas

1. Sem prejuízo do disposto no n.º 2, não são exigíveis em juízo as obrigações resultantes dos contratos ou operações de seguro a que se refere o artigo anterior, quando celebrados com seguradoras não autorizadas a exercer a actividade na República Democrática de São Tomé e Prín-

cipe, nem são exequíveis neste as sentenças dos tribunais estrangeiros que se basearem nesses contrato ou operações de seguro.

2. O disposto no número anterior não é aplicável às operações ou contratos de seguro que as seguradoras autorizadas a exercer a actividade na República Democrática de São Tomé e Príncipe não tenham querido ou podido aceitar, se tiverem sido celebrados, sem oposição do BC, a quem o proponente deve comunicar o propósito de contratar com a antecedência mínima de quinze dias.

ARTIGO 7.º
Uso de designação

Só às seguradoras autorizadas a exercer a actividade na República Democrática de São Tomé e Príncipe é permitido o uso e inclusão nas suas firmas ou denominações das palavras "seguradora", "companhia de seguros" ou outras de sentido análogo, bem como expressões equivalentes em qualquer outra língua salvo se o respectivo uso manifestamente não sugerir ideia de exercício da actividade seguradora.

ARTIGO 8.º
Uso de língua oficial

Quaisquer requerimentos e respectivos documentos instrutórios ou comunicações, emitidas pelas seguradoras devem ser apresentadas em português.

CAPÍTULO II
Superintendência, Coordenação e Fiscalização da Actividade Seguradora

ARTIGO 9.º
Competência do governador do BC

1. A superintendência, coordenação e fiscalização actividade seguradora são da competência do BC.

2. Compete ao Governador do BC estabelecer, por despacho e sem prejuízo das particularidades de situações específicas, as condições gerais

e especiais das bases técnicas e tarifas dos seguros obrigatórios ou outros cuja uniformização considere necessária, bem como fixar as directivas ou adoptar as providências que entenda adequadas ao exercício da competência que lhe é conferida pelo número anterior.

ARTIGO 10.º
BC

1. As acções de superintendência, coordenação e fiscalização referidas no artigo anterior são executadas por intermédio do BC, de harmonia com as disposições do presente diploma e do respectivo estatuto.

2. No tocante à actividade seguradora compete ao BC, designadamente:

a) Emitir avisos, a publicar no *Diário da República* e instruções que obriguem as seguradoras e os mediadores de seguros, com vista à adequação da actividade seguradora às políticas económico-financeiras e social da República Democrática de São Tomé e Príncipe;

b) Autorizar o articulado de quaisquer apólices e ramo de seguro já autorizado e respectivas alterações bem como a exploração de novas operações de seguro;

c) Cancelar, a pedido da seguradora, a autorização para a exploração de um ramo ou operação de seguro;

d) Emitir pareceres sobre pedido de transferências carteira de seguros, alterações de estatutos e condições de encerramento de seguradoras;

e) Efectuar inspecções às seguradoras destinadas a verificar a regularidade técnica, financeira, fiscal e jurídica da respectiva actividade;

f) Efectuar inspecções extraordinárias a entidades pertencentes a quaisquer outros sectores de actividade económica sempre que sobre as mesmas recaiam fundadas suspeitas de praticarem actos reservados às seguradoras ou aos mediadores de seguros ou quando o exame das suas operações se torne indispensável ao esclarecimento da actividade de determinada seguradora ou mediador de seguros, ou ainda quando se torne necessário avaliar a situação financeira do grupo que a seguradora ou o mediador se insere;

g) Instaurar e instruir processos de contravenção, aplicando a respectiva sanção ou a suspensão da execução desta, bem como proceder à liquidação das multas aplicadas;

h) Atender, analisar e dar parecer sobre reclamações apresentadas por presumível violação das normas reguladoras da actividade seguradora;
i) Apresentar propostas de diplomas legislativos sobre matérias relacionadas com as suas atribuições.

3. O BC pode solicitar a qualquer entidade, pública ou privada, nomeadamente a terceiros que tenham efectuado operações com seguradoras ou com mediadores de seguros, que lhe sejam directamente fornecidos os elementos ou informações necessários ao cumprimento das suas funções, bem como recorrer aos serviços de outras entidades, residentes ou não na pública Democrática de São Tomé e Príncipe.

4. As atribuições e competências do BC relativamente entidades submetidas a supervisão, mantêm-se nos os de caducidade ou revogação das autorizações, bem como de suspensão ou cessação da actividade a qualquer título, até que todos os credores sejam satisfeitos ou seja dada por concluída a liquidação.

ARTIGO 11.º
Dever de sigilo

Os membros dos órgãos estatutários do BC, bem como os seus trabalhadores, auditores, peritos, mandatários e outras pessoas que lhe prestam ou tenham prestado serviços a título permanente ou acidental estão sujeitos ao dever do sigilo dos factos cujo conhecimento lhes advenha exclusivamente pelo exercício suas funções.

ARTIGO 12.º
Obrigatoriedade de prestação de informações

1. As seguradoras são obrigadas a enviar ao BC, até último dia do mês seguinte, o balancete referente trimestre anterior, salvo o relativo ao último trimestre, que é enviado até ao último dia do mês de Fevereiro seguinte.

2. Para efeitos de concessão do respectivo visto formal pelo BC, as seguradoras são obrigadas a enviar-lhe, até 30 dias antes da data da realização da assembleia-geral anual para a aprovação de contas, o conjunto de mapas contabilísticos e estatísticos referentes ao exercício anterior.

3. Para além de outras obrigações análogas estabelecidas no presente diploma, as seguradoras com sede na República Democrática de São Tomé

e Príncipe devem enviar ao BC, dentro do prazo estabelecido ao número anterior, os seguintes elementos:
   a) Os nomes completos das pessoas que durante o respectivo exercício fizeram parte dos conselhos de administração e fiscal, do mandatário geral, bem como do responsável pelo departamento de contabilidade;
   b) Um exemplar do relatório e contas do conselho de administração ou equivalente, acompanhado dos pareceres do conselho fiscal e dos auditores externos.

4. As seguradoras com sede no exterior devem enviar anualmente ao BC o relatório e as suas contas consolidadas relativas ao exercício anterior.

5. O BC pode solicitar das seguradoras quaisquer outros elementos e informações de que careça para o cabal desempenho das suas funções.

ARTIGO 13.º
Acções da inspecção

1. A inspecção da actividade seguradora pode ser feita nos próprios estabelecimentos.

2. Nestes termos, pode o BC, directamente ou por intermédio de pessoas ou entidades devidamente mandatadas para o efeito, examinar, em qualquer momento, com ou sem aviso prévio, as transacções, livros, contas, e demais registos ou documentos, verificar a existência de quaisquer classes de valores, bem como fotocopiar, total ou parcialmente, o que considerar necessário para constatar o cumprimento, pela seguradora, das disposições legais e regulamentares respeitantes à actividade seguradora.

3. No decurso das acções de inspecção a que se refere o presente artigo, pode o BC proceder à apreensão de quaisquer documentos ou valores que constituam objecto de infracção ou se mostrem necessários à instrução do respectivo processo.

ARTIGO 14.º
Publicidade das autorizações concedidas

O BC publica, em Janeiro de cada ano, no *Diário da República*, a lista das seguradoras que estão autorizadas a exercer a actividade na República Democrática de São Tomé e Príncipe, com indicação dos ramos que lhes é permitido explorar.

ARTIGO 15.º
Taxa de fiscalização

1. As seguradoras autorizadas a exercer a actividade na República Democrática de São Tomé e Príncipe estão sujeitas ao pagamento anual de uma taxa de fiscalização que não pode ser inferior a cem mil dobras nem superior a quinhentas mil dobras.
2. No primeiro ano de actividade e no ano da respectiva cessação a taxa de fiscalização é proporcional ao número de meses em que aquela tiver sido exercida.
3. O montante da taxa do fiscalização relativamente cada exercício é fixado por aviso do BC a publicar no mês de Dezembro de cada ano e a sua liquidação e cobrança é efectuada pelo BC durante o mês de Janeiro seguinte, constituindo receita sua.

CAPÍTULO III
Condições de Acesso à Actividade Seguradora

SECÇÃO I
Seguradoras com sede na República Democrática de São Tomé e Príncipe

SUBSECÇÃO I
Constituição

ARTIGO 16.º
Forma de sociedade

As seguradoras com sede na República Democrática de São Tomé e Príncipe constituem-se como sociedades comerciais, sob a forma de sociedade anónima de responsabilidade limitada e as respectivas acções são nominativas ou ao portador registadas.

ARTIGO 17.º
Capital social

1. O capital social das seguradoras não pode ser inferior a duzentos e cinquenta milhões de dobras, no caso de exploração dos ramos

gerais, ou a quinhentos milhões de dobras, no caso de exploração do ramo vida.

2. No acto da constituição, 50% do capital social deve estar realizado em dinheiro e depositado à ordem BC em instituição de crédito autorizada a operar na República Democrática de São Toma e Príncipe, com expressa declaração da quantia subscrita por cada accionista, depósito esse que só pede ser levantado após o início de actividade da seguradora e autorização do BC.

3. O restante capital social deve ser realizado no prazo máximo de 180 dias a contar da data da escritura de constituição.

ARTIGO 18.º
Acções e obrigações

1. As seguradoras não podem adquirir acções próprias ou fazer operações sobre elas.

2. A emissão de obrigações ou outros títulos de dívida por parte de seguradoras depende de autorização prévia do BC, que estabelece as respectivas condições.

3. É vedada a emissão de obrigações para prover a responsabilidades de natureza técnica das seguradoras.

ARTIGO 19.º
Condições e critérios para a concessão de autorização

1. A autorização para a constituição de uma seguradora é concedida de acordo com critérios de oportunidade e conveniência, relacionados fundamentalmente com o interesse económico-financeiro ou de mercado de que se revista para a República Democrática de São Tomé e Príncipe a referida constituição.

2. Na apreciação da oportunidade e conveniência da constituição da seguradora cuja autorização se requer, consideram-se especificamente os seguintes factores:
   a) Possibilidade de a seguradora melhorar a diversidade ou a qualidade dos serviços prestados ao público;
   b) Idoneidade dos accionistas fundadores no que for susceptível de, directa ou indirectamente, exercer influência significativa na actividade e gestão da seguradora;

c) Idoneidade, qualificação e experiência profissionais das pessoas que efectivamente detêm a gestão da seguradora;
d) Suficiência de meios técnicos e recursos financeiros afectos aos ramos de seguro que a seguradora pretenda explorar;
e) Compatibilidade entre as perspectivas de desenvolvimento da seguradora e a manutenção de uma sã concorrência no mercado.

ARTIGO 20.º
Idoneidade

1. Na apreciação da idoneidade prevista no artigo anterior relevam, entre outros, o facto de a pessoa:
a) Ter sido condenada ou encontrar-se pronunciada por crimes de roubo, furto, abuso de confiança, emissão de cheques sem provisão, burla, falsificação, peculato, suborno, extorsão, usura, corrupção, falsas declarações ou recepção não autorizada de depósitos ou outros fundos reembolsáveis;
b) Ter sido declarada, por sentença transitada em julgado, falida ou insolvente ou julgada responsável pela falência de sociedades cujo domínio haja assegurado ou de que tenha sido administrador, director ou gerente;
c) Ter sido responsável pela prática de infracções às regras legais ou regulamentares que regem as actividades das instituições sujeitas a supervisão do BC, quando a respectiva gravidade ou reiteração o justifique.

2. O disposto no número anterior aplica-se, com as necessárias adaptações, aos membros do órgão de fiscalização e da mesa da assembleia--geral da seguradora.

ARTIGO 21.º
Experiência profissional

Para os efeitos previstos na alínea c) do n.º 2 do artigo 19.º, presume-se existir experiência profissional adequada a pessoa cm causa tenha previamente exercido, com competência, funções de responsabilidade nos domínios financeiro e técnico, sendo igualmente relevante o período de tempo durante o qual tais fundões foram exercidas.

ARTIGO 22.º
Instrução do processo de autorização

1. As pessoas singulares ou colectivas que pretendam constituir uma seguradora devem apresentar o respectivo requerimento no BC, acompanhado dos seguintes elementos:
   a) Exposição fundamentada das razões de ordem económico-financeira justificativas da constituição da seguradora, que demonstre a respectiva viabilidade e o enquadramento da sua actuação nos objectivos da política económica e financeira da República Democrática São Tomé e Príncipe;
   b) Indicação da denominação social, pelo menos na língua oficial, devendo nela constar expressão de que resulte inequivocamente que objecto é exercício da actividade seguradora:
   c) Projecto de estatutos, elaborado de harmonia com as deposições legais vigentes;
   d) Identificação pessoal e profissional dos accionistas fundadores, com especificação do capital subscrito por cada um e exposição fundamentada da adequação da estrutura accionista à estabilidade da seguradora;
   e) Certificado de registo criminal dos accionistas fundadores com participação qualificada, emitido há menos de 90 dias;
   f) Declaração dos accionistas fundadores com participação qualificada, sob compromisso de honra, de que nem eles nem sociedades ou empresas cujo controlo tenham assegurado ou de que tenham sido administradores, directores ou gerentes, foram declarados em estado de insolvência ou falência;
   g) Especificação dos meios materiais, técnicos e humanos a utilizar;
   h) Apresentação das condições gerais das apólices nos ramos de seguro que se pretende explorar e das respectivas bases técnicas.

2. Havendo accionistas fundadores que sejam pessoas colectivas com participação qualificada devem ser juntos os seguintes elementos referentes a cada um deles:
   a) Estatutos;
   b) Relatórios e contas dos últimos três exercícios sociais;
   c) Identificação dos membros dos órgãos de administração, acompanhada de notas biográficas;
   d) Distribuição do capital social e relação dos detentores do 10% ou mais do mesmo capital;

e) Relação de outras sociedades em cujo capital detenham participações qualificadas e estrutura do respectivo grupo.

3. O pedido de autorização é ainda instruído com um programa de actividades que deve incluir pelo menos, os seguintes elementos:
   a) Princípios orientadores do resseguro, aceite e cedido, que se propõe seguir;
   b) Previsão das despesas de implantação e instalação nomeadamente nos aspectos administrativo e comercial
   c) Previsões relativas a cada um dos três primeiros exercícios sociais, referentes aos seguintes aspectos:
      I. Encargos de gestão, nomeadamente despesas gerais e comissões, estas divididas por cada ramo de seguro;
      II. Número de trabalhadores, por local de recrutamento e respectiva massa salarial;
      III. Prémios, indemnizações e provisões técnicas referentes ao seguro directo e ao resseguro;
      IV. Situação semestral de tesouraria;
      V. Margem de solvência que deve possuir, em conformidade com as disposições legais em vigor;
      VI. Meios financeiros destinados a garantir os compromissos assumidos.

4. Além dos elementos referidos nos números anteriores, devem ainda ser apresentados os elementos e informações complementares que o BC considere necessários para a adequada instrução do processo.

5. Verificados os pressupostos técnicos e legais de constituição o Governador do BC toma decisão sobre o processo no prazo de 30 dias.

ARTIGO 23.º
Caducidade da autorização

A autorização caduca se a escritura de constituição não for outorgada no prazo de 120 dias a contar da data da publicação do despacho de autorização, ou se a seguradora não iniciar a sua actividade no prazo de 180 dias a contar da data da escritura, podendo este último prazo ser prorrogado pelo BC por período não excedente a um ano, nos casos devidamente justificados.

ARTIGO 24.º
Cumprimento do programa de actividades

1. Durante os três exercícios sociais que são objecto das previsões referidas na alínea c) do n.º 3 do artigo 22.º, a seguradora deve apresentar semestralmente ao BC um relatório circunstanciado sobre a forma como o programa de actividade está a ser executado.

2. No caso de se verificar desequilíbrio na situação financeira da seguradora, são impostas medidas de reforço das respectivas garantias financeiras, cujo incumprimento pode levar à revogação da autorização.

3. Quaisquer alterações aos referidos programas de actividade carecem de autorização prévia do BC.

SUBSECÇÃO II
Participações qualificadas

ARTIGO 25.º
Aquisição ou aumento de participação qualificada

1. Nenhuma pessoa singular ou colectiva pode adquirir, directa ou indirectamente, uma participação qualificada numa seguradora com sede na República Democrática de São Tomé e Príncipe ou aumentá-la em proporção igual ou superior a 5% do capital ou do direito de voto, num único ou mais actos, sem que previamente obtenha a aprovação do BC, salvo se, por natureza, tal não for possível, caso em que deve comunicar a aquisição no prazo máximo de 30 dias, a contar da data em que a mesma tenha ocorrido.

2. O BC pode opor-se à aquisição ou ao aumento da participação qualificada se não considerar demonstrado que o participante reúne as condições adequadas à garantia de uma sã e prudente gestão da seguradora.

3. Podem constituir fundamento da oposição, entre outros:
a) O modo como a pessoa conduz habitualmente os seus negócios ou a natureza da sua actividade profissional, caso revele uma propensão acentuada para, assunção de riscos excessivos;
b) A inadequação da situação económico-financeira da pessoa apreciada em função do montante da participação que se propõe deter;
c) O BC ter fundadas dúvidas sobre a licitude da proveniência dos fundos destinados à aquisição da participação ou sobre a verdadeira identidade do titular desses fundos;

d) A estrutura e as características do grupo empresarial em que a seguradora passaria estar integrada, caso inviabilizem uma supervisão adequada;
e) O facto de a pessoa não se mostrar disposta a cumprir ou não dar garantias de cumprimento das condições necessárias ao saneamento económico-financeiro da seguradora que tenham sido previamente estabelecidas pelo BC.

4. A aprovação considera-se tacitamente concedida sempre que o BC não se pronunciar no prazo de 2 meses a contar da data em que tiver sido solicitada.

5. Quando não deduza oposição, o BC pode fixar um prazo para a realização da operação projectada.

ARTIGO 26.º
Inibição do direito de voto

1. Sem prejuízo das sanções aplicáveis, a aquisição ou o aumento de uma participação qualificada sem que o interessado tenha obtido a aprovação do BC, determinam a inibição do exercício dos direitos de voto adquiridos.

2. Quando tiver conhecimento de algum dos factos referidos no número anterior, o BC dá conhecimento dos mesmos e da inerente inibição ao órgão de administração da seguradora.

3. Esse órgão deve prestar a informação do BC à assembleia dos accionistas, bem como dos factos respeitantes à inibição de que tenha tido conhecimento por outros meios.

4. A deliberação em que o accionista tenha exercido direitos de voto de que se encontra inibido nos termos do n.º 1 é anulável, salvo se for provado que a deliberação teria sido tomada mesmo sem aqueles votos.

5. Se, apesar do disposto no n.º 3, o accionista exercer os direitos de voto de que se encontra inibido, deve ficar registado em acta o sentido da sua votação.

6. A anulabilidade pode ser arguida pelos accionistas, pelo órgão de fiscalização, nos termos gerais, ou pelo BC.

7. Na pendência, de acção de anulação da deliberação que respeite à eleição dos órgãos de administração ou de fiscalização, constitui fundamente de recusa do registo previsto na alínea o) do n.º 1 do artigo 44.º, o exercício dos direitos de voto, abrangidos pela inibição, que tenham sido determinantes para a tomada das deliberações.

ARTIGO 27.º
Cessação da inibição

No caso de inobservância do disposto no n.º 1 do artigo 25.º, cessa a inibição do referido direito de voto se o interessado proceder posteriormente à comunicação do acto praticado e o BC não deduzir oposição.

ARTIGO 28.º
Diminuição de participação qualificada

Qualquer pessoa singular ou colectiva que pretenda deixar do deter uma participação qualificada numa seguradora com sede na República Democrática de São Tomé e Príncipe ou diminuí-la em proporção igual ou superior a 5% do capital social ou dos direitos de voto, deve previamente informar o BC e comunicar-lhe o novo montante da sua participação.

ARTIGO 29.º
Comunicações das seguradoras

As seguradoras com sede na República Democrática de São Tomé e Príncipe devem:
a) Comunicar ao BC as alterações a que se referem os artigos 25.º e 28.º, logo que delas tenham conhecimento;
b) Remeter ao BC, em Abril de cada ano, a lista dos accionistas que possuam participações qualificadas.

SUBSECÇÃO III
Representações no exterior

ARTIGO 30.º
Autorização prévia

Depende de autorização prévia do Governador do BC, o estabelecimento de sucursais ou quaisquer outras formas de representação no exterior, por parte de seguradoras com sede na República Democrática de São Tomé e Príncipe.

ARTIGO 31.º
Instrução do processo de autorização

1. O requerimento a apresentar no BC é instruído com os seguintes elementos:
   a) Fotocópia autenticada da acta da assembleia-geral, na parte que delibera o estabelecimento da representação no exterior;
   b) Indicação do país ou território em que se pretende estabelecer;
   c) Tipo de estabelecimento;
   d) Exposição fundamentada das razões de ordem económico-financeira justificativas da pretensão, com indicação do tipo de operações que se propõe efectuar;
   e) Endereço do estabelecimento no país ou território de acolhimento;
   f) Identificação e currículo profissional do responsável pelo estabelecimento;
   g) Bem como declaração de que este será munido poderes bastantes para obrigar a seguradora perante terceiros e para a representar junto das autoridades e dos tribunais.

2. Aos pedidos de autorização para o estabelecimento no exterior é aplicável, com as devidas adaptações, o estabelecido nos n.ᵒˢ 3 e 4 do artigo 22.º.

3. Para efeitos do disposto na alínea f) do n.º 1 é aplicável, com as devidas adaptações, o previsto nos artigos 20.º e 21.º.

SECÇÃO II
Seguradoras com sede no exterior

ARTIGO 32.º
Forma da representação social

A actividade das seguradoras com sede no exterior que sejam autorizadas a estabelecer-se na República Democrática de São Tomé e Príncipe é exercida por intermédio de sucursais.

ARTIGO 33.º
Sucursais

O estabelecimento de uma sucursal deve traduzir-se num centro individualizado em termos de instalações, pessoal, emissão de apólices, processamento de resseguro, regularização de sinistros e contabilidade.

ARTIGO 34.º
Regime

1. Às seguradoras com sede no exterior apenas é permitida a exploração do ramo ou ramos de seguro para que estão autorizadas e que efectivamente explorem no país ou território de origem.
2. Estas seguradoras ficam sujeitas à legislação em vigor na República Democrática de São Tomé e Príncipe que respeita a todas as operações a ele referentes, sendo-lhes aplicáveis as disposições do presente diploma, salvo no que para essas entidades for expressamente preceituado.
3. As seguradoras com sede no exterior não podem exercer actividade nem realizar operações na República Democrática de São Tomé, ainda que previstas nos seus estatutos, que sejam contrárias ao presente diploma ou às demais leis nele vigentes.

ARTIGO 35.º
Condições e critérios para a concessão da autorização

1. A autorização para o estabelecimento de seguradoras com sede no exterior depende da sua constituição e início de actividade há, pelo menos, cinco anos e do seu capital social não ser inferior aos mínimos fixados no n.º 1 do artigo 17.º.
2. A concessão da autorização mencionada no número anterior depende, ainda, da análise de critérios de oportunidade e conveniência, nomeadamente os seguintes:
   a) Possibilidade de a seguradora melhorar a diversidade ou a qualidade dos serviços prestados ao público;
   b) Indicadores económico-financeiros da requerente respeitantes à sua evolução em termos de produção, capital próprio, aplicações e capacidade de retenção;
   c) Forma e grau de realização das acções de superintendência, coordenação e fiscalização da actividade seguradora no país ou território onde se encontra a sede da seguradora;
   d) Nível de relações económicas e financeiras entre a República Democrática de São Tomé e Príncipe e o país ou território de localização da sede da seguradora;
   e) Esquema adequado de resseguro para as suas operações na República Democrática de São Tomé e Príncipe.

3. As condições mínimas a estabelecer quanto à concessão de qualquer autorização são as seguintes:
   a) Estabelecimento efectivo da nova seguradora, traduzido pela suficiência de instalações próprias, meios técnicos e recursos humanos e financeiros;
   b) Preenchimento maioritário por residentes na República Democrática de São Tomé e Príncipe dos postos de trabalho a criar pelo início da actividade da nova seguradora, devendo ficar devidamente assegurada a respectiva formação técnica;
   c) Apoio a prestar a outras entidades da República Democrática de São Tomé e Príncipe, tendo em vista a melhoria da qualidade de serviços ligados à actividade seguradora, nomeadamente nas estruturas médico-hospitalares e nos serviços de prevenção e segurança contra incêndios, riscos da natureza, acidentes de trabalho e doenças profissionais.

ARTIGO 36.º
Mandatário geral

1. A gerência da sucursal deve ser confiada a um mandatário geral cuja idoneidade moral e profissional seja aceite pelo BC, o qual deve dispor dos poderes necessários para, em representação e por conta da seguradora, resolver definitivamente, com qualquer entidade pública ou privada, todos os assuntos referentes ao exercício da respectiva actividade na República Democrática de São Tomé e Príncipe, nomeadamente, celebrar contratos de seguro, resseguro e contratos de trabalho, assumindo os compromissos deles decorrentes.

2. O mandatário geral deve residir permanentemente na República Democrática de São Tomé e Príncipe.

3. Em caso de revogação do mandato pela seguradora, a mesma deve designar simultaneamente novo mandatário.

4. Para efeitos do disposto no n.º 1 é aplicável, com as devidas adaptações, o previsto nos artigos 20.º e 21.º.

ARTIGO 37.º
Fundo de estabelecimento

1. As seguradoras com sede no exterior são obrigadas a afectar às suas operações na República Democrática de São Tomé e Príncipe um fundo de

estabelecimento de, pelo menos, oitenta e cinco milhões de dobras no caso de exploração dos ramos gerais e cento e setenta e cinco milhões de dobras no caso de exploração do ramo vida, que deve estar, a qualquer momento, aplicado localmente, em certas categorias de activos a definir por aviso do BC.

2. No prazo de 30 dias a contar da concessão da autorização para o estabelecimento da sucursal, a seguradora deve depositar à ordem do BC, em instituição de crédito autorizada a operar na República Democrática de São Tomé e Príncipe, metade do montante referido no número anterior, depósito esse que só pode ser levantado após o início de actividade da sucursal e autorização do BC.

ARTIGO 38.º
Instrução do processo de autorização

1. Aos pedidos de autorização para o estabelecimento de sucursais de seguradoras com sede no exterior é aplicável o previsto no artigo 22.º, com as devidas adaptações e as especialidades constantes dos números seguintes.

2. O requerimento a apresentar no BC deve ser acompanhado dos elementos referidos nas alíneas a) e h) do n.º 1 do artigo 22.º e ainda dos seguintes:
   a) Autorização da assembleia-geral dos sócios ou accionistas ou dos representantes legais da seguradora, se estes tiverem poderes bastantes, para esta se estabelecer na República Democrática de São Tomé e Príncipe;
   b) Memória explicativa da actividade da requerente no âmbito internacional;
   c) Estatutos e relatórios e contas dos três últimos exercícios sociais;
   d) Identificação dos membros dos órgãos de administração, acompanhada de notas biográficas;
   e) Certificado, emitido pela autoridade competente do país ou território da sede da seguradora, atestando que esta se encontra legalmente constituída e funciona de acordo com as disposições legais em vigor e ainda que a mesma se encontra autorizada a operar no ramo ou ramos de seguro que pretende explorar na República Democrática de São Tomé e Príncipe;
   f) Identificação do mandatário, geral, com poderes em conformidade com o disposto no n.º 1 do artigo 36.º;
   g) Quaisquer outros elementos que o BC considere necessários para a adequada instrução do processo de autorização em referência.

3. O pedido de autorização é ainda instruído com um programa de actividades constituído pelos elementos referidos no n.º 3 do artigo 22.º.

4. Os elementos a que aludem os números anteriores são apresentados na língua original, acompanhados da respectiva tradução autenticada em português, salvo dispensa expressa do BC.

ARTIGO 39.º
Caducidade da autorização

A autorização caduca se a sucursal não iniciar a sua actividade no prazo de 180 dias a contar da data da publicação do despacho de autorização, podendo este prazo ser prorrogado pelo BC por período não excedente a 1 ano, nos casos devidamente justificados.

ARTIGO 40.º
Aplicação de sentença estrangeira

A sentença estrangeira que decretar a falência ou a liquidação da uma seguradora com sede no exterior só pode aplicar-se à sua sucursal na República Democrática de São Tomé e Príncipe quando revista pelo tribunal competente deste país e depois de satisfeitas todas as suas obrigações aí contraídas.

SECÇÃO III
Delegações

ARTIGO 41.º
Autorização prévia

A abertura de delegações e a mudança da respectiva localização dependem de autorização prévia do BC.

ARTIGO 42.º
Instrução do processa de autorização

1. O requerimento a apresentar to BC é instruído com os seguintes elementos:
   a) Exposição dos motivos pelos quais se pretende estabelecer uma delegação;

b) Tipo de operações a efectuar;
c) Endereço do estabelecimento;
d) Identificação do responsável pelo estabelecimento e descrição dos poderes que lhe são confiados;
e) Certificado do registo criminal do responsável mencionado na alínea anterior, emitido há menos de 90 dias.

2. A alteração de qualquer dos elementos mencionados no número anterior deve ser comunicada previamente ao BC.

3. Para afeitos do disposto na alínea d) do n.º 1, é aplicável, com as devidas adaptações, o previsto aos artigos 20.º e 21.º.

CAPÍTULO IV
Registo Especial

ARTIGO 43.º
Obrigatoriedade do registo

1. As seguradoras, sucursais e delegações estão sujeitos a registo especial no BC, sem o que não podem iniciar a sua actividade.

2. O disposto no número anterior não prejudica quaisquer outras obrigações de registo a que as seguradoras estejam legalmente sujeitas.

3. Do registo e das suas alterações são passadas certidões sumárias a quem demonstre interesse legítimo para as requerer.

ARTIGO 44.º
Seguradoras com sede na Republica Democrática de São Tomé e Príncipe

1. Do registo das seguradoras com sede na República Democrática de São Tomé e Príncipe devera constar os seguintes elementos:
   a) Denominação da seguradora, nas diversas versões autorizadas;
   b) Despacho que autorizou a sua constituição;
   c) Ramos de seguro autorizados e apólices correspondentes;
   d) Data da sua constituição;
   e) Data da sua matrícula na Direcção do Registo e Notariado;
   f) Número de contribuinte e o de pessoa colectiva, quando ou desde que este se torne obrigatório;
   g) Capital social, autorizado e realizado;

h) Identificação dos accionistas detentores de participações qualificadas e respectivos valores;
i) Endereço da sede social;
j) Acordos parassociais relativos ao exercício do direito de voto;
k) Identificação dos membros dos órgãos de administração, de fiscalização e da mesa da assembleia-geral, bem como de quaisquer outros mandatários com poderes de gerência;
l) Identificação da sociedade de auditores;
m) Estatutos, mediante depósito da respectiva fotocópia notarial;
n) Alterações que se verificarem nos elementos referidos nas alíneas anteriores.

2. Às sucursais de seguradoras com sede na República Democrática de São Tomé e Príncipe e às resseguradoras nele constituídas é aplicável o disposto no número anterior, com as devidas adaptações.

ARTIGO 45.º
Sucursais de seguradoras com sede no exterior

Tratando-se de sucursais de seguradoras com sede no exterior do registo devem constar os seguintes elementos:
a) Denominação da seguradora, nas diversas versões autorizadas;
b) Despacho que autorizou o seu estabelecimento na República Democrática de São Tomé e Príncipe;
c) Ramos de seguro autorizados e apólices correspondentes;
d) Data da sua matrícula na Direcção do Registo e Notariado;
e) Número de contribuinte e o de pessoa colectiva, quando ou desde que este se torne obrigatório;
f) Capital social, as reservas e os resultados acumulados;
g) Endereço da sede social;
h) Fundo de estabelecimento da sucursal na República Democrática de São Tomé e Príncipe;
i) Identificação do mandatário geral na República Democrática de São Tomé e Príncipe;
j) Endereço da sucursal;
k) Identificação da sociedade de auditores;
l) Alterações que se verificarem nos elementos referidos nas alíneas anteriores.

ARTIGO 46.º
Delegações

Estão sujeitos a registos especial no BC os seguintes elementos relativos às delegações:
a) Endereço do estabelecimento;
b) Identificação do responsável pelo estabelecimento;
c) Data do respectivo início de actividade;
d) Alterações que se verificarem nos elementos referidos nas alíneas anteriores.

ARTIGO 47.º
Elementos adicionais

Para efeitos de registo especial, o BC pode solicitar a prestação de elementos informativos adicionais aos previstos nos artigos anteriores.

ARTIGO 48.º
Prazo para registos

1. É fixado o prazo de 30 dias para efeitos de registo dos actos previstos aos artigos anteriores deste Capítulo.

2. Os averbamentos das alterações ao registo que estejam dependentes de autorização devem ser requeridos no prazo de 30 dias a contar da data em que as alterações se verificarem.

ARTIGO 49.º
Recusa de registo

1. O registo e respectivos averbamentos são recusados sempre que não se mostre preenchida qualquer das condições de que depende a automação para a constituição da seguradora, para o respectivo estabelecimento na República Democrática de São Tomé e Príncipe ou no exterior ou para o exercício da respectiva actividade.

2. Quando o requerimento ou a documentação apresentada manifestarem insuficiências ou irregularidades que possam ser supridas pelos interessados, estes são notificados para procederem ao suprimento, no prazo que lhes for fixado, sob pena de, não o fazendo, ser recusado o registo ou o averbamento.

CAPÍTULO V
Condições de Exercício da Actividade Seguradora

SECÇÃO I
Garantias financeiras

ARTIGO 50.º
Garantias financeiras

Para além de outras previstas no presente diploma, as seguradoras autorizadas devem dispor das seguintes garantias financeiras:
a) Provisões técnicas;
b) Margem de solvência.

SECÇÃO II
Provisões técnicas

ARTIGO 51.º
Provisões técnicas

As seguradoras autorizadas são obrigadas a constituir:
a) Provisão para sinistros;
b) Provisão matemática, no caso de exploração do ramo vida;
c) Provisão para riscos em curso, no caso de exploração dos ramos gerais;
d) Provisão para desvios de sinistralidade, no caso de exploração do ramo de seguro de crédito (riscos comerciais).

ARTIGO 52.
Provisão para sinistros

1. A provisão para sinistros corresponde ao valor previsível, no final do exercício, dos encargos com sinistros ainda não regularizados ou já regularizados mas ainda não liquidados, bem como da responsabilidade estimada para os sinistros ocorridos, mas ainda não participados.
2. Sem prejuízo do disposto no n.º 4, a provisão deve ser calculada sinistro a sinistro.
3. Quanto aos sinistros já regularizados mas ainda não liquidados, a provisão deve corresponder ao valor das indemnizações fixadas.

4. Em relação aos sinistros ainda não regularizados as seguradoras podem calcular, nos ramos em que tal procedimento seja tecnicamente aceitável, a provisão a partir do custo médio de sinistro, devendo submeter à aprovação prévia do BC o sistema de cálculo e as fórmulas de actualização do custo médio de sinistro, bem como o esquema de aplicação.

ARTIGO 53.º
Provisão matemática

A provisão matemática corresponde à diferença entre os valores actuais das responsabilidades recíprocas da seguradora e das pessoas que, com ela tenham celebrado contratos ou operações de seguro, calculados em conformidade com as bases técnicas utilizadas e deve ser certificada por actuário da seguradora.

ARTIGO 54.º
Provisão para riscos em curso

1. A provisão para riscos em curso destina-se a garantir, em relação a cada um dos contratos de seguro em vigor, a cobertura dos riscos assumidos e dos encargos deles resultantes, durante o período compreendido entre o final do exercício e a data do respectivo vencimento.

2. Sem prejuízo do disposto no número seguinte, a provisão deve ser calculada contrato a contrato, sob a fórmula *pro rata temporis*.

3. Em relação a cada um dos ramos que explorem podem as seguradoras, mediante comunicação prévia ao BC, calcular esta provisão de uma maneira global, com base na aplicação de uma percentagem sobre a receita bruta de prémios processados durante o exercício, líquida de estornos e anulações.

4. A percentagem referida no número anterior é estabelecida por aviso do BC, a publicar no mês de Dezembro de cada ano.

ARTIGO 55.º
Provisão para desvios de sinistralidade

A provisão para desvios de sinistralidade destina-se a compensar qualquer eventual perda técnica que se traduza, no final do exercício, por um índice de sinistralidade superior à média desse ramo e é calculada nos termos estabelecidos por aviso do BC.

ARTIGO 56.º
Caucionamento das provisões técnicas

1. As provisões técnicas devem ser caucionadas por activos equivalentes, congruentes e localizados na República Democrática de São Tomé e Príncipe, podendo o BC autorizar, em casos devidamente justificados e segundo condições previamente definidas, a utilização de activos localizados no exterior ou dele oriundos.

2. Os activos afectos ao caucionamento das provisões técnicas devem ter em conta o tipo de operações efectuadas pela seguradora, de modo a garantir a segurança, o rendimento e a liquidez dos investimentos daquela, os quais têm de assegurar uma diversificação e dispersão adequadas dessas aplicações.

3. A natureza, as condições de aceitação e os limites percentuais desses activos são fixados por aviso do BC a publicar em Janeiro da cada ano para o exercício a que disserem respeito e os mesmos devem estar livres de quaisquer ónus ou encargos.

4. A fixação a que se refere o número anterior tem de atender à que for estabelecida para os anos precedentes e incide essencialmente sobre o montante de acréscimo das provisões técnicas constituídas a que se refere o ajustamento no caucionamento.

5. Perante a ocorrência de um sinistro de valor anormalmente elevado, o BC pode permitir que a provisão para sinistros seja caucionada pelo montante correspondente ao pleno de retenção da seguradora ou por outro determinado pelo BC.

6. Os critérios respeitantes à aplicação do disposto no número anterior são estabelecidos por aviso do BC.

ARTIGO 57.º
Data de comunicação do caucionamento

O caucionamento das provisões técnicas deve ser anualmente comunicado ao BC no prazo previsto n.º 2 do artigo 12.º.

ARTIGO 58
Reintegração ou reforços dos activos afectos ao caucionamento das provisões técnicas

Os activos afectos ao caucionamento das provisões técnicas são reintegrados ou reforçados, dentro do prazo fixado pelo BC, sempre que se achem, reduzidos por diminuição de valor, de cotação ou qualquer outra causa.

ARTIGO 59.º
Registo da afectação de imóveis e de créditos hipotecários

Está sujeita a registo, nos termos 4.º do Código de Registo Predial, a afectação de imóveis e de créditos hipotecários ao caucionamento das provisões técnicas.

ARTIGO 60.º
Património especial

1. O caucionamento das provisões técnicas destina-se especialmente a garantir os créditos emergentes dos contratos ou operações de seguro, os quais têm preferência sobre os de quaisquer credores nos respectivos valores, assim como no demais activo social necessário para perfazer o montante dos mesmos créditos.

2. Os activos afectos ao caucionamento das previsões técnicas não podem ser penhorados nem arrestados, excepto para pagamento dos créditos previstos no número anterior.

3. Os activos referidos no número anterior não podem, em caso algum, ser oferecidos a terceiros para garantia, qualquer que seja a forma jurídica a assumir por essa garantia.

ARTIGO 61.º
Mobilização dos activos afectos
ao caucionamento das provisões técnicas

1. Os activos afectos ao caucionamento das provisões técnicas só podem ser levantados ou desafectados desse caucionamento nos seguintes casos:
   a) Na parte excedente à importância calculada em relação ao último dia do ano civil imediatamente anterior;
   b) Na parte necessária para substituição de activos afectos ao mesmo fim;
   c) Quando a seguradora tiver deixado de explorar os ramos de seguro a que as provisões técnicas se referem e se acharem findos os respectivos contratos ou operações de seguro;

d) Para pagamento e resgate de apólices, quando a situação financeira da seguradora, não permita satisfazer de outra forma.

2. É necessária a autorização do BC no caso previsto na alínea d) do número anterior.

ARTIGO 62.º
Incorrecto caucionamento ou insuficiência de provisões técnicas

1. No caso das provisões, técnicas se encontrarem incorrectamente constituídas ou caucionadas, a seguradora tem de proceder à sua rectificação de acordo com as instruções dadas pelo BC.

2. No caso de se verificar insuficiência de provisões técnicas, a seguradora tem de apresentar ao BC, para aprovação e no prazo que por este lhe for fixado, um plano de financiamento a curto prazo fundamentado num adequado plano de actividades.

3. Caso considere inadequado o plano de financiamento, o BC pode efectuar modificações que obriguem a seguradora.

SECÇÃO III
Margem de solvência

ARTIGO 63.º
Margem de solvência

1. As seguradoras autorizadas têm de constituir uma margem de solvência suficiente para garantir as responsabilidades decorrentes do exercício da sua actividade na República Democrática de São Tomé e Príncipe.

2. A margem de solvência é calculada com base na situação no último dia do exercício imediatamente anterior e deve corresponder:
   a) Ao seu património, no caso de seguradoras com sede na República Democrática de São Tomé e Príncipe;
   b) Ao activo da sucursal, no caso de seguradoras sedeadas no exterior.

3. Para efeitos do número anterior, o património e o activo devem estar livres de quaisquer ónus ou encargos e não incluem os elementos incorpóreos, bem como os que forem especificados por aviso do BC, a publicar em Janeiro de cada ano.

4. Os valores activos que representam a margem de solvência têm de estar localizados na República Democrática de São Tomé e Príncipe, salvo na parte respeitante à actividade exercida pelas seguradoras no exterior.

5. Sem prejuízo do princípio estabelecido no número anterior, o BC pode autorizar, em casos devidamente justificados e segundo condições previamente definidas, a utilização de activos localizados no exterior ou dele oriundos.

ARTIGO 64.º
Margem de solvência para os ramos gerais

1. A margem de solvência respeitante aos ramos gerais é determinada em função do montante anual dos prémios brutos processados no exercício anterior, líquidos de estornos e anulações, em conformidade com a seguinte tabela:

Montante dos prémios brutos	Valor da margem de solvência
Inferior a cem milhões de dobras	Cinquenta Milhões de dobras
Igual ou superior a cem milhões de dobras, mas inferior a duzentos milhões de dobras	50% do montante dos prémios brutos
Igual ou superior a duzentos milhões de dobras	Cem milhões de dobras mais 25% do valor excedente a duzentos milhões de dobras em prémios brutos

2. No caso de a seguradora registar, durante três exercícios consecutivos ou cinco alternados, uma sinistralidade anormal, a margem de solvência é o equivalente ao dobro dos valores calculados pela aplicação da tabela inscrita, no número anterior.

ARTIGO 65.º
Margem de solvência para o ramo vida

1. A margem de solvência respeitante ao ramo vida é determinada em função das provisões matemáticas ou dos capitais em risco e é igual à soma, dos valores obtidos nos termos estabelecidos nos números seguintes.

2. O montante da margem de solvência para os ramos de seguros A e B da Secção II da Tabela de Ramos Seguro é igual à soma dos dois resultados obtidos nos termos seguintes:
   a) O primeiro corresponde ao montante resultante da multiplicação de 4% do valor das provisões matemáticas brutas constituídas no exercício pela relação entre os valores líquidos de resseguro e brutos das provisões matemáticas referentes ao final do exercício anterior com o mínimo de 85% se essa relação lhe for inferior;
   b) O segundo corresponde ao montante resultante da multiplicação de 0,3% dos capitais em risco, quando estes não sejam negativos, pela relação entre os valores líquidos de resseguro e brutos dos capitais em risco referentes ao final do exercício anterior, com o mínimo de 50% se essa relação lhe for inferior.
3. A percentagem de 0,3% referida na alínea b) do número anterior é reduzida para 0,1% nos seguros temporários em caso de morte com a duração máxima de 3 anos e para 0,15% naqueles cuja duração seja superior a 3 mas inferior a 5 anos.
4. Para os efeitos da alínea b) do n.º 2 entende-se por capital em risco o capital seguro em caso de morte após a dedução da provisão matemática da cobertura principal.
5. O montante da margem de solvência para o ramo de seguro C da Secção II da Tabela de Ramos de Seguro é igual à soma dos dois resultados obtidos nos termos seguintes:
   a) O primeiro pelo método indicado na alínea a) do n.º 2.
      i. Se a seguradora assumir o risco de investimento;
      ii. Ou, não assumindo esse risco, no caso da duração do contrato ser superior a 5 anos e se o montante destinado a cobrir as despesas de gestão nele previstas for fixado igualmente para um prazo superior a 5 anos, devendo ser considerado o facto de 1% do valor das provisões matemáticas brutas constituídas no exercício;
   b) O segundo pelo método indicado na alínea b) do n.º 2 se a seguradora assumir o risco de mortalidade devendo ser considerado, para qualquer caso, o valor de 0,3% dos capitais em risco[3].
6. O montante da margem de solvência para o ramo de seguro D da Secção II da Tabela de Ramos de Seguro é igual à soma dos dois resultados obtidos nos termos seguintes:

---
[3] Na publicação do *Diário da República* esta alínea é numerada como alínea c).

a) Pelo método indicado na alínea a) do n.º 2 para os seguros do ramo D. 1. da referida Tabela;
b) Em função dos prémios brutos para os seguros do ramo D. 2 dessa Tabela, em conformidade com o estabelecido no artigo anterior.

7. O montante da margem de solvência para o ramo de seguro E da Secção II da Tabela de Ramos de Seguro é igual a 1% do valor dos activos das tontinas.

8. O montante da margem de solvência para o ramo de seguro F da Secção II da Tabela de Ramos de Seguro calculado pelo método indicado na alínea a) do n.º 2.

9. O montante da margem de solvência para o ramo de seguro I da Secção II da Tabela de Ramos de seguro é calculado de acordo com o disposto no n.º 5.

10. O montante da margem de solvência para o ramo de seguro J da Secção II da Tabela de Ramos de Seguro é igual a 4% do valor das provisões matemáticas brutas constituídas no exercício.

ARTIGO 66.º
Insuficiência da margem de solvência

1. No caso de se verificar insuficiência da margem de insolvência, mesmo que circunstância ou previsivelmente temporária, a seguradora tem de apresentar ao BC, para aprovação e no prazo que por este lhe for fixado, um plano de recuperação de curto prazo com vista ao equilíbrio da sua situação financeira.

2. Caso o BC considere inadequado o plano de recuperação, pode efectuar modificações que obriguem a seguradora.

SECÇÃO IV
Escrituração

SUBSECÇÃO I
Livros e registos obrigatórios

ARTIGO 67.º
Livros e registos obrigatórios

1. As seguradoras são obrigadas a possuir, além dos livros exigidos às sociedades comerciais, registos de apólices e de sinistros, cuja escrituração deve ser mantida em dia.

2. Por despacho publicado no *Diário da República* o BC pode tornar obrigatória a existência de outros livros de registos que entenda necessários para o exercício das atribuições que lhe são conferidas pelo presente diploma.

ARTIGO 68.º
Registo de apólices de seguro

1. As seguradoras devem manter actualizado o registo suas apólices, o qual pode ser efectuado em suporte magnético próprio para tratamento informático.

2. Do registo referido no número anterior devem constar todas as apólices emitidas ou renovadas durante o ano com, pelo menos, as seguintes indicações:
   a) Número e data da apólice;
   b) Nome, firma ou denominação do tomador do seguro;
   c) Ramo de seguro;
   d) Capital seguro.

3. No que respeita ao ramo vida, o registo deve ainda especificar as seguintes indicações:
   a) Nome e idade da pessoa cuja vida se segura;
   b) Prazo do contrato.

4. O disposto nos números anteriores é aplicável, com as devidas adaptações, às operações de capitalização.

SUBSECÇÃO II
Conservação e microfilmagem de documentos

ARTIGO 69.º
Prazos de conservação

Os prazos de conservação em arquivo dos documentos das seguradoras são:
   a) 10 anos relativamente aos documentos de suporta da escrita principal;
   b) Cinco anos respeitantes aos livros de contas correntes, às propostas e apólices de seguro e aos processos de sinistros;
   c) Um ano referente a documentos não especificados nas alíneas anteriores.

ARTIGO 70.º
Contagem dos prazos de conservação

1. Os prazos de conservação dos documentos contam-se a partir da data em que são mandados arquivar.
2. No caso de haver processo contencioso pendente, os prazos só começam a contar-se a partir do trânsito em julgado da respectiva sentença.

ARTIGO 71.º
Inutilização de documentos

1. Decorridos os prazos mínimos de conservação fixados no artigo 70.º os documentos podem ser inutilizados, salvo aqueles classificados como de interesse histórico nos termos da legislação aplicável, os quais devem ser transferidos para arquivos próprios e adequados.
2. Os documentos de inutilização imediata podem ser destruídos logo após o seu conhecimento ou depois do expediente que originem não carecem de auto de destruição.
3. A inutilização dos documentos é feita de modo a impossibilitar a sua posterior leitura ou reconstituição.
4. Com excepção dos documentos previstos no n.º 2 a inutilização dos restantes documentos carece de auto de destruição a ser assinado pelas pessoas que nela tenham intervindo, constituindo este último a prova jurídica do abate patrimonial.

ARTIGO 72.º
Microfilmagem

1. As seguradoras podem proceder à microfilmagem dos documentos que, nos termos deste diploma e segundo os prazos de conservação estabelecidos no artigo 69.º, devem manter-se em arquivo.
2. Esses microfilmes substituem, para todos os efeitos, os originais.
3. A microfilmagem e a inutilização de documentos devem ser decididas pelo órgão de administração das seguradoras ou por mandatário dotado de poderes bastantes, desde que tais operações sejam comunicadas previamente ao BC acompanhadas do nome do respectivo responsável.
4. As operações de microfilmagem devem ser executadas com o maior rigor técnico a fim de garantirem a fiel reprodução dos documentos sobre que recaiam.

5. A regulamentação das operações referidas no número anterior é feita através de diploma específico.

ARTIGO 73.º
Carácter probatório do microfilme

As fotocópias e ampliações obtidas a partir de microfilme têm a força probatória do original, em juízo ou fora dele, desde que contenham a assinatura do responsável pela microfilmagem o selo branco da seguradora.

ARTIGO 74.º
Remissão

O disposto nesta subsecção é aplicável a qualquer das formas de constituição ou estabelecimento previstas neste diploma.

SUBSECÇÃO III
Contabilização das operações

ARTIGO. 75.º
Directivas e modelos

1. Os critérios a adoptar pelas seguradoras no registo contabilístico das suas operações cão determinados por aviso do BC.
2. Os balanços, balancetes, contas de exploração e de ganhos e perdas, mapas estatísticos e demais elementos que vierem a ser solicitados devem obedecer aos modelos estabelecidos por aviso do BC.

ARTIGO 76.º
Critérios valorimétricos

Os critérios a observar pelas seguradoras na valorimetria dos respectivos activos e passivos são estabelecidos por aviso do BC.

ARTIGO 77.º
Amortizações e reintegrações

1. As despesas de constituição e instalação e outros elementos do activo imobilizado incorpóreo são totalmente amortizadas nos três exer-

cícios posteriores ao da sua realização e não podem exceder 10% do capital social.

2. Os imóveis e outros elementos do activo imobilizado corpóreo sujeitos a dereпeciemento são reintegrados em conformidade com o correspondente regulamento legal.

ARTIGO 78.º
Provisões financeiras

1. Além das provisões para créditos de cobrança duvidosa, incluindo prémios a receber, e para outras depreciações de activos, devem as seguradoras constituir as provisões que prudentemente considerem necessárias para fazer face aos riscos de depreciação ou prejuízo a que determinadas espécies de valores ou operações estão especialmente sujeitas.

2. Para efeitos do disposto no número anterior pode o BC, mediante aviso, estabelecer critérios quanto à constituição e movimentação de provisões.

ARTIGO 79.º
Reservas

1. As seguradoras com sede na República Democrática de São Tomé e Príncipe são obrigadas a constituir uma reserva legal, formada com base na afectação das seguintes percentagens mínimas dos lucros apurados em cada exercício:
   a) 20% até que o valor dessa reserva represente metade dos mínimos do capital social previstos no n.º 1 do artigo 17.º;
   b) 10% a partir do momento em que tenha sido atingido o montante referido na alínea anterior até que aquela reserva represente um valor igual aos mínimos do referido capital social.

2. Além da reserva legal, podem as seguradoras constituir livremente outras reservas.

3. A reserva legal só pode ser incorporada no capital social ou utilizada para fazer face a prejuízos do exercício ou de prejuízos transitados que não possam ser cobertos pela utilização de outras reservas.

4. A incorporação da reserva legal no capital social só é permitida na parte que exceder 25% deste.

ARTIGO 80.°
Indisponibilidade dos dividendos

1. As seguradoras com sede na República Democrática do São Tomé e Príncipe não podem distribuir pelos accionistas, como dividendos ou a qualquer outro título, importâncias que reduzam, de qualquer forma, o montante de dotação para a reserva legal fixada no artigo anterior.

2. É igualmente vedado às seguradoras distribuir pelos accionistas quaisquer importâncias ou valores por conta de dividendos antes da aprovação das contas anuais.

SUBSECÇÃO IV
Publicações obrigatórias

ARTIGO 81.°[4]

1. As seguradoras com sede na República Democrática de São Tomé e Príncipe devem publicar, até 60 dias depois da data da realização da assembleia-geral anual para a aprovação das contas, no *Diário da República* em dois jornais, em relação ao exercício social findo, os seguintes elementos:
   a) Balanço e contas de exploração e de ganhos e perdas;
   b) Síntese do relatório de actividades;
   c) Parecer do conselho fiscal;
   d) Síntese do parecer da sociedade do auditores;
   e) Lista das empresas em que detenham participação superior a 5% do respectivo capital social, com indicação do correspondente valor percentual;
   f) Lista dos accionistas com participações qualificadas e respectivos valores;
   g) Nomes dos titulares dos órgãos sociais.

2. As seguradoras que disponham de subsidiárias no exterior publicam ainda os balanços e a conta do ganhos consolidados destas.

3. As sucursais de seguradoras com sede no exterior devem publicar, nos termos referidos no n.° 1, o balanço, as contas de exploração e de ganhos e perdas e a síntese do parecer da sociedade de auditores, relativos à actividade da sucursal, bem como um relatório sucinto sobre a actividade desenvolvida na República Democrática de São Tomé e Príncipe.

---
[4] Na versão publicada em *Diário da República* este artigo não tem epígrafe.

4. Estas sucursais devem ainda apresentar ao BC, até dias após a respectiva publicação, um exemplar do relatório e contas da respectiva sede, mantendo um outro para consulta no seu estabelecimento principal à disposição do público.

ARTIGO 82°
Remessa de elementos

As seguradoras são obrigadas a remeter ao BC cópia todos os elementos destinados a publicação, nos termos da presente subsecção, com a antecedência mínima 15 dias.

SECÇÃO V
Auditoria Externa

ARTIGO 83.°
Auditoria das contas anuais

1. A verificação das demonstrações financeiras anuais das seguradoras é obrigatoriamente efectuada por sociedades de auditores independentes, devidamente reconhecidas.
2. A auditoria referida no número anterior deve certificar:
  a) Que as contas e o balanço estão elaborados em conformidade com as disposições legais e regulamentares respeitantes à actividade seguradora;
  b) Que o balanço reflecte, com verdade, a situação financeira da seguradora;
  c) Que os livros contabilísticos da seguradora têm sido mantidos do forma adequada e registam correctamente as suas operações;
  d) Se, em qualquer lapso de tempo relevante, não foi cumprido o que no presente diploma ou em disposições regulamentares se dispõe no que diz respeito aos activos afectos ao caucionamento das provisões técnicas;
  e) Se a seguradora prestou, ou não, as informações e explicações que lhe foram solicitadas, especificando-se os casos em que tenha havido recusa na prestação de informações ou explicações, bem como de eventuais falsificações.
3. Os relatórios das sociedades de auditores devem ser enviados conjuntamente com os mapas contabilísticos e estatísticos a que se refere o n.° 2 do artigo 75.°.

4. Além dos elementos referidos no n.º 2, o BC pode solicitar das sociedades de auditores, relativamente às seguradoras auditadas, quaisquer outros elementos de informação que julgue necessários.

ARTIGO 84.º
Informações urgentes

Sem prejuízo de outros deveres de informação previstos no presente diploma ou na lei geral, as sociedades de auditores devem comunicar ao BC, imediatamente e por escrito, quaisquer factos detectados no exercício das suas funções susceptíveis de provocar grave dano à seguradora ou à respectiva actividade na República Democrática de São Tomé e Príncipe, nomeadamente os seguintes:
 a) Envolvimento da seguradora, de titulares dos seus órgãos ou de trabalhadores, em quaisquer actividades criminosas ou em práticas ilícitas;
 b) Irregularidades que coloquem em risco e solvabilidade da seguradora;
 c) Realização de operações não permitidas;
 d) Outros factos que em sua opinião, sejam relevantes para os efeitos previstos neste artigo.

ARTIGO 85.º
Auditorias extraordinárias

Em casos excepcionais, devidamente justificados, e após consulta à seguradora, pode o BC determinar a realização de uma auditoria extraordinária, conduzida pela sociedade de auditores contratada ou por outra entidade, a expensas da seguradora.

CAPÍTULO VI
Transformação de seguradoras

ARTIGO 86.º
Modificação de seguradoras

1. Depende do autorização prévia do BC, mediante despacho, a mudança de denominação social, a alteração do capital, a fusão, a cisão ou

qualquer outra forma de transformação de uma seguradora constituída na República Democrática de São Tomé e Príncipe.

2. No caso de alienação de seguradora com sede no exterior ou da sua fusão, cisão ou qualquer outra forma do transformação societária, o BC emite parecer sobre a viabilidade daquela de continuar a operar na República Democrática do São Tomé e Príncipe.

ARTIGO 87.º
Transferências de carteira

1. Estão sujeitas a autorização prévia do BC as transferências, totais ou parciais, de carteira de seguros, compreendendo prémios, sinistros ou ambos.

2. As autorizações mencionadas no número anterior são publicadas no *Diário da República* e em dois jornais.

3. Não pode ser autorizada qualquer transferência de carteira de seguros do ramo vida quando se lhe oponha, pelo menos, 20% dos segurados dos contratos da carteira a transferir.

ARTIGO 88.º
Transferência de provisões técnicas

1. No caso de fusão de seguradoras, as provisões técnicas constituídas passam à nova seguradora na parte necessária para perfazer as respectivas provisões.

2. É aplicável o disposto no número anterior, com as necessárias adaptações, à cisão de seguradoras e à transferência de carteira de seguros.

ARTIGO 89.º
Redução de capital social

1. Quando a situação financeira de uma seguradora torne aconselhável a redução do seu capital social, pode o BC, impô-la ou autorizá-la, cem eventual dispensa do cumprimento de algumas das disposições aplicáveis às sociedades em geral.

1. A redução referida no número anterior é feita através de dedução, ao respectivo capital social, das perdas incorridas em exercícios anteriores, bem como dos activos que sejam considerados de valoração inaceitável pelo BC.

2. Da redução não pode resultar um capital social inferior aos mínimos estabelecidos no n.º 1 do artigo 17.º.

CAPÍTULO VII
Regime de intervenção

ARTIGO 90.º
Medidas aplicáveis

1. Sempre que em resultado da aplicação dos planos de saneamento financeiro previstos nos artigos 63.º e 67.º ou em consequência do incumprimento dos mesmos, a seguradora persistir em não apresentar garantias financeiras suficientes, nos termos previstos no presente diploma, pode o BC determinar por despacho, a intervenção na respectiva gestão.

2. Em cumprimente do previsto no número anterior o BC pode, isolada ou cumulativamente, suspender a autorização para a celebração de novos contratos ou para a realização de novas operações de seguro, vedar ou restringir a livre disponibilidade dos activos da seguradora, impedir a comercialização de novos produtos e designar um ou mais delegados ou uma comissão administrativa.

3. A gravidade da situação financeira de uma seguradora pode determinar, na sequência do regime de intervenção, a revogação da autorização para o exercício da respectiva actividade.

4. A gravidade da actuação mencionada no número anterior é aferida em função da viabilidade económica, da seguradora, da fiabilidade das suas garantias, da evolução da sua situação líquida e das disponibilidades necessárias ao exercício da sua actividade corrente.

ARTIGO 91.º
Designação de Delegados
ou de Comissão Administrativa

1. A designação de um ou mais delegados ou de uma comissão administrativa não determina a suspensão de todas as execuções contra a seguradora, incluindo as execuções fiscais e aquelas que se destinem a cobrar créditos preferenciais ou privilegiados.

2. A designação prevista no número anterior, os poderes, efeitos e remuneração do delegado ou da comissão administrativa são fixados por

despacho do BC a publicar no *Diário da República,* o qual estabelece também o respectivo prazo de intervenção.

ARTIGO 92.º
Revogação da autorização

A revogação da autorização determina a liquidação da seguradora.

ARTIGO 93.º
Recursos

Das decisões do BC proferidas nos termos do presente Capítulo são admitidos recursos.

ARTIGO 94.º
Aplicação de sanções

A adopção das medidas previstas neste capítulo não obsta a que, em caso de infracção sejam aplicadas as sanções estabelecidas no presente diploma.

CAPÍTULO VIII
Liquidação

ARTIGO 95.º
Disposições gerais

A liquidação das seguradoras e resseguradoras faz-se nos termos previstos para as sociedades comerciais em geral com as especialidades constantes dos artigos seguintes.

ARTIGO 96.º
Privilégio creditório

Em caso de liquidação, os créditos emergentes dos contratos ou operações de seguro gozam de um privilégio creditório sobre os bens móveis ou imóveis afectos ao caucionamento das provisões técnicas, sendo graduados em primeiro lugar.

ARTIGO 97.º
Liquidação imediata

Entram imediatamente em liquidação:
a) As seguradoras dissolvidas;
b) As seguradoras a quem tenha sido revogada a autorização para o exercício da actividade na República Democrática de São Tomé e Príncipe.

ARTIGO 98.º
Forma da liquidação

Além dos casos previstos na lei geral, há lugar a liquidação judicial quando à seguradora ou resseguradora tenha sido revogada a autorização para o exercício da actividade, na sequência de processo de infracção instaurado.

ARTIGO 99.º
Liquidação extrajudicial

Em caso de dissolução ou revogação da autorização de seguradora ou resseguradora sujeita a medida aplicada no âmbito do regime de intervenção, há lugar a liquidação extrajudicial nos termos previstos no artigo seguinte.

ARTIGO 100.º
Processo de liquidação extrajudicial

1. Os liquidatários são nomeados por despacho do BC entendendo-se, na falta de tal despacho, que são liquidatários o delegado ou os membros da comissão administrativa.

2. Os liquidatários dispõem de poderes para praticar todos os actos necessários à liquidação, sendo concedidas pelo BC as autorizações, que nos termos legais ou estatutários, pertençam aos accionistas.

3. Compete ao BC fixar o prazo em que deve ser concluída a liquidação e, ainda, aprovar as contas finais e o relatório apresentados pelos liquidatários.

4. A remuneração dos liquidatários é fixada por despacho do BC.

ARTIGO 101.º
Sucursais de seguradoras com sede no exterior

1. A liquidação de sucursais de seguradoras com sede no exterior, bem como a nomeação do respectivo liquidatário, deve ser comunicada ao BC no prazo de 3 dias úteis a contar da verificação de cada um dos eventos.

2. Esta liquidação abrange apenas as operações relativas à República Democrática de São Tomé e Príncipe e os bens a elas afectos, onde quer que se situem.

ARTIGO 102.º
Regime das seguradoras em liquidação

As seguradoras em liquidação não podem fazer novas operações de seguro, renovar ou prorrogar os contratos de seguro ou resseguro existentes e elevar as importâncias respectivas.

CAPÍTULO IX
Infracções

SECÇÃO I
Disposição Penal

ARTIGO 103.º
Crime de exercício ilícito da actividade seguradora

1. As pessoas singulares que pratiquem actos ou operações inerentes ao exercício da actividade seguradora, quer em nome próprio, quer como representantes ou titulares dos órgãos de uma pessoa colectiva, ainda que irregularmente constituída, ou de uma associação sem personalidade jurídica, quando qualquer uma não tenha por objecto social esse exercício, são punidas com prisão até 2 anos.

2. Quando o crime previsto no número anterior for praticado por pessoas colectivas, a pena é de multa de até 300 dias.

SECÇÃO II
Contravenções e respectivo processo

ARTIGO 104.º
Contravenções

1. Constituem contravenções puníveis nos termos dos artigos seguintes a inobservância das normas do presente diploma, das disposições regulamentares contidas em avisos ou circulares do BC e todos os actos ou omissões que perturbem ou falseiem as condições normais de funcionamento da actividade seguradora.

2. São contravenções de especial gravidade as seguintes:
   a) O exercício, por uma seguradora, de actividades não incluídas no respectivo objecto social;
   b) A utilização indevida das designações previstas no artigo 7.º;
   c) A utilização, por uma seguradora, dos serviços de mediadores de seguros não autorizados;
   d) O não cumprimento dos requisitos de comunicação e autorização prévia, nos casos em que sejam exigidos;
   e) A realização do capital social, respectivo aumento e diminuição em termos diferentes dos autorizados;
   f) A inobservância das normas de escrituração aplicáveis;
   g) A recusa ou demora na prestação de informações ou no envio de elementos de remessa obrigatória ao BC;
   h) A exibição ou envio de informações falsas ao BC;
   i) O incumprimento das obrigações em matéria de registo especial;
   j) O desrespeito do regime previsto para as transferências de carteira;
   k) A não constituição e caucionamento das provisões técnicas ou o reforço dos respectivos activos afectos a esse caucionamento, dentro dos prazos fixados pelo BC;
   l) O impedimento ou obstrução ao exercício da actividade fiscalizadora do BC;
   m) A subsistência dos factos constitutivos de uma infracção após a aplicação de uma pena, quando a irregularidade não seja suprida no prazo fixado pelo BC.

ARTIGO 105.º
Sanções

1. As contravenções previstas no artigo anterior são puníveis com as seguintes penas, a graduar em função respectiva gravidade:
   a) Multa;
   b) Suspensão do órgão de administração ou de qualquer outro com funções idênticas, por um período de 6 meses a 5 anos;
   c) Suspensão temporária, parcial ou total, da autorização concedida para o exercício da actividade seguradora;
   d) Revogação da autorização concedida para o exercício da actividade seguradora.
2. As penas previstas no número anterior podem ser aplicadas cumulativamente.

ARTIGO 106.º
Sanções acessórias

Com as penas previstas no artigo anterior podem ser aplicadas as seguintes sanções acessórias:
   a) Perda do capital aplicado nas operações efectuadas;
   b) Publicação das sanções.

ARTIGO 107.º
Graduação das sanções

1. As sanções são graduadas em função da gravidade objectiva e subjectiva da infracção em causa.
2. A gravidade objectiva da infracção é determinada, designadamente, de acordo com as seguintes circunstâncias:
   a) Perigo de dano à actividade seguradora, à económica do país ou aos tomadores do seguro;
   b) Carácter ocasional ou reiterado da infracção.
3. Na apreciação da gravidade subjectiva da infracção são de ter em conta, entre outras, as seguintes circunstâncias:
   a) Nível de responsabilidade do infractor na seguradora;
   b) Situação económica do infractor;
   c) Conduta anterior do infractor;

d) Montante do benefício económico obtido ou pretendido pelo infractor;
e) Adopção de comportamento que dificulte a descoberta da verdade;
f) Adopção de comportamento reparador dos danos provocados.

ARTIGO 108.º
Reincidência

É reincidente aquele que cometer qualquer infracção prevista no presente diploma durante o período de 1 ano contado da data do trânsito em julgado do despacho punitivo.

ARTIGO 109.º
Tentativa e negligência

A tentativa e a negligência são puníveis mas os limites máximo e mínimo da multa reduzem-se a metade.

ARTIGO 110.º
Advertência

1. Quando estiver em causa uma irregularidade sanável da qual não tenham resultado prejuízos significativos para a actividade seguradora, para a economia da República Democrática de São Tomé e Príncipe ou para os tomadores do seguro, o BC pode decidir-se por uma simples advertência ao infractor, notificando-o para sanar a irregularidade, verificada no prazo que lhe for fixado.
2. A não sanação no prazo fixado determina o prosseguimento do processo para aplicação da sanção correspondente.

ARTIGO 111.º
Responsabilidade pela prática das infracções

1. Pela prática das infracções previstas no presente capítulo podem ser responsabilizadas, conjuntamente ou não, pessoas singulares e sociedades, esta a últimas ainda que irregularmente constituídas, e associações sem personalidade jurídica.

2. As sociedades e as associações mencionadas no número anterior são responsáveis pelas infracções cometidas pelos membros dos respectivos órgãos sociais no exercício das suas funções, bem corno pelas infracções cometidas pelos seus representantes em actos praticados em nome e no interesse do ente colectivo.

3. A responsabilidade prevista no número anterior subsiste ainda que seja inválida ou ineficaz a constituição da relação de representação.

4. A responsabilidade do ente colectivo não exclui a responsabilidade individual das pessoas mencionadas no n.° 2.

5. Não obsta à responsabilidade das pessoas singulares que representem outrem o facto de o tipo legal de ilícito exigir certos elementos pessoais e estes só se verificarem na pessoa do representado ou exigir que o agente pratique o acto no seu interesse tendo o representante actuado no interesse do representado.

ARTIGO 112.°
Multa

1. A pena de multa é fixada entre cem mil dobras e dez milhões de dobras.

2. Em caso de reincidência os limites mínimo e máximo de multa são elevados ao dobro.

3. Quando o benefício económico obtido pelo infractor for superior a cinco milhões de dobras o limite máximo fixado no n.° 1 é elevado para o dobro desse benefício.

4. Em caso de acumulação de infracções pode ter lugar a acumulação de multas, embora não possam ser excedidos os limites máximos fixados no presente artigo.

ARTIGO 113.°
Prazo para pagamento da multa

1. A multa, que constitui receita do BC, é paga no prazo de 10 dias úteis contados da data em que transitar em julgado o despacho punitivo.

2. Não sendo a multa paga no prazo fixado, o BC envia certidão do despacho punitivo à entidade competente para ser cobrada a importância respectiva segundo o regime de execução da dívida fiscal.

ARTIGO 114.º
Responsabilidade solidária pelo pagamento

1. Pelo pagamento da multa aplicada às seguradoras, ou a quaisquer outras entidades responsáveis pela prática da infracção nos termos do artigo 112.º, são solidariamente responsáveis, consoante o caso, os seus administradores, mandatários gerais ou responsáveis pelo estabelecimento, ainda que à data do despacho punitivo aquelas tenham sido dissolvidas ou estejam em liquidação.

2. Pelo pagamento das multas aplicadas às pessoas singulares são solidariamente responsáveis as entidades em nome ou em benefício de quem a infracção tenha sido cometida.

3. Àqueles que, de forma expressa, se tenham oposto ou discordado da prática dos factos constitutivos da infracção, não lhes pode ser imputada a responsabilidade prevista nos números anteriores.

ARTIGO 115.º
Suspensão da autorização

1. A suspensão da autorização em relação a um determinado ramo ou a toda a actividade da seguradora é aplicável a infracções graves que não justifiquem a cessação da exploração respectiva.

2. A suspensão prevista no número anterior determina a proibição temporária de celebração de novos contratos ou operações de seguro nos ramos atingidos mas não afecta a validade dos que estiverem pendentes à data da suspensão, os quais, no entanto, não podem ser renovados, prorrogados ou ter aumentadas as respectivas importâncias.

ARTIGO 116.º
Revogação da autorização

1. A revogação da autorização em relação a um determinado ramo ou a toda a actividade da seguradora é aplicável a infracções que justifiquem a respectiva cessação.

2. A revogação da autorização é aplicável, com as devidas adaptações, o previsto no n.º 2 do artigo anterior.

3. A revogação total da autorização implica a liquidação judicial da seguradora ou resseguradora.

ARTIGO 117.º
Competência punitiva

A aplicação das sanções previstas nesta secção é da competência do Governador do BC.

ARTIGO 118.º
Processo

1. A competência para instaurar e instruir os processos de contravenção previstos no presente diploma cabe ao BC.
2. Concluída a instrução, e não sendo decidido o arquivamento, é deduzida acusação na qual devem ser indicados o infractor, os factos ilícitos que lhe são imputados e as respectivas circunstâncias de tempo e lugar, bem como a lei que os prevê e pune.
3. A acusação é notificada ao infractor e às entidades que, nos termos do artigo 113.º, podem ser responsabilizadas pelo pagamento da multa, naquela se designado o prazo dentro do qual, sob pena de não serem aceites, podem apresentar a sua defesa por escrito e oferecer os respectivos meios de prova, sendo que não podem arrolar mais de cinco testemunhas por cada infracção que lhes é imputada.
4. O prazo a que se refere o número anterior é fixado entre 10 e 30 dias úteis tendo em conta o endereço do infractor e a complexidade do processo.
5. A notificação é feita pelo correio sob registo e com aviso de recepção, por meio das autoridades policiais ou por éditos de 30 dias publicados no *Diário da República* e em dois jornais, consoante o infractor seja ou não encontrado, se recuse a recebê-la ou seja desconhecido o seu endereço.
6. Após a realização das diligências tomadas necessárias em consequência da apresentação da defesa, o processo é apresentado ao Governador do BC para decisão, sob parecer em relação às infracções que devem considerar-se provadas e as sanções que lhes sejam aplicáveis.

ARTIGO 119.º
Suspensão preventiva de funções

Quando estiver em causa a apreciação da responsabilidade individual das pessoas mencionadas no n.º 2 do artigo 114.º, pode o Governador do

BC, por despacho, determinar a suspensão preventiva das respectivas funções sempre que tal se revele necessário para a instrução do processe ou para a salvaguarda dos interesses da actividade seguradora.

ARTIGO 120.°
Suspensão da execução da sanção

1. A entidade com competência para decidir pode suspender a execução de qualquer sanção desde que atendo ao grau de culpabilidade do infractor, ao seu comportamento anterior e às circunstâncias da infracção, fundamente a sua decisão.
2. A suspensão pode ser subordinada ao cumprimento das obrigações consideradas necessárias à normalização das situação irregulares em causa.
3. O tempo de suspensão não pode ser inferior a 1 ano nem superior a 3 anos e conta-se da data do trânsito em julgado do despacho punitivo.
4. Tendo decorrido o tempo de suspensão fixado sem que o infractor haja cometido nova infracção e mostrando-se cumpridas as obrigações impostas, a condenação considera-se sem efeito, procedendo-se, no caso contrário, à execução da pena.

ARTIGO 121.°
Dever de comparência

1. Qualquer pessoa notificada para intervir na instrução do processo que não compareça no dia, hora o local fixados nem justificar a falta nos 5 dias imediatos é punida com multa de vinte mil dobras a cem mil dobras.
2. O pagamento é efectuado no BC no prazo do 10 dias a contar da notificação, sob pena de se proceder a cobrança coerciva.
3. Som prejuízo do disposto no n.° 1, o BC pode solicitar ao órgão judicial competente que ordene a comparência, sob custódia, de quem, injustificadamente, tiver faltado.

ARTIGO 122.°
Cumprimento do dever omitido

Sempre que a infracção resulte da omissão de um dever, a aplicação da sanção não dispensa o infractor do seu cumprimento, caso este ainda seja possível.

ARTIGO 123.º
Prescrição

1. O procedimento para aplicação das sanções previstas nesta secção prescreve decorridos 3 anos sobre a data em que a infracção tenha sido cometida.

2. O prazo previsto no número anterior só corre:
   a) Nas infracções permanentes, desde o dia em que cessar a consumação;
   b) Nas infracções continuadas e habituais, desde o dia da prática do último acto integrante da conduta infractora;
   c) Nas tentativas, desde o dia do último acto de execução.

3. A aplicação das sanções previstas nesta secção prescreve passados 5 anos sobre a data do trânsito em julgado ao despacho punitivo.

ARTIGO 124.º
Aplicação no espaço

O disposto na presente secção é aplicável tanto a factos praticados na República Democrática de São Tomé e Príncipe como a factos praticados no exterior de que sejam responsáveis entidades sujeitas a supervisão do BC.

ARTIGO 125.º
Direitos subsidiário

À instrução dos processos a que se refere esta secção aplica-se, subsidiariamente, o Código de Processo Penal e outros ramos do direito processual.

CAPÍTULO X
Disposições Finais e Transitórias

ARTIGO 126.º
Mediação de seguros

1. As seguradoras não podem exercer a actividade de mediação de seguros.

2. A mediação de seguros é regulamentada por diploma específico.

ARTIGO 127.º
Fundos de pensões

A constituição e actividade dos fundos de pensões é objecto de diploma especial.

ARTIGO 128.º
Actividade seguradora "off-shore"

A actividade seguradora em regime de "off-shore" é objecto de legislação especial.

ARTIGO 129.º
Novos ramos de seguro ou novas operações do seguro

Os pedidos de autorização para a exploração de novos ramos de seguro ou para novas operações de seguro são apresentados nos termos a definir por aviso BC.

ARTIGO 130.º
Direito subsidiário

São aplicáveis subsidiariamente à actividade seguradora as disposições constantes do Código Comercial, Código Civil, Código de Processo Penal e respectiva legislação complementar.

ARTIGO 131.º
Entrada em vigor

O presente diploma entra em vigor nos termos legais e produz efeitos a partir de 1 de Julho de 1998.

Visto e aprovado em Conselho de Ministros em São Tomé e Príncipe aos 18 de Junho de 1998.

O Primeiro-Ministro e Chefe Governo, *Raul Bragança Neto*. Pelo Ministro da Justiça, Trabalho e Administração Pública, *Hermenegildo de Assunção Sousa e Santos*. O Ministro dos Negócios Estrangeiros e Comunidades, *Homero Jerónimo Salvaterra*. O Ministro da Defesa e Ordem

Interna, *João Quaresma Viegas Bexigas*. O Ministro do Plano e Finanças, *Acácio Elba Bonfim*. O Ministro da Educação, Cultura e Desporto, *Albertino Homem dos Santos Sequeira Bragança*. O Ministro Equipamento Social e Ambiente, *Arlindo Afonso Carvalho*. O Ministro da Agricultura e Pescas, *Hermenegildo de Assunção Sousa e Santos*. O Ministro da Saúde, *Eduardo do Carmo Ferreira de Matos*. O Ministro do Comércio, Indústria e Turismo, *Cosme Bonfim Afonso Rita*.

Promulgado em 5 de Novembro de 1998.

Publique-se.

Presidente da República, MIGUEL DOS ANJOS DA CUNHA LISBOA TROVOADA.

REGIME FRANCO
(Decreto-lei n.º 61/95, de 31 de Dezembro)

Considerando as disposições o Decreto-lei n.º 11/89 de 20 de Janeiro de 1989, relativo a criação de Zonas Francas;

Considerando o papel que pode desempenhar a criação e o desenvolvimento de actividades geradas por um regime franco na promoção de actividades económicos e financeiras na República Democrática de São Tomé e Príncipe;

Considerando a autorização legislativa ao Governo pela Lei de autorização legislativa n.º 8/95, de 28 de Setembro de 1995;

Nestes termos, no uso da faculdade conferida pela alínea d) do artigo 99.º da Constituição Política, o Governo da Republica Democrática de São Tomé e Príncipe decreta e eu promulgo o seguinte:

CAPÍTULO I
Disposições gerais

ARTIGO 1.º

É instituído na República Democrática de São Tomé e Príncipe um regime franco definido pelas disposições do presente decreto-lei.

ARTIGO 2.º

Os termos e expressões abaixo indicados têm a seguinte definição:
– Por «Zona Franca» entende-se uma parte do território alfandegário de São Tomé e Príncipe, materialmente delimitada, destinada

a receber empresas, a qual se aplica o regime franco definido no presente decreto-lei.
- Por «Gabinete das Homologações» entende-se o organismo autónomo público, ao qual são confiadas as tarefas de instrução dos pedidos de autorização, de coordenação das autorizações administrativas e de fiscalização da aplicação do regime franco de acordo com o disposto no presente decreto-lei, assim como qualquer missão idêntica ou similar relativa as actividades extra-territoriais no sentido do decreto-lei sobre as sociedades anónimas offshore.
- Por «Empresa operando sobre o Regime Franco» entende-se uma empresa homologada de acordo com o presente decreto-lei, que exerce a sua actividade num sítio da Zona Franca e que beneficia das vantagens descritas no presente decreto-lei.
- Por «Ministro» entende-se o ministro responsável por todas actividades exercidas sobre o regime franco.
- Por «Sociedade de Promoção» entende-se uma pessoa colectiva do direito privado a quem são confiadas as tarefas de remodelação, construção, gestão e promoção de uma Zona Franca, de acordo com o disposto no presente decreto-lei.
- Por «Empresa Homologada» entende-se, indiferentemente, uma sociedade de promoção, uma empresa operando sobre regime franco ou ponto franco.
- Por «Sociedade offshore» entende-se uma sociedade anónima offshore regida pelo decreto-lei sobre as sociedades anónimas offshore.
- Por «São Tomé e Príncipe» entende-se a República Democrática de São Tomé e Príncipe e o seu território.

CAPÍTULO II
Outorga do Regime

ARTIGO 3.º

O regime franco é concedido por despacho do Ministro. Este regime é reservado à criação de actividades económicas novas. Porém, as empresas que já exercem uma actividade em São Tomé e Príncipe podem beneficiar do regime franco.

ARTIGO 4.º

As empresas que operam sobre o regime franco podem exercer as suas actividades nos sectores do comércio, da indústria assim como dos serviços, nomeadamente serviços de saúde, educação, lazer, telecomunicações, *mass media* (informação) ou ainda as actividades definida no artigo 7.º alínea b) do presente decreto-lei, bem como todas as actividades a serem definidas pelo Ministro no âmbito da execução do presente decreto-lei.

ARTIGO 5.º

1. O pedido da homologação deve conter as informações e documentos aprovados por despacho do Ministro mediante proposta do Gabinete das Homologações.

2. O pedido é transmitido ao Gabinete das Homologações que o instrui e apresenta um projecto de Despacho de Homologação ao Ministro, se o pedido preencher os requisitos previstos no presente decreto-lei.

3. A homologação é outorgada no prazo máximo de trinta (30) dias a partir da data de apresentação do pedido ou, se for caso disso, da de entrega do último elemento que completa o processo.

4. Na ausência de resposta dentro deste prazo a homologação será considerada como outorgada e a homologação só pode ser recusada se:
   a) A empresa requerente não preencher os requisitos previstos no presente decreto-lei ou nos textos de aplicação;
   b) Ou a actividade prevista compromete a segurança pública, é contrária a ordem pública, fere a legislação de São Tomé e Príncipe ou pode ter efeitos prejudiciais sobre o ambiente.

ARTIGO 6.º

Qualquer empresa que beneficia de regime franco é obrigada a respeitar a ordem pública, as regras de higiene e de salubridade, de proteger o ambiente, fauna, flora, património nacional e, de uma maneira geral, a conformar-se às leis e regulamentos em vigor em São Tomé e Príncipe.

ARTIGO 7.º

Beneficiam do Regime Franco:
   a) As empresas do sector do comércio ou da indústria que exportam pelo menos 80% em valor e em volume dos bens que ela distribui

ou produz. A proporção dos bens originários de uma empresa operando sobre o regime franco destinados ao mercado do território alfandegário nacional é definida no Despacho de Homologação;
b) As empresas que trabalham exclusivamente para o sector de exportação, quer se trate de bens ou serviços, assim como as empresas que vendem bens e serviços exclusivamente aos não-residentes, beneficiam igualmente de regime franco. Elas deverão ser obrigatoriamente homologadas.

ARTIGO 8.º

Para beneficiar do regime franco, seja qual for o local de implantação, a empresa beneficiária, deve ter uma sede social, comunicando a administração todas as mudanças ocorridas, para permitir o exercício dos controlos necessário a aplicação deste regime.

ARTIGO 9.º[5]

1. A criação de uma Zona Franca, bem como a definição do objecto e das actividades e uma Sociedade de Promoção são da competência do Governo, o qual atingindo no âmbito da sua competência regulamentar, procede por decreto-lei.

2. O direito e obrigação respectivos do Estado por um lado, e da Sociedade de Promoção por outro, são estipulados numa Convenção de Concessão que prevê em particular a concessão dos terrenos ou dos locais que constituem a Zona Franca, o caderno de encargos dos trabalhos a realizar, o prazo da concessão, as condições financeiras e quaisquer outras condições particulares.

3. A Sociedade de Promoção realiza sob a sua responsabilidade as tarefas que lhe são confiadas e recebe das empresas operando sob regime franco ou de qualquer usuário dos seus serviços uma remuneração fixada de acordo com os termos da Convenção de Concessão.

ARTIGO 10.º

1. A título da Convenção de Concessão, a Sociedade de Promoção pode nomeadamente, ser encarregada das seguintes tarefas:

---

[5] No texto original este artigo não está numerado.

a) Realizar qualquer remodelação, construir e conservar em bom estado os edifícios, armazéns, escritórios, edifícios comerciais e outros, e desenvolver qualquer infra-estrutura necessária ou conveniente para melhorar a eficácia da Zona, celebrar quaisquer contractos ou conceder as outras partes, privada ou públicas, a construção ou a disponibilização de qualquer uma destas instalações;
b) Fornecer directamente às empresas operando sobre regime franco serviços de base tais como água, electricidade, energia e telecomunicações, transportes ou outros, ou celebrar contractos ou dar concessões a outras pessoas para fornecimento de tais serviços;
c) Tomar medidas de segurança adequadas, inclusive a construção e a conservação de vedações que separam as Zonas Francas do território alfandegário nacional;
d) Fornecer as instalações necessárias às entidades aduaneiras para as suas operações na Zona;
e) Facturar directamente os seus serviços às empresas operando sob o Regime Franco e cobrar em nome do Estado os direitos e taxas;
f) Estabelecer as regras do funcionamento da Zona Franca e o seu regulamento interior, os quais deverão obrigatoriamente ser submetidos à aprovação do Estado e isto de acordo com as disposições do presente decreto-lei;
g) Fazer promoção da Zona Franca junto de investidores potenciais.

2. As tarefas constantes das alíneas b), c), d), assim como os actos decorrentes das disposições da alínea e) relativas a cobrança pelas Sociedades de Promoção dos direitos e taxas pertencente ao Estado, não poderão ser empreendidos pela Sociedade de Promoção sem o pedido expresso do mesmo.

ARTIGO 11.º

As Sociedades de Promoção podem celebrar, sob a sua responsabilidade, qualquer contrato com terceiros para realizar os trabalhos e prestações necessárias para a realização das tarefas que lhes são confiadas ou subconceder parte dessas tarefas às empresas que apresentem garantias financeiras e técnicas requeridas.

ARTIGO 12.º

O Estado deverá tomar todas as providências e conceder todas as autorizações e licenças necessárias ou convenientes para a execução das suas tarefas previstas no artigo 11.º, tanto pelas Sociedades de Promoção como pelos seus subcontratados.

CAPÍTULO III
Regime Jurídico, Fiscal e Alfandegário

ARTIGO 13.º

As Empresas Homologadas devem ser constituídas sob a forma de sociedades offshore, ou seja, sob a forma de sociedades de direito comum santomense. Elas não podem exercer outras actividades se não aquelas previstas do presente decreto-lei e para as quais elas obtiveram uma homologação.

ARTIGO 14.º

1. As Empresas Homologadas estão submetidas ao pagamento de um direito no momento de sua homologação e de uma taxa anual pagável dentro de 60 dias a contar da data aniversário de sua homologação. Esses direitos e taxas serão fixados por despachos de Ministro, mediante proposta do Gabinete das Homologações.
2. As modificações introduzidas na tabela são propostas pelo Gabinete das Homologações. Elas não são oponíveis às Empresas Homologadas durante um período de 10 anos a contar da data de sua homologação.

ARTIGO 15.º

1. As Empresas Homologadas não são passíveis de nenhum imposto em virtude das suas actividades objecto da homologação durante um período de 10 anos.
2. Nenhum imposto incide sobre os dividendos, juros ou taxas ou remunerações de serviços de qualquer natureza, pagos por uma empresa

homologada a uma pessoa não residente, salvo se esta pessoa for passível de impostos em virtude de outras actividades que ela exerce em São Tomé e Príncipe.

3. Um fundo *ad hoc* destinado à formação profissional será criado e financiado através de uma contribuição determinada em função do volume dos negócios, que não excederá um por cento (1%), bem como através de contribuições voluntárias, eventualmente em natureza, dos investidores.

ARTIGO 16.º

1. As actividades realizadas sobre o Regime Franco são consideradas para efeito de aplicação da legislação aduaneira como sendo situadas fora do território aduaneiro de São Tomé e Príncipe, ficando isentas de quaisquer direitos e taxas de importação e exportação em São Tomé e Príncipe o trânsito de mercadorias entre:
    a) As empresas que exercem as suas actividades sob o regime franco;
    b) As empresas que exercem as suas actividades sob o regime franco por um lado e um território exterior ao território aduaneiro de São Tomé e Príncipe por outro.

2. Todo movimento de mercadorias visado no presente artigo deve, entretanto, ser objecto de uma declaração estatística ulterior às actividades aduaneiras.

ARTIGO 17.º

1. Os bens originários das zonas francas destinados ao mercado nacional de acordo com artigo 7.º alínea a) do presente decreto-lei são tratados como importações do território nacional e obedecem a regulamentação alfandegária e de comércio exterior de São Tomé e Príncipe.

2. Os subprodutos resultantes das actividades de produção das empresas que exercem as suas actividades sob o regime franco podem ser livremente introduzidos no mercado nacional.

ARTIGO 18.º

Os bens e serviços fornecidos pelas empresas do território aduaneiro nacional às empresas homologadas são consideradas como exportações e tratados como tais.

ARTIGO 19.º

1. As mercadorias de qualquer espécie são admitidas numa zona franca sob reserva das interdições ou restrições justificadas, nomeadamente por razões de moralidade pública, de ordem pública, de segurança pública, de protecção da saúde e da vida das pessoas e dos animais ou de efeitos prejudiciais para o ambiente.
2. A lista das mercadorias cuja introdução numa zona franca é proibida em virtude das interdições ou restrições será fixada por despachos do Ministro de tutela.

ARTIGO 20.º

1. As empresas operando sob regime franco podem solicitar aos serviços aduaneiros da zona franca respectiva, a emissão de documentos que comprovem a origem das mercadorias que elas exportam. Elas devem, neste momento, apresentar as justificações necessárias para emissão dos documentos requeridos.
2. Os documentos de origem das mercadorias devem especificamente conter a menção do regime franco de que beneficia o exportador.

ARTIGO 21.º

Procedimentos alfandegários simplificados são instituídos, se necessário, por via regulamentar, no que diz respeito às operações de entrada e saída de mercadorias do território aduaneiro provenientes ou destinadas às zonas francas.

ARTIGO 22.º

As Empresas Homologadas têm a livre disposições das divisas que elas recebem em virtude das suas actividades, podendo abrir contas em divisas em São Tomé e Príncipe, junto de um banco nacional ou num estabelecimento financeiro regido pelo Decreto-lei Sobre as Actividades Bancárias Offshore, ou ainda no estrangeiro.

CAPÍTULO IV
Medidas de Fiscalização

ARTIGO 23.°

1. As empresas homologadas devem dispor de uma contabilidade e conservar todos os documentos comprobatórios que permitam fiscalizar a conformidade das suas actividades de acordo com os dispostos no presente decreto-lei.
2. As empresas homologadas são submetidas a fiscalização da administração das alfândegas e dos agentes mandatados pelo Gabinete das Homologações no que diz respeito ao comprimento das suas obrigações em virtude do presente decreto-lei.
3. Os documentos contabilísticos conservados pelas empresas homologadas e os documentos comprobatórios devem permitir a identificação de qualquer mercadoria a sua entrada nos locais da empresa, bem como o seguimento de todos os movimentos dessas mercadoria, inclusive no interior das zonas francas.

ARTIGO 24.°

1. O território de qualquer zona franca deve ser delimitado, nomeadamente por vedações, ficando o acesso a zona de pessoas, veículos e mercadorias dependente de autorizações nas condições e nos lugares previstos para efeito.
2. O acesso a zona franca é limitado às pessoas e veículos autorizados, as formalidades de habitação são determinadas pela sociedade de promoção em colaboração com as autoridades competentes e sob o seu controlo.
3. Com o objectivo de garantir a segurança no interior das zonas francas, o Estado pode ou não delegar todo ou parte de poderes na polícia, necessários à manutenção da ordem e da segurança no interior da zona, podendo a todo tempo pôr-lhe termo.

ARTIGO 25.°

1. Em caso de não cumprimento por uma empresa operando sob regime franco, no todo ou em parte, das suas obrigações decorrente do pre-

sente decreto-lei e da decisão de homologação, o Gabinete das Homologações notifica-a a tomar as providências necessárias para regularização de sua situação.

2. Na falta de começo de regularização no prazo de dois meses a partir da data da notificação, a suspensão ou o cancelamento definitivo do benefício do regime franco pela empresa são pronunciadas nas mesmas condições da outorga da homologação.

3. As consequências do não respeito das suas obrigações por uma sociedade de promoção são as previstas pela convenção de concessão, a homologação ou qualquer convenção particular.

CAPÍTULO VI
Regime dos Terrenos e das Construções

ARTIGO 26.º

1. O terreno de implantação de zonas franca bem como as remodelações e instalações relativa à zona, são concedidas a uma Sociedade de Promoção pelo Estado nas condições fixadas pelas Convenções de Concessão prevista no artigo 9.º do presente decreto-lei, por um prazo não superior a cinquenta (50) anos.

2. A Sociedade de Promoção pode dar de arrendamento parcela de terreno prontas a construir, bem como construções e edifícios acabados às empresas operando sob regime franco nas condições fixadas no regulamento da zona franca.

3. Os contratos de arrendamento celebrados pelas sociedades de promoção com as empresas operando sob regime franco podem ultrapassar o prazo de concessão, permanecendo em vigor, em caso de cessação da concessão a uma outra Sociedade de Promoção, ou de sua recuperação pelo Estado, e isto na medida em que as empresas homologadas o aceitem.

4. Em caso de conflito, as disposições do presente artigo prevalecem sobre as do Código Civil e a Lei n.º 3/91 sobre a propriedade fundiária.

ARTIGO 27.º

As obras e as suas remodelações são efectuadas pelas Sociedades de Promoção de acordo com o caderno de encargo da zona franca.

ARTIGO 28.º

1. Em caso de cessação de uma empresa operando sob regime franco dos direitos emergentes do contrato de arrendamento e das construções edificadas, o beneficiário deverá estar homologado nas formas e nas condições previstas no presente decreto-lei.
2. As cessações de contrato de arrendamento e/ou de propriedade das construções edificadas não estão submetidas a qualquer taxa.

CAPÍTULO VII
Disposições Finais

ARTIGO 29.º

1. Todo diferendo entre uma empresa homologada controlada por um investidor estrangeiro, ou investidor estrangeiro por um lado e o Estado por outro lado, relativo a aplicação do presente decreto-lei assim como de uma maneira geral, os direitos e obrigações que resultam para ambas as partes, é submetida a uma arbitragem de acordo com o regulamento de conciliação de arbitragem Comissão das Nações Unidas para o Direito e o Comércio Internacional (CNUDCI).
2. A autoridade de nomeação definida no referido Regulamento será o Secretário Geral do Centro Internacional para Resolução dos Diferendos entre Estados e Nacionais de Outros Estados (CIRDI).
3. Após a ratificação por São Tomé e Príncipe da Convenção para Resolução dos Diferendos Relativos aos Investidores Entre Estado e Originário de Outros Estados de 18 de Março de 1965, qualquer litígio que ainda não tenha sido submetido a um tribunal de arbitragem será submetido ao Centro Internacional para a Resolução de Diferendos Relativos aos Investimentos para efeitos de resolução por via de arbitrarem de acordo com a respectiva convenção. Considera-se para o efeito uma Empresa Homologada aquela que é controlada por investidores estrangeiros e considerada como tendo realizado um investimento estrangeiro.
4. O acordo das partes para submeter o diferendo à arbitragem prevista no presente artigo resulta, para o Estado, do presente artigo e, para a Empresa Homologada ou o investidor, do pedido de homologação.

ARTIGO 30.º

As modalidades de aplicação do presente decreto-lei serão definidas em regulamentos próprios.

ARTIGO 31.º

Ficam revogados o Decreto-lei n.º 11/89, de 20 de Janeiro de 1989 e todas as deposições contrárias ao presente decreto-lei.

ARTIGO 32.º

O presente decreto-lei entra imediatamente em vigor.

Visto e aprovado em Conselho de Ministro, em São Tomé aos 10 de Agosto de 1995.

Pelo Primeiro-Ministro, *Armindo Vaz d' Almeida*. O Ministro Adjunto do Primeiro-Ministro, *Armindo Vaz d' Almeida*. O Ministro dos Negócios Estrangeiros e Cooperação, *Guilherme Posser da Costa*. O Ministro da Defesa e Ordem Interna, *Carlos Paquete Carneiro da Silva*. O Ministro dos Assuntos Económicos e Financeiros, *Joaquim Rafael Branco*. O Ministro da Justiça, Administração Pública, Emprego e Segurança Social, *Alberto Paulino*. O Ministro do Equipamento Social e Ambiente, *Alcino Martinho de Barros Pinto*. O Ministro da Educação, Juventude e Desporto, *Guilherme Octaviano Viegas dos Ramos*. O Ministro da Saúde, *Fernando da Conceição Silveira*.

Promulgado em 13 de Outubro de 1995.

Publique-se.

O Presidente da República, MIGUEL ANJOS DA CUNHA LISBOA TROVOADA.

CÓDIGO DAS ACTIVIDADES FRANCA E OFFSHORE
(Decreto n.º 33/98, de 10 de Novembro)

Como parte do esforço para materializar a decisão, há mais de uma década assumida pelo poder político, de transformar São Tomé e Príncipe numa plataforma de prestação de serviço de classe mundial para os mercados regional e internacional, em 31 de Dezembro de 1995, foram publicados os Decretos-leis n.º 61/95, 62/95 e 70/95 que estabelecem a disciplina jurídica básica das actividades francas e offshore em São Tomé e Príncipe.

Passou então a estar na ordem do dia a regulamentação detalhada dos múltiplos aspectos em que se subdivide a implementação e o desenvolvimento das referidas actividades no país.

O Código de Actividades Franca e Offshore hoje apresentado vai de encontro a esta necessidade fundamental. Ele estabelece um regime jurídico moderno e flexível, traduzindo o justo equilíbrio entre os interesses e preocupações dos investidores e da comunidade negócios, em geral, por um lado, e os interesses e preocupações da comunidade nacional, por outro.

O Código concilia o interesse dos investidores pelo lucro, pela certeza e segurança, pela transparência e pela previsibilidade; com o interesse do país na criação de emprego, da riqueza, do progresso económico e social, assim como na preservação do meio ambiente e na participação equitativa na prosperidade gerada pelo desenvolvimento das actividades franca e offshore.

Ao criar a Autoridade de Zonas Francas, uma entidade que, inspirando-se nos princípios caracterizadores do guichet único, centraliza um acervo de poderes tradicionalmente atribuídos a vários organismos da Administração Central do Estado;

Ao criar o Fundo para a Promoção de Formação e a Sociedade Nacional de Desenvolvimento, duas entidades complementares da Autoridade, com amplas funções no que toca a disseminação pelo tecido social nacional dos benefícios gerados pelo desenvolvimento das actividades franca e offshore no país;

Ao estabelecer mecanismos simples, seguros, transparentes, previsíveis e participados de gestão e administração dos regimes;

Ao atribuir poderes exclusivos a concessionários privados em tudo o que respeita a organização, gestão e desenvolvimento do negócio;

Ao consagrar uma vasta e sofisticada gama de incentivos, que vão desde a isenção de impostos e taxas até à privatização das telecomunicações, do espectro electromagnético e da abertura orbital;

Ao criar as condições para o desenvolvimento de vários negócios e actividades baseados nas telecomunicações e através da Internet;

O Código representa um poderoso contributo para transformar as vantagens comparativas do país em vantagens competitivas e para a transformação de São Tomé e Príncipe num centro de negócios de classe mundial.

Nestes termos no cumprimento do estatuído:
No artigo 30.º do Decreto-lei n.º 61/95, de 31 Dezembro, publicado no 3.º Suplemento do *Diário da República n.º 15*; e

No artigo 46.º do Decreto-lei n.º 70/95, de 31 de Dezembro, publicado no 7.º Suplemento do já citado *Diário da República*;

E no uso da faculdade que lhe é conferida pela alínea c) do artigo 99.º da Constituição, o Governo da República Democrata de São Tomé e Príncipe, decreta e eu promulgo o seguinte:

ARTIGO 1.º

1. É aprovado e posto em vigor o Código de Actividades Francas e Offshore que faz parte integrante do presente decreto.

2. É igualmente aprovada e posta em vigor a tabela de taxas e contribuições a pagar pelos beneficiários dos regimes francos e offshore.

ARTIGO 2.º

É criado no *Diário da República* um Suplemento Especial dedicado a publicitar os actos e contrato relativos a actividades francas e offshore.

ARTIGO 3.º

As deliberações da Autoridade de Zonas Francas tomam a forma de Aviso e só produzem efeito após a respectiva publicação.

ARTIGO 4.º

As dúvidas e omissões que a aplicação do Código de Actividades Francas e Offshore suscitar, serão resolvidas, em Conselho de Ministros, ouvida a AZF, e dadas a conhecer por despacho do Primeiro-Ministro.

ARTIGO 5.º

No prazo máximo de oito dias, contados a partir de data de entrada em vigor do presente decreto, a Autoridade de Zonas Francas deverá ser constituída, empossada e dotada de meios mínimos indispensáveis ao seu funcionamento, pelo menos durante os primeiros seis meses.

ARTIGO 6.º

O presente decreto entra em vigor na data da sua publicação.

Visto e aprovado em Conselho de Ministro em 1 de Setembro de 1998.

O Primeiro Ministro e Chefe do Governo, *Raul Bragança Neto*. O Ministro da Justiça, Trabalho e Administração Pública, *Amaro Pereira do Couto*. Pelo Ministro dos Negócios Estrangeiro e Comunidades, *João Quaresma Viegas Bexigas*. Ministro da Defesa e Ordem Interna, *João Quaresma Viegas Bexigas*. Pelo Ministro de Plano e Finanças, *Acácio Elba Bonfim*. Pelo Ministro da Educação, Cultura e Desporto, *Cosme Bonfim Afonso Rita*. O Ministro de Equipamento Social e Ambiente, *Arlindo Afonso de Carvalho*. Ministro de Agricultura e Pescas, *Hermenegildo de Assunção Sousa e Santos*. O Ministro da Saúde, *Eduardo do Carmo Ferreira de Matos*. O Ministro do Comércio, Indústria e Turismo, *Cosme Bonfim Afonso Rita*.

Promulgado em 28 de Outubro de 1998.

Publique-se.

O Presidente da República, Miguel Anjos da Cunha Lisboa Trovoada.

CÓDIGO DE ACTIVIDADES FRANCAS E OFFSHORE

TÍTULO I
Parte Geral

CAPÍTULO I
Definições

ARTIGO 1.º
Conceitos

Os termos, expressões e siglas abaixo indicados tem as seguintes definições:

a) Autoridade de Zonas Francas, Autoridade ou AZF – significa a entidade administrativa autónoma, titular de poderes executivos nela delegados pelo Governo, para administrar e fiscalizar todos os aspectos relacionados com as actividades francas e offshore, incluindo os registos das sociedades offshore, a instrução do processo de concessão de licenças para o exercício de actividades bancárias offshore e outros regimes de incentivos aos investimentos.

b) Zona Franca – significa uma parte do território alfandegário de São Tomé e Príncipe materialmente delimitada, destinado a receber empresas homologadas as quais se aplica o regime franco definido no Decreto-lei n.º 61/95.

c) Ponto Franco – significa uma Zona Franca com uma única empresa homologada.

d) Concessionário – significa um promotor privado, autorizado pelo Governo a planear, desenvolver e gerir a propriedade imóvel e a realizar outras tarefas estipuladas na Convenção de Concessão de Zona Franca.

e) Gabinete das Homologações – significa o organismo central da AZF, ao qual são atribuídas as funções previstas nos Decretos-leis n.º 61/95 e n.º 62/95.

f) CITES – significa a Convenção Sobre o Comércio Internacionais das Espécies de Fauna e da Flora Ameaçadas de Extinção.

g) Contingente Permanente de Polícia – significa o Destacamento da Polícia Nacional encarregado de, em coordenação com as Forças de Segurança da Zona, assegurar o cumprimento da lei e a manutenção da ordem pública.
h) Código de Boa Conduta – significa um compromisso escrito, de bom comportamento comercial e pessoal, assumido pelas sociedades e indivíduos que operam sob o regime franco. Cada concessionário submeterá a aprovação da Autoridade de Zonas Francas o código a aplicar na referida Zona Franca.
i) Plano Geral de Desenvolvimento – abreviadamente designado PCG – significa o projecto de uma zona franca no qual vem especificadas as actividades económicas projectadas, o plano provisório de ocupação do espaço, as fases de execução, o cronograma e os custos estimados da construção de infra-estrutura.
j) RDSTP – significa a República Democrática de São Tomé e Príncipe.
k) Governo – significa o Governo da República Democrática de São Tomé e Príncipe.
l) Lei sobre Zona Franca – significa Decreto-lei n.º 61/95, publicado no 3.º Suplemento do *Diário da República* n.º 15 de Dezembro de 1995.
m) Lei Sobre a Actividade Bancária Offshore – significa o Decreto-lei n.º 62/95, publicado no 3.º Suplemento do *Diário da República* n.º 15, de 31 de Dezembro de 1995.
n) Lei Sobre as Sociedades Anónimas Offshore – significa o Decreto-lei n.º 70/95, publicado no 7.º Suplemento do *Diário da República* n.º 15, de 31 de Dezembro de 1995.
o) Gabinete de Matrícula – tem o mesmo significado que o previsto nos Decretos-leis relativos aos Regimes Francos, Actividades Bancárias Offshore e Sociedades Anónimas Offshore.
p) Sociedade Offshore – significa uma sociedade offshore regida pelo Decreto-lei n.º 70/95, de 31 de Dezembro de 1995.
q) Empresa Homologada – significa, indiferentemente, uma sociedade de promoção, uma empresa operando sob regime franco ou um ponto franco.
r) Actividade Bancária Offshore – significa o conjunto de operações e transacções bancárias realizadas com não residentes no território aduaneiro nacional, em divisas convertíveis distintas da moeda nacional, conforme o Decreto-lei n.º 62/95.

s) Banco Offshore – significa uma sociedade offshore licenciada pelo Banco Central de São Tome e Príncipe com o fim de exercer actividades bancárias offshore, servindo exclusivamente pessoas residentes fora do território fiscal da RDSTP e não utilizando a moeda nacional santomense nas suas transacções.
t) Empresa Residente – significa toda a entidade registada sob os regimes francos offshore e operando fisicamente no território da RDSTP.
u) Empresa não Residente – significa toda a entidade registada sob os regimes franco e offshore e operando fisicamente fora do território da RDSTP.
v) Fundo para Promoção de Formação – significa uma instituição, com a natureza de fundação, destinada a promover e implementar a formação académica e profissional de cidadãos santomenses e o desenvolvimento comunitário, utilizando, entre outros, fundos do Governo, uma percentagem de fundos provenientes da constituição, registo e licenciamento das sociedades offshore e uma contribuição anual nunca superior a 1%, do volume de negócios das empresas homologadas.
w) Abonador – significa o indivíduo ou a empresa escolhido pelo concessionário, que garante o bom comportamento de indivíduos ou empresas que pretendam residir ou realizar actividades nas zonas francas da RDSTP.
x) Corpo Independente de Arquivo e Conservação – significa uma entidade estrangeira escolhida pela Autoridade, responsável pelo arquivo automático comunicações autenticadas electronicamente, realizadas entre a comunidade de negócios e de comunicações oficiais feitas entre Autoridade e outras partes. Estes arquivos podem ser consultados pelos corpos de arbitragem, aprovados pelo organismo competente, sempre que necessário para a resolução de disputas.
y) Registos Internet – significa a base de dados de nomes de domínio da Internet aprovados pela Autoridade, incluindo o identificador «.st» atribuído ao país.
z) Capital Mínimo – significa os USD 5.000,00 correspondente ao capital realizado ou subscrito, de acordo com o disposto na Lei das Sociedades Offshore.
aa) Arco Orbital – significa uma porção disponível dos locais da União Internacional das Telecomunicações, reservada aos países membros, para colocar satélites em orbitas geo-sincrónicas.

bb) Sucursal Residente de Empresa Offshore – significa a sucursal ou subsidiária de empresa estrangeira com domicílio efectivo numa zona franca da RDSTP.
cc) Consórcio Offshore Residente – Significa um consórcio com domicílio efectivo numa zona franca da RDSTP.
dd) Actividade Offshore Residente em Nome Individual – significa uma actividade em nome individual, sem personalidade jurídica, com domicílio efectivo numa zona franca da RDSTP.
ee) Sociedade Nacional de Desenvolvimento, abreviadamente designada SND – significa a empresa pública destinada a gerir as participações e demais interesses empresariais do Estado em empresas e outras entidades homologadas.
ff) Unidade Aduaneira Especial, abreviadamente designada UAE – significa o órgão interno da Autoridade de Zona Franca, encarregado de todos expedientes relativo ao desembaraço das mercadorias que entrem, transitem ou saiam da zona franca.
gg) Empresa Nacional – significa a empresa registada na RDSTP e com mais de 50% de capital santomense.
hh) CNUDCI – significa a Comissão das Nações Unidas para o Direito e o Comércio Internacional.
ii) CIRDI – significa a Centro Internacional para a Resolução dos Diferendos entre Estados e nacionais de outros Estados.

TÍTULO II
Da Autoridade de Zonas Francas

CAPÍTULO I
Criação e Funcionamento da Autoridade

ARTIGO 2.º
Da criação da Autoridade

É criado um organismo central, investido de poderes necessários para o planeamento, implementação, gestão e fiscalização das actividades francas e offshore, incluindo o registo e licenciamento de empresas, denominado Autoridade de Zonas Francas ou simplesmente Autoridade, abreviadamente designado por AZF.

ARTIGO 3.º
Personalidade jurídica

A AZF goza de personalidade jurídica própria, exercendo as suas actividades sob a tutela do Primeiro-ministro.

ARTIGO 4.º
Do âmbito dos poderes

A AZF goza, no âmbito do exercício das suas atribuições, de autonomia administrativa, financeira, funcional e patrimonial.

ARTIGO 5.º
Das atribuições da Autoridade

1. A Autoridade de Zonas Francas tem entre outras, as seguintes competências:
    a) Promover o desenvolvimento de actividades francas e offshore no país;
    b) Emitir licenças que não estejam cometidas a outras entidades;
    c) Autorizar a constituição de sociedades offshore, seja qual for o seu domínio de actividade;
    d) Superintender na Unidade Aduaneira Especial;
    e) Controlar, inspeccionar e fazer supervisão de zonas francas ou empresas homologadas no âmbito do regime franco;
    f) Atestar a conformidade das zonas e das empresas, às normas de segurança e de salvaguarda do meio ambiente;
    g) Definir as vias de acesso, a delimitação e protecção dos terrenos destinados ao estabelecimento de zonas francas e a implantação das infra-estruturas de base, de conformidade com a regulamentação apropriada;
    h) Promover a ligação das actividades francas com a economia doméstica.
2. A Autoridade de Zonas Francas tem, em particular, poderes para:
    a) Conceder licenças e visto normais de visitas, de residência anual e de trabalho nas zonas francas;
    b) Apreciar, emitir parecer e submeter a decisão das entidades competentes, os seguintes pedidos:
        – Licença para estabelecimento de zonas francas;

- Vistos;
- Licença de Bancos Offshore; e
- Licença para prestação de serviço de segurança na Zona Franca;
c) Propor a actualização de leis sobre os regimes francos e offshore;
d) Promover a actualização dos regulamentos, códigos e instruções atinentes aos regimes franco e offshore, directamente nos casos em que seja competente e, nos restantes casos, através de proposta ao Governo;
e) Averiguar e sancionar as infracções às Leis, Regulamentos, Códigos e Instruções, através de medidas de auditoria e inspecção definidas no presente Código;
f) Propor a alteração das taxas, contribuições, multas e demais imposições que impendam sobre os beneficiários dos regimes franco e offshore;
g) Estabelecer os procedimentos e formulários obrigatórios quer para a fase de candidatura a registo e licenças quer para a de elaboração e apresentação do relatório anual de actividades;
h) Manter, permanentemente disponíveis para consulta pública, todos os regulamentos, estatutos, formulários, directrizes e procedimentos de arbitragem em vigor, relativamente aos regimes franco e offshore;
i) Providenciar que os concessionários também mantenham, permanentemente disponíveis para consulta os regulamentos, regras, códigos, formulários, directrizes e procedimentos que hajam publicado no âmbito dos poderes que lhes são conferidos.

ARTIGO 6.º
Do orçamento

A AZF dispõe de orçamento próprio, elaborado anualmente e aprovado pelo Conselho de Administração, devendo as suas contas ser fiscalizadas nos mesmos termos e condições que as das demais entidades publicas autónomas.

ARTIGO 7.º
Das receitas da AZF

1. As receitas da AZF provêm essencialmente das seguintes fontes:
a) Transferências do OGE;

b) Constituição do registo de sociedade offshore;
c) Taxas de licenciamento de concessionários;
d) Taxas de licenciamento de entidades bancárias, de jogo e outras actividades offshore;
e) Multas em virtude de infracção às disposições legais relativas as Zonas Francas e actividades offshore;
f) Dividendos da Sociedade Nacional de Desenvolvimento;
g) Registos de nome de domínio de *Internet*;
h) Assistência financeira inicial de doadores e/ou instituições financeiras.

2. A Autoridade de Zonas Francas reterá 75% dos rendimentos provenientes dessas fontes para fazer face aos custos de funcionamento e de capital logo após a sua constituição, conforme o definido no n.º 1, do artigo 123.º.

3. Os salários praticados pela AZF deverão estar de acordo com as disposições constantes da Lei n.º 2/97 sobre a política salarial definida para as instituições autónomas do Estado.

ARTIGO 8.º
Dos excedentes de receitas

1. Todas as receitas que excedam as previstas no Orçamento Anual da AZF, aprovado pelo Conselho de Administração, serão transferidas para o Tesouro Público.

2. As transferências referidas no n.º 1 serão processadas 30 dias após a aprovação dos resultados e contas do exercício da Autoridade.

ARTIGO 9.º
Dos terrenos de Zonas Francas

A AZF poderá, no interesse do estabelecimento, acesso ou expansão de Zonas Francas, proceder a aquisição ou troca de terrenos pertencentes ao Estado, colectividades locais, organismos administrativos autónomos, ou a privados, obedecendo as disposições em vigor sobre a matéria.

CAPÍTULO II
Da organização e administração da Autoridade

ARTIGO 10.º
Da Administração da Autoridade

1. A Autoridade de Zonas Francas é dirigida por um Conselho de Administração, composto por sete membros, nomeados por decreto, em Conselho de Ministros, um dos quais é Presidente.
2. A gestão corrente da AZF é assegurada por um Director Executivo, com assento no Conselho de Administração, mas sem direito a voto.

ARTIGO 11.º
Da nomeação do Conselho de Administração

A nomeação dos membros do Conselho de Administração da Autoridade de Zonas Francas obedecerá ao seguinte critério:
 a) Três serão originários do sector privado e propostos pela Câmara de Comércio Indústria, Agricultura e Serviços, sendo um deles da Região Autónoma do Príncipe;
 b) Um representante do Ministério responsável pelo comércio;
 c) Um representante do Ministério responsável pela economia e finanças;
 d) Um representante do Banco Central de São Tomé e Príncipe;
 e) Um representante do Governo da Região Autónoma do Príncipe.

ARTIGO 12.º
Das atribuições do Conselho de Administração

No âmbito da sua missão, compete ao Conselho de Administração, o seguinte:
 a) Aprovar as medidas de política e estratégias que sejam necessários para o cumprimento dos objectivos da Autoridade;
 b) Aprovar os planos de trabalho, os orçamentos operativos, incluindo o regime de salários e benefícios de funcionários e empregados, e os planos financeiros da Autoridade;
 c) Aprovar os programas e linhas de financiamento da Autoridade;

d) Aprovar os regulamentos internos da Autoridade e as normas administrativas que julgue convenientes para o seu melhor funcionamento;
e) Exercer as demais funções e faculdades que lhe correspondam de acordo com a lei, regulamentos e outras disposições aplicáveis.

ARTIGO 13.º
Do mandato dos membros do Conselho de Administração

1. O mandato dos membros do Conselho de Administração é de três anos.
2. Em nenhum caso os membros do Conselho de Administração da AZF poderão cumprir mais de dois mandatos consecutivos.
3. Em caso de ausência, falecimento, exoneração ou demissão de qualquer um dos membros do Conselho de Administração da Autoridade, o substituto iniciará sempre um novo mandato.

ARTIGO 14.º
Do Director Executivo

A nomeação do Director Executivo é feita por decreto aprovado em Conselho de Ministros, tendo em conta a formação académica, os conhecimentos técnicos e a experiência, necessários ao eficiente exercício do cargo.

ARTIGO 15.º
Das atribuições do Director Executivo

1. No âmbito do exercício das suas funções, competirá ao Director Executivo da Autoridade de Zonas Francas:
   a) Organizar, dirigir, coordenar e fiscalizar todas as actividades e serviços da Autoridade, podendo adoptar as medidas consideradas pertinentes ao seu bom funcionamento;
   b) Negociar e celebrar todos os contratos que tornarem necessários a realização dos objectivos da Autoridade;
   c) Representar a Autoridade em todos os actos e contratos, podendo esses poderes serem delegados em uma ou várias pessoas, em parte ou na sua totalidade;

d) Preparar e garantir o secretariado das reuniões do Conselho de Administração;
e) Elaborar e submeter ao Conselho de Administração o Regulamento Interno da Autoridade;
f) Redigir e submeter ao Conselho de Ministros o relatório e contas da Autoridade após a aprovação do Conselho de Administração;
g) Exercer o poder disciplinar;
h) Executar e mandar executar todas as decisões tomada pelo Conselho de Administração, velando por que estas se cumpram e mantê-lo informado sobre a sua implementação;
i) Prestar contas sobre as fontes e utilização dos fundos obtidos e/ou atribuídos à Autoridade;
j) Publicar os relatórios e contas anuais do exercício, assim como o de auditoria;
k) Nomear os chefes dos diferentes serviços da Autoridade.

2. Dos actos do Director Executivo, cabe recurso para o Conselho de Administração.

ARTIGO 16.°
Da delegação dos Poderes

O Conselho de Administração poderá, dentro dos limites fixados pela lei e pelo seu Regulamento Interno, delegar os seus poderes, devendo o competente documento estabelecer, claramente, o âmbito, o limite temporal e o beneficiário.

ARTIGO 17.°
Das deliberações do Conselho de Administração

As deliberações de carácter normativo ou institucional só serão válidas, quando tomadas com a participação de pelo menos dois representantes do sector público e dois do sector privado.

ARTIGO 18.°
Da prestação de contas

1. Após a aprovação do Conselho de Administração, a AZF submeterá ao Conselho de Ministros, quatro meses após o fim do exercício anual,

o relatório de actividades e as contas de exercício do ano transacto, para aprovação.

2. O referido relatório e contas deverá, imperativamente, ser submetido a aprovação do Conselho dos Ministros, instruído com o parecer de um organismo de auditoria devidamente autorizado.

ARTIGO 19.º
Da remuneração

1. Os Membros do Conselho terão direito a uma senha de presença, cujo valor aumentará proporcionalmente aos índices de crescimento de receitas proveniente das actividades franca e offshore.

2. Todo o pessoal que integra as diferentes estruturas da Autoridade, terá direito a uma remuneração suficientemente competitiva, composta de uma parte fixa e outra variável, em função do desempenho de cada um e dos índices de crescimento de receitas provenientes de actividades francas offshore.

ARTIGO 20.º
Da estrutura orgânica

1. Para efeito do cumprimento das suas atribuições, a Autoridade de Zonas Francas obedecerá a seguinte estrutura orgânica, devendo as atribuições e competências de cada uma delas ser definida em regulamento próprio:
   a) Gabinete Homologação e Matrícula;
   b) Divisão de Estudo, Planeamento Pesquisa;
   c) Divisão de Administração;
   d) Divisão ao Apoio ao Investidor;
   e) Divisão de Marketing e Promoção;
   f) Unidade Aduaneira Especial.

2. De acordo com a natureza e âmbito das suas atribuições, as unidades previstas no parágrafo anterior poderão constituir no seu seio unidades específicas mais restritas.

3. Junto de cada Zona Franca funciona uma delegação da AZF, cuja composição e atribuições constarão do Regulamento Interno da mesma.

ARTIGO 21.º
Do recrutamento

A excepção dos Membros de Conselho de Administração e do Director Executivo, o recrutamento do pessoal necessário ao funcionamento da AZF é, em regra, feito por concurso público.

CAPÍTULO III
Entidades Complementares

ARTIGO 22.º
Do Fundo para Promoção da Formação

1. No âmbito do programa de implementação e desenvolvimento de Zonas Francas e actividades offshore, será criado um fundo para Promoção de Formação destinado a promover e implementar a formação académica e profissional de cidadãos santomenses e o desenvolvimento comunitário.
2. Compete ao Fundo para a Promoção de Formação:
a) Financiar bolsas de estudo para o desenvolvimento de aptidão e experiência de cidadãos de São Tomé e Príncipe que estejam interessados em negócios e empregos relacionado com actividades francas e offshore;
b) Financiar actividades que visem o desenvolvimento comunitário, nos locais próximos de Zonas Fracas.
3. O Fundo para Promoção de Formação deve receber contribuições provenientes, entre outras, das seguintes fontes:
a) Contribuição voluntária do Governo da RDSTP e de doadores internacionais;
b) 15% dos rendimentos da AZF, proveniente da constituição e registo de sociedades, registo de locais Internet e emissão de licenças;
c) Contribuições da Sociedade Nacional de Desenvolvimento; e
d) Até 1% de volume de negócios das sociedades offshore residentes, previsto pelo Decreto-lei sobre o Regime Franco.

ARTIGO 23.º
Da Sociedade Nacional de Desenvolvimento

1. No âmbito do programa de implantação e desenvolvimento das Zonas Francas e actividades offshore, será constituída uma Sociedade

Nacional de Desenvolvimento, tutelar dos interesses da RDSTP nas Zonas Francas desenvolvidas por concessionários particulares.

2. Competirá a SND congregar terras do Estado e privados, infraestruturas e espectros electromagnéticos para concessões de zonas francas e distribuir lucros aos accionistas incluindo o Governo, a Autoridade de Zona Franca e o Fundo para a Promoção da Formação.

ARTIGO 24.º
Constituição e operacionalização

No prazo máximo de seis meses, contados a partir da data da sua entrada em funcionamento a Autoridade deve submeter a aprovação do Governo, o conjunto de medidas a adoptar com vista a constituição e operacionalização da Sociedade Nacional de Desenvolvimento e do Fundo para a Promoção da Formação.

CAPÍTULO IV
Do controlo e Segurança nas Zonas Francas

ARTIGO 25.º
Da Unidade Aduaneira Especial

1. Funcionará sob a tutela da Autoridade da Zonas Francas uma Unidade Aduaneira Especial, assistida por uma Unidade Especial da Guarda Fiscal, encarregada de todos expedientes relativo ao desembaraço das mercadorias que entrem, transitem ou saiam da Zona Franca.

2. A Unidade Aduaneira Especial é um órgão dependente da AZF, devendo os seus empregados, para além do salário, beneficiar de um suplemento em função do crescimento anual das actividades de importação e exportação da Zona Franca.

3. A Unidade Aduaneira Especial está investida de poderes para definir políticas respeitantes a conservação, estocagem e manuseamento de bens, nomeadamente a sua entrada e saída.

4. A Unidade Aduaneira Especial poderá ainda definir políticas:
   a) Conducentes a manter e preservar a contabilidade e registos das importações e exportações, de acordo com parâmetros definidos e electronicamente auditáveis;

b) Conducentes a garantir a segurança das mercadorias em trânsito entre as Zonas Francas e os pontos de entrada e saída de e para outros países, através de imposição de caução ou outros meios.

ARTIGO 26.º
Dos poderes da Polícia

1. Funcionará em todas as zonas francas um Destacamento da Polícia Nacional, cujo objectivo fundamental é garantir a ordem, segurança e tranquilidade públicas, coordenando e controlando a sua actuação com a dos corpos auxiliares de segurança privativos de cada uma das Zonas Francas.

2. Competirá a AZF apreciar o projecto de formação dos corpos de segurança privativos da zona franca, proposto pelo concessionário, o qual define com a maior precisão os poderes delegados, o número de agentes, o sistema de comunicação dentro da zona, os equipamentos e os meios de intervenção a serem utilizados em caso de emergência, os treinos e os critérios de recrutamento e os mecanismos de prestação de contas.

3. O projecto devidamente instruído e com o parecer da AZF, deverá ser submetido ao ministro de tutela das forças de segurança pública para efeito de aprovação final.

CAPÍTULO V
Do Registo e da Concessão de Licenças

ARTIGO 27.º
Do registo

1. A AZF organizará um sistema informatizado e automático de constituição e registo provisório de sociedades offshore, susceptível de conferir imediata autorização de exercício de actividades às referidas sociedades, desde que preencham todos os requisitos legais exigidos.

2. A AZF disporá, no entanto, de um período de trinta dias para verificar todos os dados e informações prestados pelas sociedades referidas no número anterior. Se dentro deste prazo, não cancelar o registo provisório efectuado, o mesmo converter-se-á em definitivo.

3. Todas as sociedades offshore que operam sob um regime provisório devem declarar por escrito e nas comunicações electrónicas de negócio que o seu estatuto offshore aguarda aprovação final.

ARTIGO 28.º
Das licenças

1. A conversão referida no n.º 2 do artigo anterior confere carácter definitivo às licenças necessárias ao exercício efectivo das diversas actividades de negócios requeridas pelas empresas provisoriamente registadas, a menos que se trate de actividades que ponham em risco o meio ambiente, a saúde ou a segurança e ordem pública.
2. As licenças concedidas só são válidas para as actividades nelas expressamente especificadas.

ARTIGO 29.º
Dos requisitos de registo

1. As sociedades offshore são consideradas registadas, observados os seguintes requisitos:
   a) Empresas Offshore Não-Residentes:
      – Preenchimento e entrega do formulário-tipo à AZF;
      – Verificação e confirmação da disponibilidade da denominação;
      – Pagamento da taxa de registo;
      – Aceitação confirmada por notário do código de boa conduta da AZF;
      – Aceitação das normas relativas a verificação das declarações prestadas no formulário-tipo da AZF.
   b) Empresas Offshore Residentes:
      – Preenchimento e entrega do formulário-tipo da AZF;
      – Pagamento da taxa de registo;
      – Verificação e confirmação de disponibilidade da denominação;
      – Aceitação, confirmada pelo notário, do código de boa conduta;
      – Aceitação das normas relativas a verificação das declarações prestadas no formulário tipo da AZF;
      – Prova fornecida por um determinado Concessionário de Zona Franca de aceitação da mesma enquanto arrendatária.
   c) Sucursais Residentes de Empresas Offshore:
      – Preenchimento e entrega de formulário-tipo da AZF;
      – Pagamento de taxa de registo;
      – Verificação e confirmação de disponibilidade de denominação;
      – Aceitação confirmada pelo notário, de código de boa conduta;

- Aceitação de normas relativas a verificação das declarações prestada no formulário-tipo da AZF;
- Prova fornecida por um determinado Concessionário de Zona Franca de aceitação da mesma enquanto arrendatária.
d) Consórcios Offshore Residentes:
- Preenchimento e entrega de formulário-tipo da AZF;
- Pagamento de taxa de registo;
- Verificação e confirmação de disponibilidade de denominação;
- Aceitação confirmada pelo notário, de código de boa conduta;
- Aceitação de normas relativas a verificação das declarações prestadas no acto de registo;
- Prova fornecida por um determinado Concessionário de Zona Franca de aceitação de mesma enquanto arrendatária.
e) Actividades Offshore Residente em Nome Individual:
- Preenchimento e entrega de formulário-tipo da AZF;
- Pagamento de taxa de registo;
- Verificação e confirmação de disponibilidade de denominação;
- Aceitação confirmada pelo notário, de código de boa conduta;
- Aceitação de normas relativas a verificação das declarações prestadas no formulário-tipo da AZF;
- Prova fornecida por um determinado Concessionário de Zona Franca de aceitação de mesma enquanto arrendatária.

2. As outras entidades offshore não previstas expressamente no presente regulamento, serão registadas de acordo com as disposições específicas para tal adoptadas pela entidade compctente.

ARTIGO 30.º
Da concessão de licenças

1. A emissão das licenças prevista no presente capítulo está sujeita à observação das condições estabelecidas pelas disposições legais em vigor e pela AZF.

2. As licenças referidas no parágrafo anterior são concedidas às sociedades offshore que exerçam, nomeadamente, as seguintes actividades, sem exclusão de outras que podem ser autorizadas casuisticamente pela AZF:
a) Lotaria e jogos diversos;
b) Comércio internacional de Trust Offshore, transporte aéreo e especial;

c) Turismo, lazer e divertimentos;
d) Agricultura e indústria;
e) Académica, sanitária e habitacional;
f) Bancária Offshore;
g) Construção, reparação e demolição de navios;
h) Telecomunicações e Rádio.

CAPÍTULO VI
Sistema de Informação

ARTIGO 31.º
Ficheiros

1. A AZF deverá criar e conservar permanentemente actualizados e disponíveis para consulta pública, os seguintes ficheiros:
   a) Banco de Dados de Denominações de Empresas – Deve ser consultado antes de se proceder ao registo de denominações propostas para novas sociedades;
   b) Bancos de Dados sobre Empresas e Residentes nas Zonas Francas – Regista todas as pessoas físicas e jurídicas existentes nas zonas, a natureza do negócio e o tipo ou categoria de licenças que são titulares. Informações relativas aos proprietários das empresas e respectivos endereços serão estritamente confidenciais;
   c) Bancos de Dados sobre Oportunidades de Emprego – Contém a descrição pormenorizada de todas as oportunidades de emprego oferecidas pelas empresas residentes nas Zonas Francas e que pretendam admitir trabalhadores ou quadros estrangeiros;
   d) Bancos de Dados sobre Recursos Humanos – Contém a inscrição de todas as pessoas físicas e jurídicas de nacionalidade santomense que se queira registar junto a AZF, devendo fornecer para o efeito, o respectivo endereço, área de especialização, experiência, habilitações, referências, bem com o tipo e a categoria dos certificados e licenças de que é titular;
   e) Bancos de Dados sobre Oportunidades de Abastecimento das Zonas – Contém actuais e futuras oportunidades de abastecimento, prevista pelos concessionários e subconcessionários, que

interessem a empresas nacionais situadas no território aduaneiro da RDSTP. As mencionadas oportunidades incluem, mas não se limitam a fornecimento e serviços, engenharia, construção e manutenção de infra-estruturas e desenvolvimentos imobiliários;

f) Bancos de Dados sobre Fornecedores Nacionais de Bens e serviço – Contém o registo das pessoas físicas e jurídicas, de nacionalidade santomense, que tenham manifestado o interesse de responder as oportunidades de abastecimento das zonas francas, tendo, para o efeito juntado, entre os dados, o endereço, a área de especialização, a experiência, a habilitação, as referências, bem como o tipo e categoria dos certificados e licenças de que é titular;

g) Arquivo de Relatórios Anuais – Contém os relatórios anuais de todas as pessoas físicas e jurídicas registadas e licenciadas nas Zonas Francas. Os relatórios anuais são elaboradas de acordo com os requisitos e formulários especificamente aprovados para o efeito pela AZF.

2. Logo que as condições técnicas e financeiras o permitam, a AZF promoverá o acesso do público às informações não confidencias contidas nos ficheiros mencionados no número anterior, através da "*World Wide Web*".

ARTIGO 32.º
Da difusão de informação

1. A Autoridade da Zona Franca deve promover a publicação, na série própria do *Diário da Republica*, de todos os regulamentos, instruções, deliberações ou quaisquer outros actos por si praticados que, directa ou indirectamente, afectem a comunidade de negócios.

2. Os regulamentos, instruções, acordos, códigos de boa conduta, propostos pelos concessionários, devem ser publicados na série própria do *Diário da República*, após aprovação da AZF.

3. Logo que as condições técnicas e financeiras o permitam, as publicações referidas nos números anteriores deverão ser postas a disposição do público através da "*World Wide Web*".

TÍTULO III
Das Zonas Francas

CAPÍTULO I
Da Criação de Zonas Francas

ARTIGO 33.º
Aquisição de terrenos e infra-estruturas

1. A Sociedade Nacional de Desenvolvimento procederá, de acordo com as recomendações da AZF, a inventariação e obtenção dos títulos dos terrenos e infra-estruturas do Estado com potencialidade para o desenvolvimento de Zonas Francas.

2. Os organismos públicos ou para-públicos que no prazo de doze meses a contar da data da entrada em vigor do presente diploma, procederem a transferência de propriedades para Sociedade Nacional de Desenvolvimento poderão beneficiar das acções por ela emitidas.

3. O valor das acções corresponde ao rácio entre o preço de mercado das propriedades transferidas e o total dos activos da Sociedade Nacional de Desenvolvimento.

4. A Sociedade Nacional de Desenvolvimento poderá celebrar, igualmente, com proprietários do sector privado, contratos relativos a transferência de propriedades em condições idênticas às referidas no número anterior.

ARTIGO 34.º
Utilização de espectro electro-magnético

1. O Ministério que tutela a área das telecomunicações deverá, no prazo de quatro meses a contar da data de entrada em vigor deste diploma, disponibilizar um relatório sobre o espectro actual, sua distribuição e utilização, cabendo-lhe ainda manter, de forma contínua, um banco de informações sobre o espectro de todas as frequências em uso nas áreas de Zonas Francas já implantadas e identificadas.

2. Findo o prazo referido no número anterior, a SND deverá solicitar uma cópia do relatório sobre o espectro actual.

3. A cada concessão para futura Zona Franca é atribuída uma parte do espectro electromagnético não utilizado, mas distribuído à RDSTP

pela União Internacional das Telecomunicações, a qual não será inferior a proporção entre a área da Zona Franca e à superfície do território nacional. Esta parte poderá ser utilizada pelo Concessionário e/ou os subconcessionários, numa base exclusiva de 24/24 horas, mediante o pagamento a preços de mercado, a favor da Sociedade Nacional de Desenvolvimento.

4. A SND receberá, igualmente, metade de locais de arco orbital «Orbital arc location» que forem colocados a disposição da RDSTP pela União Internacional das Telecomunicações, a pedido do Governo. Estes locais poderão fazer parte das futuras ofertas de concessão de Zonas Francas.

5. Relativamente às transferências de espectro electromagnético e dos locais de arco orbital que forem efectuados no prazo de 24 meses, a contar da data de entrada em vigor do presente diploma, o Governo será compensado com as acções emitidas pela SND, cujo valor é proporcional ao preço do mercado dos recursos transferidos em relação ao capital total da mesma.

ARTIGO 35.º
Oferta de concessão

A Autoridade Zona Franca colocará a disposição do sector privado, mediante concurso público de adjudicação, os terrenos seleccionados e os direitos de desenvolvimento do espectro electromagnético, como concessão de Zona Franca, na base do princípio do BOT «construir/operar/transferir», em benefício da SND e dos seus accionistas.

ARTIGO 36.º
Marketing de concessão

1. A Autoridade Zona Franca promoverá uma campanha internacional de marketing/promoção e publicidade, particularmente junto de investidores potenciais, com o objectivo de obter resposta às ofertas de concessão.

2. Nesse esforço de marketing, a Autoridade deverá recorrer a utilização, tanto quanto possível, do sistema de telecomunicações e de vídeo-conferências, a preços menos onerosos a fim de diminuir os seus encargos.

ARTIGO 37.º
Requisitos das propostas de concessão

1. Os candidatos ao concurso de adjudicação de Zonas Francas devem:
   a) Fazer prova documental da sua capacidade financeira para desenvolver a Zona, observando os procedimentos estabelecidos pela Autoridade;
   b) Apresentar o primeiro esboço do Plano Geral de Desenvolvimento.

2. As propostas dos candidatos devem ainda, entre outros, incluir um plano especifico para:
   a) Oferecer directamente as empresas que operam na concessão serviço básico tais como água, energia, telecomunicações, transportes ou outros, ou contratar ou subcontratar terceiros para fornecimentos desses serviços;
   b) Tomar medidas adequadas de segurança, inclusive a construção e conservação de vedações para separar a Zona Franca do território alfandegário nacional;
   c) Fornecer as instalações necessárias às entidades alfandegárias para as suas actividades na Zona;
   d) Estabelecer normas operacionais, incluindo um Código de Boa Conduta para Zona Franca, de acordo com a Lei e sujeitas a aprovação da Autoridade;
   e) Promover a Zona Franca junto de investidores potências;
   f) Oferecer garantias de financiamento para a realização e avaliação do estudo de impacto ambiental e social.

ARTIGO 38.º
Concessão de licença provisória

1. A Autoridade submete ao Primeiro-Ministro o projecto de concessão de licença provisória, tomando em consideração as proposta do interessado, o resultado da investigação sobre antecedentes do mesmo e as recomendações dos serviços competentes da AZF.

2. Enquanto durar a tramitação para a outorga de licença definida, ao interessado é emitida uma licença provisória de concessionário de Zona Franca, isenta de qualquer pagamento.

3. Na licença referida nos números anteriores constatará o respectivo prazo de validade.

ARTIGO 39.º
Estudo de impacto ambiental

O Concessionário deve disponibilizar fundos destinados a avaliação do estudo sobre impacto ambiental e social das actividades projectadas para a Zona, a ser efectuada por uma entidade independente, seleccionada pela Autoridade de Zona Franca, ouvido o organismo competente.

ARTIGO 40.º
Plano Geral de Desenvolvimento

1. O Concessionário deve promover estudos técnicos da área e preparar planos com as recomendações contidas na avaliação do estudo sobre impacto ambiental e social, fazendo-as reflectir na versão final do Plano Geral de Desenvolvimento.

2. Ouvidos os serviços competentes, a AZF aprovará o Plano Geral de Desenvolvimento da Zona, proposto pelo Concessionário, notificando-o, por escrito, no prazo de 15 dias da decisão tomada.

3. Após a notificação de aprovação do Plano Geral de Desenvolvimento da Zona e da intenção de emitir licença de Concessionário, as partes devem formalizar os acordos e efectuar os pagamentos necessários a finalização da concessão.

ARTIGO 41.º
Emissão de licença definitiva

No prazo máximo de 7 dias a contar da data da confirmação do depósito feito pelo Concessionário do montante mutuamente acordado, na conta da AZF, a Autoridade deve:
   a) Entregar ao Concessionário a licença definitiva, assinada pelo Primeiro-Ministro;
   b) Mandar publicar na série própria do *Diário da República* o acto legislativo relativo à criação da Zona Franca.

ARTIGO 42.º
Início do desenvolvimento da Zona Franca

1. O Concessionário dispõe de um prazo máximo de nove meses, contados a partir da data de emissão de licença definitiva, para iniciar o desenvolvimento da Zona.

2. Passado esse período sem que o Concessionário tenha iniciado o referido desenvolvimento e na ausência de justificações devidamente fundamentadas, o Conselho de Administração propõe ao Primeiro-Ministro o cancelamento da licença.

ARTIGO 43.º
Inicio de actividade em pontos geograficamente separados

1. De acordo com Plano Geral de Desenvolvimento apresentado ou mediante autorização da AZF, o Concessionário poderá iniciar o desenvolvimento na Zona em vários pontos geograficamente separado uns dos outros, dentro da área de concessão.

2. O desenvolvimento da Zona só é permitido nos termos do número anterior, quando o Concessionário tiver preenchido os requisitos estabelecidos pela Unidade Aduaneira Especial da AZF atinentes à protecção da integridade do território aduaneiro nacional e a segurança de movimento de pessoas e mercadorias em trânsito entre tais pontos.

CAPÍTULO II
Actividades Permitidas nas Zonas Francas

ARTIGO 44.º
Condições de exercício

As empresas e residentes que operam nas Zonas Francas podem desenvolver quaisquer actividades legítimas, pacíficas e honestas nas condições e termos estabelecidos na lei sobre as Zonas Francas e na observância das regras de implementação estabelecidas pela AZF, dos Códigos de Boa Conduta, acordos e regulamentos adaptados pelo Concessionário.

ARTIGO 45.º
Natureza de actividades

As empresas da Zonas podem realizar, por sua conta e risco, mediante registos, licenças, acordos e autorizações definidos pela AZF e pelo Concessionário, as seguintes actividades:
  a) Qualquer actividade de fabrico, montagem, processamento, acabamento ou armazenagem;

b) Quaisquer serviços de processamento de informação, tais como registo e processamento de dados, desenho assistido por computador, publicação electrónica, desenvolvimento de *software*, ao cliente/técnico e outras operações, serviços de tradução, transcrição e outros serviços semelhantes e conexas;
c) Qualquer serviço ou produto financeiro bancário, de fiança, investimento, *trust* e de seguros, incluindo a operação de trocas por instrumento financeiro;
d) Quaisquer serviços de transporte, incluindo o de passageiro ou de carga, quaisquer negócio relacionados com energia, incluído a sua produção, distribuição ou armazenagem, e ainda quaisquer serviço ou infra-estruturas de carácter público, sujeitos a legislação sobre a saúde, segurança e meio ambiente;
e) Qualquer projecto imobiliário, quer industrial, quer comercial, residencial ou de infra-estrutura geral;
f) Fornecer, vender, arrendar ou manter serviços ou recursos de educação, incluindo escolas e universidades, estabelecimentos comerciais ou industrias, escritórios, hotéis ou pensão, igrejas ou outras edificações religiosas, clubes, restaurantes, marinas e casas de espectáculos, desporto, diversões ou de actividade cultural.

CAPÍTULO III
Regime de Emprego e Mão-de-Obra

ARTIGO 46.º
Contrato de trabalho

Os empregados e trabalhadores que operam nas Zonas Francas têm a liberdade de negociar e concluir contratos de trabalho baseados, no mínimo, nos parâmetros estabelecidos nas relevantes convenções da Organização Internacional de Trabalho.

ARTIGO 47.º
Direitos dos trabalhadores

Os trabalhadores que exercem as suas actividades nas Zonas Francas, usufruem dos direitos internacionalmente reconhecido aos trabalhadores, incluindo direito de se organizarem e de recorrerem a greve.

ARTIGO 48.º
Imposto sobre salário

1. Os trabalhadores permanentemente residentes no país que exerçam as suas actividades nas Zonas Francas ficam obrigados ao pagamento de imposto sobre o salário.
2. Compete aos empregados proceder aos descontos correspondentes aos referidos impostos e a respectiva entrega ao Estado dentro do prazo legal.
3. Para efeitos do presente artigo, consideram-se permanentes residentes no país, os trabalhadores nacionais bem como os estrangeiros titulares de visto de validade superior a três anos.

ARTIGO 49.º
Segurança social

Os trabalhadores referidos no artigo anterior beneficiam, no mínimo, do regime de segurança social em vigor no país.

ARTIGO 50.º
Higiene e segurança

Os empregados manterão no local de trabalho condições de segurança, higiene e saúde baseadas, no mínimo nas normas reguladoras das referidas condições em vigor em Hong Kong.

ARTIGO 51.º
Preferência a nacionais

As empresas residentes nas Zonas Francas que necessitem de contratar trabalhadores devem dar preferência ao emprego de cidadãos santomenses que tenham manifestado interesse em oportunidade de emprego nas Zonas Francas e se achem registados no Banco de Dados sobre Recursos Humanos da AZF.

ARTIGO 52.º
Trabalhadores estrangeiros

1. As empresas residentes interessadas em contratar trabalhadores, devem, primeiramente, preencher um formulário aprovado pela AZF,

especificando as responsabilidades, aptidões e demais requisitos exigidos para o lugar previsto.

2. Os dados constantes do formulário serão registados no Banco de Dados sobre Oportunidades de Emprego, definido no presente Código.

ARTIGO 53.º
Notificação de oportunidades

Os cidadãos santomenses, registados no Banco de Dados sobre Recursos Humanos, serão notificados acerca das oportunidades correspondentes as suas aptidões e experiência.

ARTIGO 54.º
Apresentação da candidatura

Os interessados deverão, no prazo de cinco dias, apresentar a sua candidatura a AZF, juntando para o efeito provas da sua aptidão profissional, experiência, proficiência em línguas, referencias e disponibilidade para preencher a vaga.

ARTIGO 55.º
Prazo

A AZF encaminhara uma cópia de processo de candidatura para a entidade patronal interessada, nas 48 horas seguintes a expiração do prazo estabelecido no artigo interior.

ARTIGO 56.º
Decisão de recrutamento

1. A entidade patronal deverá, no prazo máximo de duas semanas, entrevistar os trabalhadores por ela seleccionados e decidir pelo recrutamento ou não do candidato nacional.

2. No processo de decisão, as entidades patronais devem dar preferência a candidatos nacionais, que apresentem níveis de qualificação, experiência e competência iguais aos dos estrangeiros, competindo para as mesmas vagas.

ARTIGO 57.º
Obrigações pós-recrutamento

1. Concluída a selecção e o recrutamento, a entidade patronal deverá:
a) Notificar cada candidato santomense da decisão;
b) Sugerir melhorias específicas no respectivo *curriculum vitae* de forma a aumentar as possibilidades do candidato no mercado de emprego.
2. Os candidatos santomenses preteridos, têm direito a, no prazo de dois dias contados da notificação, reclamar para a AZF.

TÍTULO IV
Dos Concessionários de Zona Franca

CAPÍTULO I
Poderes e Responsabilidades

ARTIGO 58.º
Antecedentes e responsabilidades

Os concessionários são entidades do sector privado, seleccionados pela AZF, para desenvolver determinadas áreas destinadas a Zona Franca, nos termos da lei e do presente diploma, assumindo as seguintes responsabilidades:
a) Planeamento, financiamento, melhoramento, construção e gestão de bens imóveis e outros no terreno;
b) Fornecimento directo, ou através de subconcessionários de infra-estruturas, serviços públicos e logradouros;
c) Promoção da Zona Franca junto de investidores internacionais;
d) Elaboração de regulamentos, códigos de boa conduta e acordos para assegurar um bom ambiente de desenvolvimento comercial na Zona;
e) Arrendamento de terrenos, infra-estruturas ou edifícios a empresas que queiram instalar-se na Zona;
f) Estabelecimento de uma rede de "abonadores" singulares ou colectivos que assegurem o bom comportamento de indivíduos que desejam instalar-se ou negociar na Zona.

ARTIGO 59.º
Normas ambientais

1. A Autoridade de Zona Franca impõe aos concessionários, sub-concessionários e demais entidades actuando na Zona, no mínimo, o cumprimento dos parâmetros previstos nas normas ambientais em vigor na África do Sul.

2. As normas ambientais específicas a serem propostas por cada concessionário devem ser compatíveis com a saúde e bem-estar dos residentes, visitantes, a fauna e flora da RDSTP.

ARTIGO 60.º
Actividades interditas

As normas referidas no n.º 2 do artigo anterior devem, em especial, incluir a interdição total de:

a) Importar resíduos tóxicos, para armazenagem, destruição ou tratamento na Zona Franca;

b) Importar material radioactivo, para armazenagem, destruição, processamento ou reciclagem na Zona Franca, salvo para fins terapêuticos e após autorização expressa;

c) Importar, possuir ou negociar em qualquer parte da Zona Franca estupefacientes e substâncias psico-trópicas, salvo para fins médicos e devidamente autorizados;

d) Derrubar árvores em qualquer parte de Zona Franca, para fins comerciais;

e) Colher plantas bravias em qualquer parte da Zona Franca, para fins comerciais;

f) Praticar caça submarina não autorizada em qualquer espaço marítimo compreendido na Zona Franca;

g) Proceder a captura ou caça de quaisquer aves bravias, insectos ou animais, incluindo a recolha de ovos no interior da Zona Franca, para fins comerciais;

h) Proceder a captura de «billfish» através de embarcação operando a partir da Zona Franca, em violação de normas internacionais;

i) Ter interferência imoderada ou causar danos a quaisquer espécies de fauna ou flora da Zona Franca incluída na lista da CITES relativa a espécies ameaçadas de extinção ou ainda praticar o comércio da referida fauna ou flora ou seus derivados no interior da Zona;

j) Poluir os portos e espaços marítimos da Zona Franca;
k) Deitar lixos provenientes de actividades doméstica, industrial ou química fora dos locais e/ou recipientes próprios.

ARTIGO 61.º
Cooperação no domínio ambiental

O Concessionário deve cooperar de forma total e continua com:
a) A INTERPOL e os organismos policiais designados pela RDSTP, assim como outros Estados por elas indicados com vista a prevenir actividades criminosas organizadas na Zona, incluindo o comércio e contrabando de espécies protegidas em violação do Acordo Mundial de Comércio e das Leis Aduaneiras dos países com os quais o Estado santomense mantêm relações comerciais;
b) As agências e entidades nacionais e internacionais protectoras do meio ambiente e, nomeadamente, no respeito pelos acordos no quadro da CITES.

ARTIGO 62.º
Estudo sobre impacto ambiental

O Concessionário compromete-se a adoptar todas as propostas de desenvolvimento de subconcessão na Zona Franca a estudos detalhados de impacto ambiental, os quais deverão ser avaliados por um organismo independente seleccionado pela AZF.

ARTIGO 63.º
Normas de segurança

1. O Concessionário compromete-se a adoptar e manter todas as medidas de segurança pública e de prevenção do crime que se mostrarem necessárias e razoáveis, com vista a prevenir e detectar actividades criminosas transaccionais, tais como, a lavagem de dinheiro, o tráfico de drogas e mercado negro, na Zona Franca e a partir dela, devendo, nessa matéria, colaborar com as autoridades policiais nacional e internacional e as organizações de informação especializadas contra o crime.

2. O Concessionário compromete-se a fornecer as instalações necessárias e a financiar o contingente permanente de ligação entre as autoridades policiais nacionais e a organização de segurança da Zona Franca.

ARTIGO 64.º
Normas de saúde pública

1. O Concessionário compromete-se no mínimo, a adoptar e manter todas as medidas necessárias e suficientes para garantir a saúde pública da população da Zona e dos locais em redor, de conformidade com as normas da política nacional de saúde.
2. O Concessionário compromete-se a vigiar e controlar os índices específicos do estado de saúde pública dos residentes e visitantes da Zona Franca e a indicar as medidas preventivas que adoptará com vista a atingir os níveis desejados.

ARTIGO 65.º
Preferência pela mão-de-obra nacional

1. O Concessionário deve submeter a aprovação da AZF as normas à serem aplicadas na área de concessão relativamente ao recrutamento de mão-de-obra.
2. Essas normas vinculam o Concessionário, os subconcessionários bem como todas as empresas e licenciados residentes que operam na Zona Franca.
3. Elas devem basear-se no sistema de preferência pelo recrutamento de mão-de-obra local previsto no presente Código. Os candidatos locais têm preferência, sempre que apresentam iguais níveis de qualificação, experiência e competência aos dos estrangeiros, concorrendo para os mesmos lugares.

ARTIGO 66.º
Preferência por empresas nacionais

1. O Concessionário deve submeter a aprovação da AZF as normas a serem aplicadas na área de concessão relativamente a contratação de empresas nacionais para realização de trabalhos ou prestação de serviços na Zona Franca.
2. Essas normas vinculam o Concessionário, os subconcessionários bem como todas as empresas e licenciados residentes que operam na Zona Franca.
3. Elas devem basear-se no sistema de preferência pelas empresas nacionais com maioria de capital social santomense previsto na lei. As empre-

sas nacionais têm preferência sempre que nos concursos públicos para a adjudicação da realização de trabalhos ou prestação de serviços na Zona Franca, apresentem iguais níveis de competência, capacidade e de preços.

CAPÍTULO II
Licenças, Autorização e Poderes Afins do Concessionário

ARTIGO 67.º
Adopção de códigos, regulamentos e emissão de licenças

No exercício das suas atribuições e no cumprimento das suas obrigações pode o Concessionário adoptar códigos, mediante aprovação da AZF e, com base nas normas por esta aprovadas, estipular as condições do contrato de arrendamento e os regulamentos destinados a empresa e pessoas residentes ou visitantes da Zona Franca.

ARTIGO 68.º
Código de Boa Conduta

1. O concessionário deve assegurar que todos os licenciados, residentes e visitantes que operem na sua Zona subscrevem o Código de Boa Conduta em vigor.

2. A infracção de Código de Boa Conduta dá lugar a aplicação ao infractor e ao seu abonador, se for caso disso, de sanções previstas no presente diploma.

3. O Código de Boa Conduta deve impor ao signatário, no mínimo, as seguintes obrigações:
   a) Abster-se da prática de qualquer actividade criminosa, de recorrer ao uso da forca física ou de cometer fraude contra qualquer empresa ou indivíduo na Zona Franca;
   b) Respeitar e abster-se de violar os direitos de propriedade das empresa ou indivíduos da Zona Franca;
   c) Executar de boa fé todas as obrigações contratuais assumidas;
   d) Aderir e manter o estatuto de membro de boa reputação duma associação comunitária local autorizada da sua área de residência, caso permaneça na Zona Franca por um período superior a três meses por ano; ou apresentar ao Concessionário garantias aceitáveis de boa conduta, e de responsabilidade pelos actos que praticam;

e) Submeter qualquer litígio de natureza civil à modalidade de arbitragem em vigor na Zona franca;
f) Aderir aos requisitos ambientais, de saúde pública e de segurança estabelecidos pela AZF;
g) Operar com forças de segurança da Zona, principalmente quando seja suspeito de cometer um crime.

ARTIGO 69.º
Das autorizações

Os Concessionários estão investidos de poderes próprios, com dispensa de quaisquer autorizações, em matéria de subconcessão, de autorização de associação, do abonador e ainda de autorização de visitas às respectivas Zonas Francas.

ARTIGO 70.º
Autorizações concedidas pelo Concessionário

1. O Concessionário tem competência para conceder autorização para projectos especializados de desenvolvimento de propriedade imobiliária, de telecomunicações, energia, aeroporto e outras actividades na área da Zona.

2. No caso das telecomunicações o Concessionário tem competência para autorizar concessionários a instalar-se e a operar estações terrenas de satélites comerciais internacionais, equipamento comutador e outros sistemas de rede destinados ao uso de inquilinos, dentro da respectiva Zona.

3. Os operadores de sistemas privados referidos no número anterior têm a obrigação especial de obedecer as normas técnicas de não interferência e de interligação em vigor na RDSTP.

4. O concessionário tem competência para conceder autorização de associação automática, de associações por outro lado entre arrendatários em áreas residências, comercias, industriais e outras.

ARTIGO 71.º
Cancelamento ou anulação de licença

As associações que apresentem casos de infracções frequentes podem ver as suas licenças canceladas ou anuladas.

ARTIGO 72.º
Abonadores

1. Após verificação de antecedentes efectuada pela AZF, o Concessionário pode delegar em indivíduos ou empresas poderes para passar certificados abonatórios aos interessados em residir ou conduzir negócios na Zona Franca.
2. Os indivíduos ou empresas aprovados por abonadores com poderes delegados podem beneficiar de formalidades aceleradas à chegada à Zona Franca do Concessionário.
3. Os abonadores com poderes delegados ficam sujeitos a prestação duma caução cujo o valor será proposto pelo Concessionário e aprovado pela AZF, que perderá a favor desta se a entidade abonada violar a legislação penal vigente na RDSTP, o Código de Boa Conduta, os regulamentos, as condições de licenciamento ou os acordos dos contratos aplicáveis à Zona.

ARTIGO 73.º
Visita e residência na Zona

O concessionário pode autorizar a visita e residência na Zona, desde que o beneficiário se comprometa a cumprir as leis e regulamentos nacionais, bem como os regulamentos, acordos e Códigos de Boa Conduta emitidos por ele.

ARTIGO 74.º
Formalidades de controlo de migração e fronteira

O titular de uma autorização de visita ou de residência emita pelo Concessionário deve, a entrada ou saída da Zona, ser portador do passaporte ou qualquer outro documento de identidade válido e cumprir as formalidades relativas ao controlo de migração e fronteiras exigidos no país.

ARTIGO 75.º
Prolongamento de estadia na Zona

1. O titular de autorização de residência só pode permanecer na Zona para além do período inicialmente especificado pelo Concessionário, se obtiver também do ministério competente o visto exigido.

2. A emissão desse visto confere ao titular a autorização de residência, o direito de viajar pela RDSTP bem como o de residir na Zona.

TÍTULO V
Dos Incentivos

CAPÍTULO I
Instantaneidade e Previsibilidade de Incentivos

ARTIGO 76.º
Início de actividade de empresa não residente

As empresas não residentes poderão iniciar as suas actividades logo após a conclusão das formalidades de registo provisório.

ARTIGO 77.º
Inicio de actividade de empresa residente

1. As empresas residentes poderão iniciar as suas actividades logo após a conclusão das formalidades de registo provisório e de licenciamento.
2. Sempre que necessário, o registo provisório de empresas residentes fica dependente da celebração como concessionário do necessário contrato de arrendamento.

ARTIGO 78.º
Registo definitivo de empresa

1. No prazo máximo de 30 dias, contados a partir da date de registo provisório, a AZF procederá à verificação dos antecedentes, emitirá um certificado de registo definitivo e atribuirá um número de registo exclusivo à empresa, seja residente ou não.
2. Sempre que durante a verificação de antecedentes, se comprove que a entidade provisoriamente registada não preenche os requisitos legais, o registo é imediatamente cancelado.
3. Em regra, a emissão do certificado de registo definitivo de uma empresa residente equivale à confirmação definitiva da respectiva licença.

ARTIGO 79.º
Licenças

Só podem candidatar-se a licenças para exercício de quaisquer actividades as empresas, agências, sucursais e entidades devidamente registadas no país.

ARTIGO 80.º
Consequência do incumprimento de prazo

1. Se, no prazo de 30 dias referidos no n.º 1 do artigo 78.º, não for comunicado, pela AZF, ao agente encarregado do registo da entidade requerente, a decisão que recaiu sobre o seu pedido, a entidade passa a ter direito à concessão automática do certificado ou licença solicitado.

2. Constatada a situação referida no número anterior, a AZF ou qualquer outra entidade competente fica obrigada a emitir o certificado, o número de registo, bem como a licença, logo que devidamente requeridos.

ARTIGO 81.º
Comunicação de decisão

Todas as decisões que recaiam sobre os pedidos referidos nos artigos anteriores são, simultaneamente, comunicadas ao requerente e ao Organismo Independente de Arquivo e Conservação que comprovará a referida comunicação, em caso de litígio.

CAPÍTULO II
Requisitos de Elegibilidade

ARTIGO 82.º
Requisitos em geral

1. As empresas que desejam beneficiar dos regimes franco e offshore estabelecidos na RDSTP, para além dos requisitos constantes nos artigos 3.º, 4.º, 6.º, e 7.º do Decreto-lei n.º 61/95 e nos artigos 4.º e 5.º do Decreto-lei n.º 62/95, devem preencher, cumulativamente, os seguintes requisitos:
   a) Revelar a real identidade e antecedentes pessoais dos respectivos proprietários, ao preencher os formulários de registo, fornecidos pela AZF;

b) Produzir mercadorias e serviços para a exportação ou para outras empresas nas Zonas Francas;
c) Não serem empresas estabelecidas no território aduaneiro nacional, procurando deslocalizar as suas actividades de exportação.

2. As empresas podem candidatar-se aos regimes francos e offshore, independentemente da nacionalidade dos seus accionistas ou proprietários e do montante de capital efectivamente realizado.

ARTIGO 83.º
Empresas estabelecidas

As empresas estabelecidas no sector de exportação, no território aduaneiro de São Tomé e Príncipe, só podem beneficiar dos regimes francos offshore, através da:
a) Criação e estabelecimento de uma nova empresa franca residente;
b) Manutenção do número de postos de trabalho e do volume de negócios alcançados no seu primitivo local de actividades.

ARTIGO 84.º
Conservação de incentivos

As empresas beneficiárias dos regimes franco e offshore, conservarão os referidos benefícios enquanto cumprirem todas as normas estatuídas, regulamentos, contratos e termos de licença aplicáveis ou relacionados com as actividades para que tenham sido licenciadas.

ARTIGO 85.º
Incentivos aos Concessionários

Os Concessionários e os subconcessionários de Zonas Francas beneficiam dos incentivos dos regimes franco offshore no desenvolvimento das suas actividades.

ARTIGO 86.º
Perda de incentivos

As empresas beneficiárias dos incentivos regimes franco offshore, perdem temporariamente ou definitivamente os referidos benefícios se, no

prazo máximo de cinco dias úteis, não comunicarem ao Gabinete das Homologações da AZF:
a) Qualquer transferência de propriedade, já efectivada ou pendente, de 10% (dez por cento) ou mais de participação, a favor de pessoa física ou moral, que não tenha sido anteriormente sujeita a verificação de antecedentes;
b) Quaisquer mudanças na respectiva actividade que exijam nova licença.

ARTIGO 87.º
Suspensão ou cancelamento do registo

A AZF pode directamente ou através de proposta à entidade competente promover a suspensão ou o cancelamento do registo e da licença de qualquer empresa ou entidade que se prove que tenha falseado ou ocultado dados e informações ao preencher os formulários em vigor.

CAPÍTULO III
**Reduções e Isenções de Imposto,
Taxas e Demais Imposições Tributárias**

ARTIGO 88.º
Para empresas não residentes

De acordo com o disposto no artigo 38.º do Decreto-lei n.º 70/95, as empresas offshore não residentes encontram-se permanentemente isentas de todos e quaisquer impostos, direitos e imposições tributárias de qualquer natureza.

ARTIGO 89.º
Para empresa franca

Em conformidade com o artigo 15.º do Decreto-lei n.º 61/95:
a) As empresas francas estão isentas de todos e quaisquer impostos, direitos e imposições tributárias de qualquer natureza, relativamente as actividades que desenvolvem, por período de 10 anos;

b) Contudo, durante o referido período ficam sujeitas a uma taxa fixa de renovação de licença e a uma contribuição geral, anual, aplicável a todas as empresas residentes, e baseado no volume de negócios realizados no ano financeiro anterior, que se destina a financiar o Fundo para a Promoção da Formação;
c) A referida contribuição é devida a partir do segundo ano de actividade e será paga 120 dias após o fecho do ano financeiro anterior;
d) A contribuição para o Fundo para Promoção da Formação será 0,5% (meio por cento) do volume de negócios anuais de cada empresa baseada na Zona Franca, nos cinco primeiros anos, passando a 0,8% (zero vírgula oito por cento) nos cinco seguintes. A partir do 11.º ano essa contribuição será de 1% (um por cento).

ARTIGO 90.º
Contribuição após dez anos

Depois do período de isenção de 10 anos, as empresas residentes nas zonas francas, incluindo concessionários, subconcessionários e outros, ficam sujeitas, para alem da taxa anual fixa de renovação de licença e da contribuição para o Fundo para a Provocado de Formação, a uma contribuição geral e anual que não poderá exceder um máximo de 1,5% (um e meio por cento) volume de negócios anual comprovado de cada empresa.

CAPÍTULO IV
Regime de Importação e Exportação

ARTIGO 91.º
Isenções

1. Os impostos aduaneiros, de consumo, de selo, de valor acrescentado, sobre transacções, as taxas de registo de embarque, as tarifas, as outras taxas e impostos sobre o comércio não são aplicáveis:
a) Às mercadorias importadas para as Zonas Francas, para uso do concessionário, ou de outra empresas que transaccionem na zona; e

b) Às mercadorias exportadas de uma zona franca pelo Concessionário ou outras empresas que transaccionem na zona, para empresas ou indivíduos no estrangeiro.

2. Não são aplicáveis quotas, tanto sobre importações como sobre exportações, destinadas e provenientes das Zonas Francas.

ARTIGO 92.º
Inspecção das importações

1. As mercadorias importadas destinadas às Zonas Francas só podem ser inspeccionadas na área da Zona a que se destinam.

2. As referidas mercadorias serão transferidas, directamente do porto de chegada, para a Zona de destino, devidamente seladas e sob escolta da polícia fiscal.

3. As inspecções a serem realizadas destinam-se, essencialmente, a verificar se as importações incluem quaisquer substâncias ou artigos proibidos.

4. Os funcionários aduaneiros encarregados da inspecção não devem proceder a avaliação das importações.

ARTIGO 93.º
Inspecção das exportações

1. As exportações das Zonas Francas são inspeccionadas nas respectivas áreas, por funcionários aduaneiros, a fim de se determinar se contêm quaisquer substâncias ou artigos proibidos.

2. Após inspecção, as exportações são transferidas para o porto de embarque, devidamente seladas e sob escolta da Polícia Fiscal, não carecendo de mais inspecções.

ARTIGO 94.º
Substâncias e artigos proibidos

A lista de substâncias e artigos proibidos nas Zonas Francas, inclui, entre outros:
   a) Substâncias, cujo uso ou manufactura, sejam proibidas por legislação internacional ou por lei ou regulamento da RDSTP;
   b) Armas militares, equipamento, armamento, explosivos e artigos semelhantes;

c) Substâncias ou artigos proibidos, por acordo aplicável à Zona do Concessionário; e
d) Substâncias ou artigos proibidos por Código de Boa Conduta ou regulamentos publicados por um concessionário, após aprovação da AZF.

ARTIGO 95.º
Importações provenientes de Zonas Francas

As vendas efectuadas por empresas residentes na Zona Franca a empresas ou indivíduos baseados no território aduaneiro da RDSTP, ficam sujeitas aos mesmos impostos e taxas que as restantes importações do país.

ARTIGO 96.º
Certificados de Origem

1. Deve a Câmara de Comércio, Indústria, Agricultura e Serviços através das suas representações nas Zonas Francas, participar na emissão de Certificados de Origem para todas as mercadorias produzidas nas referidas zonas.
2. A Câmara do Comércio Indústria, Agricultura e Serviços estabelecerá acordos com a AZF e os concessionários com vista a materialização da sua participação.

CAPÍTULO V
Câmbios e transacções

ARTIGO 97.º
Liberdade de transacções

1. As empresas de Zonas Francas têm a liberdade total para, com excepção da moeda nacional:
   a) Cambiar qualquer moeda e a qualquer taxa de mercado;
   b) Fazer investimentos, obter lucros ou empréstimos em qualquer moeda;
   c) Abrir e manter contas e fazer depósitos em qualquer moeda;

d) Movimentar fundos e lucros sem qualquer controlo ou restrições e reinvestir fundos gerados nas Zonas Francas, em qualquer parte do mundo;
e) Realizar qualquer transacção ou concluir quaisquer compromissos contratuais, em qualquer moeda, com outras empresas, sejam de zona franca ou funcionando fora da RDSTP.

2. As empresas de Zonas Francas ficam obrigadas a recorrer ao sistema financeiro nacional, conforme a legislação em vigor, para converter em dobras as divisas necessárias ao pagamento dos bens e serviços adquiridos no território aduaneiro da RDSTP, bem como dos salários e demais encargos com os seus empregados santomenses.

ARTIGO 98.º
Definição de moeda

Para efeitos do presente capítulo, o termo moeda inclui qualquer meio de troca voluntariamente aceite, nomeadamente, ouro em barras ou outros metais preciosos e moeda electrónica.

CAPÍTULO VI
Liberalização de preços e desmonopolização

ARTIGO 99.º
Ausência de Monopólio

1. Todas as Zonas Francas estão isentas de monopólios comerciais e de disposição sobre equipamentos obrigatórios impostos pelo Estado.

2. Cada Concessionário pode negociar livremente acordos particulares no domínio da prestação dos serviços de telecomunicações, energia, transportes e outros.

ARTIGO 100.º
Ausência de controlos

As Zonas Francas estão isentas de quaisquer controlos de preços ou de margens de lucros.

CAPÍTULO VII
Imigração e residência

ARTIGO 101.º
Obrigações do visitante

1. Os estrangeiros que desejam visitar uma Zona Franca devem:
a) Ser titular de passaportes ou outros documentos de viagem válidos;
b) Passar pelo controlo dos Serviços de Migração e Fronteiras;
c) Cumprir as formalidades normalmente exigidas à chegada e partida da RDSTP.
2. O Concessionário deve exigir a qualquer visitante:
a) A autorização de visita; e
b) O seu acordo relativa ao cumprimento das leis, regulamentos, acordos e Código de Boa Conduta, quer publicados pela AZF quer pelo Concessionário.

ARTIGO 102.º
Necessidade de visto

1. Só carecem de visto de entrada na RDSTP, os visitantes que desejem permanecer na Zona Franca mais de 15 (quinze) dias ou deslocar-se ao território aduaneiro nacional.
2. Nos casos previstos no número anterior, o estrangeiro deve:
a) Obter do organismo da Administração o visto cobrindo o período de permanência previsto; e
b) Obter do Concessionário a autorização de permanência adequada.

ARTIGO 103.º
Beneficiários de vistos

1. O visto de residência anual, com exclusão do direito de exercer qualquer actividade remunerada, pode ser concedido a todos aqueles que queiram permanecer no território da RDSTP, por um período superior a quinze dias e façam prova de disponibilidade financeira e de bom carácter.
2. O visto de trabalho é requerido por uma pessoa física ou colectiva que deseje contratar um estrangeiro que possua uma especialidade não dis-

ponível no território nacional. O aludido visto poderá ter uma validade de 1 a 3 anos.

3. O visto de residência permanente pode ser concedido a todos aqueles que queiram residir permanentemente no território da RDSTP, e que preencham um dos requisitos a seguir mencionados:
   a) Façam investimento no país no valor mínimo de US dólares 200.000,00;
   b) Ponham à disposição do país as qualificações e experiência que lhes são notoriamente reconhecidas;
   c) Paguem o montante legalmente estabelecido para o efeito.

4. A concessão de qualquer visto está sujeito, entre outras condições, ao pagamento de uma taxa.

ARTIGO 104.º
Concessão do visto

Compete a AZF emitir parecer e encaminhar para decisão final do organismo competente os pedidos de visto. A decisão final do referido organismo será proferida no prazo máximo de sete dias.

ARTIGO 105.º
Residência permanente

O titular do visto de residência permanente, emitido pelo ministério competente, tem o direito de viajar livremente na RDSTP, de residir na Zona Franca, se a tal estiver autorizado, bem como de trabalhar por conta própria.

CAPÍTULO VIII
Das Telecomunicações

ARTIGO 106.º
Telecomunicações

Compete aos concessionários de Zona Franca, de acordo com a regulamentação pertinente, conceder autorização aos subconcessionários:
   a) Para o estabelecimento e exploração de estações terrenas de satélites comercias e internacionais, de ligações em micro-ondas e por

cabo, de equipamento comutador e outros sistemas de rede para uso, pelos arrendatários, dentro das respectivas zonas;
b) Para procura de locais de arco orbital destinados a localizar satélites de comunicação que beneficiem São Tomé e Príncipe, bem como outros países da região.

ARTIGO 107.º
Da competência da AZF

Compete a AZF:
a) Solicitar e obter do Governo a assistência a ser prestada aos Concessionários ou seus subconcessionários de telecomunicações comerciais que desejem obter serviços ou coordenar o uso de sistema de satélite alternativo com organizações multilaterais como INTELSAT e a INMARSALT;
b) Obter para os subconcessionários das telecomunicações, as taxas mais favoráveis para circuitos consagrados e de discar disponíveis para os subscritores nacionais de serviços internacionais de telecomunicações INTELSAT e INMARSALT, com uma margem equivalente a não mais de 10% (dez por cento) das taxas do respectivo circuitos, pagas pelo subscritor nacional;
c) Possibilitar que as empresas de telecomunicações autorizadas pelo Governo a operar fora das Zonas Francas, mediante pagamentos garantidos, acordados pelo subconcessionários, tenham acesso à serviços de telecomunicações internacionais por satélite não-INMARSALT e não INTELSAT, arranjados pelo concessionário, numa base equivalente a 10% (dez por cento) de margem;
d) Preparar, no prazo máximo de quatro meses, contados da data de entrada em vigor do presente Código, após consultas com o ministério responsável pelas telecomunicações, directrizes técnicas que garantam que o sistema de telecomunicações nacional e o de qualquer Zona Franca sejam construídos e operados por forma a não interferirem uns com os outros, de modo tecnicamente prejudicial;
e) Impor aos fornecedores de sistemas de telecomunicações às Zonas Francas, a obediência às normas técnicas de não-interferência e inter-ligação vigentes na RDSTP.

ARTIGO 108.º
Dever de cooperar

Os fornecedores de serviços de telecomunicações ao território aduaneiro nacional e às Zonas Francas devem conceder-se direitos mútuos de inter-ligação dos respectivos sistemas, com base em custos efectivos, na razoabilidade e no pagamento mensal dos montantes líquidos em dívida.

TÍTULO VI
Do Regime Sancionatório

ARTIGO 109.º
Actos puníveis

1. Constituem infracções puníveis os seguintes actos praticados por qualquer pessoa singular ou colectiva operando na Zona Franca:
   a) Falsas informações;
   b) Posse, detenção, comércio ou solicitação de artigos proibidos;
   c) Infracção aos Códigos de Boa Conduta, violação dos contratos, acordos e regulamentos adoptados pelo Concessionário e aprovados pela AZF:
   d) Atraso verificado nos pagamentos a efectuar a AZF;
   e) Não início das operações dentro do período especificado;
   f) Não obtenção de licenças necessárias;
   g) Falência fraudulenta;
   h) Violação das leis e regulamentos em vigor no país.
2. Em matéria de contra-ordenações a negligência é sempre punível.

ARTIGO 110.º
Sanções

1. Se outra qualificação mais grave não couber, constituem contra-ordenações puníveis com coima até USD 20.000,00 as infracções referidas nas alíneas c) a g) do n.º 1 do artigo anterior.
2. Para além da coima prevista no número anterior, podem ainda ser aplicadas as seguintes sanções acessórias:
   a) Suspensão da licença de concessão ou do registo e da licença por um período de até 12 meses;

b) Apreensão e perda dos artigos proibidos encontrados na posse do infractor;
c) Cancelamento registo ou da licença.

ARTIGO 111.º
Inspecção

1. No exercício das funções de investigação e fiscalização que lhes são atribuídas no quadro da legislação sobre regime franco, o inspector da AZF, da Unidade Aduaneira ou um agente da Policia baseada na Zona, devidamente autorizados, têm livre entrada e trânsito em todas as instalações de todas as empresas residentes, aviões, embarcações ou veículos de transporte na área da Zona Franca.

2. Cometem os crimes de desobediência ou de resistência, consoante os casos, punidos nos termos da legislação penal aplicável, todos aqueles que depois de identificado qualquer inspector ou agentes referidos no número anterior, se oponham à sua entrada nas instalações de uma empresa residente, aviões, embarcações ou veículos de transporte na área da Zona Franca e ao livre exercício das suas funções, sem prejuízo do que for aplicável em matéria de contra-ordenações.

3. No exercício das suas funções, e sempre que o interessado o solicite, os inspectores ou agentes têm a obrigação de apresentar uma autorização específica escrita, conferindo-lhes poderes para efectuar a inspecção ou investigação.

4. As actividades dos inspectores ou agentes são integralmente registadas em vídeo por um representante da AZF e, quando solicitadas cópias do referido vídeo devidamente autenticadas pelos serviços notariais, são remetidas ao concessionário e à pessoa singular ou colectiva cujas instalações foram objecto de inspecção.

5. Comprovada a falta injustificada de mercadorias armazenadas numa Zona Franca, a AZF procede a imposição de direitos sobre as mesmas, à taxa que vigorar na altura, acrescida de uma penalidade que não deverá exceder 300% do seu valor inicial.

ARTIGO 112.º
Procedimentos obrigatórios

1. A instrução dos processos contra-ordenacionais a instaurar ao abrigo do disposto no presente diploma é da competência da AZF.

2. A AZF remeterá ao Primeiro-Ministro ou ao Governador do Banco Central de STP, para decisão, no prazo máximo de sete dias, os autos inerentes as infracções cujas sanções são da competência de uma ou de outra dessas entidades.

3. A notificação das sanções previstas nas alíneas a) e c) do n.º 2 do artigo 110.º deve ser feita com a antecedência de 90 dias, relativamente à data em que começa a produzir efeitos.

4. No caso das infracções prevista no n.º 1 do artigo 111.º do presente diploma constituírem perigo iminente para pessoas ou bens, deverão ser adoptados procedimentos normais de polícia quanto à notificação e detenção dos suspeitos.

ARTIGO 113.º
Garantia do direito de defesa

1. Ao arguido são seguradas todas as garantias de defesa.

2. A entidade encarregada da instrução do processo notifica o infractor da nota de culpa a qual deve conter os seguintes elementos:
   a) Descrição da conduta infractora;
   b) A norma violada;
   c) A pena incorrida;
   d) A data limite para a sua regularização.

3. O infractor poderá responder as acusadores que lhe são feitas num prazo de 20 dias a contar da data da notificação e/ou requerer a audiência de revisão com vista a propôr medidas correctivas.

4. A AZF decide, no prazo máximo de 20 dias, a contar da data da recepção da resposta.

ARTIGO 114.º
Cancelamento de licença ou registo

No caso de infracções graves, rejeição da proposta do infractor, ou de reincidência, incluindo a falta de pagamento da multa cominada no prazo estabelecido, a AZF notifica o infractor da sua decisão de suspender ou cancelar definitivamente o registo ou a licença, ou nos casos em que não seja competente de propôr a entidade competente a aplicação das ditas sanções.

TÍTULO VII
Da solução de diferendos

ARTIGO 115.º
Princípio geral

Todas e quaisquer disputas comerciais e/ou civis entre empresas operando sobre o regime franco ou offshore e entre estas e a Autoridade de Zonas Francas serão submetidas a arbitragem.

ARTIGO 116.º
Disputa entre Governo e Concessionário

1. Toda e qualquer disputa entre o Governo da República Democrática de São Tomé e Príncipe e um Concessionário de Zona Franca será prioritariamente resolvida pela via amigável, devendo para tal ser envidados todos os esforços necessários.

2. Em caso de impossibilidade de solução amigável, qualquer das partes poderá submeter quaisquer disputas, controvérsia ou reivindicação, resultante ou relativa ao Acordo de Concessão, sua violação, suspensão, termo ou declaração de invalidade, à arbitragem nos termos e condições das Regras de Arbitragem da CNUDCI, em vigor à data de apreciação da causa.

3. No prazo previsto no parágrafo anterior, o Secretario Geral do CIRDI é a autoridade responsável pela nomeação do árbitro, devendo a arbitragem ter lugar em Genebra, Suiça, em português e inglês.

ARTIGO 117.º
Outras disputas

Os diferendos entre os outros intervenientes nas Zona Francas poderão, à opção da parte que se sinta lesada, ser submetidos aos seguintes procedimentos de arbitragem, se os contratos, acordos, regulamentos, ou outros compromissos escrito, nada dispuserem em contrário:
a) De acordos com as regras de arbitragem da Comissão das Nações Unidas para o Direito do Comércio Internacional;
b) Mecanismos particulares definidos em acordos bilaterais ou multilaterais sobre a protecção de investimentos, em caso de investidores estrangeiros.

TÍTULO VIII
Disposições Finais e Transitórias

ARTIGO 118.º
Protecção da propriedade

1. Não são permitidas nas Zonas Francas nacionalizações ou expropriações.
2. Nenhuma pessoa proprietária, no todo ou em parte de uma empresa, será forçada, por acto legal ou regulamentar, a transferir a sua propriedade para terceiros.

ARTIGO 119.º
Recursos

1. Das decisões da Autoridade cabe recurso à arbitragem.
2. Os recursos das decisões da AZF serão apreciados de acordo com as disposições relativas à arbitragem estabelecidas no Título VII do presente Código.

ARTIGO 120.º
Código Comercial

Vinte e quatro meses após a entrada em vigor do presente decreto-lei, a AZF, com a estreita colaboração e apoio da comunidade de negócios, submeterá a apreciação do Governo para aprovação o projecto de Código Comercial a ser aplicado às Zonas Francas e às relações entre estas e o mercado internacional.

ARTIGO 121.º
Dúvidas e casos omissos

As dúvidas surgidas na execução do presente Código e os casos omissos serão resolvidos por despacho do Primeiro-Ministro, ouvido a AZF.

ARTIGO 122.º
Tabela de taxas

1. É aprovada para vigorar juntamente com o presente Código, a Tabela de Taxas e Contribuições à serem pagas pelos beneficiários dos regimes franco e offshore.

2. Qualquer alteração às referidas taxas e contribuições só será oponível a entidades já estabelecidas decorridos, no mínimo, cinco anos sobre a data da publicação da alteração.

ARTIGO 123.º
Disposição transitória

1. Logo após a sua constituição, a AZF funcionará com uma estrutura reduzida, compreendendo, para além do Conselho de Administração e do seu Director Executivo, apenas duas Divisões, a saber:
   a) A Divisão de Homologação, Matrícula, Estudo, Planeamento, Marketing e Promoção; e
   b) A Divisão de Administração, Controlo Alfandegário e Apoio ao Investidor.

2. A AZF evoluirá para a estrutura definitiva de funcionamento prevista no artigo 20.º do presente Código, logo que estejam cumulativamente preenchidos os seguintes requisitos:
   a) O rendimento gerado pela actividade da Autoridade permita financiar a previsão orçamental para os 12 meses seguintes;
   b) O Concelho de Administração constate que estão reunidas as capacidades técnico-científicas e a experiência mínimas indispensáveis à integral assumpção das atribuições cometidas a Autoridade; e
   c) O volume e a complexidade das actividades francas e offshore desenvolvidas no país o justifiquem.

TABELAS DE TAXAS

O valor das taxas a cobrar pela Autoridade de Zonas Francas, no quadro de estatuído nos Decretos-leis n.° 61/95, 62/95 e 70/95 e no Código de Actividades Francas e Offshore é o seguinte:

I – TAXAS DE CONSTITUIÇÃO E REGISTOS DE SOCIEDADES OFFSHORE:

1 – Sociedades Offshore não residentes
Taxa inicial   USD 75,00
Taxa anual de conservação de registo   USD 50,00

2 – Sociedade offshore residente

2.1 – Empresa offshore residente
Taxa única   USD 75,00

2.2 – Subsidiária/Sucursal residente
Taxa única   USD 75,00

2.3 – Consórcio offshore residente
Taxa única   USD 75,00

2.4 – Actividade offshore residente em nome individual
Taxa única   USD 75,00

II – TAXAS DE OBTENÇÃO E RENOVAÇÃO DE LICENÇA:

Empresa offshore residente
Taxa inicial   USD 75,00
Taxa de renovação   USD 150,00 – 500,00

Subsidiária/Sucursal residente
Taxa inicial   USD 75,00
Taxa de renovação   USD 150,00 – 500,00

Consórcio offshore residente
Taxa inicial   USD 75,00
Taxa de renovação   USD 150,00 – 500,00

Actividade offshore residente em nome individual
Taxa inicial   USD 75,00
Taxa de renovação   USD 150,00 – 500,00

3. O valor da taxa de renovação das licenças, estipulado entre USD 150,00 e USD 500,00 é calculado para cada entidade offshore residente em função do seguinte quadro:

Receita Anual	Até USD 100.000,00	De USD 100.000,00 até 100.000,00	Mais de 1.000.000,00
Taxa de renovação	USD 150,00	USD 300,00	USD 500,00

III – TAXAS DE OBTENÇÃO DE LICENÇA ESPECIAIS:

1 – Licenças especiais para lotarias, jogos de azar e afins, casinos, apostas em corridas de cavalos e de cães que tenham lugar numa Zona Franca da RDSTP

1.1 – Licenças para lotarias, jogos de azar e afins
Taxa inicial   USD 250.000,00
Taxa de renovação   8,5% de receita anual auditada

1.2 – Licenças para casinos
Taxa inicial   USD 75.000,00
Taxa de renovação   8,5% de receita anual auditada

1.3 – Licenças para apostas em corridas de cavalos e de cães
Taxa inicial   USD 50.000,00
Taxa de renovação   8,5% de receita anual auditada

2 – Licenças para lotarias, jogos de azar e afins, apostas em corridas de cavalos e de cães para empresas cujas operações são feitas exclusivamente on-line
Taxa inicial   USD 50.000,00
Taxa de renovação   O maior dos seguintes valores: 8,5% da receita anual auditada ou USD 50.000,00

3 – Licenças para bancos offshore
O valor exacto a pagar, dentro dos limites a baixos definidos, será determinado por critérios a estabelecer pelo Banco Central, sob proposta da Autoridade de Zonas Francas, aquando da publicação dos regulamentos sobre as actividades bancárias offshore.

3.1 – Bancos offshore operando a partir do território da RDSTP
Taxa inicial   USD 15.000,00 – USD 150.000,00
Taxa de Renovação   USD 5.000,00 – USD 50.000,00

3.2 – Bancos offshore que não operam a partir do território da RDSTP

Taxa inicial   USD 1.500,00 – USD 15.000,00
Taxa de Renovação   USD 500,00-USD 5.000,00

4 – Licenças para outras entidades offshore

A medida que forem publicados a legislação e os regulamentos relativos às actividades de outras entidades offshore tais como *trusts*, corporações internacionais de negócios e outras, a Autoridade de Zonas Francas proporá o Conselho de Ministro as taxas a aplicar.

IV – TAXAS DE OBTENÇÃO DE VISTOS:

Vistos de Trabalho

Taxa anual   USD 150,00 – 2.000,00

O valor exacto a pagar, dentro dos limites acima definidos, será determinado por critérios a estabelecer pela Autoridade de Zonas Francas.

Vistos de residência anual

Taxa anual   USD 1.000,00

Vistos de residência permanente

Taxa única   USD 10.000,00

V – TAXAS PELA PRESTAÇÃO DE OUTROS SERVIÇOS:

As empresas offshore residentes e não residentes poderão solicitar à Autoridade de Zona Francas a emissão de certificados e declarações, a publicação da alteração dos estatutos e outros serviços afins.

A Taxa pela prestação de cada um desses serviços que será determinada posteriormente pela Autoridade, varia entre os valores abaixo definidos:

Taxa pela prestação de serviços   USD 25,00/USD 125,00

REGIME DAS SOCIEDADES ANÓNIMAS OFFSHORE

(Decreto-lei n.º 70/95, de 31 de Dezembro)

Considerando as disposições do Decreto-lei n.º 34/85 de 15 de Novembro de 1985, relativo à criação de sociedades anónimas offshore;

Considerando o papel que poderá desempenhar a criação de sociedades anónimas offshore na promoção de actividades económicas e financeiras na República Democrática de São Tomé e Príncipe;

Considerando a necessidade de prever regras específicas relativas à constituição, matrícula e funcionamento de sociedades anónimas offshore;

Considerando o poder de legislar conferido ao Governo pela Lei de Autorização Legislativa n.º 8/95, de 28 de Setembro de 1995.

Nestes termos, no uso da faculdade que lhe é conferido pela alínea d) do artigo 99.º da Constituição Política, o Governo da República Democrática de São Tomé e Príncipe, decreta e eu promulgo o seguinte:

CAPÍTULO I
Disposições Preliminares

ARTIGO 1.º

É instituída uma categoria de pessoas colectivas de direito privado santomense denominadas «Sociedades Offshore» que são regidas pelo presente decreto-lei e pelas leis vigentes na República Democrática de São Tomé e Príncipe.

ARTIGO 2.º

1. Os termos e expressões abaixo indicados terão a seguinte definição:
   a) Por «Actividade Extra-territorial» entende-se qualquer actividade ou transacção realizada ou serviço prestado fora do território da República Democrática de São Tomé e Príncipe, em moeda estrangeira e com pessoas não residentes em São Tomé e Príncipe, excepto os casos expressamente previsto no presente decreto-lei;
   b) Por «Auditor Autorizado» entende-se qualquer pessoa singular ou colectivo que exerça a sua actividade na área da portagem contabilística e autorizado pelo Ministro para prestar serviços ou efectuar as tarefas que lhe incumbem de acordo com o presente decreto-lei;
   c) Por «Gabinete de Matrícula» entende-se entidade pública ou privada encarregada de organização e conservação do registo, inclusive a colecta dos direitos e taxas aplicáveis de acordo com o presente decreto-lei, assim como de qualquer missão idêntica ou similar relativa às Actividades Extra-territoriais;
   d) Por «Mandatário Autorizado» entende-se uma pessoa singular ou colectiva, autorizada pelo Gabinete de Matrícula para prestar serviços ou efectuar tarefas que lhe incumbem em virtude da matrícula ou do funcionamento das sociedades anónimas offshore de acordo com o presente decreto-lei;
   e) Por «Ministro» entende-se o Ministro competente;
   f) Por «Registo» entende-se o ficheiro onde estão inscritas as sociedades anónimas offshore e que contém as indicações relativas a sua criação assim como as suas características principais e o registo das modificações ocorridas;
   g) Por «São Tomé e Príncipe» entende-se a Republica Democrática de São Tomé e Príncipe e o seu território;
   h) Por «Sociedade Offshore» entende-se uma sociedade anónima offshore regida pelo presente decreto-lei.[6]

2. A gestão informática do registo poderá ser confiada a um ou vários agentes do sector privado que agirá sobre o controlo directo do Gabinete de Matrícula.

---

[6] A indicação das alíneas e), f) e h), não consta do texto publicado em *Diário da República*.

CAPÍTULO II
Disposições Gerais

ARTIGO 3.º

Uma Sociedade Offshore é uma sociedade constituída e matriculada em São Tomé e Príncipe de acordo com as disposições do presente decreto-lei, que satisfaça as condições gerais e específicas do artigo seguinte, bem como as condições particulares aplicáveis ao tipo de actividade que ela exerce.

ARTIGO 4.º

Uma Sociedade Offshore deve satisfazer as seguintes condições:
a) Ser constituída e matriculada de acordo com as condições do presente decreto-lei;
b) Exercer efectivamente e exclusivamente as actividades regidas pelo decreto-lei sobre o regime franco, ou as Actividades Extra-territoriais visadas pelo presente decreto-lei e regidas pelas leis e regulamentos com eles relacionados. As Sociedades Offshore podem igualmente exercer actividades acessórias a sua actividade principal na medida do necessário ao exercício da sua actividade principal;
c) Pagar em tempo útil os direitos de matrícula e as taxas anuais que lhe incumbem;
d) Não possuir acções ou direitos de voto ou controlo de forma directa ou indirecta numa outra sociedade de direito santomense sem estatuto de Sociedade Offshore;
e) Não possuir direito sobre os bens rústicos ou imobiliários situados em São Tomé e Príncipe, senão a título de arrendamento, de direito de ocupação ou de uma domiciliação com o fim de exercício da sua actividade, com excepção das Sociedades Offshore que exercem uma actividade em São Tomé e Príncipe no âmbito do decreto-lei sobre o regime franco ou do decreto-lei sobre as actividades bancárias offshore;
f) Não possuir direito de propriedade e de gozo sobre os bens móveis situados em São Tomé e Príncipe, outros haveres financeiros e no limite do necessário ao exercício de sua actividade, tal como previsto no objecto social.

ARTIGO 5.º

As Sociedades Offshore podem ter por objecto as seguintes actividades:
a) As actividades de sociedade de promoção, de empresa operando sob regime franco, tais como previstas no decreto-lei sobre o regime franco;
b) As actividades bancárias offshore nas condições previstas pelo decreto-lei que rege as ditas actividades;
c) Qualquer actividade extra-territorial não contrária às leis e regulamentos em vigor em São Tomé e Príncipe.

ARTIGO 6.º

1. As Sociedades Offshore não podem estabelecer relações comerciais com pessoas singulares ou colectivas residentes, salvo derrogação expressa prevista no presente decreto-lei ou nas leis relativas às actividades das Sociedades Offshore.
2. Não são consideradas como actividades comerciais proibidas as seguintes:
a) As relações que estabelecem a Sociedade Offshore com os fornecedores de serviços necessário a sua criação ou ao seu funcionamento, nomeadamente consultadoria e assistência nos domínios jurídico, contabilístico, financeiro e administrativo, incluindo o arrendamento dos imóveis e serviços bancários juntos dos bancos residente, com a condição de que as operações a que dizem respeito sejam efectuadas em divisas convertíveis;
b) As relações comerciais que estabelecem as Sociedades Offshore que beneficiam do regime franco, nos limites previstos pela lei.
3. As Sociedades Offshore não podem exercer actividades submetidas a regulamentações distintas.

ARTIGO 7.º

1. Uma sociedade constituída e regida por uma lei estrangeira, bem como uma sociedade de direito comum, pode solicitar a sua admissão ao regime de Sociedade Offshore previsto no presente decreto-lei, desde que ela se conforme com as disposições gerais e particulares deste diploma.

2. A matrícula de uma sociedade existente como Sociedade Offshore não cria uma pessoa moral nova e não afecta os seus direitos sobre os seus activos nem os seus direitos e obrigações perante terceiros, e não sofrem qualquer modificação.

CAPÍTULO III
Matrícula

ARTIGO 8.º

1. As Sociedades Offshore são inscritas sobre um Registo organizado pelo Gabinete da Matrícula.
2. As Sociedades Offshore não dispõem de personalidade moral e não podem exercer a sua actividade senão depois desta formalidade.

ARTIGO 9.º

1. A matrícula de uma Sociedade Offshore realiza-se na sequência de um pedido apresentado ao Gabinete de matrícula de acordo com as normas estabelecidas por aquele Gabinete.
2. O pedido deve ser acompanhado dos seguintes documentos:
   a) Estatutos da sociedade;
   b) As autorizações, as informações e outros elementos eventualmente requeridos, tendo em conta a natureza da Sociedade Offshore;
   c) Certificados dos fundadores ou do administrador autorizado, confirmando que a sociedade satisfaz todas as condições estipuladas no presente decreto-lei.
3. A partir do momento em que o pedido e os documentos acima mencionados, outorgados em boa e devida forma, são remetidos ao Gabinete de Matrícula, este procede à matrícula e passa um certificado de conformidade da matrícula.
4. Todas as modificações que tiverem lugar na Sociedade Offshore, implicando uma modificação das anotações no Registo, deve ser o objecto de um pedido de rectificação no Registo, dentro dos trinta (30) dias subsequentes às modificações.

ARTIGO 10.º

1. Quando uma sociedade deixar de satisfazer as condições estipuladas no presente decreto-lei, o Ministro, após parecer do Gabinete de Matrícula, procede à eliminação da referida sociedade do Registo, informando os administradores da sua decisão.
2. Qualquer sociedade irradiada do Registo da Sociedade Offshore deixa de beneficiar do estatuto de sociedade offshore a contar da data da sua eliminação.
3. Não se mostrando reunidas as condições previstas, para além dos casos no artigo 4.º, uma Sociedade Offshore está eliminada do Registo se ela realizar, ainda que ocasionalmente, uma actividade ou uma transacção que constitua infracção penal de acordo com as leis em vigor em São Tomé e Príncipe.

ARTIGO 11.º

Todo o pedido de matrícula apresentado por uma Sociedade Offshore de direito estrangeiro que transfira a sua sede para São Tomé e Príncipe, deve fazer-se acompanhar dos documentos justificando:
a) Que esta transferência se realiza de acordo com as leis do país de origem da sociedade;
b) Que o consentimento dos accionistas e, eventualmente, dos credores ou das autoridades, se for o caso, foi obtido de acordo com as leis do país de origem da sociedade;
c) Que a actividade da sociedade em causa satisfaz as condições prevista no presente decreto-lei.

ARTIGO 12.º

1. O Gabinete de Matrícula deverá garantir o mais estrito sigilo sobre todos os documentos e informações na sua posse ou que venha a ter conhecimento respeitante as pessoas que participam numa Sociedade Offshore e na actividade da referida sociedade.
2. A obrigação de sigilo mencionado no número anterior é extensiva a todos os dirigentes ou empregados do Gabinete de Matrícula.
3. Exceptuam-se os casos expressamente previsto no presente decreto-lei ou para aplicação do decreto-lei e na estrita medida do necessário a esta aplicação. Nem o Gabinete de Matrícula nem qualquer dos seus

dirigentes, membros ou empregados poderão ser notificados por um tribunal ou por uma entidade administrativa qualquer para apresentar ou divulgar documentos ou informações.

4. Para o comprimento da obrigação da confidencialidade estipulado no presente artigo, o Gabinete de Matrícula pode fazer qualquer diligência, requerer qualquer informação necessária para o exercício das suas funções e, em particular, no âmbito das investigações destinadas a verificar se as disposições do presente decreto-lei são cumpridas.

5. Nestes termos, qualquer Sociedade Offshore e os seus representantes podem ser notificados pelo Gabinete de Matrícula para apresentar os registos ou os documentos que comprovem que ela satisfaz os requisitos legais.

6. Se, no decurso das suas investigações, o Gabinete de Matrícula vier a ter conhecimento de factos constitutivos de uma infracção penal vis-á-vis das leis de São Tomé e Príncipe, deve comunicar ao Procurador--geral da República que tomará as devidas providências com vista a uma eventual acção pública.

7. Todo autor de uma infracção à obrigação de confidencialidade estipulada no presente artigo é passível de uma pena de prisão de seis meses a três anos e de uma multa de dez mil a cem mil dólares americanos ou somente de uma dessas penas[7].

ARTIGO 13.º

1. A apresentação de um pedido de matrícula por uma Sociedade Offshore implica o pagamento de uma taxa anual. A conservação da matrícula de uma sociedade de uma Sociedade Offshore implica o pagamento de uma taxa anual.

2. Qualquer modificação da tabela do direito e da taxa anual é proposta pelo Gabinete de Matrícula. Uma modificação de taxa anual não é oponível às Sociedades Offshore, e isto durante um período de cinco (5) anos, a contar da data da matrícula. A falta de pagamento da taxa anual durante dois meses após a data do aniversário de uma Sociedade Offshore implica sua irradiação do Registo[8].

---

[7] A numeração dos números 4 a 7 não consta do texto publicado em *Diário da República*.

[8] A numeração deste artigo não consta do texto publicado em *Diário da República*.

ARTIGO 14.º

1. O Gabinete de Matrícula homologa os Mandatários, pessoas singulares ou colectivas.

2. Os Mandatários homologados são submetidos à mesma obrigação de confidencialidade que o Gabinete de Matrícula, salvo em relação a este.

3. A transmissão de qualquer documento requerido para efeitos de matrícula ou de inscrição modificativa no registo, bem como qualquer pedido de extracto ou de cópia de certificado de matrícula pode ser efectuado, por um Mandatário Homologado, pelo interessado pessoalmente, a saber, a sociedade offshore, seus representantes ou accionistas representantes. Os direitos devidos em virtudes dessas formalidades são fixados por despachos do Ministro[9].

CAPÍTULO IV
Constituição

ARTIGO 15.º

As Sociedades Offshore são sociedades anónimas regidas pelo disposto no presente decreto-lei e pelo disposto no direito comum sobre as sociedades anónimas em vigor São Tomé e Príncipe e completam as disposições do presente decreto-lei.

ARTIGO 16.º

1. Uma Sociedade Offshore pode ser constituída entre pessoas singular ou colectiva, seja qual for a sua nacionalidade.

2. Uma Sociedade Offshore é constituída pelo menos por duas pessoas.

3. Os fundadores constituem uma Sociedade Offshore, assinando os estatutos da sociedade, pessoalmente ou pelos seus representantes habilitados ou por intermédios de um Mandatário Homologado[10].

---

[9] A numeração deste artigo não consta do texto publicado em *Diário da República*.
[10] A numeração deste artigo não consta do texto publicado em *Diário da República*.

ARTIGO 17.º

1. Os estatutos da Sociedade Offshore são assinados pelos fundadores ou pelos seus representantes habilitados ou eventualmente pelo Mandatário Homologado.

2. Os estatutos são redigidos em língua escolhida pelos fundadores, fazendo a mesma fé perante os tribunais.

3. Os estatutos de uma Sociedade Offshore incluem pelo menos as seguintes indicações: razão social, objecto social, duração, sede social, do capital social, bem como o valor nominal e o número de acções que constituem o capital e o nome do ou dos primeiros administradores[11].

ARTIGO 18.º

1. A razão social de uma Sociedade Offshore seja qual for a língua escolhida, não deve induzir em erro os terceiros. O Gabinete de Matrícula pode também recusar a Matrícula de uma Sociedade Offshore cuja denominação é considerada como enganadora.

2. A razão social de uma Sociedade Offshore deve ser seguida de uma abreviatura indicando a sua natureza, o seu carácter de sociedade offshore e o seu número de matrícula.

3. Essas anotações devem figurar de forma visível em todas as mensagens ou anúncios publicitários, incluindo insígnias e painéis, assim como todos os documentos e impressos emitidos pela Sociedade Offshore. A denominação, a abreviatura acima prevista e o número de matrícula da sociedade offshore, devem aparecer em todos os documentos que emanam da sociedade[12].

ARTIGO 19.º

Uma Sociedade Offshore pode ter sua sede social quer em locais que tem a fruição, quer junto de um Mandatário Homologado, quer ainda junto de um advogado.

---

[11] A numeração deste artigo não consta do texto publicado em *Diário da República*.
[12] A numeração deste artigo não consta do texto publicado em *Diário da República*.

CAPÍTULO V
Capital

ARTIGO 20.º

Toda Sociedade Offshore deve ter um capital social equivalente a cinco mil dólares norte americanos (USD 5.000,00), fixado numa moeda livremente convertível.

ARTIGO 21.º

1. O capital social pode ser constituída por apport em dinheiro ou contribuição em espécie.
2. As contribuições de indústria, sob a forma de serviço ou de trabalho, não são autorizadas.
3. O valor das contribuições em espécie é definido nos estatutos pelos accionistas.
4. A pedido de um accionista, este valor pode ser confirmado por um Auditor Autorizado. Todas as acções devem ser subscritas no momento da constituição da sociedade.
5. A liberação das contribuições em espécie é efectuada no acto da subscrição. As contribuições em dinheiro devem igualmente ser realizadas no momento da subscrição[13].

ARTIGO 22.º

As acções da Sociedades Offshore podem ser nominativas ou ao portador. A criação e a cessão de acções nominativas são objectos de uma inscrição num registo realizado por um Mandatário Homologado na sede da sociedade.

ARTIGO 23.º

1. Os accionistas não são responsáveis pelas dívidas da sociedade, senão em função da sua participação no capital social.

---

[13] A numeração deste artigo não consta do texto publicado em *Diário da República*.

2. A quota-parte de cada accionista nos lucros ou no produto de liquidação da sociedade e a sua contribuição nos prejuízos, assim como o número de votos de que dispõe na assembleia-geral são determinados proporcionalmente à sua participação no capital social[14].

CAPÍTULO VI
Administração

ARTIGO 24.º

A Sociedade Offshore é administrada por um ou vários administradores obrigatoriamente escolhidos no seio dos accionistas. Todo administrador deverá depositar na sociedade uma acção em garantia da sua gestão.

ARTIGO 25.º

Uma pessoa colectiva pode ser administradora de uma Sociedade Offshore e ser representada por uma pessoa singular. Uma pessoa colectiva não pode entretanto assumir a função de presidente de conselho de administração ou administrador único da sociedade.

ARTIGO 26.º

1. O ou os primeiros administradores são nomeados pelos estatutos. Após a constituição da sociedade, o ou os administradores são nomeados pela assembleia-geral dos accionistas.
2. O ou os administradores são nomeados sem limite de tempo ou por uma duração fixa[15].

ARTIGO 27.º

Quando duas ou mais pessoas são encarregadas da administração, elas constituem o conselho da administração. A organização do conselho

---

[14] A numeração deste artigo não consta do texto publicado em *Diário da República*.
[15] A numeração deste artigo não consta do texto publicado em *Diário da República*.

de administração, incluindo a delegação dos seus poderes um ou vários dos seus membros, é determinada pelos estatutos. As decisões do conselho de administração podem ser tomadas por via circular.

ARTIGO 28.°

1. O administrador ou conselho de administração tem o direito de fazer em nome da sociedade todos os actos decorrentes do objecto social, nos limites previstos pelos estatutos da sociedade.
2. Um conselho fiscal poderá ser instituídos para controlar a gestão do ou dos administradores, nas condições previstas pelos estatutos[16].

ARTIGO 29.°

Qualquer alteração e toda mudança de administrador implicam uma inscrição no Registo das Sociedades Offshore.

ARTIGO 30.°

Todas as decisões que excedam os poderes reconhecidos aos administradores são tomadas pelos accionistas.

ARTIGO 31.°

1. A assembleia-geral é convocada pelo administrador e pelo conselho de administração e se necessário por um revisor oficial de contas, quando este exista. Após dissolução da sociedade a assembleia dos accionistas é convocada pelo liquidatário.
2. A convocação das assembleias de accionistas é feita nas formas e prazos fixados pelos estatutos. As condições de forma e de prazo das convocatórias não serão observadas quando todos os accionistas estão presentes ou representados.
3. A ordem do dia da convocatória é fixada pelo autor da convocatória[17].

---

[16] A numeração deste artigo não consta do texto publicado em *Diário da República*.
[17] A numeração deste artigo não consta do texto publicado em *Diário da República*.

ARTIGO 32.º

1. Qualquer accionista pode participar nas assembleias.
2. Qualquer accionista pode ser representado por um mandatário que não seja accionista.
3. A mesma pessoa pode representar vários accionistas.
4. Se os estatutos o autorizam, as decisões das assembleias dos accionistas podem ser tomadas por via circular[18].

ARTIGO 33.º

1. Salvo disposição contraria dos estatutos a assembleia-geral toma as suas decisões e procede as eleições por maioria absoluta dos votos atribuídos as acções representadas.
2. Cada accionista tem o número de votos e correspondentes às suas acções[19].

CAPÍTULO VII
Contabilidade

ARTIGO 34.º

1. Uma Sociedade Offshore deve manter uma escrituração contabilística que permita demonstrar as operações que ela realiza e a sua situação financeira no enceramento do exercício social
2. A contabilidade pode ser escriturada em moeda convertível. Ela pode ser feita segunda as regras aplicáveis no país de residência dos seus principais accionistas sob ressalva da aprovação do Ministro[20].

ARTIGO 35.º

Salvos regras particulares relativas à Sociedade Offshore que exercem certas actividades:
a) Os livros e documentos contabilísticos devem ser conservadas na sede social;

---

[18] A numeração deste artigo não consta do texto publicado em *Diário da República*.
[19] A numeração deste artigo não consta do texto publicado em *Diário da República*.
[20] A numeração deste artigo não consta do texto publicado em *Diário da República*.

b) Toda a Sociedade Offshore está submetida a uma obrigação de informação dos accionistas, nomeadamente no que diz respeito às contas, documentos justificativos e outros documentos da sociedade;
c) A pedido expresso da autoridade santomense competente, as contas bem como todos os livros contabilísticos e documentos justificativos da sociedade devem ser-lhes comunicados, e isto à primeira solicitação.

ARTIGO 36.º

A duração social é obrigatoriamente de doze (12) meses, salvo no que concerne ao primeiro e ao último mês antes da liquidação. A data de abertura do primeiro exercício é aquela do início das actividades da sociedade.

CAPÍTULO VIII
Regime Fiscal e dos Câmbios

ARTIGO 37.º

As Sociedades Offshore que exercem as suas actividades no âmbito do decreto-lei sobre o regime franco, do decreto-lei sobre as actividades bancárias offshore ou de uma outra regulamentação particular, são sujeitas ao regime fiscal e alfandegário previsto pela dita regulamentação.

ARTIGO 38.º

1. As Sociedades Offshore não regidas por uma regulamentação particular não são passíveis de nenhuma taxa nem impostos, actual ou futura, em virtude da sua actividade.

2. São isentos de impostos ou dividendos, juros, taxas ou remunerações de serviço seja qual for a natureza, pagos por uma sociedade offshore à uma pessoa não residente, salvo se essa pessoa é tributada em virtude de outras actividades que ela exerce em São Tomé e Príncipe[21].

---

[21] A numeração deste artigo não consta do texto publicado em *Diário da República*.

ARTIGO 39.º

As Sociedades Offshore podem dispor livremente das divisas que elas possuem ou recebem em virtude das suas actividades. Elas podem abrir contas em divisas em São Tomé e Príncipe numa instituição financeira regida pelo decreto-lei sobre as actividades bancárias offshore ou no estrangeiro.

CAPÍTULO IX
Dissolução ou Transferência de Sede

ARTIGO 40.º

Uma Sociedade Offshore é dissolvida:
a) No caso e segundo as modalidades previstas pelos seus estatutos;
b) Em caso de irradiação da sua matrícula do Registo mediante uma decisão do Ministro, quando ela já não satisfaz as condições prevista pelo presente decreto-lei ou, infringe as disposições do presente decreto-lei ou da ordem publica santomense. Esta decisão só poderá ser tomada depois da sociedade ter sido notificada para regularizar a situação e se a notificação recebida não produzir os efeitos desejados.

ARTIGO 41.º

As operações de liquidação do activo do passivo de uma Sociedade Offshore cuja dissolução é proferida são efectuadas por um Mandatário Homologado.

ARTIGO 42.º

1. Uma Sociedade Offshore pode, mediante uma decisão de todos os seus accionistas, transferir sua sede para fora de São Tomé e Príncipe sem liquidação.
2. Um pedido para este efeito deve ser efectuado sessenta (60) dias antes da data prevista para transferência ao Gabinete de Matrícula.
3. Uma publicidade indicando a intenção da sociedade offshore deve ser efectuado trinta (30) dias antes da apresentação do supracitado pedido num jornal de grande difusão em São Tomé e Príncipe.

4. Do pedido de transferência de sede deve constar:
a) O nome e o endereço dos credores e o montante das dívidas correspondentes, certificado por um administrador e por Auditor Autorizado;
b) Uma declaração certificando que o projecto de transferência de sede não deve ter por efeito prejudicar os direitos ou os interesses dos accionistas ou credores da Sociedade Offshore[22].

ARTIGO 43.º

O Gabinete de Matrícula não homologará a transferência senão na medida em que todas as condições de salvaguarda dos direitos dos accionistas e de terceiros forem satisfeitas e em que as disposições legislativas e regulamentares aplicáveis a Sociedade Offshore foram respeitadas. Ele poderá condicionar a sua homologação à execução pela sociedade de um certo número de medidas destinadas a remediar as insuficiências ou faltas constatadas.

ARTIGO 44.º

1. Estando reunidas todas as condições, o Gabinete de Matrícula poderá proceder a irradiação da Sociedade Offshore em causa.
2. Esta irradiação da sociedade não anula a responsabilidade eventual dos administradores da Sociedade Offshore em virtude dos actos e operações realizados antes da data de irradiação, de acordo com as declarações efectuadas por aplicação do artigo 41.º do presente decreto-lei e as disposições gerais à responsabilidade dos administradores[23].

CAPÍTULO X
Disposições Finais

ARTIGO 45.º

1. Os estatutos das Sociedades Offshore poderão prever que todas as dificuldades surgidas entre os sócios ou ainda entre os sócios e a sociedade

---

[22] A numeração deste artigo não consta do texto publicado em *Diário da República*, com excepção da indicação das alíneas do n.º 4.

[23] A numeração deste artigo não consta do texto publicado em *Diário da República*.

no âmbito da vida social serão resolvidos segundo o procedimento de arbitragem internacional.

2. Os diferendos que oponham as Sociedades Offshore ou os seus accionistas às pessoas de direito público santomense poderão ser igualmente resolvidos, por acordo das partes, segundo um procedimento de arbitragem internacional[24].

ARTIGO 46.º

As modalidades de aplicação do presente decreto-lei serão definidas por decretos.

ARTIGO 47.º

Ficam revogadas todas as disposições contrárias ao presente decreto-lei.

ARTIGO 48.º

O presente decreto-lei entra imediatamente em vigor.

Visto e aprovado em Conselho de Ministro, em São Tomé, aos 29 de Setembro de 1995.

O Primeiro-Ministro e Chefe de Governo, *Carlos Alberto Monteiro Dias da Graça*. O Ministro Adjunto do Primeiro-Ministro, *Armindo Vaz d'Almeida*. Pelo Ministro dos Negócios Estrangeiros e Cooperação, *Joaquim Rafael Branco*. Pelo Ministro da Defesa e Ordem Interna, *Alberto Paulino*. O Ministro dos Assuntos Económicos e Financeiros, *Joaquim Rafael Branco*. O Ministro da Justiça, Administração Pública, Emprego e Segurança Social, *Alberto Paulino*. O Ministro do Equipamento Social e Ambiente, *Alcino de Barros Pinto*. O Ministro da Educação, Juventude e Desporto, *Guilherme Octaviano Viegas de Ramos*. O Ministro da Saúde, *Fernando da Conceição Silveira*.

Promulgado em 13 de Outubro de 1995.

Publique-se.

O Presidente da República, MIGUEL ANJOS DA CUNHA LISBOA TROVOADA.

---

[24] A numeração deste artigo não consta do texto publicado em *Diário da República*.

REGIME DOS BANCOS OFFSHORE
(Decreto-lei n.º 62/95, de 31 de Dezembro)

Considerando as disposições do Decreto-lei n.º 34/85 de 15 de Novembro de 1985, relativo a criação de Bancos Offshore;

Considerando o papel que pode desempenhar a criação de Bancos Offshore na promoção de actividades económicas e financeiras de São Tomé e Príncipe;

Considerando a necessidade de se estabelecer regras específicas relativas à criação, à matrícula e o funcionamento desses Bancos Offshore;

Considerando a competência legislativa conferida ao Governo pela Lei de Autorização Legislativa n.º 8/95 de 28 de Setembro de 1995.

Nestes termos, no uso da faculdade que lhe é conferida pela alínea d) do artigo 99.º da Constituição Política, o Governo da República Democrática de São Tomé e Príncipe decreta e eu promulgo o seguinte:

CAPÍTULO I
Disposições Preliminares

ARTIGO 1.º

O presente Decreto-lei regula a criação e o funcionamento de sociedades offshore instalada em São Tomé e Príncipe e que exerçam actividades bancárias offshore.

ARTIGO 2.º

Os termos e expressões abaixo indicados são definidos como a seguir se indica:

a) Por «Actividades Bancárias Offshore» entende-se as operações e as transacções bancárias realizadas com os não residentes em divisas convertíveis distintas da moeda nacional, nomeadamente a abertura de contas, concessão de créditos, emissão de garantias de qualquer natureza, actividade de conselheiro financeiro e bancário e qualquer outra actividade bancária tal como definida pela regulamentação aplicável;
b) Por «Banco Offshore» entende-se uma sociedade offshore que exerce uma actividade bancária offshore;
c) Por «Gabinete das Homologações» entende-se o organismo autónomo de carácter público previsto pelo Decreto-lei relativo ao Regime Franco, ao qual são confiadas, em virtude do presente Decreto-lei, as funções de instrução dos pedidos de licença, de coordenação das autorizações e de supervisão da aplicação da regulamentação das actividades bancárias offshore.
d) Por «Capitais Próprios» entende-se a soma das contribuições para a formação do capital social, resultados afectos à uma conta de reserva obrigatória facultativa ou à uma conta de trânsito para o novo exercício, dos benefícios do exercício ainda não afecto e deduzido das perdas verificadas durante os exercícios anteriores e transitada para novo exercício, assim como das perdas do último exercício;
e) Por «São Tomé e Príncipe» entende-se a República Democrática de São Tomé e Príncipe e o seu território;
f) Os termos e as expressões «Gabinete de Matricula», «Mandatário Autorizado», «Sociedade Offshore», têm a mesma definição que aquela prevista no Decreto-lei sobre as sociedades anónimas offshore.

CAPÍTULO II
Outorga e anulação da licença de Banco Offshore

ARTIGO 3.º

A licença de Banco Offshore é concedida pelo Governador do Banco Central mediante proposta do Gabinete de Homologações.

ARTIGO 4.º

1. A actividade de Banco Offshore só pode ser exercida pelas sociedades constituídas sob forma de sociedade offshore titulares de uma licença de Banco Offshore que preencham as condições previstas na legislação relativa as sociedades offshore assim como pelo presente Decreto-lei.

2. Uma sociedade offshore homologada como Banco Offshore não pode exercer outras actividades senão aquelas de Banco Offshore.

ARTIGO 5.º

1. O pedido de licença para a constituição de um Banco Offshore é apresentado pelos seus fundadores ou por um Mandatário Autorizado, agindo em nome destes últimos.

2. O pedido de licença para a constituição de um Banco Offshore deve conter informações e documentos de carácter financeiro, contabilístico jurídico e administrativos concernentes ao Banco Offshore a constituir e aos seus fundadores. Essas informações e documentos são determinados pelo Gabinete de Homologação que deverá apreciar:

   a) As competências e moralidade dos fundadores e dos futuros dirigentes do Banco Offshore;
   b) A importância própria dos fundos do Banco Offshore e a estrutura financeira adoptada;
   c) Os sistemas de contabilidade e de controlo de gestão do Banco Offshore.

ARTIGO 6.º

O pedido de licença deve conter um compromisso dos primeiros accionistas garantindo:

   a) Que toda a cessão de acções por um accionista que detenham dez por cento (10%) ou mais do capital do Banco Offshore será submetida a homologação do Governador do Banco Central nas condições previstas no artigo 19.º do presente Decreto-lei;
   b) Que o Banco Offshore se conformará com a existência do presente Decreto-lei e respeitará os compromissos decorrentes do exercício da Actividade Bancária Offshore;
   c) Que todo administrador ou outro responsável que ocupa um cargo de direcção geral terá qualificações e experiência necessária e será nomeado mediante parecer do Gabinete da Homologações.

ARTIGO 7.º

1. O Gabinete de Homologação pode, após a recepção do pedido de licença, solicitar qualquer informação ou todo documento complementar necessário a avaliação do pedido.
2. O Gabinete das Homologações aprecia o pedido e o transmite ao Gabinete de Matrícula das Sociedades Offshore para parecer e finalmente remete ao Governador do Banco Central um parecer fundamentado e circunstanciado.

ARTIGO 8.º

1. A licença é concedida pelo Governador do Banco Central que lhe atribui um número específico para cada Banco Offshore.
2. A licença é concedida mediante a realização de uma das duas condições seguintes:
   a) A matrícula prévia do banco a constituir no Registo das sociedades offshore;
   b) A realização das modificações introduzidas nos estatutos ou outras modificações requeridas no caso de uma Sociedade Offshore.
3. A licença não é transferível.

ARTIGO 9.º

1. O pedido de licença implica o pagamento de um direito e o banco homologado fica sujeito ao pagamento de uma taxa anual dentro de trinta (30) dias a contar da data aniversária da data da emissão da licença.
2. Qualquer modificação na tabela do direito e da taxa anual é proposta pelo Gabinete de Homologação.
3. A modificação da taxa anual não é oponível aos Bancos Offshore beneficiários de uma licença durante um prazo de cinco anos a contar da data de efeito da licença.
4. Os Bancos Offshore não são passíveis de nenhum imposto ou taxa em virtude da sua actividade bancária.
5. Os empregados do Banco Offshore estão sujeito ao regime fiscal previsto pelo artigo 27.º do Decreto-lei do Regime Franco.

ARTIGO 10.º

A razão social do Banco Offshore deve estar obrigatoriamente seguida da menção «Banco Offshore» ou «Offshore Bank» conforme os casos, assim como do seu número de licença, e de maneira visível em todas as comunicações do banco ou todo anúncio publicitário, insígnia e painéis, bem como sobre todos os documentos e impressos pelo respectivo Banco Offshore.

ARTIGO 11.º

A licença pode ser anulada pelo Governador do Banco Central mediante parecer do Gabinete da Homologações, nos seguintes casos:
 a) Se o Banco Offshore não iniciar as suas actividades dentro do prazo de doze (12) meses a contar da data do efeito da sua licença;
 b) Se o Banco Offshore cessar o exercício das suas actividades tais como previstas na licença que lhe foi concedida;
 c) Se o Banco Offshore for objecto de uma liquidação;
 d) Se o Banco Offshore não se conformar com as disposições do presente Decreto-lei.

ARTIGO 12.º

1. Antes de proceder a anulação de uma licença, o Governador do Banco Central deve notificar o respectivo Banco Offshore da sua intenção de cancelar a licença pelo menos noventa (90) dias antes da data prevista para entrada em vigor desse cancelamento.

2. Dentro dos vinte (20) dias consecutivos a recepção da notificação, o Banco Offshore em questão poderá tomar todas as providências ou fazer todas as propostas susceptíveis de atenuar os motivos evocados para cancelamento da licença e o notificar ao Governador.

3. O Governador comunicará a sua decisão dentro de vinte dias subsequentes à recepção da notificação das medidas tomadas ou propostas feitas pelo respectivo Banco Offshore.

4. Por derrogação ao anteriormente disposto, respeitante aos prazos de notificação pelo Governador e de resposta do respectivo Banco Offshore, o Governador poderá em caso de falta grave devidamente comprovada, suspender a licença do Banco Offshore censurado ou limitar as suas actividades, com efeito imediato a partir da recepção da notificação.

5. No respeito pelo n.º 4, o respectivo Banco Offshore pode apresentar as suas observações ao Governador dentro de um prazo de trinta (30) dias.

6. O Governador informa a sua decisão definitiva dentro de um prazo de vinte (20) dias a contar da recepção das observações feitas pelo Banco Offshore em questão.

ARTIGO 13.º

1. Um Banco Offshore pode solicitar a anulação de sua licença através de um requerimento transmitido para este efeito ao Gabinete das Homologações.

2. O Gabinete das Homologações verifica se o Banco Offshore em causa tomou todas as providências necessárias ao pagamento de suas dívidas de todo o passivo eventual, propondo, se for caso disso, as providências susceptíveis de evitar eventuais prejuízos aos credores do Banco Offshore, bem como uma data para anulação da licença, tendo em conta o tempo necessário para liquidação.

3. Na base de relatório apresentado pelo Gabinete das Homologações, o Governador notifica o banco da sua decisão de anulação de licença bem como a data em que a licença é definitivamente cancelada.

ARTIGO 14.º

Qualquer decisão relativa a concessão de uma licença de Banco Offshore, a sua suspensão, a sua modificação ou sua anulação é objecto de publicação oficial.

CAPÍTULO III
Obrigações dos Bancos Offshore

ARTIGO 15.º

O controlo das actividades dos Bancos Offshore é realizado pelo Banco Central.

ARTIGO 16.º

1. O capital social mínimo do Banco Offshore é fixado num montante equivalente a um milhão (1.000.000,00) de dólares americanos.

2. O capital social deve estar completamente realizado no momento da subscrição, junto do Banco Central ou de um banco autorizado pelo Banco Central, obrigatoriamente numa divisa convertível.

3. Em nenhum momento da vida do banco os seus Capitais Próprios poderão ser inferior ou deverão descer aquém do montante de um milhão (1.000.000,00) de dólares americanos ou do seu equivalente em divisas convertíveis.

4. Se uma tal situação se revelar, o Governador do Banco Central pode conceder um prazo não superior a doze meses para que o respectivo Banco Offshore regularize a situação e se conforme à lei.

5. Os accionistas do banco devem fornecer uma garantia do valor equivalente a àquele que permitiria ao banco reconstituir os capitais próprios equivalentes à um milhão (1.000.000,00) de dólares americanos.

6. A garantia deverá ser exigível ao primeiro pedido e concedida por um banco ou um estabelecimento financeiro do primeiro grupo segundo a apreciação do Governador do Banco Central.

ARTIGO 17.º

1. Qualquer Banco Offshore deve apresentar ao Banco Central:
a) Um balanço e uma conta de exploração segundo o modelo estabelecido pelo Banco Central dentro de três meses consecutivos ao encerramento do seu exercício social;
b) Uma ficha financeira reflectindo a situação do seu activo e do seu passivo numa data determinada, a pedido do Banco Central.

2. O Banco Central pode exigir de qualquer Banco Offshore informações supostas necessárias e úteis ao exercício e ao controle do respeito das obrigações do Banco Offshore, tais como prevista pelo presente Decreto-lei e na sua licença.

3. Qualquer informação fornecida ao Banco Central Offshore será considerada como tendo sido comunicado sob o selo do segredo bancário e mantido confidencial.

ARTIGO 18.º

Devem ser submetidas à autorização expressa do Governador do Banco Central:

a) Qualquer modificação dos estatutos ou qualquer cessão de acções que represente mais de dez por cento (10%) do capital de um Banco Offshore;
b) Qualquer abertura de agência, qualquer constituição de filial ou controlo de uma sociedade em São Tomé e Príncipe ou no estrangeiro.

ARTIGO 19.º

1. Um Banco Offshore não pode realizar operações em moeda nacional de São Tomé e Príncipe.
2. Por derrogação ao princípio acima afirmado um Banco Offshore pode abrir uma conta em moeda nacional num banco instalado em São Tomé e Príncipe com o fim exclusivo de pagar as suas despesas locais.

ARTIGO 20.º

1. Um Banco Offshore não pode abrir em nome de um cliente cuja identidade seja desconhecida.
2. Toda a informação na posse de um Banco Offshore e relativa aos seus clientes é considerada confidencial e mantida sob o segredo bancário e na sua observância quer o Governador do Banco Central quer do Gabinete das Homologações, ou qualquer outra autoridade de São Tomé e Príncipe, que estão autorizado a solicitar informações respeitantes à um cliente de um Banco Offshore ou uma conta aberta nesse banco.
3. De igual forma nenhum dirigente ou empregado de um Banco Offshore deverá, durante o exercício das suas funções no referido Banco Offshore ou após o abandono do banco, divulgar seja qual for a informação, relativa à identidade, às actividades ou às contas dos clientes do Banco Offshore sem que seja para isso tenha sido expressamente autorizado por escrito pelo respectivo cliente.
4. Todos aqueles que tiverem conhecimento de informações de carácter confidencial acerca de um cliente do Banco Offshore estão sujeitos a mesma obrigação de confidencialidade, sejam quais forem as circunstâncias de sua informação.
5. Qualquer infracção às obrigações dos sigilos estipuladas no presente artigo é punida com uma pena de prisão de seis (6) meses a três (3) anos e/ou multa de dez mil (10.000,00) a cem mil (100.000,00) dólares americanos.

ARTIGO 21.º

A obrigação de sigilo prevista no precedente artigo 20.º pode ser derrogada:
a) Em caso de morte ou liquidação voluntária ou forçada de uma pessoa colectiva, titular de uma conta devendo a derrogação do princípio ser requerida por todos aqueles que justifiquem ter direitos sobre os activos da pessoa singular ou colectiva;
b) Para efeitos de investigações conducente a procedimento criminal conforme as leis de São Tomé e Príncipe, por intermédio do Procurador-Geral da República.

CAPÍTULO IV
Disposições finais

ARTIGO 22.º

1. Todo o diferendo entre um Banco Offshore ou os seus accionistas e o Estado, relativo a aplicação do presente Decreto-lei bem como, de maneira geral, aos direitos e obrigações que resultam para as partes é submetido a uma arbitragem organizado de acordo com o Regulamento de Conciliação e de Arbitragem da Comissão das Nações Unidas para o Direito e o Comércio Internacional (CNUDGI).

2. A autoridade responsável pela nomeação definida no referido Regulamento será o Secretário-Geral do Centro Internacional para a Resolução dos Diferendos Entre os Estados e Originários de outros Estados (CIRDI).

3. Após a ratificação por São Tomé e Príncipe da Convenção para a Resolução dos Diferendos Relativos aos Investimentos entre os Estados e Originários de Outros Estados de 18 de Março de 1965, qualquer litígio ainda não submetido a um tribunal de arbitragem será submetido ao Centro Internacional para Resolução dos Litígios relativos aos Investimentos, para os efeitos de resolução por via de arbitragem de acordo com a respectiva convenção.

4. O acordo das partes para submeter um litígio à arbitragem decorrente do presente artigo resulta, para o Estado, e para o Banco Offshore ou seus accionistas, do pedido de licença.

ARTIGO 23.º

1. As actividades bancárias offshore são regidas pelo presente Decreto-lei assim como pelos textos de aplicação, com excepção das disposições relativamente às outras actividades bancárias exercidas em São Tomé e Príncipe.
2. Os textos regulamentares ou as directivas do banco central determinam as modalidades de aplicação do presente Decreto-lei, mediante parecer do Gabinete das Homologações.

ARTIGO 24.º

São revogados o Decreto-lei n.º 34/85 de Novembro de 1985 e todas as disposições contrárias ao presente Decreto-lei.

ARTIGO 25.º

O presente Decreto-lei entra imediatamente em vigor.

Visto e aprovado em Conselho de Ministros, em São Tomé, aos 31 de Agosto de 1995.

O Primeiro-Ministro e Chefe de Governo, *Carlos Alberto Monteiro Dias da Graça*. O Ministro Adjunto do Primeiro-Ministro, *Armindo Vaz d'Almeida*. Pelo Ministro dos Negócios Estrangeiros e Cooperação, *Guilherme Posser da Costa*. O Ministro da Defesa e Ordem Interna, *Alberto Paulino*. O Ministro dos Assuntos Económicos e Financeiros, *Joaquim Rafael Branco*. O Ministro da Justiça, Administração Pública, Emprego e Segurança Social, *Alberto Paulino*. O Ministro do Equipamento Social e Ambiente, *Alcino de Barros Pinto*. O Ministro da Educação, Juventude e Desporto, *Guilherme Octaviano Viegas de Ramos*. O Ministro da Saúde, *Fernando da Conceição Silveira*.

Promulgado em 13 de Outubro de 1995.

Publique-se.

O Presidente da República, MIGUEL ANJOS DA CUNHA LISBOA TROVOADA.

GABINETE DE MATRÍCULA DE ACTIVIDADES OFFSHORE
(Despacho do Ministro do Comércio, Indústria e Turismo)

Tornando-se necessário, de acordo com o Decreto-lei n.º 70/95 que institui as Sociedades Offshore em São Tomé e Príncipe, institucionalizar o Gabinete de Matrícula de Actividades Offshore;

Considerando a necessidade de organizar e conservar registos e proceder a colecta dos direitos e taxas aplicáveis às Actividades Offshore ou similares relativas às Actividades Extraterritoriais;

Nestes termos no uso das faculdades que me são conferidas, determino:

ARTIGO 1.º

É criado o Gabinete de Matrícula de Actividades Offshore.

ARTIGO 2.º

O referido Gabinete funcionará nas instalações do Ministério do Comércio, Indústria e Turismo.

ARTIGO 3.º

Os custos de funcionamento do Gabinete de Matrícula de Actividades Offshore serão suportados pelas próprias receitas.

ARTIGO 4.º

Este despacho entra imediatamente em vigor.

São Tomé, 17 de Junho de 2003.

O Ministro, *Arzemiro de Jesus R. da Costa dos Prazeres.*

LEI DA PROPRIEDADE INDUSTRIAL
(Lei n.º 4/2001, de 31 de Dezembro)

PREÂMBULO

Tornando-se necessário dotar São Tomé e Príncipe de um texto legislativo destinado a proteger a propriedade industrial;

Considerando que as condições para a criação de novas técnicas em São Tomé e Príncipe, e adaptação das técnicas existentes às nossas necessidades e o acesso às técnicas estrangeiras, se torna necessário:

I) Um regime jurídico e administrativo capaz de favorecer o espírito inventivo dos nacionais, de fomentar os investimentos em todos os sectores da vida nacional que utilizam invenções e de permitir a avaliação, selecção e aquisição em condições razoáveis e a assimilação das técnicas estrangeiras assim como o seu aperfeiçoamento as necessidades de São Tomé e Príncipe;

II) Uma administração competente que aplicará uma política eficaz no domínio da Propriedade Industrial e que seja dotada de recursos financeiros necessários para aplicação dessa política graças a um sistema aprovado de taxas;

III) Uma cooperação intergovernamental e internacional, especialmente nos domínios da investigação, do exame e da documentação;

Atendendo que a protecção das invenções é um elemento importante desse regime jurídico e administrativo porque estimula o espírito da invenção, encoraja a investigação e o investimento e torna possível a criação de indústria e o desenvolvimento da agricultura;

Havendo a necessidade de encorajar e estimular a inovação nacional e favorecer a actividade inventiva nacional;

Havendo ainda a necessidade de promover o papel de São Tomé e Príncipe no comércio internacional, facilitando as relações comerciais e protegendo o consumidor contra toda a confusão em matéria de produtos, de serviços ou de empresas;

Dado que, para promover o comércio nacional e internacional contra a confusão e a fraude, convém proteger e regulamentar eficazmente as marcas, os nomes comerciais, as indicações de proveniência e as denominações de origem e reprimir eficazmente a concorrência desleal;

Reconhecendo a necessidade de se estimular e proteger as indústrias artesanais de São Tomé e Príncipe;

Reconhecendo de igual forma a necessidade de encorajar o desenvolvimento da profissão de mandatário em propriedade industrial;

Sendo indesmentível que os direitos concedidos em matéria de protecção das invenções devem ter como contrapartida as obrigações, sobretudo relativamente a exploração apropriada das invenções patenteadas em São Tomé e Príncipe e a utilização das marcas e dos nomes comerciais de modo a não conduzir à confusão ou ao engano do consumidor;

Tendo em conta que o Serviço Nacional da Propriedade Industrial tem por tarefa não só tratar os pedidos de protecção das invenções mas também fornecer a partir dos documentos de patentes publicados informações sobre técnicas existentes;

Assim, a Assembleia Nacional decreta, nos termos da alínea b) do artigo 86.º da Constituição, o seguinte:

CAPÍTULO I
Disposições Gerais

ARTIGO 1.º
Conceito e âmbito de aplicação

1. A Propriedade Industrial desempenha a função social de garantir a lealdade da concorrência pela atribuição de direitos privativos no âmbito da presente Lei, bem como pela repressão da concorrência desleal.

2. A Propriedade Industrial abrange a indústria e o comércio propriamente ditos, indústrias das pescas, agrícolas, florestais, pecuárias e extractivas, bem como todos os produtos naturais ou fabricados e os serviços.

3. A presente Lei é aplicável a todas as pessoas, singulares ou colectivas, santomenses ou nacionais dos países que constituem a União Internacional para a Protecção da Propriedade Industrial, adiante designada por União, nos termos da Convenção de Paris de 20 de Março de 1883 e as suas revisões, sem dependência de condição de domicílio ou estabelecimento, salvo as disposições especiais de competência e processo.

4. São equiparados a nacionais dos países da União os de quaisquer outras nações que tiverem domicílio ou estabelecimento industrial e comercial, efectivo, e não fictício, no território de um dos países da União.

5. Relativamente a quaisquer outros estrangeiros observar-se-á o disposto nas convenções entre São Tomé e Príncipe e os respectivos países e, na falta destas, o regime de reciprocidade.

CAPÍTULO II
Patentes de Invenção

ARTIGO 2.º
Definições

1. Para os fins da presente Lei, entende-se por "patente" um título concedido para proteger uma invenção.
2. a) Para os fins da presente Lei, entende-se por "invenção" a ideia de um inventor que permite encontrar na prática, a solução de um problema particular no domínio da técnica;
   b) Uma invenção pode ser um produto ou um processo, ou pode reportar-se a um produto ou processo.
3. São excluídos da protecção por patente mesmo que constituam invenções no sentido do n.º 2:
   a) As descobertas, as teorias científicas e os métodos matemáticos;
   b) Os planos, princípios ou métodos no domínio das actividades económicas, no exercício de actividades puramente intelectuais ou em matéria de jogo;
   c) Os métodos de tratamento cirúrgico ou terapêutico do corpo humano ou animal, assim como os métodos de diagnóstico aplicados ao corpo humano ou animal. Esta disposição não se aplica aos produtos utilizados na realização de um desses métodos.

ARTIGO 3.º
Invenções patenteáveis

1. Uma invenção é patenteável se for nova, se implicar uma actividade inventiva e se for susceptível de aplicação industrial.
   a) Uma invenção é nova se não houver anterioridade no estado da técnica;

b) O estado da técnica compreende tudo o que foi divulgado, em qualquer parte do mundo, por uma publicação, ou em São Tomé e Príncipe por uma divulgação oral, um uso ou qualquer outro meio, antes da data de depósito ou, se for caso disso, da data de prioridade do pedido de patente reivindicando a invenção;

c) Para efeitos da alínea b), uma divulgação não é tomada em consideração se ocorrer durante os 12 meses que precedam a data do depósito ou, se for caso disso, a data de prioridade do pedido e se resultar directa ou indirectamente de actos cometidos pelo requerente ou pelo seu predecessor legal ou de um abuso cometido por terceiros em relação ao requerente ou ao seu predecessor legal.

3. Uma invenção é considerada como implicando uma actividade inventiva se, para uma pessoa medianamente competente na matéria ela não resulta de uma maneira evidente do estado da técnica pertinente em relação ao pedido de patente reivindicando a invenção.

4. Uma invenção é considerada como susceptível de aplicação industrial se o seu objecto puder ser produzido ou utilizado em qualquer género de indústria. O termo "indústria" deve ser compreendido no seu sentido mais lato e abrange nomeadamente o artesanato, a agricultura, a pesca e os serviços.

5. As invenções contrárias aos bons costumes ou a ordem pública não são patenteáveis.

ARTIGO 4.º
Direito a patente

1. O direito a patente pertence ao inventor.

2. Se várias pessoas efectuarem uma invenção em comum, o direito a patente pertence-lhes em comum.

3. Se várias pessoas tiverem efectuado a mesma invenção independentemente umas das outras, o direito a patente pertence aquela que tiver apresentado o pedido cuja data de prioridade validamente reivindicada, for a mais antiga, enquanto o referido pedido não for abandonado ou rejeitado.

4. O direito a patente pode ser cedido ou transferido por via sucessória.

5. Se a invenção tiver sido efectuada por um empregado na execução de um contrato de trabalho, o direito a patente para essa invenção pertence ao patrão, excepto se houver uma cláusula no contrato.

6. O inventor é mencionado como tal na patente, excepto se, uma declaração especial dirigida ao director da Administração da Propriedade Industrial, indicar que deseja não ser mencionado. Qualquer promessa ou qualquer compromisso contraído pelo inventor em relação a qualquer pessoa no sentido de fazer uma tal declaração, não tem efeitos jurídicos.

ARTIGO 5.º
Pedido de patente

1. O pedido de patente é depositado junto do Serviço Nacional da Propriedade Industrial e contém um requerimento, uma descrição, uma ou várias reivindicações, um ou vários desenhos (quando devam ser fornecidos) e um resumo. O depósito do pedido é acompanhado pelo pagamento da taxa prescrita.

2. a) O requerimento contém um pedido de concessão de urna patente, o nome do depositante, do inventor e, se for caso disso, do mandatário e as outras informações prescritas relativas ao depositante, ao inventor e, se for caso disso ao mandatário, assim como o título da invenção;
b) Se o depositante não for o inventor, o requerimento será acompanhado de urna declaração justificando o direito do depositante.

3. A descrição deve divulgar a invenção de maneira suficientemente clara e completa para que esta possa ser avaliada e para que uma pessoa medianamente competente na matéria a possa executar, e deve nomeadamente indicar uma maneira de executar que o depositante conhece.

4. a) O teor da ou das reivindicações determina a amplitude da protecção. A descrição c os desenhos podem ser utilizados para interpretar as reivindicações;
b) As reivindicações devem ser claras e concisas. Devem basear-se inteiramente na descrição.

5. Os desenhos devem ser fornecidos quando são necessários para a compreensão da invenção.

6. O resumo serve exclusivamente para fins de informação técnica. Ele não é tomado em consideração para a determinação da amplitude da protecção.

7. O requerente pode, até ao momento em que for comprovado que o pedido preenche as condições necessárias para que seja concedida uma patente, retirar o pedido.

ARTIGO 6.º
Exame do pedido de patente

1. O Serviço Nacional da Propriedade Industrial examina se o pedido de patente satisfaz às exigências do artigo 4.º e do Regulamento Interno de Execução aprovado por decreto do Governo.

2. O Director de Indústria concede, como data de depósito, a data da recepção do pedido, desde que, no momento dessa recepção, o pedido contenha:
   a) Uma indicação expressa ou implícita segundo a qual a concessão de uma patente é pedida;
   b) Uma parte que, à primeira vista, pareça constituir uma descrição de uma invenção.

3. Se o Director de Indústria se aperceber de que, no momento da recepção do pedido, as condições ponto 2 não estão preenchidas, convida o requerente a fazer a correcção necessária e concede, como data de depósito, a data da recepção da correcção exigida; porém, se essa correcção não for feita, o pedido é considerado como não tendo sido apresentado.

4. Quando o pedido faz referência a desenhos que não estão incluídos no pedido, o Director de Indústria convida o requerente a fornecer os desenhos que faltam. Se o requerente responder a esse convite, o Director de Indústria concede, como data de depósito, a data de recepção dos desenhos que faltavam. No caso contrário, concede, como data de depósito, a data de recepção do pedido e trata qualquer referência àqueles desenhos como inexistentes.

5. O Regulamento Interno de Execução pode prever que o Serviço Nacional de Propriedade Industrial possa utilizar os relatórios de busca e os relatórios de exame. Após a recepção destes relatórios, o Serviço Nacional decide se concede ou não a Patente de acordo com as disposições do ponto seguinte.

6. Quando o Serviço Nacional da Propriedade Industrial constata que estão preenchidas as condições visadas nos pontos 2 e 3 e, se for caso disso, o ponto 4, concede a patente, procedendo às diligências seguintes:
   a) Publicar uma menção da concessão da patente;
   b) Remeter ao depositante um certificado da concepção da patente e um exemplar da patente;
   c) Registar a patente;
   d) Colocar exemplares da patente à disposição do público, mediante o pagamento de taxa prescrita.

ARTIGO 7.º
Direitos conferidos pela patente

1. O Director de Indústria concede a patente quando verifica estarem reunidas as condições exigidas no respectivo regulamento assim como as condições pré-estabelecídas pela presente Lei, que constituem as exigências formais.

2. O Director de Indústria à pedido do titular da patente, faz no texto ou nos desenhos da patente, modificações destinadas a limitar o alcance da protecção concedida, desde que essas modificações não façam com que a divulgação feita na patente ultrapasse a divulgação feita no pedido inicial na base do qual a patente foi concedida.

3. A exploração da invenção patenteada em São Tomé e Príncipe por qualquer pessoa além do titular da patente, requer o consentimento deste.

4. Para os fins da presente Lei, entende-se por "exploração" de uma invenção patenteada qualquer dos actos seguintes:
   a) Quando a patente tiver sido concedida para um produto:
      I) Fabricar, importar, pôr à venda, vender e utilizar o produto;
      II) Reter este produto com o fim de o pôr à venda, de o vender ou de o utilizar;
   b) Quando a patente tiver sido concedida para um processo:
      I) Utilizar o processo;
      II) Praticar os actos mencionados na alínea a) deste número em relação a um produto que resulte directamente do emprego do processo.

5. O titular da patente tem, além de qualquer outro direito ou possibilidade de recurso ou de acção de que dispõe, o direito de interpor, sob reserva do ponto 4, uma acção judicial contra qualquer pessoa que infrinja a patente praticando, sem a sua concordância, ou que pratique actos que tornem provável a contrafacção.

6. Quando o interesse público, em particular a segurança nacional, a nutrição, a saúde ou o desenvolvimento de outros sectores vitais da economia nacional o exige, o ministério de tutela pode decidir que, mesmo sem a concordância do titular da patente, um terceiro designado pelo ministro, em serviço do Estado, pode explorar a invenção, mediante um pagamento ao titular.

7. A decisão do ministro pode ser objecto de recurso junto do Supremo Tribunal de Justiça que decidirá definitivamente.

ARTIGO 8.º
Duração e taxas anuais

1. Com reserva da alínea b), do número seguinte, a patente caduca 20 anos após a data de depósito.
2. a) Quando a invenção patenteada não é explorada industrialmente de maneira suficiente em São Tomé e Príncipe, o titular da patente pode ser obrigado a aceitar a concessão de licenças obrigatórias a quem nisso tiver interesse;
   b) Para fins do presente artigo, a invenção é explorada industrialmente se, segundo o caso, o produto patenteado é fabricado ou o processo patenteado é utilizado.
3. A fim de manter em vigor a patente, uma taxa anual é paga antecipadamente ao Serviço Nacional da Propriedade Industrial, a contar da expiração do primeiro ano seguinte ao depósito do pedido de patente, sendo concedida uma prorrogação do prazo de seis meses para o pagamento de taxa anual mediante o pagamento da sobretaxa prescrita.
4. Os direitos derivados da patente não abrangem:
   a) Os actos relativos a objectos lançados ao comércio em São Tomé e Príncipe pelo titular da patente, ou com o seu consentimento;
   b) A utilização dos objectos a bordo de aeronaves, de veículos terrestres ou de navios estrangeiros que penetrem temporariamente ou acidentalmente no espaço aéreo, no território ou nas águas territoriais de São Tomé e Príncipe;
   c) Os actos relativos a uma invenção patenteada efectuados com fins de pesquisa científica;
   d) Os actos efectuados por qualquer pessoa que, de boa fé, na data do depósito ou, quando a propriedade é reivindicada na data de prioridade do pedido na base do qual a patente foi concedida e no território de São Tomé e Príncipe, utilizava a invenção ou fazia preparativos efectivos e sérios para utilizar, na medida em que esses actos não sejam diferentes, na sua natureza ou na sua finalidade, da utilização anterior efectiva ou considerada.
5. O direito do utilizador a que se refere a alínea d) do número anterior só pode ser transferido ou devoluto para com a empresa ou sociedade, ou parte da empresa ou da sociedade na qual se efectuaram a utilização ou os preparativos em vista da utilização.

ARTIGO 9.º
Anulação

1. Qualquer pessoa interessada pode apresentar ao Tribunal um pedido de anulação da patente.
2. O Tribunal anula a patente se o requerente provar que as condições visadas nos artigos 2.º, 3.º e 5.º e n.ºs 3, 4 e 5 não foram preenchidas, ou se o titular da patente não for o inventor ou seu sucessor legítimo.
3. A decisão definitiva do Tribunal é comunicada ao Serviço Nacional da Propriedade Industrial, que a regista e a publica o mais depressa possível.
4. Qualquer patente anulada ou qualquer reivindicação ou parte da reivindicação anulada é considerada nula na data da concessão da patente.

CAPÍTULO III
Desenhos e modelos industriais

ARTIGO 10.º
Definições de desenhos e modelos industriais

1. Para efeitos da presente Lei, qualquer conjunto de linhas, cores ou qualquer forma de três dimensões, associado ou não a linhas e a cores, constitui um desenho ou modelo industrial, desde que esse conjunto ou essa forma dê aspecto especial a um produto industrial ou artesanal e possa servir de modelo para a fabricação de um produto industrial, ou artesanal.
2. A protecção prevista pela presente Lei não se estende aos elementos de um desenho ou modelo industrial que servem unicamente para a obtenção de um efeito técnico.

ARTIGO 11.º
Condições de registo dos desenhos e modelos industriais

1. Um desenho ou modelo industrial pode ser registado se for novo.
2. Um desenho ou modelo industrial é novo se não tiver sido divulgado, em qualquer lugar do mundo, por uma publicação, ou em São Tomé e Príncipe por divulgação oral, em uso ou qualquer outro meio, antes da

data do depósito ou, se for caso disso, da data da prioridade do pedido de registo. O artigo 3.° n.° 2 alínea c) é aplicável nas mesmas condições deste número com as adaptações necessárias.

3. Os desenhos ou modelos industriais que forem contrários aos bons costumes ou a ordem pública não podem ser registados.

ARTIGO 12.°
Pedido

1. O pedido de um registo de um desenho ou modelo industrial deve ser depositado junto do Serviço Nacional da Propriedade Industrial e deve conter um requerimento, um exemplar do objecto incorporando o desenho ou modelo industrial, e a indicação de ou dos géneros de produtos para os quais o desenho ou modelo industrial deve ser utilizado.

2. Se o requerente não for o criador, o requerimento deve ser acompanhado de uma declaração que justifique o direito do requerente ao registo do desenho ou modelo industrial,

3. O artigo 6.° é aplicável nas mesmas condições deste artigo com as necessárias adaptações.

4. Enquanto o pedido estiver pendente, o requerente pode tirá-lo em qualquer momento.

ARTIGO 13.°
Exame e registo

1. O Serviço Nacional da Propriedade Industrial examina se o pedido satisfaz as exigências do artigo 11.° e do Regulamento de execução.

2. Quando o Serviço Nacional de Propriedade Industrial constata que as condições mencionadas no ponto 1 estão preenchidas, regista o desenho ou modelo industrial, publica uma menção do registo e remete ao depositante um certificado de registo.

3. O Director de Indústria concede, como data de depósito, a data da recepção do pedido desde que, na data de recepção, a taxa de depósito tenha sido paga e o pedido inclua o nome do requerente e um exemplar do objecto que incorpora o desenho ou modelo industrial.

4. Quando o Director de Indústria verifica que as condições a que se refere o ponto 2 estão preenchidas, regista o desenho ou modelo industrial, publica uma menção do registo e entrega ao requerente um cer-

tificado do registo do desenho ou modelo industrial. No caso contrário, rejeita o pedido.

ARTIGO 14.º
Direitos conferidos pelos registo e duração

1. Uma vez que o desenho ou modelo industrial tenha sido registado em São Tomé e Príncipe, a sua exploração requer consentimento do titular registado.

2. Para efeitos da presente Lei, entende-se por "exploração" de um desenho ou modelo industrial registado o fabrico, a venda ou a importação de objectos que incorporem o desenho ou modelo industrial.

3. O titular do registo de um desenho, para além da faculdade de proceder judicialmente contra quem explorar sem o seu consentimento desenho ou modelo industrial registado em seu nome, tem igualmente direito de proceder judicialmente contra quem infrinja tal desenho ou modelo industrial praticando sem o seu consentimento qualquer dos actos previstos no número 2.

4. A duração de validade de registo de um desenho ou modelo industrial é de cinco anos a contar da data do depósito do pedido do registo. O registo pode ser renovado para dois períodos consecutivos de cinco anos cada um, mediante pagamento da taxa prescrita. Uma prorrogação do prazo de seis meses é concedida com o pagamento da sobretaxa prescrita.

5. O artigo 8.º, n.º 4 aplica-se nas condições deste artigo com as necessárias adaptações.

ARTIGO 15.º
Anulação

1. Qualquer pessoa interessada pode pedir ao Tribunal a anulação do registo de um desenho ou modelo industrial.

2. O Tribunal anula o registo se o requerente provar que as condições visadas nos artigos 12.º e 13.º não foram preenchidas ou se o titular do desenho ou modelo industrial não for o criador nem o seu sucessor.

3. Qualquer desenho industrial anulado é considerado nulo na data do registo.

4. A decisão definitiva do Tribunal é comunicada ao Director da Indústria, que a regista e publica o mais depressa possível.

CAPÍTULO IV
Marcas, Marcas Colectivas,
Nomes Comerciais e Concorrência Desleal

ARTIGO 16.º
Definições

Para efeitos da presente Lei:
1. Entende-se por "marca" qualquer sinal visível susceptível de representação gráfica permitindo distinguir os produtos ou os serviços de uma empresa das outras empresas.
2. Entende-se por "marca colectiva" qualquer sinal visível susceptível de representação gráfica designado como tal e permitindo distinguir a origem ou qualquer outra característica comum, nomeadamente a qualidade de produtos ou de serviços de empresas diferentes que utilizam este sinal sob o controlo da associação titular.
3. Entende-se por "nome comercial" o nome ou designação que identifica e distingue uma empresa.

ARTIGO 17.º
Aquisição do direito exclusivo a uma marca e condições de registo

1. O direito exclusivo a uma marca concedido nos termos da presente Lei adquire-se por efeito do respectivo registo.
2. Uma marca não pode ser validamente registada se:
   a) Não permitir distinguir os produtos ou os serviços de uma empresa dos de outras empresas;
   b) For contrária aos bons costumes;
   c) For susceptível de induzir em erro o público ou os meios comerciais, em particular sobre a origem geográfica, a natureza ou as características dos produtos ou serviços em questão;
   d) Se reproduzir, imitar ou contiver entre os seus elementos as armas, bandeiras ou outros emblemas, o nome, a abreviatura ou a sigla ou um sinal ou função oficial de fiscalização e de garantia de um Estado ou de uma organização intergovernamental criada por uma convenção internacional, excepto se a autoridade competente desse Estado ou dessa organização o autorizar;

e) For idêntica, ou semelhante ao ponto de causar confusão, a uma marca ou nome comercial notoriamente conhecido em São Tomé e Príncipe, para produtos idênticos ou semelhantes de uma outra empresa, ou se constituir uma tradução dessa marca ou desse nome comercial;

f) For idêntica a uma marca pertencente a um outro titular e que já tenha sido registada, ou cuja data de depósito ou prioridade anterior, para os produtos ou serviços muito semelhantes, ou for parecida com uma tal marca ao ponto de poder levar ao engano ou confusão.

ARTIGO 18.º
Pedido de registo

1. O pedido de registo de uma marca é depositado junto do Director de Indústria e contém um requerimento, uma reprodução da marca e a lista dos produtos ou dos serviços para os quais o registo da marca é pedido, enumerados na ordem das classes pertinentes da classificação internacional. O depósito do pedido é acompanhado pelo pagamento da taxa prescrita.

2. a) O pedido pode conter uma declaração reivindicando as condições previstas pela Convenção de Paris, a prioridade de um depósito nacional ou regional anterior, efectuado pelo requerente ou pelo predecessor legal; neste caso, o Director de Indústria pode exigir que o requerente forneça, no prazo prescrito, uma cópia do pedido anterior certificada peia administração junto da qual esse pedido foi depositado,

b) A declaração citada no número anterior produz os efeitos previstos pela Convenção de Paris. Se o Director de Indústria verificar que as condições previstas pela presente alínea e pelas disposições de regulamento que lhe dizem respeito não estão preenchidas, a declaração é considerada nula.

3. Enquanto o pedido estiver pendente, o requerente pode retirá-lo em qualquer momento.

4. O Director de Indústria examina se o pedido preenche as condições previstas no artigo 18.º, n.º 1 e nas disposições do regulamento que lhe dizem respeito.

ARTIGO 19.º
Direitos conferidos pelo registo, duração e renovação

1. Uma vez que a marca tenha sido registada, a sua utilização para qualquer produto ou serviço para o qual ela tenha sido registada, por pessoas diferentes do titular, necessita de concordância deste último.

2. O titular do registo de uma marca tem direito, além de todos os outros direitos, recursos ou acções de que dispõe, de intentar um processo judicial contra qualquer pessoa que cometa uma contrafacção da marca utilizando, sem o seu consentimento, da maneira pré-citada, ou que efectue actos que levem a crer que uma contrafacção se venha a cometer. Esse direito abrange a utilização de um sinal igual ou semelhante à marca registada e a utilização em relação a produtos e serviços iguais ou semelhantes àqueles para as quais a marca foi registada, quando daí pode resultar confusão no espírito do público.

3. Os direitos conferidos pelo registo de uma marca não abrangem os actos relativos a produtos lançados no comércio em São Tomé e Príncipe pelo titular do registo ou com o seu consentimento.

4. O registo de marca produz os seus efeitos durante dez anos a contar da data do depósito do pedido de registo.

5. a) A pedido, o registo de uma marca pode ser renovado por períodos consecutivos de dez anos cada um, mediante o pagamento pelo titular, da taxa de renovação prescrita.

   b) Uma prorrogação de prazo de seis meses é concedida para o pagamento da taxa de renovação após vencimento, mediante o pagamento da sobretaxa prescrita.

ARTIGO 20.º
Anulação

1. Qualquer pessoa pode apresentar ao Serviço Nacional da Propriedade Industrial um pedido de anulação de registo de uma marca.

2. O Serviço Nacional de Propriedade Industrial anula o registo se o requerimento provar que qualquer das exclusões visadas no artigo 17.º é aplicável ou que ele é o titular de uma marca beneficiando de uma data de depósito ou de propriedade anterior e que a marca de que ele pede anulação de registo constitui, nos termos do artigo 19.º, n.º 1, uma violação da marca anterior em questão.

3. O Serviço Nacional da Propriedade Industrial anula o registo se se verificar a violação do artigo 16.º, n.º 1.

4. Considera-se que a anulação do registo de uma marca produz efeitos na data do registo e deve ser inscrita e publicada o mais rapidamente possível.

5. Qualquer pessoa interessada pode pedir ao Director da Indústria a anulação de uma marca, para um produto ou serviço para o qual foi registada, devido ao facto de a marca, depois do seu registo e até a um mês antes de apresentação do requerimento, não ter sido utilizada pelo titular do registo nem por um adquirente de licença durante um período não interrompido de cinco anos; porém, a marca não é anulada se se provar que circunstâncias particulares se opuseram a sua utilização e que não houve qualquer intenção de a não utilizar ou de a abandonar relativamente aos produtos ou serviços em causa.

ARTIGO 21.º
Marcas colectivas

1. Sob reserva do ponto 2, os artigos 17.º, 18.º, n.º 1 e 20.º são aplicáveis, às marcas colectivas.
2. a) No pedido de registo, a marca colectiva deve ser designada como tal e uma cópia do regulamento segundo o emprego da marca deve ser junta ao pedido;
   b) O titular da marca colectiva deve comunicar ao Serviço Nacional da Propriedade Industrial qualquer modificação introduzida no Regulamento Interno de Execução mencionado na alínea a) do n.º 2 deste artigo.
3. Além dos casos previstos no artigo 20.º ponto 1, o Director de Indústria anula o registo de uma marca colectiva se a pessoa que pede a anulação provar que só o titular do registo da marca a utiliza ou autoriza a sua utilização em transgressão do regulamento a que se refere o ponto 2 alínea a), ou que a utiliza ou autoriza a sua utilização de uma maneira susceptível de enganar os meios comerciais ou o público sobre a proveniência ou qualquer outra característica comum dos produtos ou serviços em questão.

ARTIGO 22.º
Nomes comerciais

1. Não pode ser utilizado como nome comercial um nome ou uma designação que, pela sua natureza ou pela utilização que dele pode ser feita, seja contrário a ordem pública ou aos bons costumes e que, nomea-

damente, seja susceptível de enganos aos meios comerciais ou, o público sobre a natureza da empresa designada por esse nome.

2. É considerada ilícita qualquer utilização ulterior do nome comercial por uma terceira pessoa, seja como nome comercial, marca ou marca colectiva, assim como qualquer utilização de um nome comercial semelhante ou de uma marca semelhante susceptível de induzir o público em erro.

3. Não obstante qualquer disposição legislativa ou regulamentar que preveja a obrigação de registar os nomes comerciais, estes são protegidos, mesmo antes de registo ou sem ele, contra qualquer acto ilícito cometido por terceiros.

ARTIGO 23.º
Actos de concorrência desleal

1. É ilícito qualquer acto contrário aos costumes honestos no domínio da indústria ou do comércio.

2. São nomeadamente considerados actos de concorrência desleal:
a) Quaisquer actos susceptíveis de criar confusão, com estabelecimento, produtos ou actividades industriais ou comerciais de um concorrente;
b) Afirmações falsas, no exercício do comércio, susceptíveis de prejudicar a reputação do estabelecimento, dos produtos ou da actividade industrial ou comercial de um concorrente;
c) As indicações ou afirmações, cuja utilização podem induzir o público em erro, sobre a natureza das mercadorias, o seu modo de fabricação, as suas características, a sua adaptação à utilização a que se destinam, ou a sua quantidade.

CAPÍTULO V
Indicações de Proveniência e Dominações de Origem

ARTIGO 24.º
Definições

Para os fins da presente Lei:

1. Entende-se por "indicação de proveniência" a expressão ou sinal utilizado para indicar que um produto ou serviço provem de um país, de uma região ou de um lugar determinado.

2. Entende-se por "denominação de origem" a denominação geográfica de um país, de uma região ou um lugar determinado servindo para designar um produto que daí é originário e cujas qualidades características são devidas exclusiva ou essencialmente ao lugar geográfico, compreendendo quer factores naturais quer factores humanos ou ainda simultaneamente naturais e humanos.

ARTIGO 25.º
Utilização ilícita de uma indicação de proveniência

É ilícita a utilização directa ou indirecta de uma indicação falsa ou falaciosa de origem de produtos ou de serviços ou da identidade do seu produtor, fabricante ou fornecedor.

ARTIGO 26.º
Utilização ilícita de uma denominação de origem

É ilícita a utilização directa ou indirecta de uma denominação de origem falsa ou falaciosa ou a imitação de uma denominação de origem mesmo se a origem verdadeira do produto for indicada ou se a denominação for empregue em tradução ou acompanhada de palavras tais como "género", "tipo", "imitação", ou expressões análogas.

CAPÍTULO VI
Disposições Comuns

ARTIGO 27.º
Mudança de propriedade
e contrato de licenças

1. a) Qualquer mudança de propriedade de uma patente, de um certificado de modelo de utilidade, de um certificado de registo de desenho ou modelo industrial, ou de um certificado de registo de marca ou de marca colectiva, assim como qualquer mudança de propriedade de um pedido relativo a um desses títulos, deve ser feita por escrito e inscrita no registo por pedido apresentado ao

Director de Indústria. Uma tal mudança não é oponível a terceiros antes dessa inscrição;
b) Qualquer mudança de propriedade relativa ao registo de uma marca colectiva ou a um pedido de registo de marca colectiva deve ser previamente aprovado pelo ministro da tutela;
c) Qualquer mudança de propriedade de um nome comercial deve ser acompanhada pela transferência da empresa ou da parte da empresa identificada pelo nome e deve ser feita por escrito;
d) Todavia, uma mudança de propriedade de um registo de marca ou marca colectiva não é válida se for susceptível de enganar ou de criar confusão, nomeadamente no que diz respeito à natureza, à origem, ao método de fabricação, as características ou a adaptação a utilização a que se destinam, dos produtos ou serviços em relação aos quais a marca ou a marca colectiva se destina a ser utilizada;
e) Uma cópia de cada contrato de licença relativo a uma patente, a um desenho ou modelo registado ou a uma marca registada, ou a um pedido relativo a um desses títulos, deve ser submetida ao Director de Indústria que não divulga o seu conteúdo mas o inscreve e publica uma menção dessa inscrição, um contrato de licença não é oponível a terceiros enquanto essa inscrição não tiver sido feita.
2. a) Qualquer contrato de licença relativo ao registo de uma marca ou a um pedido de registo de uma marca deve prever um controlo efectivo do cedente da licença sobre a qualidade dos produtos ou serviços do licenciamento para os quais a marca é utilizada. Se o contrato de licença não prever um tal controlo de qualidade ou se este controlo não é efectivamente aplicado, o contrato de licença não é válido e o direito exclusivo visado no artigo 19.° n.ºs 1 e 2 não pode ser exercido;
b) O registo de uma marca colectiva ou um pedido de registo de uma tal marca não pode ser objecto de um contrato de licença.

ARTIGO 28.°
Mandatários

1. Quando um depositante tem a sua residência habitual ou se o seu lugar principal de actividade fora de São Tomé e Príncipe, deve ser representado por um mandatário residente em São Tomé e Príncipe.

Os mandatários reconhecidos pela Direcção de Indústria são dispensados da apresentação da respectiva procuração, salvo em caso de dúvidas.

2. Para desempenhar as funções de mandatário são requisitos indispensáveis os seguintes:
   a) Ser cidadão santomense, maior e não estar inibido dos seus direitos civis e políticos;
   b) Não estar inibido do exercício da profissão por decisão transitada em julgamento;
   c) Ter escritório em São Tomé e Príncipe;
   d) Ser licenciado nas áreas de engenharia, de direito, ou de economia;
   e) Ter sido aprovado no exame de prestação de provas ao qual serão submetidos junto do Serviço Nacional da Propriedade Industrial.

3. As modalidades de aplicação dos exames e outras questões relativa ao reconhecimento dos mandatários são detalhadas no Regulamento Interno de Execução.

ARTIGO 29.º
Taxas, registos e *Diário da República*

1. a) Pelos diversos actos previstos nesta Lei são devidas taxas a fixar por Decreto do Governo;
   b) Todas as importâncias são pagas em numerário, cheque ou vale do correio com os requerimentos em que se solicitem os actos tabelados e constituem receitas próprias do Serviço Nacional da Propriedade Industrial;
   c) Os requerentes e titulares estrangeiros devem satisfazer o pagamento das taxas em divisas, cujo montante é calculado na base do câmbio oficial.

2. O Serviço Nacional da Propriedade Industrial efectua todas as publicações previstas na presente Lei numa secção especial do *Diário da República* que é consagrado exclusivamente a esse fim.

3. Qualquer pessoa pode consultar os registos e obter extractos deles, nas condições previstas no Regulamento.

4. O Serviço Nacional da Propriedade Industrial mantém registos separados para as patentes, para os desenhos e modelos industriais, para as marcas e nomes comerciais. As marcas colectivas são registadas numa

secção especial do registo de marcas. Todas as inscrições previstas na presente Lei são inseridas nos ditos registos.

ARTIGO 30.º
Correcção dos erros

1. O Serviço Nacional de Propriedade Industrial pode, sem prejuízo das disposições do Regulamento, convidar o depositante a corrigir qualquer erro de tradução ou de transcrição, erro material ou descuido, encontrado em qualquer pedido ou documento depositado junto ao referido Serviço Nacional ou em qualquer inscrição efectuada em conformidade com as disposições da presente Lei ou regulamento.

2. Se o Director de Indústria pensar que as circunstâncias o justificam, pode, quando isso lhe for referido por escrito, prorrogar, em condições por ele determinadas, o prazo concedido para efectuar um acto ou uma diligência em conformidade com as disposições da presente Lei e do regulamento, devendo comunicar a sua decisão às partes interessadas, podendo a prorrogação ser concedida mesmo se o prazo outorgado para efectuar o acto ou a diligência tiver expirado.

ARTIGO 31.º
Exercício de poderes discricionários

Antes de exercer um dos poderes de discricionários que lhe são conferidos pela presente Lei em relação a uma parte de um processo em que intervenha, o Director de Indústria dá a essa parte a possibilidade de se exprimir.

ARTIGO 32.º
Competência dos tribunais

1. O Tribunal é competente para qualquer acção de contrafacção referida a um dos direitos exclusivos visados nos artigos 7.º, n.º 1, 14.º n.º 1, 18.º e 19.º, n.º 1, assim como para qualquer outra acção interposta em virtude da presente Lei.

2. Qualquer decisão tomada pelo Serviço Nacional da Propriedade Industrial em virtude da presente Lei pode ser objecto de recurso ao Tribunal.

ARTIGO 33.º
Contrafacção, actos ilegais e delitos

Constitui contrafacção qualquer dos actos a que se referem os artigos 7.º. 14.º e 19.º, efectuado em São Tomé e Príncipe por uma pessoa que não seja o titular do título de protecção e sem o seu consentimento.

ARTIGO 34.º
Aplicação das convenções internacionais

As disposições de qualquer convenção internacional relativa às patentes, aos desenhos ou modelos industriais, às marcas colectivas e as indicações de proveniência ou denominações de origem da qual São Tomé e Príncipe é parte contratante são aplicáveis e, em caso de divergência com as disposições da presente Lei, elas fazem fé.

ARTIGO 35.º
Regulamento Interno de Execução

O Governo aprova por decreto um Regulamento Interno de Execução, fixando as modalidades de aplicação da presente Lei.

ARTIGO 36.º
Entrada em vigor

A presente Lei entra imediatamente em vigor nos termos legais.

Assembleia Nacional, em São Tomé, aos 4 de Setembro de 2001.

O Presidente da Assembleia Nacional, Interino, *Dinísio Tomé Dias*.

Promulgado em 12 de Setembro de 2001.

Publique-se.

O Presidente da República, FRADIQUE BANDEIRA MELO DE MENEZES.

REGULAMENTO DA PROPRIEDADE INDUSTRIAL
(Decreto n.° 6/2004, de 30 de Junho)

Tendo em consideração o artigo 35.° da Lei Relativa a Propriedade Industrial, aprovada pela Lei n.° 4/2001, de 31 de Dezembro;

Nestes termos, no uso das faculdades conferidas pela alínea c) do artigo 111.° da Constituição, o Governo decreta e eu promulgo o seguinte:

CAPÍTULO I
Patentes de Invenção

ARTIGO 1.°

Nos termos do artigo 5.° da Lei n.° 4/2001, de 31 de Dezembro, relativa à Propriedade Industrial, os documentos a serem apresentados juntamente com os requerimentos dos pedidos de concessão de patente de invenção deverão obedecer aos seguintes requisitos formais:

a) As reivindicações devem fundar-se na descrição, ser claras e concisas, ser escritas em português e correctamente redigidas, definindo o objecto da protecção requerida, indicando as características técnicas da invenção e, sendo mais de uma, numeradas em algarismos árabes, contendo:
   i. Um preâmbulo mencionando o objecto do invento e as características técnicas necessárias à definição dos elementos reivindicados, mas que combinados entre si, fazem parte do estado da técnica;
   ii. Uma parte caracterizante, precedida da expressão "caracterizado por" e expondo as características técnicas que, em ligação com as características indicadas na alínea anterior, definem a extensão da protecção solicitada.

b) As reivindicações devem satisfazer os seguintes requisitos:
   i. Ser dactilografadas ou impressas de um só lado do papel, com tinta escura e inalterável, podendo os símbolos e caracteres gráficos e as fórmulas químicas e matemáticas, se for necessário, serem manuscritas ou desenhadas;
   ii. Ser feitas em folhas de papel maleável, forte e branco, liso, sem brilho e durável, no formato A4 (29,7 cm × 21 cm), utilizadas de forma a que os lados menores fiquem em cima e em baixo (sentido vertical), e respeitar as seguintes margens:
   (i) Margem superior: 2 cm a 4 cm;
   (ii) Margem esquerda: 2,5 cm a 4 cm;
   (iii) Margem direita: 2 cm a 3 cm;
   (iv) Margem inferior: 2 cm a 3 cm;
   iii. Não devem conter referências a pesos ou medidas que não sejam os do Sistema Internacional de Unidades;
   iv. Formar, se o número de folhas o exigir, um caderno ligado, de forma a que não dificulte a leitura;
   v. Não fazer referência à descrição ou aos desenhos, salvo em casos de absoluta necessidade. Se o pedido de patente possuir desenhos, as características técnicas mencionadas nas reivindicações devem em princípio para melhorar a compreensão da reivindicação, ser seguidas de sinais de referência entre parêntesis. Os sinais de referência não devem ser interpretados como uma limitação da reivindicação;
   vi. Conter, na última folha, a data e a assinatura do requerente ou do seu mandatário;
c) A descrição deve satisfazer os seguintes requisitos:
   i. Ser escrita em português e correctamente redigida;
   ii. Mencionar o título ou epígrafe do evento;
   iii. Indicar de maneira breve e clara, sem reservas nem omissões, tudo o que constitui o objecto do invento, de modo que qualquer pessoa competente na matéria o possa executar, contendo uma explicação detalhada de cada uma das figuras dos desenhos, usando para o efeito números de referência que assinalem os elementos constitutivos do invento;
   iv. Não conter referência a pesos ou medidas que não seja os do Sistema Internacional de Unidades, nem quaisquer figuras explicativas;

v. Ser dactilografada ou impressa de um só lado do papel, com tinta escura e inalterável, podendo apenas, os símbolos e caracteres gráficos e as fórmulas químicas e matemáticas, se for necessário, serem manuscritos ou desenhados;
vi. Respeitar as seguintes margens:
   (i) Margem superior: 2 cm a 4 cm;
   (ii) Margem esquerda: 2,5 cm a 4 cm;
   (iii) Margem direita: 2 cm a 3 cm;
   (iv) Margem inferior: 2 cm a 3 cm;
vii. Ser feita em folhas de papel maleável, forte branco, liso, sem brilho e durável, no formato A4 (29,7 cm × 21 cm), utilizadas de forma que os lados menores fiquem em cima e em baixo (sentido vertical);
viii. Formar, se o número de folhas o exigir, um caderno ligado, de forma que não dificulte a leitura;
ix. Conter, na última folha a data e a assinatura do requerente ou do seu mandatário;

d) Os desenhos deverão obedecer aos seguintes requisitos:
   i. Ser rigorosos e claros, feitos em folha ou folhas de formato A4 (29,7 cm × 21 cm), em papel forte, branco e liso, de traços pretos, sem cores nem aguarela, de modo que se possam reproduzir, nitidamente, em número ilimitado de exemplares;
   ii. As folhas contendo desenhos não devem ter qualquer esquadria e devem ter as seguintes margens mínimas:
      (i) Margem superior: 2,5 cm;
      (ii) Margem esquerda: 2,5 cm;
      (iii) Margem direita: 1,5 cm;
      (iv) Margem inferior: 1 cm;
   iii. Ser constituídos por figuras em número estritamente necessário, de tamanho suficiente para que uma reprodução feita com redução linear a dois terços permita fácil conhecimento dos pormenores, separadas por espaço bastantes para se distinguirem umas das outras, numeradas segundo as suas posições, seguidamente independentemente do número de folhas, e contendo números de referência indicativos dos elementos constitutivos do invento, sempre que necessário;
   iv. Ter dispostas as figuras, letras, algarismos ou quaisquer outras indicações em termos de poderem ler-se no sentido da altura do papel;

v. Não conter legendas ou menções explicativas, nem sinais referência que não sejam indispensáveis para compreensão do invento;
vi. Ter a escala desenhada, quando for mencionada;
e) O resumo do invento servirá exclusivamente para fins de informação técnica e não será tomado em consideração para qualquer outra finalidade, designadamente para determinar a extensão da protecção requerida, e deve satisfazer o seguinte:
   i. Consistir numa breve exposição do que é referido na descrição, reivindicações e desenhos, não devendo conter de preferência mais de 150 palavras;
   ii. Mencionar o título ou epígrafe do invento;
   iii. Indicar o domínio da técnica a que pertence o invento e sua principal utilização, sendo redigido de forma a permitir uma clara compreensão do problema técnico que pretende solucionar;
   iv. Conter reproduzida, se for caso disso, a fórmula química figura ou, excepcionalmente, as fórmulas ou figuras cuja publicação com o resumo é proposta, podendo o Serviço Nacional da Propriedade Industrial decidir publicar também outras fórmulas químicas ou figuras se considerar que caracterizam melhor o invento; as características principais mencionadas no texto do resumo ilustradas na figura ou figuras devem em princípio, para melhor compreensão, ser seguidas de sinais de referências entre parêntesis;
   v. Ser acompanhado por um fotólito ou outro suporte, quando tal venha a ser exigido pelo Serviço Nacional da Propriedade Industrial, com as fórmulas ou figuras referidas no item anterior, que não deve exceder 8 cm de altura por 8 cm base, nem ser inferior a 3 cm de altura por 3 cm de base;
   vi. Constituir um instrumento eficaz de selecção no domínio técnico em causa, pelo que deve ser redigido com essa finalidade;
f) Excepcionalmente será aceite que o texto do requerimento, reivindicações, descrição e resumo seja escrito com letra manuscrita, se tal facto não afectar a fácil legibilidade do texto;
g) Toda a documentação deve ser redigida em português e entregue em duplicado, excepto o resumo que será entregue em triplicado.

ARTIGO 2.º

1. No mesmo requerimento não pode ser requerida mais de uma patente e deve conter apenas um único conceito inventivo geral.
2. Quando existe infracção ao disposto no n.º 1 o requerente é notificado ao abrigo do artigo 30.º da lei da Propriedade Industrial para apresentar, consoante os casos, um ou vários novos pedidos de patente, por forma a que pela divisão da matéria reivindicada se cumpra o disposto neste artigo.
3. Por cada novo pedido divisionário o requerente pagará as taxas previstas neste Regulamento de Execução.
4. No pedido divisionário deverá ser indicado no requerimento o número e a data do pedido original, para além dos elementos exigidos na alínea a) do n.º 2 do artigo 5.º da Lei de Propriedade Industrial.

ARTIGO 3.º

1. Os pedidos de patente de invenção podem ser examinados com base e relatórios de busca elaborados por organismos de Propriedade Industrial congéneres. Porém, a decisão de concessão ou recusa da patente cabe exclusivamente ao Director da Indústria de São Tomé e Príncipe, sob parecer técnico do Serviço Nacional da Propriedade Industrial.
2. A concessão da patente de invenção envolve uma mera presunção jurídica da novidade e da actividade inventiva do objecto do invento.

ARTIGO 4.º

Será recusada a patente de invenção:
a) Se o objecto ao invento estiver excluído da patenteabilidade de acordo, com o estabelecido nas alíneas a), b), e c) do n.º 3 do artigo 2.º da Lei Propriedade Industrial;
b) Se o objecto do invento violar as condições de patenteabilidade estipuladas no n.º 1 do artigo 3.º da Lei da Propriedade Industrial;
c) Se ao objecto do invento se aplicar o disposto no n.º 5 do artigo 3.º da Lei da Propriedade Industrial;
d) Se se verificar que houve infracção ao disposto na alínea b) do n.º 2 artigo 5.º da Lei da Propriedade Industrial;

e) Se o requerente não der cumprimento, no prazo de 3 meses a contar da data do ofício, a qualquer notificação que haja sido feita ao abrigo de artigo 30.° da Lei de Propriedade Industrial;
f) Se o requerente não efectuar o pagamento das taxas exigíveis pela aplicação da Lei da Propriedade Industrial e de harmonia com os valores estipulados no presente Regulamento.

ARTIGO 5.°

1. A divulgação pública no Boletim Oficial dos pedidos de patente de invenção deverá ocorrer 18 meses após a data de prioridade reivindicada, ou caso não haja reivindicação de prioridade, 18 meses após a data de depósito do pedido.

2. Considera-se como divulgação pública do pedido de patente a publicação do resumo do invento, e das fórmulas químicas, ou figuras que o acompanhem, nos termos do número iv da alínea e) do artigo 1.° do presente diploma.

ARTIGO 6.°

1. A publicação da menção de concessão da patente de invenção, não deverá ocorrer antes de expirar o prazo para reclamações, que é de 3 meses a contar da data de publicação do respectivo pedido no Boletim da Propriedade Industrial.

2. No caso de se verificar qualquer reclamação contra a concessão da patente, deve o Serviço Nacional da Propriedade Industrial avisar de imediato ao requerente, concedendo-lhe para a apresentação da contestação, um prazo de 3 meses a contar da data do aviso. Logo que seja recebida a contestação ou findo aquele prazo, o Serviço Nacional da Propriedade Industrial pode proceder à publicação da menção de concessão ou recusa.

3. A documentação apresentada na reclamação e na contestação deve ser entregue em duplicado.

4. A publicação da menção de recusa de um pedido de patente, poderá ocorrer em simultâneo com a publicação do pedido, ou posteriormente. Da decisão de recusa da patente, só existe recurso para os tribunais.

CAPÍTULO II
Desenhos e Modelos Industriais

ARTIGO 7.º

De acordo com o artigo 12.º da Lei da Propriedade Industrial, os documentos a apresentar juntamente com os requerimentos dos pedidos de registo de desenho ou modelo industrial, deverão obedecer aos seguintes requisitos formais:
   a) Ao requerimento deverão juntar-se os documentos seguintes:
      i. Dois desenhos ou fotografias do objecto cujo desenho ou modelo se pretende registar;
      ii. Um fotólito ou outro suporte, quando tal venha a ser exigido pelo Serviço Nacional da Propriedade Industrial, que não deve exceder 8 cm de altura por 8 cm de base, nem ser inferior a 3 cm de altura por 3 cm de base;
      iii. Memória descritiva mencionando o título ou epígrafe do desenho ou modelo industrial, sua novidade, e género ou géneros produtos para os quais o desenho ou modelo industrial deve ser utilizado;
      iv. Documento comprovativo da autorização do titular do direito de autor, quando o desenho ou modelo for reprodução de obra de arte que não esteja no domínio público, ou de um modo geral, do respectivo autor se este não for o requerente;
   b) Os desenhos e fotografias a que se refere o n.º 1 da alínea anterior deverão obedecer às dimensões e características gerais exigidas na alínea d) do artigo 1.º;
   c) Nos pedidos de registo de desenhos industriais, quando for reivindicada uma combinação de cores, os desenhos ou fotografias a que se refere o número i. da alínea a) deverão exibir as cores reivindicadas;
   d) Os requerentes poderão juntar ao pedido outras fotografias, tiradas de perspectivas que concorram para se formar do modelo ideia mais exacta, sem prejuízo do dever de junção das que se mostram indispensáveis;
   e) Excepcionalmente será aceite que o texto do requerimento e da memória descritiva seja escrito com letra manuscrita, se tal facto não afectar a fácil legibilidade do texto;
   f) O requerente poderá solicitar no requerimento do pedido a não apresentação do exemplar do objecto incorporando o desenho ou

modelo industrial, sem prejuízo do Serviço Nacional da Propriedade Industrial poder exigir em qualquer momento a aplicação do disposto no n.º 1 do artigo 12.º da Lei da Propriedade Industrial;
g) Toda a documentação deve ser redigida em português e entregue em duplicado, excepto a memória descritiva e os desenhos ou fotografias do objecto cujo desenho ou modelo se pretende registar, que serão entregues em triplicado.

ARTIGO 8.º

1. Num único registo poderão ser incluídos os desenhos ou modelos constituídos por várias partes indispensáveis para formar um todo.
2. Num único registo poderão ser incluídos até um máximo de 10 desenhos, ou modelos industriais, os quais deverão ter em comum um mesmo uso ou aplicação.
3. Poderão ser registados separadamente, o modelo de um objecto, e o desenho que eventualmente lhe esteja aplicado.
4. Um desenho ou modelo industrial não pode ser simultaneamente registado como patente de invenção e vice-versa.

ARTIGO 9.º

1. O registo do desenho ou modelo industrial envolve uma mera presunção jurídica de novidade.
2. O registo implica também que o desenho ou modelo cumpra o requisito da aplicação industrial.
3. O registo fundamenta-se no despacho do Director da Indústria, sob parecer de um técnico do Serviço Nacional da Propriedade Industrial.

ARTIGO 10.º

Será recusado o desenho ou modelo industrial:
a) Se o objecto do desenho ou modelo industrial for carecido de novidade, de acordo com o disposto no n.º 1 do artigo 10.º da Lei de Propriedade Industrial;
b) Se ao objecto do desenho ou modelo industrial se aplicar o disposto no n.º 2 do artigo 10.º da Lei de Propriedade Industrial;

c) Se se verificar que houve infracção ao disposto no n.º 2 do artigo 11.º da Lei de Propriedade Industrial;
d) Se o requerente não der cumprimento, no prazo de 3 meses a contar da data do ofício, a qualquer notificação que haja sido elaborada ao abrigo do artigo 30.º da Lei de Propriedade Industrial;
e) Se o requerente não efectuar o pagamento das taxas exigíveis pela aplicação da Lei de Propriedade Industrial, e de harmonia com os valores estipulados no presente Regulamento.

ARTIGO 11.º

1. A divulgação pública no Boletim de Propriedade Industrial dos pedidos de registo de desenho ou modelo industrial deverá ocorrer um ano após a data de prioridade reivindicada, ou caso não haja reivindicação de prioridade, um ano após a data de depósito do pedido.
2. Considera-se como divulgação pública do pedido de registo de desenho ou modelo industrial, a publicação da memória descritiva e de um ou vários desenhos, ou fotografias do objecto cujo desenho ou modelo se pretende registar.

ARTIGO 12.º

Relativamente à publicação da menção de registo do desenho ou modelo industrial, ao processo de reclamação e contestação, à publicação da menção de recusa, ou ainda, ao recurso do despacho de recusa previstos no artigo 6.º será aplicado *mutatis mutandis*.

CAPÍTULO III
Marcas e Nomes Comerciais, Indicações de Proveniência e Denominações de Origem

ARTIGO 13.º

1. O Serviço Nacional da Propriedade Industrial fará o estudo dos processos que consistirá principal e obrigatoriamente no exame da

marca registada e procederá a sua comparação com as marcas registadas para os mesmos produtos ou serviços, depois do que os processos serão informados e submetidos a despacho que poderá ser de concessão ou recusa.

2. Em caso dos nomes, o procedimento é semelhante.

ARTIGO 14.º

Os pedidos de registo de marca ou nome comercial devem ser formulados num requerimento redigido em português que deverá conter a identificação do requerente seja pessoa singular ou colectiva, com o nome, morada e sede e demais elementos identificativos.

ARTIGO 15.º

Em caso de pedidos de marca, devem ser mencionados os produtos ou serviços a que se destinam e a sua respectiva classe.

ARTIGO 16.º

Num pedido de marca pode haver produtos ou serviços pertencentes a diferentes classes. Por cada classe de produtos ou serviços, deverá ser paga uma taxa.

ARTIGO 17.º

Recebido o pedido de registo, será atribuído um número de entrada, sendo que a expressão nominativa será anotada num livro de buscas. Haverá um outro livro para nomes e outro para marcas, organizados por ordem alfabética.

ARTIGO 18.º

As marcas figurativas devem ser agrupadas também em dossier próprio por número de ordem.

ARTIGO 19.º

As representações gráficas de marca deverão ser apresentadas, sempre que possível, em fotocópia ou desenho, sendo uma delas impressa ou colada na folha de publicação e a outra no requerimento.

ARTIGO 20.º

As dimensões da representação gráfica da marca não devem exceder 8 cm de altura por 8 cm de base, nem serem inferiores a 3 cm de altura por 3 cm de base.

ARTIGO 21.º

Após ter sido dada publicidade ao pedido de registo, haverá um período de 90 dias durante o qual poderá haver reclamação contra o pedido, a ser apresentada em duplicado.

ARTIGO 22.º

O requerente poderá contestar, durante um período de 90 dias, após ter tido conhecimento por notificação da reclamação apresentada.

ARTIGO 23.º

Do despacho de concessão ou recusa o requerente será notificado.

ARTIGO 24.º

O pedido de registo de marca ou nome será recusado se não respeitar as disposições contidas no presente diploma ou na Lei de Propriedade Industrial.

ARTIGO 25.º

Relativamente às "Indicações de Proveniência" e "Denominações de Origem", aplica-se as normas que regulam as marcas com as necessárias adaptações.

CAPÍTULO IV
Disposições Comuns

ARTIGO 26.º

1. Os actos e termos do processo só podem ser promovidos:
a) Pelo próprio interessado ou titular do direito se estiver estabelecido ou domiciliado em São Tomé e Príncipe;
b) Por um mandatário de Propriedade Industrial residente em São Tomé e Príncipe.

2. Sem prejuízo do disposto no artigo 28.º da Lei da Propriedade Industrial, quando um depositante tem a sua residência habitual ou seu lugar principal de actividade fora de São Tomé e Príncipe, poderá solicitar ao Director da Indústria, a concessão do prazo de um ano para indicar o nome dum mandatário residente em São Tomé e Príncipe que o represente junto do Serviço Nacional da Propriedade Industrial.

3. O requerente poderá solicitar ao Director da Indústria a prorrogação do prazo mencionado no número anterior.

ARTIGO 27.º

1. Aquando da apresentação dum pedido em qualquer das modalidades de Propriedade Industrial, pode o requerente individual domiciliado em São Tomé e Príncipe solicitar, em requerimento dirigido ao Director da Indústria, uma redução de 75% do valor das taxas a pagar, desde que comprove possuir fracos recursos económicos.

2. Na apresentação deste requerimento o requerente não incorre no pagamento de qualquer taxa de apresentação.

ARTIGO 28.º

O não cumprimento no prazo estabelecido, feito por notificação do Serviço Nacional da Propriedade Industrial, será motivo de recusa de qualquer pedido de direito de Propriedade Industrial.

ARTIGO 29.º

Os prazos estabelecidos nas notificações, assim como os previstos neste diploma, são contínuos.

ARTIGO 30.º

Depois de concedidos os direitos de Propriedade Industrial, o serviço emite os respectivos títulos e entrega-os aos proprietários, mediante o pagamento da taxa devida.

ARTIGO 31.º

Os direitos nas diversas modalidades de Propriedade Industrial caducam:
a) Por ter expirado o prazo de duração;
b) Por falta de pagamento das taxas.

ARTIGO 32.º

1. Qualquer pessoa pode consultar, ou obter cópias:
a) Dos registos nas diversas modalidades de Propriedade Industrial;
b) Dos seus próprios processos, ou dos processos de terceiros que não se encontrem em segredo de ofício.
2. Qualquer pessoa pode solicitar pesquisas da documentação disponível no Serviço Nacional da Propriedade Industrial.
3. A obtenção de informações, cópias, certificados, certidões ou a realização de pesquisas, implica o pagamento das taxas previstas no presente diploma.

ARTIGO 33.º

Aos funcionários em serviço no Serviço Nacional da Propriedade Industrial é proibido substituir-se aos mandatários, ou com eles ilegalmente se relacionar, directa ou indirectamente, em matéria da competência do serviço.

ARTIGO 34.º

O Boletim da Propriedade Industrial pode ser publicado na forma de edital, na forma de jornal editado pelo serviço ou como suplemento ao *Diário da República*.

ARTIGO 35.º

De acordo com o previsto no artigo 35.º da Lei da Propriedade Industrial, é aprovada a tabela de taxas do Serviço Nacional da Propriedade Industrial que, em anexo, faz parte integrante ao presente diploma.

ARTIGO 36.º

O presente diploma entra em vigor na sua data de publicação no *Diário da República*.

Visto e aprovado em Conselho de Ministros, de 18 de Setembro de 2003.

A Primeira Ministra e Chefe do Governo, *Maria das Neves Ceita Batista de Sousa*. O Ministro do Comércio, Indústria e Turismo, *Júlio Lopes Lima da Silva*.

Publique-se.

O Presidente da República, Fradique Bandeira Melo de Menezes.

ANEXO

TABELAS DE TAXAS
(EM DOBRAS)

Pedidos (*)

Patentes de invenção:	3.150.000,00
Desenhos e modelo industrial:	1.340.000,00
– Por cada desenho ou modelo suplementar compreendido no mesmo requerimento:	450.000,00
Marcas de produtos/serviços, por cada classe:	2.250.000,00
Marca colectiva, por cada classe:	2.700.000,00
Nome:	900.000,00
Denominação de origem:	1.350.000,00
Indicações de proveniência:	1.350.000,00

(*) Estas taxas incluem as de publicação dos pedidos no Boletim Oficial da Propriedade Industrial.

Publicações

a) Por cada nova publicação do pedido:

Patentes de invenção:	900.000,00
Desenhos e modelos industriais:	450.000,00
Marcas, nomes, denominações de origem e indicações de proveniência:	900.000,00

b) Por publicação do aviso de menção de registo, concessão ou recusa, incluindo os actos relativos a exame:

Patentes de invenção:	2.250.000,00
Desenhos e modelos industriais:	1.800.000,00

c) Por publicação do aviso do despacho de registo, incluindo os actos relativos a exame:

e) Marcas, nomes, denominações de origem e indicações de proveniência: 1.350.000,00

Patentes de Invenção

Anuidades
1.ª	900.000,00
2.ª	1.250.000,00
3.ª	1.350.000,00

4.ª	1.575.000,00
5.ª	1.800.000,00
6.ª	2.025.000,00
7.ª	2.250.000,00
8.ª	2.475.000,00
9.ª	2.700.000,00
10.ª	2.975.000,00
11.ª	3.150.000,00
12.ª	3.375.000,00
13.ª	3.600.000,00
14.ª	3.825.000,00
15.ª	4.050.000,00
16.ª	4.275.000,00
17.ª	4.500.000,00
18.ª	4.725.000,00
19.ª	4.950.000,00
20.ª	5.175.000,00
Sobretaxa pela revalidação dentro de seis meses:	50% da taxa em dívida

Desenhos e Modelos Industriais

Registo de renovação:	2.250.000,00
Sobretaxa pelo registo ou renovação dentro de seis meses:	50% da taxa em dívida

Marcas de produtos/serviços

Registo de renovação:	3.150.000,00
Sobretaxa pelo registo ou renovação dentro de seis meses:	50% da taxa em dívida

Marcas Colectivas Nomes

Registo de renovação:	3.200.000,00
Sobretaxa pelo registo ou renovação dentro de seis meses:	50% da taxa em dívida

Denominações de Origem

Registo de renovação:	900.000,00
Sobretaxa pelo registo ou renovação dentro de seis meses:	50% da taxa em dívida

AVERBAMENTOS

Modificações

Nome, firma, denominação social ou outro elemento de identificação do titular ou requerente, residência o sede quando a modificação resulte de actos não imputáveis ao titular ou requerente:	90.000,00
Do sinal, adição ou substituição de produtos ou serviços em pedidos de registo, a taxa é igual à do pedido do registo respectivo.	

Transmissão ou Licença de Exploração

Patentes de invenção:	1.110.000,00
Desenhos e modelos industriais:	1.110.000,00
Marcas de registo nacional:	1.350.000,00
Nome:	1.800.000,00

Outras taxas

Certidão:	225.000,00
– Por cada desenho ou modelo suplementar compreendido no mesmo requerimento:	90.000,00
Certificado do pedido:	450.000,00
Certificado de patente, depósito ou registo:	450.000,00
Título:	315.000,00

PRESTAÇÃO DE SERVIÇOS

Pesquisas

De elementos não informatizados:	270.000,00
De elementos informatizados por modalidades e com consulta a base de dados internas:	270.000,00
Por página de impressão:	25.000,00
Autenticação de resultados, por página:	45.000,00

Informações

Por cada elemento solicitado (e referente a um único processo):	90.000,00

Cópias de documentos

Fascículo de patente: 225.000,00
Outros documentos por página A4: 25.000,00

Visto e aprovado em Conselho de Ministro de 18 de Setembro de 2003.

O Ministro do Comércio, Indústria e Turismo, *Júlio Lopes Lima da Silva.*

LEI DAS TELECOMUNICAÇÕES
(Lei n.º 3/2004, de 2 de Julho)

O sector das telecomunicações é um sector-chave para o desenvolvimento económico da República Democrática de São Tomé e Príncipe, devido ao seu isolamento geográfico, assim como por ser indispensável à implantação de indústrias e serviços.

Por um lado, actualmente, as telecomunicações constituem um monopólio do Estado que é dado como concessão a uma sociedade de economia mista, a Companhia São-tomense de Telecomunicações.

Esta estrutura permitiu atingir resultados relativamente satisfatórios em matéria do desenvolvimento da rede e da qualidade dos serviços oferecidos. Contudo, torna-se necessário tomar medidas para incentivar a prestação de novos serviços e gerir racionalmente as tarifas.

Por outro lado, a legislação sectorial, herdada do período colonial, é incompleta e inadequada.

A presente lei tem como objecto constituir a base de uma regulamentação adaptada à modernização das redes e dos serviços de telecomunicações e à abertura progressiva do mercado das telecomunicações à concorrência.

Pretende, igualmente, clarificar as responsabilidades do Estado e dos operadores das redes e dos prestadores de serviços de telecomunicações, enquadrando-os em novos regimes (licença para as redes públicas, autorização para as redes independentes ou simples declaração para a prestação de serviços utilizando as redes independentes ou simples declaração para a prestação de serviços utilizando total ou parcialmente redes de terceiros).

Como contrapartida à renúncia de concessão, irão ser atribuídas à actual sociedade concessionária licenças para a gestão das redes que tem vindo a explorar, sendo que a mesma beneficiará para o efeito de um prazo de adaptação que se prolongará até 31 de Dezembro de 2005, durante o qual terá o exclusivo das ligações internacionais e do fornecimento dos serviços internacionais, assim como o estabelecimento, gestão e exploração da rede telefónica móvel.

Esta reforma inscreve-se na linha da evolução mundial do sector das telecomunicações.

Assim, a Assembleia Nacional decreta, nos termos da alínea b) do artigo 97.º da Constituição o seguinte:

CAPÍTULO I
Disposições Gerais

ARTIGO 1.º
Objecto e Âmbito de Aplicação

1. A presente lei define as regras gerais aplicáveis ao estabelecimento, à gestão e à exploração de redes de telecomunicações e ao fornecimento de serviços de telecomunicações.

2. Ficam excluídas do âmbito do presente diploma, excepto no que respeita às disposições relativas à gestão técnica do espectro radioeléctrico, as infra-estruturas do Estado estabelecidas para as necessidades da defesa nacional e da segurança pública, bem como as infra-estruturas utilizadas exclusivamente para as telecomunicações de difusão.

ARTIGO 2.º
Definições

Para efeitos do disposto no presente diploma, entende-se por:
a) *Telecomunicações* – toda a transmissão ou recepção de símbolos, de sinais, de escritos, de imagens, de sons ou de informações de qualquer natureza, por cabos, sistemas ópticos, meios radioeléctricos ou sistemas electromagnéticos;
b) *Rede de telecomunicações* – toda a instalação ou conjunto de instalações que assegurem a transmissão ou o encaminhamento de sinais de telecomunicações, bem como a troca de informações de controlo e gestão associada às mesmas, entre os terminais dessa rede;

c) *Rede de uso público* – toda a rede de telecomunicações estabelecida ou utilizada, no todo ou em parte, para o fornecimento ao público de serviços de telecomunicações;
d) *Rede independente* – uma rede de telecomunicações reservada à utilização privativa de um só utilizador ou de um número restrito de utilizadores;
e) *Rede interna* – uma rede inteiramente estabelecida sobre a mesma propriedade, sem utilizar o domínio público (hertziano incluído) nem a propriedade de terceiros;
f) *Serviços de telecomunicações* – todas as prestações, incluindo a transmissão, o encaminhamento e/ou a distribuição de sinais ou uma combinação dessas funções através de redes de telecomunicações;
g) *Serviço de telecomunicações de uso público* – um serviço de telecomunicações destinado ao público em geral;
h) *Serviço telefónico* – a exploração comercial do transporte directo da voz em tempo real entre pontos terminais de redes de uso público, fixas ou móveis, ligadas entre si;
i) *Serviço universal* – o fornecimento a todos de um serviço telefónico de qualidade a um preço acessível, e assegura o encaminhamento das comunicações telefónicas provenientes ou destinadas a assinantes, bem como o encaminhamento gratuito de chamadas de urgência, o fornecimento de um serviço de informações e de uma lista de assinantes e a ligação do território nacional em cabines telefónicas instaladas em locais abertos ao público;
j) *Interligação* – a ligação física e lógica das redes de telecomunicações utilizadas por um ou diferentes operadores por forma a permitir o acesso às comunicações entre os diferentes utilizadores dos serviços prestados;
k) *Equipamento terminal* – todo o equipamento destinado a ser ligado directa ou indirectamente a terminal de uma rede de telecomunicações e destinada à transmissão, tratamento ou recepção de informações;
l) *Rede, instalação ou equipamento radioeléctrico* – quando utilizam frequências hertzianas para a emissão ou recepção de ondas radioeléctricas em espaço livre; entre as redes radioeléctricas figuram, designadamente, as redes que utilizam as capacidades dos satélites;

m) *Requisitos essenciais* – os requisitos necessários afim de garantir, em nome do interesse geral, a segurança dos utilizadores e do pessoal dos operadores de redes de telecomunicações, a protecção das redes e nomeadamente das trocas de informações de controlo e gestão associadas às mesmas, e, em caso de necessidade, a boa utilização do espectro radioeléctrico assim como, nos casos justificados, a interoperabilidade dos serviços e dos equipamentos terminais, a protecção de dados, a protecção do ambiente e a tomada em consideração das restrições do urbanismo e de ordenamento do território;
n) *Interoperabilidade dos equipamentos* – a aptidão desses equipamentos para funcionarem, por um lado, com a rede e, por outro, com os restantes equipamentos terminais que permitem aceder a um mesmo serviço;
o) *Operador* – toda a pessoa singular ou colectiva que explore uma rede de telecomunicações de uso público;
p) *Prestador* – toda a pessoa singular ou colectiva que forneça ao público um serviço de telecomunicações suportado em rede de terceiros.

ARTIGO 3.º
Domínio público radioeléctrico

O espaço de propagação das ondas radioeléctricas constitui o domínio público radioeléctrico, sendo a sua gestão, administração e controlo da competência do Estado, nos termos da lei.

CAPÍTULO II
Tutela e Regulação do Sector das Telecomunicações

ARTIGO 4.º
Tutela

É competência do Governo, na qualidade de autoridade de tutela:
a) Definir a política nacional em matéria de telecomunicações;
b) Assegurar a supervisão e o controlo do sector e nomeadamente da actividade dos operadores de telecomunicações;

c) Assegurar a representação da República Democrática de São Tomé e Príncipe nas relações internacionais em matéria de telecomunicações;
d) Determinar o programa de execução do serviço universal de telecomunicações.

ARTIGO 5.º
Órgão de regulação

1. A regulação do sector de telecomunicações será realizada por uma Autoridade de Regulação da República Democrática de São Tomé e Príncipe, cujo objecto é assegurar a regulação do sector das telecomunicações, com vista a favorecer a emergência de um mercado aberto, nas condições previstas na presente lei.

2. Além das competências previstas nos respectivos estatutos, a Autoridade de Regulação fica, designadamente, encarregue:
   a) Do tratamento dos pedidos de estabelecimento de redes e de abertura de serviços de telecomunicações de acordo com o previsto nas disposições da presente lei;
   b) Da fiscalização do cumprimento pelos operadores das disposições legais e regulamentares aplicáveis às suas actividades, e, no caso de incumprimento, da aplicação de sanções ou do exercício de acções judiciais;
   c) Da gestão do espectro radioeléctrico e do plano nacional de numeração;
   d) Da normalização, do controlo de conformidade e da homologação dos equipamentos das redes de telecomunicações;
   e) Da supervisão da interligação das redes e da interoperabilidade dos serviços de telecomunicações de uso público e da resolução dos conflitos entre operadores relativos à interligação;
   f) Da regulação, supervisão e, se necessário, do enquadramento das tarifas dos serviços de telecomunicações dos operadores em posição dominante no mercado;
   g) Da realização de estudos técnicos e económicos com vista à programação do serviço universal de telecomunicações e da repartição dos financiamentos afectos ao serviço universal;
   h) Da arbitragem dos litígios relativos ao âmbito da presente lei, entre operadores ou entre operadores e terceiros, de acordo com as normas a serem editadas pela Autoridade de Regulação;
   i) Da assessoria ao Governo no âmbito das telecomunicações.

CAPÍTULO III
Regime Jurídico das Redes e Serviços de Telecomunicações

SECÇÃO I
Redes e serviços de telecomunicações

ARTIGO 6.º
Quadro geral

1. As redes e os serviços de telecomunicações podem ser estabelecidos, explorados ou prestados nas condições definidas na lei e nos regulamentos aprovados para o seu desenvolvimento.

2. O regime de exploração ou prestação pode assumir a forma de licença, de autorização ou de simples declaração.

ARTIGO 7.º
Regime da licença

1. O estabelecimento e a exploração das redes de telecomunicações de uso público é efectuado no quadro de licenças emitidas pelo Governo mediante proposta da Autoridade de Regulação.

2. A licença será emitida a qualquer pessoa singular ou colectiva adjudicatária de um processo de concurso e que se comprometa a respeitar as condições fixadas no caderno de encargos e na presente lei.

3. O processo de adjudicação será objectivo, transparente e não discriminatório, e será regido por um regulamento adoptado em cumprimento dos princípios estabelecidos na presente lei.

4. A emissão da licença dá lugar ao pagamento de uma taxa inicial.

5. As regras de estabelecimento e de exploração contidas nas licenças abrangerão, pelo menos, os seguintes elementos:
   a) A natureza, as características, a zona de cobertura e o calendário de desenvolvimento da rede;
   b) As condições de permanência, de qualidade e de disponibilidade da rede, bem como os modos de acesso, designadamente, por meio de pontos acessíveis ao público;
   c) As condições de confidencialidade e de neutralidade a respeito das mensagens transmitidas e das informações ligadas às comunicações;

d) As normas e especificações da rede e dos serviços e as condições necessárias para assegurar a interabilidade dos serviços;
e) As disposições exigidas para a protecção do ambiente e pelos objectivos de ordenamento do território e de urbanismo, incluindo, se necessário, as condições de ocupação do domínio público e as modalidades de repartição das infra-estruturas;
f) As disposições exigidas para a defesa e segurança públicas;
g) As frequências atribuídas e as séries de números concedidos, bem como as rendas devidas a esse título;
h) As obrigações do titular ao abrigo do serviço universal;
i) Os direitos e as obrigações do titular em matéria de interligação;
j) As obrigações que se impõem ao titular a fim de permitir a fiscalização das disposições legais e regulamentos e das licenças por parte da Autoridade de Regulação;
k) As taxas devidas à Autoridade de Regulação pela gestão e fiscalização da licença, nas condições previstas pela regulamentação adoptada em desenvolvimento da presente lei.

6. A licença é emitida por um período máximo de vinte anos e é renovável nas condições e nos prazos a serem fixados entre as partes.

7. A licença é pessoal.

8. A licença não pode ser cedida sem o parecer da Autoridade de Regulação e o acordo do Governo, acordo este formalizado pela emissão de uma nova licença emitida em benefício do cessionário.

ARTIGO 8.°
Sanções, cancelamento da licença

1. Quando um operador não respeitar as condições que lhe são impostas pela regulamentação aplicável e pelo seu caderno de encargos, a Autoridade de Regulação conceder-lhe-á um prazo de trinta dias para sanar ou justificar o incumprimento, apresentando as provas pertinentes.

2. Se o operador não sanar o incumprimento, ou se a justificação não for aceite, o Ministro de tutela das telecomunicações pronunciará, por decisão fundamentada e com base em proposta da Autoridade de Regulação, uma das seguintes sanções:
a) Multa num montante igual ou superior a 1% do volume de negócios dos serviços prestados no quadro da licença, durante os meses de exercício;

b) Suspensão total ou parcial da licença por um prazo máximo de três meses;
c) Redução do prazo da licença, até um ano.

3. Se, após três meses a contar da notificação da sanção, o incumprimento persistir, o Governo pode, sem outra formalidade ou processo, decretar o cancelamento da licença, por decisão fundamentada tomada com base em relatório do Ministro de tutela das telecomunicações mediante parecer favorável da Autoridade de Regulação.

4. Uma licença só pode ser cancelada em aplicação do presente artigo, nos seguintes casos:
   a) Desrespeito continuado e comprovado de obrigações estipuladas na presente lei e nos regulamentos aprovados em sua aplicação;
   b) Não pagamento de qualquer direito, taxa, imposto ou renda devidos;
   c) Incapacidade comprovada de o titular da licença explorar de forma eficaz a licença, nomeadamente em caso de dissolução antecipada, de liquidação judiciária ou de falência do titular.

5. As sanções aplicadas em razão do presente artigo são passíveis de recurso, sem efeito suspensivo, junto do Supremo Tribunal de Justiça – Secção do Contencioso Administrativo.

ARTIGO 9.º
Regime de autorização

1. O estabelecimento de redes independentes depende de autorização emitida pelo Ministro de tutela das telecomunicações mediante proposta da Autoridade de Regulação.

2. O pedido de autorização será acompanhado de uma descrição da rede independente especificando, nomeadamente, o objecto da rede, a sua constituição, a lista dos utilizadores, os locais de instalação dos terminais e, em caso de necessidade, as modalidades de interligação da rede independente com uma rede aberta ao público.

3. No caso de a rede compreender estações radioeléctricas, será apresentado, junto com o pedido de autorização, um pedido de atribuição de frequências.

4. A autorização será emitida após verificação pela Autoridade de Regulação de que as seguintes condições se encontrem cumpridas:

a) A rede não é utilizada para fornecimento de um serviço de telecomunicações ao público;
b) A rede não se encontra inter-conectada a uma outra rede independente ou a uma outra rede nacional pública;
c) A conformidade da rede com os requisitos essenciais, no caso de a rede utilizar recursos alugados a um operador de rede aberta ao público ou se encontre inter-conectada com uma rede aberta ao público;
d) Se for o caso, a disponibilidade das frequências radioeléctricas exigidas.

5. No caso em que a rede independente se encontre ligada a um País estrangeiro ou utilize um sistema de telecomunicações por satélite ou cabo submarino, a emissão da autorização fica sujeita ao acordo do Governo em aplicação do artigo 20.º.

6. As recusas de autorização serão fundamentadas e notificadas pela Autoridade de Regulação ao requerente.

7. A emissão da autorização acarreta o pagamento de uma renda a favor da Autoridade de Regulação e o seu montante será determinado pela regulamentação aprovada em desenvolvimento da presente lei.

8. As modificações ao objecto, à configuração e aos utilizadores da rede serão notificadas à Autoridade de Regulação.

9. No caso de ausência de manifestação de oposição da Autoridade de Regulação no prazo de um mês, as modificações são consideradas como aceites.

10. No caso de modificação significativa da rede sem notificação prévia à Autoridade de Regulação, o Ministro de tutela das telecomunicações pode determinar, com base no relatório da Autoridade de Regulação, a suspensão temporária da autorização, por um período não superior a três meses.

11. Em caso de reincidência, o Ministro pode decidir pelo cancelamento da autorização.

12. É proibida a utilização de uma rede independente para o fornecimento de serviços de telecomunicações ao público, o que pode acarretar o imediato cancelamento dá autorização, sem prejuízo das penas previstas no artigo 30.º.

13. A recusa de autorização e as sanções acima referidas são passíveis de recurso junto do Supremo Tribunal de Justiça – Secção do Contencioso Administrativo.

ARTIGO 10.º
Redes internas

A instalação das redes internas é livre dependendo apenas de informação prévia à Autoridade de Regulação.

ARTIGO 11.º
Regime de simples declaração

1. O fornecimento de serviços de telecomunicações suportados, total ou parcialmente, em redes de terceiros, operadores titulares de licenças, é livre, sob reserva de declaração junto da Autoridade de Regulação.
2. O fornecimento do serviço telefónico ao público fica no entanto sujeito à observância do disposto no artigo 7.º.
3. A Autoridade de Regulação estabelecerá formulários tipo para a entrega das declarações e verificará, a qualquer tempo, a conformidade dos serviços propostos com a legislação aplicável e procede ao registo da declaração.
4. No caso de não conformidade do serviço, a Autoridade de Regulação endereçará ao requerente um aviso de interdição, devidamente fundamentada, de prestação de serviço.
5. Os infractores sujeitam-se à aplicação das penas previstas no artigo 30.º.

SECÇÃO II
Condições para a prestação de serviços

ARTIGO 12.º
Princípios de igualdade dos utilizadores

Os operadores de redes e os prestadores de serviços de telecomunicações de uso público garantem um tratamento não discriminatório aos utilizadores e têm, em particular, a obrigação de fornecer os seus serviços a todos os que tenham feito o pedido em conformidade com as condições comerciais especificadas nos respectivos contratos.

ARTIGO 13.º
Princípios de tarifação

1. Os operadores de redes e os prestadores de serviços de telecomunicações de uso público determinam as suas tarifas em conformidade com as regras da concorrência.
2. As tarifas dos serviços fornecidos em exclusivo ou por operadores em posição dominante são submetidas ao enquadramento da Autoridade de Regulação.
3. A forma desse enquadramento será definida em diploma regulamentar da presente lei, podendo o mesmo ser limitado às prestações que integram o serviço universal.

SECÇÃO III
Estabelecimento das Redes de Telecomunicações

ARTIGO 14.º
Utilização do domínio público e do domínio privado

1. As redes de telecomunicações de uso público podem ser estabelecidas por meio de instalação de infra-estruturas e equipamentos no domínio público, na medida em que tal instalação não seja incompatível com a sua afectação.
2. As redes de telecomunicações de uso público podem igualmente ser instaladas tanto nas partes de imóveis e de loteamentos afectos a um uso comum, como sobre, no solo e no subsolo das propriedades não construídas.
3. As condições de ocupação e utilização são definidas por regulamento da Autoridade de Regulação.

ARTIGO 15.º
Expropriações e servidões

A expropriação e a constituição de servidões administrativas são autorizadas pela Autoridade de Regulação, logo que se tornem indispensáveis face:
   a) À construção e à protecção radioeléctrica das estações radioeléctricas das redes de uso público e das instalações necessárias ao controle da utilização do espectro radioeléctrico;

b) À instalação, à protecção e à manutenção das infra-estruturas das redes públicas de telecomunicações de suporte ao serviço universal de telecomunicações.

ARTIGO 16.º
Equipamentos terminais

1. As estações radioeléctricas e os equipamentos destinados a serem ligados, directa ou indirectamente, às redes públicas de telecomunicações deverão ser objecto de uma certificação de conformidade destinada a garantir o respeito dos requisitos essenciais.

2. A Autoridade de Regulação definirá, em aplicação da presente disposição, as modalidades da certificação de conformidade, assim como os requisitos de qualificação dos instaladores de estações radioeléctricas e de equipamentos terminais ligados às redes de uso público.

CAPÍTULO IV
Interligação e Circuitos Alugados

ARTIGO 17.º
Princípios

1. A interligação das redes e interoperabilidade dos serviços de telecomunicações visam garantir a todos utilizadores de uma rede ou de um serviço de telecomunicações de uso público a possibilidade de comunicar com os utilizadores de uma outra rede ou de outro serviço de uso público, e assim como a comunicar livremente.

2. A oferta de circuitos alugados tem por objecto permitir a constituição, a um custo razoável, de novas redes de telecomunicações utilizando as infra-estruturas existentes, assim que as capacidades excedentárias estejam disponíveis.

3. A Autoridade de Regulação assegurará, em aplicação da presente lei e da regulamentação aprovada em sua aplicação, a disponibilidade de interligação em todos os pontos em que tal seja tecnicamente viável.

4. A Autoridade de Regulação definirá os princípios de tarifação aplicáveis à interligação e à oferta de circuitos alugados.

5. A Autoridade de Regulação aprovará as ofertas de interligação e de circuitos alugados publicados pelos operadores em posição dominante,

validará os acordos de interligação e dirimirá os litígios entre operadores relativos a interligação e a oferta de circuitos alugados.

6. A Autoridade de Regulação, através do regulamento aprovado em desenvolvimento da presente lei, precisará as modalidades de interligação entre as diferentes redes e de oferta de circuitos alugados e determinará, nomeadamente, as categorias de operadores que deverão publicar uma oferta de interligação e/ou deverão disponibilizar um conjunto mínimo de circuitos alugados.

ARTIGO 18.º
Condições de interligação

1. Os operadores de redes de uso público deverão dar seguimento, em condições objectivas, transparentes e não discriminatórias, aos pedidos de interligação formulados pelos outros operadores de redes ou de serviços de telecomunicações estabelecidos em conformidade com o disposto na presente lei.

2. O pedido de interligação não poderá ser recusado se se fundamentar, por um lado, nas necessidades do requerente e, por outro, nas capacidades do operador para o satisfazer.

3. Toda e qualquer recusa de pedido de interligação deverá ser fundamentada.

4. Os fornecedores de interligação ficam obrigados a garantir um serviço de qualidade equivalente ao que asseguram no seio da sua própria rede ou para as sociedades filiais ou associadas.

5. A interligação poderá constituir objecto de acordos livremente negociados entre os operadores a que respeite, sujeitos contudo a validação da Autoridade de Regulação.

6. No caso de os operadores não conseguirem um acordo entre si, qualquer um deles poderá recorrer a Autoridade de Regulação, tendo em vista a definição dos termos do acordo.

ARTIGO 19.º
Circuitos alugados

1. Os operadores de redes de uso público deverão atender aos pedidos razoáveis de oferta de circuitos alugados formulados pelos demais operadores de redes e serviços de telecomunicações.

2. Os pedidos não podem ser recusados senão com base na incapacidade do operador em o satisfazer.

ARTIGO 20.º
Tarifas de interligação de circuitos alugados

1. As tarifas de interligação e de circuitos alugados serão não discriminatórias, transparentes e orientadas para os custos.
2. A Autoridade de Regulação determinará os princípios a serem observados para o apuramento dos custos e assegurar-se-á de que as ofertas e os acordos concluídos entre os operadores respeitam esses princípios.
3. A Autoridade de Regulação poderá solicitar aos operadores a prestação de informações justificativas das tarifas propostas.

CAPÍTULO V
Acesso aos Recursos Escassos

ARTIGO 21.º
Planificação das frequências radioeléctricas

1. O Governo aprovará, por decreto, e com base na proposta de Autoridade de Regulação, uma Tabela Nacional de Atribuição de Frequências (TNAF), a qual planificará a utilização dos recursos radioeléctricos, com observância do disposto no Regulamento das Radiocomunicações da União Internacional das Telecomunicações e tratados internacionais.
2. A TNAF será adaptada periodicamente, nos mesmos modelos, designadamente em função dos serviços que utilizam as frequências radioeléctricas, e das necessidades dos utilizadores em São Tomé e Príncipe.
3. Para a caracterização e posterior actualização da TNAF, a Autoridade de Regulação realizará uma concertação com as administrações e empresas utilizadoras do espectro rádio eléctrico, designadamente, as Forças Armadas, os serviços policiais, a administração da Aviação Civil, as rádios e televisões, a Companhia São-tomense de Telecomunicações e a Empresa Nacional de Segurança Aérea.
4. Durante o período que precede a aprovação da TNAF, a atribuição das bandas de frequências e a distribuição das frequências serão efectuadas em conformidade com as disposições da presente lei, com base na tabela internacional de atribuição de frequências para a Região I, em anexo ao Regulamento das Radiocomunicações da União Internacional das Telecomunicações.
5. As distribuições lícitas, mas não conforme a tabela internacional, serão mantidas até à adopção da TNAF.

6. Contudo, logo que uma distribuição constitua uma dificuldade no que respeita às utilizações em conformidade, a Autoridade de Regulação pode retirá-la, em conformidade com o disposto no artigo 22.º.

ARTIGO 22.º
Gestão e fiscalização do espectro radioeléctrico

1. Compete a Autoridade de Regulação a gestão e a fiscalização da utilização do espectro radioeléctrico, em conformidade com a TNAF, nas bandas atribuídas aos serviços que não dependem da defesa, da segurança pública ou da segurança aérea ou marítima.
2. Nenhuma frequência poderá ser utilizada sem uma atribuição escrita da Autoridade de Regulação.
3. Essa atribuição será efectuada de forma não discriminatória em conformidade com a TNAF e enquadrada num procedimento transparente e objectivo.
4. O direito de utilização das frequências é inalienável e não pode ser objecto de cedência sem o acordo da Autoridade de Regulação.
5. A atribuição indicará, na medida do necessário, as condições de utilização das frequências atribuídas necessárias, de forma a evitar interferências e garantir a conformidade das utilizações com a TNAF.
6. Sem prejuízo do disposto no número 10 deste artigo, o direito de utilização é concedido por um período de 5 anos renováveis automaticamente.
7. As licenças dos operadores de redes de uso público indicarão as frequências que lhe são atribuídas à data de entrada em vigor da licença.
8. As atribuições poderão ser modificadas ou completadas em função das necessidades e da utilização efectiva que seja efectuada.
9. As atribuições expiram no termo da licença.
10. A Autoridade de Regulação pode retirar ou modificar uma atribuição, mediante pré-aviso, nos seguintes casos:
    a) Utilização da frequência atribuída de forma não conforme com os termos da atribuição;
    b) Interferências prejudiciais criadas pela utilização de uma frequência atribuída;
    c) Não pagamento das taxas previstas no artigo 23.º;
    d) Modificação da TNAF que implica a não conformidade da utilização com a nova TNAF, caso em que esta modificação será notificada o mais tardar dois anos antes da suspensão da atribuição.

ARTIGO 23.º
Taxas radioeléctricas

Os encargos da Autoridade de Regulação a título de tratamento dos pedidos da atribuição, da gestão e do controlo da utilização do espectro radioeléctrico serão compensados pela cobrança junto dos utilizadores de frequência radioeléctricas de taxas cujo montante e modalidade serão fixadas por Regulamento a aprovar pelo Governo em desenvolvimento da presente lei, mediante proposta da Autoridade de Regulação.

ARTIGO 24.º
Numeração

1. Será estabelecido um plano nacional de numeração que deverá ser actualizada regularmente pela Autoridade de Regulação e sujeito à aprovação pelo Governo.
2. O plano nacional de numeração tem por fim satisfazer as necessidades previsíveis do conjunto dos operadores de redes e prestadores de serviços de uso público.
3. A Autoridade de Regulação atribuirá aos operadores e prestadores prefixos, números ou séries de números em conformidade com o plano nacional de numeração, respeitando os princípios de transparência, de equidade e de eficácia.
4. Os números ou séries de números são inalienáveis e não podem ser objecto de cedência sem acordo da Autoridade de Regulação.
5. As condições de utilização dos recursos de numeração são as que forem especificadas nas licenças.

CAPÍTULO VI
Serviço Universal de Telecomunicações

ARTIGO 25.º
Política

1. As orientações e as prioridades em matéria de serviço universal serão definidas por decreto do Governo, aprovado em desenvolvimento da presente lei.

2. As orientações e as prioridades em matéria de serviço universal têm por fim garantir a extensão da cobertura do serviço telefónico, favorecendo, nomeadamente, a implantação de postos públicos.

3. As licenças dos operadores de redes de telecomunicações que oferecem um serviço telefónico ao público definirão as obrigações desses operadores no que respeita ao fornecimento do serviço universal nas zonas cobertas pelas suas redes.

4. Essas obrigações poderão, caso os custos do equipamento e de exploração sejam superiores aos recursos mobilizáveis, ser limitadas à instalação de postos públicos nas aglomerações cobertas.

ARTIGO 26.º
Financiamento

1. É criado um fundo do serviço universal, cujo objecto é compensado em encargos suportados pelos operadores com obrigações de serviço universal e que não se encontram cobertos pelas receitas desse serviço.

2. O fundo é gerido pela Autoridade de Regulação.

3. As modalidades de distribuição das contribuições financeiras para o fundo são definidas por decreto a que faz referência o n.º 1 do artigo 25.º.

4. O referido diploma determinará igualmente as modalidades de distribuição para o fundo dos operadores de redes e dos prestadores de serviços de telecomunicações de uso público.

CAPÍTULO VII
Organização do Mercado das Telecomunicações

ARTIGO 27.º
Estratégia de abertura do mercado

1. O Governo colocará em execução uma política que visará a criação progressiva de um ambiente competitivo no sector das telecomunicações, com vista ao favorecimento dos investimentos privados no sector, nomeadamente para a emergência de novos serviços e para a competitividade das tarifas.

2. Neste contexto, o Governo velará:
a) Pela manutenção e pelo desenvolvimento do serviço universal;

b) Pela instauração de uma concorrência leal entre os operadores de redes e prestadores de serviços, sob o controlo da Autoridade de Regulação.

ARTIGO 28.º
Processo de decisão

1. O programa de atribuição de novas licenças baseia-se na identificação das necessidades da população e dos agentes económicos e tem em conta o equilíbrio económico do sector.

2. Para o efeito, a Autoridade de Regulação envia em cada ano ao Governo, um relatório descrevendo:
   a) O estado do mercado das telecomunicações;
   b) As necessidades por satisfazer;
   c) As acessibilidades da oferta;
   d) As variedades dos serviços e o nível das tarifas em comparação com outros países, nomeadamente com os países vizinhos de São Tomé e Príncipe;
   e) A situação financeira dos operadores.

3. Em conclusão deste relatório, a Autoridade de Regulação apresentará um parecer fundamentado sobre o interesse em atribuir novas licenças, especificando, se for caso, o seu objecto e número.

4. A decisão do Governo será transmitida à Autoridade de Regulação com vista à organização de um processo de, concurso em conformidade com o disposto no artigo 7.º.

CAPÍTULO VIII
Disposições Penais

ARTIGO 29.º
Estabelecimento ilegal
de uma rede de telecomunicações

1. O estabelecimento de uma rede de telecomunicações ou o fornecimento de um serviço de telecomunicações em violação das disposições da presente lei é punido com uma multa de vinte milhões até cem milhões de dobras, consoante a gravidade da infracção.

2. A fabricação para o mercado interno, a importação ou detenção que vise a venda ou a distribuição a título oneroso ou gratuito de equipamentos terminais ou de estações radioeléctricas em violação das disposições do artigo 16.º, ou a sua ligação directa ou indirecta a uma rede de telecomunicações de uso público, poderão ser penalizadas por uma multa de cinco a cinquenta milhões de dobras por equipamento terminal.

3. O tribunal pode, a pedido da Autoridade de Regulação, ordenar a confiscação das instalações, de aparelhos ou meios de transmissão utilizados sem licença ou autorização, ou a sua destruição a expensas do infractor.

ARTIGO 30.º
Degradação ou perturbação das ligações de telecomunicações

1. Aquele que degrade ou deteriore, de que modo seja, linhas aéreas ou subterrâneas ou qualquer obra, será punido com uma multa de cinco milhões até cinquenta milhões de dobras.

2. Aquele que, nas águas territoriais da República Democrática de São Tomé e Príncipe, deteriore ou corte, voluntariamente ou por negligência culpável, cabos submarinos de telecomunicações será punido com uma multa de duzentos milhões até quinhentos milhões de dobras, consoante a gravidade da infracção.

3. Aquele que perturbe voluntariamente um serviço radioeléctrico, utilizando uma frequência, instalação radioeléctrica ou qualquer outro meio, será penalizado com uma multa de dez milhões até cem milhões de dobras, podendo o tribunal ordenar a confiscação do material que originou a perturbação.

ARTIGO 31.º
Violação do sigilo das comunicações

1. Aquele que, sem autorização do expedidor, intercepte, divulgue, publique ou utilize o conteúdo das comunicações efectuadas através das redes de telecomunicações ou o conteúdo das mensagens privadas transmitidas por via radioeléctrica será punido com uma pena de um mês a um ano de prisão e uma multa de cinco a cinquenta milhões de dobras, ou apenas com uma destas duas penas, consoante a gravidade da infracção.

2. Esta disposição não se aplica em caso de:
a) Consentimento explícito do autor e do destinatário da comunicação;
b) Intercepção de uma comunicação privada por ordem judicial;
c) Intercepção de uma comunicação privada pela Autoridade de Regulação com o fim de identificar, isolar ou impedir a utilização não autorizada de uma frequência radioeléctrica.

ARTIGO 32.º
Penalidades

1. Em caso de reincidência nos cinco anos que se seguem a uma condenação transitada em julgado em aplicação de uma das infracções referidas, os limites das multas e das penas podem ser elevadas para o seu dobro.

2. No caso das infracções previstas nos artigos 29.º a 31.º, a Autoridade de Regulação ou o tribunal podem pronunciar, contra o condenado, a interdição de exercer, durante uma duração de cinco anos, toda a actividade profissional relacionada com o sector das telecomunicações.

ARTIGO 33.º
Instrução de processos

1. Os processos relativos às infracções previstas na presente lei são instruídos de acordo com as disposições que regem o processo contra-ordenacional ou penal, consoante o caso couber.

2. A Autoridade de Regulação é a entidade competente para a instrução dos processos de contra-ordenação.

CAPÍTULO IX
Disposições Finais e Transitórias

ARTIGO 34.º
Regulamentação e entrada em vigor

1. Fica o Governo autorizado a promover o desenvolvimento e regulamentação da presente lei.

2. A publicação dos regulamentos respeitantes aos serviços de telecomunicações deve ser feita progressivamente, de acordo com a evolução das necessidades do mercado.

3. O ministro da tutela, mediante proposta da Autoridade de Regulação, actualizará por despacho as multas previstas no Capítulo VIII.

ARTIGO 35.°
Revogação

São revogadas todas as disposições anteriores que contrariem a presente lei.

ARTIGO 36.°
Direitos adquiridos

1. Em derrogação do disposto no n.° 2 do artigo 7.°, serão atribuídas à Companhia São-tomense de Telecomunicações (CST), por decreto do Governo, aprovado ao abrigo da presente lei, duas licenças com vista à exploração de uma rede fixa de telecomunicações e de uma rede móvel de telecomunicações no território da República Democrática de São Tomé e Príncipe.

2. A CST beneficiará, por força dessas licenças, do exclusivo no Serviço Internacional de Telecomunicações de uso público no território da República Democrática de São Tomé e Príncipe até 31 de Dezembro de 2005 e do exclusivo no Serviço Móvel de telecomunicações de uso público no território da República Democrática de São Tomé e Príncipe até 31 de Dezembro de 2005.

3. As licenças serão atribuídas pelo Governo em contrapartida da renúncia pela CST e do seu accionista principal a todos e quaisquer direitos emergentes do Contrato de Concessão firmado em 1 de Dezembro de 1989 entre o Governo e a Companhia Portuguesa Rádio Marconi, S.A., bem como todas as adendas a este contrato firmadas ulteriormente.

4. As propriedades das infra-estruturas de telecomunicações fornecidas pelo Estado à CST no âmbito do contrato de concessão acima referido serão definitivamente transferidas para a CST como contrapartida da manutenção da participação da República Democrática de São Tomé e Príncipe no capital social da sociedade.

5. A República Democrática de São Tomé e Príncipe poderá posteriormente alienar a sua participação no capital da CST, em conformidade com a legislação aplicável.

ARTIGO 37.º
Entrada em vigor

O presente diploma entra em vigor nos termos legais.

Assembleia Nacional, em São Tomé, aos 20 de Fevereiro de 2004.

O Presidente da Assembleia Nacional, *Dionísio Tomé Dias.*

Promulgado em 23 de Abril de 2004.

Publique-se.

O Presidente da República, FRADIQUE BANDEIRA MELO DE MENEZES.

LEI-QUADRO DA ACTIVIDADE PETROLÍFERA
(Lei n.º 4/2000, de 23 de Agosto)

TÍTULO I
Disposições Gerais

CAPÍTULO I
Definições

ARTIGO 1.º
Definições

Na presente lei, os termos constantes deste artigo têm os seguintes significados:
   a) «Áreas de operações petrolíferas especiais»: a parte do território de São Tomé e Príncipe na qual as operações de pesquisa e exploração exigem o emprego de tecnologia mais sofisticada e implicam um risco acrescido, nomeadamente em resultado do tipo de produção, das técnicas empregues para intensificar a recuperação, a modesta dimensão das reservas recuperáveis, a natureza do terreno, a profundidade das águas (águas profundas e muito profundas), a distância das infra-estruturas de transporte, ou a fragilidade do meio ambiente. As zonas de operações petrolíferas especiais serão designadas por grau;
   b) «Autorização de exploração»: a autorização de exploração de hidrocarbonetos concedida de acordo com o título V desta lei;
   c) «Autorização de pesquisa»: a autorização de pesquisa de hidrocarbonetos concedida de acordo com o título IV desta lei;

d) «Autorização de prospecção»: a autorização de prospecção de hidrocarbonetos concedida de acordo com o título II desta lei;
e) «Autorização de transporte doméstico»: a autorização para o transporte de hidrocarbonetos através de oleodutos e gasodutos concedida de acordo com o título VII desta lei;
f) «Autorização(ões)»: toda e qualquer autorização concedida ao abrigo desta lei;
g) «Contrato de partilha de produção», ou «CPP»: um contrato petrolífero mediante o qual o empreiteiro é pago em espécie através do direito a uma parte da produção, de acordo com o estabelecido no artigo 16.º desta lei;
h) «Contrato petrolífero»: contrato de partilha de produção celebrado entre o Estado e uma concessionária ou um empreiteiro, após a publicação desta lei e de acordo com o título III da lei, com o fim de ser empreendida, numa base de exclusividade, pesquisa e exploração de hidrocarbonetos numa determinada área;
i) «Direitos mineiros»: significa o conjunto de poderes atribuídos à concessionária nacional com vista a realizar operações petrolíferas na área de uma determinada concessão petrolífera;
j) «Empreiteiro e co-empreiteiro»: uma empresa, que pode ser detida pelo Estado, ou um consórcio de empresas conforme previsto no artigo 9.º desta lei, que esteja vinculada perante o Estado através de um contrato de partilha de produção (CPP). O termo «empreiteiro» inclui todos os co-empreiteiros num CPP. O empreiteiro, ou pelo menos um dos seus membros, tem de ser uma companhia petrolífera. No caso de num CPP participar mais do que uma empresa (definida acima como empreiteiro), cada empresa que detenha uma participação será um membro do empreiteiro e será designada como um co-empreiteiro;
k) «Estado»: a República Democrática de São Tomé e Príncipe;
l) «Exploração»: operações destinadas a extrair hidrocarbonetos para fins comerciais, designadamente as operações de desenvolvimento e produção, bem como as actividades conexas, tal como o abandono de jazigo de hidrocarbonetos e instalações de produção;
m) «Hidrocarbonetos»: todos os hidrocarbonetos líquidos ou gasosos descobertos no seu estado natural, de outro modo referidos como petróleo bruto ou gás natural, conforme o caso, bem como todos

os produtos e substâncias derivadas extraídas em associação com os referidos hidrocarbonetos;
n) «Ministro»: o ministro que, em dado momento, está devidamente autorizado pelo Estado como responsável pela mineração petrolífera;
o) «Operações petrolíferas»: todas as actividades de prospecção, pesquisa, exploração e transporte de hidrocarbonetos, incluindo a armazenagem e o tratamento, especialmente o processamento de gás natural, com exclusão das actividades de refinação e distribuição de produtos petrolíferos;
p) «Operador»: se o empreiteiro compreender uma única entidade, o empreiteiro será o operador. Se existirem vários co-empreiteiros, o operador será sempre uma companhia petrolífera e co-empreiteiro. O operador é nomeado pelos seus co-empreiteiros com a aprovação do Estado, para executar as operações petrolíferas de acordo com os termos do CPP. O operador deve ser capaz de exibir um historial satisfatório relativamente à sua experiência como operador (particularmente em áreas e em condições similares às da área a que se candidata), bem como no domínio da protecção ambiental;
q) «Pesquisa»: as actividades específicas de prospecção, bem como os poços de pesquisa destinados a descobrir jazigos de hidrocarbonetos economicamente exploráveis, incluindo as actividades de avaliação e delimitação de uma descoberta de hidrocarbonetos que se presuma comercial;
r) «Prospecção»: as actividades geológicas e geofísicas preliminares de prospecção e detecção da possível existência de hidrocarbonetos, tais como levantamentos sísmicos, nomeadamente através de uso de métodos geológicos, geofísicos e geoquímicos, com exclusão da sondagem que exceda uma profundidade de 300 (trezentos) m;
s) «Royalty»: as receitas liquidadas derivadas da venda ou da disposição do petróleo bruto ou gás natural de royalty e que devem ser pagas ao Governo, em dinheiro ou em espécie por opção do Governo, nos termos desta lei;
t) «Sociedade afiliada» ou «Afiliada» representa:
  i) Uma sociedade ou qualquer outra entidade na qual a associada detenha, directa ou indirectamente, a maioria absoluta dos votos na assembleia-geral dos sócios ou seja titular de

mais de 50% dos direitos e interesses que conferem o poder de direcção nessa sociedade ou entidade, ou ainda que detenha o poder de direcção e controlo sobre essa sociedade ou entidade;
ii) Uma sociedade ou qualquer outra entidade que detenha, directa ou indirectamente, a maioria absoluta dos votos na assembleia-geral dos sócios ou órgão equivalente da associada ou sobre esta detenha o poder de direcção e controlo;
iii) Uma sociedade ou qualquer outra entidade na qual a maioria absoluta de votos na respectiva assembleia-geral de sócios ou dos direitos e interesses que conferem o poder de direcção daquelas seja, directa ou indirectamente, detidos por uma sociedade ou por qualquer outra entidade que detenha, directa ou indirectamente, a maioria absoluta dos votos na assembleia-geral de sócios ou órgão equivalente da associação ou sobre esta detenha o poder de direcção e controlo;

u) «Sociedade petrolífera»: qualquer sociedade comercial que tenha evidenciado possuir capacidade técnica e financeira necessária para executar adequadamente operações petrolíferas, bem como a experiência necessária no domínio da protecção ambiental. Esta sociedade comercial pode ser constituída ao abrigo das leis da RDSTP, ou ao abrigo de qualquer jurisdição estrangeira;

v) «Território de São Tomé e Príncipe»: a área terrestre da RDSTP, bem como as zonas marítimas sob a jurisdicação do Estado, tal como definidas por lei e pelas resoluções da RDSTP;

w) «Transporte»: as actividades de transporte dos hidrocarbonetos conduzidos através de oleodutos e gasodutos até aos pontos de embarque no território de São Tomé e Príncipe; os regulamentos de execução desta lei podem prever o uso de outros meios de transporte;

x) «Jazigo»: significa um depósito que:
  i) Se encontre em comunicação de pressão vertical ou lateral; ou
  ii) Seja constituído por reservatórios de petróleo susceptíveis de produção comercial que se encontrem sob ou sobrepostos (de uma perspectiva vertical) relativamente a qualquer reservatório de petróleo num jazigo existente, o qual seja susceptível de produção comercial.

CAPÍTULO II
Disposições Preliminares

ARTIGO 2.º
Propriedade do Estado
sobre os jazigos de hidrocarbonetos

1. São propriedade do Estado todas as reservas e jazigos de hidrocarbonetos líquidos e gasosos existentes no subsolo do espaço terrestre e sob o território aquático formado pelo mar territorial, as águas arquipelágicas e a águas suprajacentes imediatas às costas, fora do mar territorial, na extensão que fixa a lei, em conformidade com o direito internacional.
2. Para efeitos das operações petrolíferas, o Estado exerce a sua soberania sobre todo o território de São Tomé e Príncipe.

ARTIGO 3.º
Âmbito de aplicação

Todas as operações petrolíferas desenvolvidas no território de São Tomé e Príncipe, bem como o regime fiscal dessas actividades, ficarão sujeitos às disposições desta lei e dos seus regulamentos de execução, sem prejuízo do previsto no artigo 83.º

ARTIGO 4.º
Autorização de operações petrolíferas

1. Nenhuma pessoa singular ou colectiva, incluindo os proprietários dos terrenos, poderá realizar operações petrolíferas, sem ser previamente autorizada pelo Estado em conformidade com as disposições desta lei.
2. Qualquer pessoa autorizada pelo Estado a realizar operações petrolíferas tem o direito de ocupar as áreas necessárias à execução dessas operações e dos respectivos trabalhos, dentro ou fora da área abrangida pelo seu contrato petrolífero. Para o efeito, e dependendo do interesse do terreno, poderá ser conferido o direito de mera ocupação dessas áreas de acordo com as disposições desta lei, dos seus regulamentos de execução e da legislação relativa à posse da terra e aos terrenos públicos.

ARTIGO 5.º
Direito de realizar operações petrolíferas

1. O Estado reserva-se o direito de realizar operações petrolíferas, quer directamente, quer por intermédio de uma sociedade petrolífera estatal devidamente autorizada para esse efeito.

2. O Estado pode também autorizar sociedades comerciais a realizarem operações petrolíferas no âmbito de contrato petrolífero celebrado entre essas empresas e o Estado, em conformidade com o disposto nesta lei.

ARTIGO 6.º
Concessão de direitos mineiros

1. O Governo poderá conceder em exclusivo os direitos mineiros à sociedade petrolífera estatal à qual seria atribuída, consequentemente, os poderes de uso, fruição e gestão da propriedade estatal de hidrocarbonetos líquidos e gasosos constantes desta lei.

2. Caso se verifique o estatuído no número precedente, não poderá a sociedade petrolífera estatal alienar total ou parcialmente os direitos mineiros.

ARTIGO 7.º
Obrigatoriedade associativa

Toda a sociedade ou entidade estrangeira, de comprovada idoneidade e capacidade técnica e financeira, que deseje exercer no território nacional operações petrolíferas, fora do âmbito da autorização de prospecção, apenas o poderá fazer em associação com a sociedade petrolífera estatal.

ARTIGO 8.º
Modalidades da associação e prestação de serviços

1. A sociedade petrolífera estatal pode associar-se com entidades nacionais ou estrangeiras de comprovada idoneidade e capacidade técnica e financeira após ter obtido prévia autorização do Governo, mediante decreto-lei.

2. A associação poderá revestir-se das seguintes formas:
   a) Sociedade comercial;

b) Associação em participação (*joint venture*);
c) Contrato de partilha de produto;
d) Outras formas de associação autorizadas pelo Governo.

3. É consentido, também, à sociedade petrolífera estatal o exercício das operações petrolíferas através de um contrato de prestação de serviços.

ARTIGO 9.º
Direitos e obrigações das associadas da sociedade petrolífera estatal

1. Com vista a prosseguirem os objectivos fixados nos respectivos contratos que celebrarem com a sociedade petrolífera estatal, as associadas desta gozam, entre outros, dos direitos referidos no artigo 6.º da presente lei, com as limitações previstas neste artigo.

2. As associadas da sociedade petrolífera estatal ficarão sujeitas às obrigações gerais decorrentes da legislação santomense relativa às empresas que investem e operam em São Tomé e Príncipe, à presente lei, aos diplomas de concessão, às obrigações referidas no artigo 7.º, às obrigações contidas nos respectivos contratos celebrados com a sociedade petrolífera estatal e, ainda, às obrigações seguintes:
   a) Participar nos esforços de integração, formação e promoção profissional de cidadãos santomenses nos termos dos artigos 65.º e de acordo com a legislação em vigor;
   b) Sem prejuízo do disposto no n.º 1 do artigo 6.º, manter, nos termos da presente lei e de acordo com o estabelecido nos contratos celebrados como sociedade petrolífera estatal, estritamente confidenciais quaisquer elementos de informação de carácter técnico ou económico, obtidos no exercício das operações petrolíferas;
   c) Adoptar os procedimentos e as regras contabilísticas estabelecidos na legislação santomense e nos contratos celebrados com a sociedade petrolífera estatal;
   d) Submeter todos os seus livros e documentos contabilísticos a uma auditoria anual a realizar pelo Ministério das Finanças.

3. A qualidade de associada da sociedade petrolífera estatal poderá ser referida às entidades que, de forma grave ou repetida, não cumprirem as obrigações decorrentes da presente lei, do diploma de concessão e do contrato que, em decorrência do mesmo, celebrarem com a sociedade petrolífera estatal.

ARTIGO 10.º
Transmissão da posição contratual

1. As associadas da sociedade petrolífera estatal apenas podem transmitir parte ou a totalidade da sua posição contratual a terceiros de comprovada idoneidade e capacidade técnica e financeira, e após obterem prévia autorização do Governo.
2. Para efeitos da presente lei é equiparada à transmissão da posição contratual a transmissão para terceiros das respectivas quotas ou acções que representem mais de 50% do respectivo capital social.
3. A autorização referida no n.º 1 não é necessária no caso de a cessão se proceder entre afiliadas e se o cedente permanecer solidariamente responsável pelas obrigações do cessionário, devendo, neste caso, o instrumento contratual de cessão ser submetido à consideração da sociedade petrolífera estatal.
4. A sociedade petrolífera estatal goza do direito de preferência nas cessões referidas no n.º 1, quando as mesmas se processam a não afiliadas da cedente.

ARTIGO 11.º
Direcção das operações petrolíferas

A participação da sociedade petrolífera estatal nas associações com terceiros incluirá necessariamente o direito à participação na direcção das operações petrolíferas, conforme dispuserem os respectivos contratos.

ARTIGO 12.º
Risco obrigatório

O risco de aplicação dos investimentos no período de pesquisa correrá por conta da entidade que se associar à sociedade petrolífera estatal, não tendo aquele direito à recuperação dos capitais investidos no caso de não existir uma descoberta economicamente explorável.

ARTIGO 13.º
Operador – Mudança de operador

1. O operador será indicado no título de concessão sob proposta da sociedade petrolífera estatal e deverá ser uma entidade de reconhecida idoneidade e capacidade técnica e financeira.

2. O operador estará sujeito à observância da legislação em vigor e ao estrito cumprimento das disposições contidas no título de concessão.

3. A mudança de operador está sujeita à prévia autorização do Governo, sob proposta da sociedade petrolífera estatal.

ARTIGO 14.º
Contratos de empreitada e de prestação de serviços

O operador deverá dar conhecimento, através da sociedade petrolífera estatal, ao Governo, 30 (trinta) dias após o termo de cada superior aquele que for determinado pelo Governo. Os elementos a indicar relativamente aos contratos celebrados são os seguintes:
a) Identificação das partes contratantes;
b) Objectivo;
c) Valor do contrato;
d) Prazos e sua duração;
e) Entidades responsáveis pela supervisão dos trabalhos.

ARTIGO 15.º
Direito de participação nas operações petrolíferas

O Estado, quer directamente, quer por intermédio da sociedade petrolífera estatal devidamente autorizada para esse efeito, reserva-se o direito de adquirir, ou providenciar pela aquisição, de um interesse, de qualquer tipo legal, em todas ou parte das operações petrolíferas, de acordo com os termos e condições previstos no contrato petrolífero.

ARTIGO 16.º
Sujeitos de um contrato petrolífero

1. Um contrato petrolífero só pode ser celebrado com uma sociedade comercial, ou com várias sociedades comerciais em conjunto. A mesma sociedade comercial pode assumir a posição de empreiteiro em vários contratos petrolíferos.

2. Os funcionários públicos e os empregados ou responsáveis de organismos governamentais com poderes para realizar operações petrolíferas estão proibidos de adquirir uma participação pessoal, directa ou indirecta, nas operações petrolíferas no território de São Tomé e Príncipe, e não podem adquirir a qualidade de empreiteiro num contrato petrolífero ou ser beneficiários de uma autorização.

3. Várias sociedades comerciais podem constituir um consórcio para efeitos de participarem e executarem um contrato petrolífero.

4. Uma sociedade petrolífera pode também constituir um consórcio com outro tipo de sociedade, ao abrigo das condições estabelecidas no contrato petrolífero, desde que a sociedade não petrolífera detenha uma participação minoritária no consórcio que assuma a posição de empreiteiro do contrato petrolífero e não seja o operador.

5. Todos os protocolos, contratos ou acordos relativos ao consórcio, incluindo a nomeação da sociedade petrolífera que assumirá as funções de operador, serão notificados ao Governo.

ARTIGO 17.º
Definição de áreas de operações petrolíferas

1. O Governo, com salvaguarda de quaisquer direitos adquiridos, estabelecerá por decreto, ouvidos os departamentos ou serviços governamentais competentes, as áreas onde é permitida a realização de operações petrolíferas, em relação às quais podem ser celebrados contratos petrolíferos ou, quando aplicável, concedidas autorizações.

2. Essas áreas poderão ser divididas em blocos de acordo com os termos e condições estabelecidas por meio de decreto que dará execução às disposições desta lei.

ARTIGO 18.º
Poder discricionário do Estado

1. O Estado tem total discricionariedade em relação às propostas de celebração de contratos petrolíferos e pedidos de concessão de autorizações. Em caso de recusa total ou condicional, o proponente não tem o direito de impugnar essa decisão, ou de reclamar qualquer tipo de compensação ao Estado.

2. Caso sejam recebidos em simultâneo pedidos de autorização ou propostas de celebração de contratos petrolíferos concorrentes, não poderá ser invocado qualquer direito de prioridade, sem prejuízo de eventuais direitos adquiridos que possam existir.

3. Serão objecto de regulamentação a informação que deve constar das propostas de celebração de contratos petrolíferos e pedidos de concessão de autorizações, bem como as condições e créditos para a sua adjudicação, renovação, cessão ou transferência.

ARTIGO 19.º
Concorrência de direitos de exploração sobre a mesma área

1. A existência de uma autorização ou contrato petrolífero sobre uma determinada área não preclude a atribuição a outra entidade de direitos mínimos, sobre a totalidade ou parte da referida área, para a pesquisa e exploração de substâncias minerais, de acordo com a legislação e regulamentos em vigor aplicáveis a essas substâncias.

2. Do mesmo modo, a validade dos direitos mineiros referidos no número anterior não preclude a celebração de um contrato petrolífero sobre a totalidade ou parte da área em questão.

3. Na eventualidade da existência de direitos a substâncias minerais diversas que incidam sobre a mesma área, a actividade do empreiteiro titular dos direitos mineiros mais recentes será conduzida de modo a não prejudicar a actividade do empreiteiro titular dos direitos anteriores.

TÍTULO II
Autorização de Prospecção

ARTIGO 20.º
Âmbito de concessão

1. A autorização de prospecção aplicar-se-á às não abrangidas por um contrato petrolífero e poderá ser concedida a uma pessoa singular ou a uma pessoa colectiva, por decisão do Governo, o qual fixará os seus termos.

2. A autorização de prospecção confere ao respectivo empreiteiro o direito não exclusivo de realizar trabalhos de prospecção preliminar dentro de uma área definida.
Tal autorização não constitui um direito de mineração de hidrocarbonetos e não é susceptível de cessão ou transferência.

3. A autorização de prospecção não confere ao respectivo empreiteiro qualquer direito de obter um direito de mineração de hidrocarbonetos ou de celebrar um contrato petrolífero.

4. A autorização de prospecção é conferida com salvaguarda dos direitos de terceiros.

5. Caso se afigure necessário, o Estado poderá também conceder autorizações de prospecção com o único objectivo de recolher informação técnica.

ARTIGO 21.º
Prazo e condições

1. A autorização de prospecção é concedida por um período máximo de 2 (dois) anos, renovável por uma única vez por um prazo não superior a 1 (um) ano.
2. As condições para a obtenção e renovação de uma autorização de prospecção serão fixadas por regulamento.
3. Os resultados dos trabalhos de prospecção serão comunicados ao Ministro de acordo com as condições especificadas na respectiva autorização.

ARTIGO 22.º
Autorizações simultâneas

1. Podem ser concedidas simultaneamente várias autorizações de prospecção para a mesma área.
2. O Estado pode celebrar, a qualquer momento, um contrato petrolífero abrangendo a totalidade ou parte da área abrangida por uma autorização de prospecção, caso em que a referida autorização caducará *ipso iure* relativamente à respectiva área, sem que tal caducidade confira ao detentor da autorização o direito a qualquer compensação.

TÍTULO III
O Contrato Petrolífero

CAPÍTULO I
Os Vários Tipos de Contratos Petrolíferos

ARTIGO 23.º
Contratos petrolíferos

1. O Estado apenas poderá celebrar contratos petrolíferos do tipo contrato de partilha de produção (CPP).
2. Quando as circunstâncias assim o exijam, o objecto de um contrato petrolífero pode ser limitado à exploração de um ou mais depósitos de hidrocarbonetos já descobertos e delimitados antes da celebração do contrato.

CAPÍTULO II
O Contrato de Partilha de Produção

ARTIGO 24.º
Definição

1. O contrato de partilha de produção é um contrato mediante o qual o Estado contrata os serviços de um empreiteiro para que este realize, por sua conta e de forma exclusiva, dentro de uma área definida, actividades de pesquisa e, no caso de se verificar uma descoberta de um campo comercial de hidrocarbonetos, actividades de exploração.

2. O empreiteiro será responsável pelo financiamento das operações petrolíferas, por sua conta e risco.

3. As operações petrolíferas de um contrato de partilha de produção serão, dependendo da sua natureza, realizadas ao abrigo de uma autorização exclusiva de pesquisa, ou de exploração, abrangendo a exploração de um campo comercial de hidrocarbonetos.

ARTIGO 25.º
Termos e condições de partilha

1. Ocorrendo a produção de hidrocarbonetos ao abrigo de um contrato de partilha de produção, essa produção será repartida entre o Estado e o empreiteiro de acordo com o disposto no respectivo contrato. O empreiteiro receberá uma quota-parte da produção para reembolso dos seus custos e a título de compensação em espécie, nos termos e condições seguintes:
   a) Uma parte da totalidade da produção de hidrocarbonetos será afecta ao reembolso dos custos petrolíferos efectivamente incorridos pelo empreiteiro na realização das operações petrolíferas ao abrigo do contrato. Esta parte de produção, geralmente referida na indústria petrolífera como «petróleo-custo» (produção para a recuperação de custos), não poderá exceder a percentagem de produção prevista no contrato de partilha de produção, o qual deverá estabelecer os custos petrolíferos recuperáveis, as condições especiais de amortização desses custos (incluindo um «factor de acréscimo» adequado dos custos), bem como os termos e condições para recuperação desses custos através da tomada de uma parte da produção.

2. O remanescente da totalidade da produção de hidrocarbonetos, após a dedução da parte tomada de acordo com a alínea anterior, geralmente referido na indústria petrolífera como «petróleo-lucro» (produção para compensação), será repartido entre o Estado e o empreiteiro de acordo com os termos de repartição estabelecidos no contrato petrolífero, o qual especificará se a repartição tem lugar antes ou depois do pagamento do imposto sobre o rendimento.

3. O contrato de partilha de produção poderá estabelecer que a remuneração do empreiteiro seja efectuada em dinheiro, em vez de remuneração sob a forma de partilha da produção de hidrocarbonetos. Um contrato desse tipo terá a designação de contrato de prestação de serviços de risco.

CAPÍTULO III
Das Disposições Comuns aos Contratos Petrolíferos

ARTIGO 26.°
Negociação e assinatura

1. O contrato petrolífero é negociado e assinado por uma sociedade petrolífera estatal devidamente mandatada para esse efeito, em representação do Estado, e pelo representante legal do(s) empreiteiro(s), em nome de cada um dos co-empreiteiros.

2. O contrato petrolífero entra em vigor após a sua assinatura pelas partes.

3. O contrato petrolífero será regulado e interpretado de acordo com a presente lei e, na ausência de regulamentação expressa sobre uma matéria específica relativa às operações petrolíferas, ou qualquer outra matéria relacionada com as disposições desta lei, de acordo com os princípios de direito internacional comummente aceites.

ARTIGO 27.°
Conteúdo

1. O contrato petrolífero disporá, nomeadamente, sobre:
a) A área da autorização de pesquisa;
b) Os programas de pesquisa mínimos e os respectivos compromissos financeiros que o empreiteiro se obriga a realizar durante

o período inicial de validade da sua autorização de pesquisa e durante cada um dos períodos de renovação;

c) A duração do contrato petrolífero e dos diversos períodos de validade da autorização de pesquisa, bem como as condições para a sua renovação e prorrogação, incluindo o abandono das áreas de superfície, caso existam;

d) As obrigações relativas a uma descoberta comercial e ao desenvolvimento de campo comercial;

e) Os termos e condições para a concessão de uma autorização de exploração, os seus diversos períodos de validade e as condições para a sua renovação e prorrogação, incluindo o abandono das áreas de superfície, caso existam;

f) Os direitos e obrigações das partes contratantes;

g) Os programas de trabalho e orçamentos, bem como a supervisão da sua implementação;

h) Os direitos e obrigações do empreiteiro o que diz respeito ao transporte dos hidrocarbonetos extraídos, sem prejuízo das disposições reguladoras aplicáveis;

i) As normas relativas à propriedade dos hidrocarbonetos produzidos e à sua repartição entre as partes contratantes;

j) O regime legal aplicável aos bens móveis ou imóveis, necessários para realizar a operações petrolíferas, incluindo os termos e condições da sua transferência para o Estado no final do contrato; e

k) Depois da recuperação de custos nos termos do contrato petrolífero;

l) As disposições referentes à participação do Estado, de um departamento governamental, ou da sociedade petrolífera estatal, devidamente mandatados para esse efeito, na totalidade petrolífera estatal, devidamente mandatados para esse efeito, na totalidade ou em parte das operações petrolíferas, bem como as normas que regulam a associação entre o Estado ou a entidade estatal e os seus co-empreiteiros;

m) As obrigações respeitantes à formação e emprego de mão-de-obra local;

n) As cláusulas financeiras, bem como as normas contabilísticas específicas das operações petrolíferas, incluindo a conservação dos livros;

o) As medidas e trabalhos necessários para o abandono das instalações e para a protecção do ambiente a serem realizadas antes do termo do contrato petrolífero ou da autorização;

p) Os termos e condições para cessação do contrato petrolífero;
q) Os impostos específicos e outras disposições fiscais aplicáveis às operações petrolíferas conduzidas de acordo com o contrato petrolífero;
r) As cláusulas relativas a estabilidade dos termos económicos e fiscais;
s) Casos de força maior;
t) Normas sobre a resolução de litígios, sem prejuízo das disposições regulamentares em vigor respeitantes à resolução de litígios de carácter técnico.

TÍTULO IV
A Autorização de Pesquisa

ARTIGO 28.º
Exclusividade

Todo o contrato de partilha de produção contém uma autorização exclusiva para a realização de actividades de pesquisa na área do contrato.

ARTIGO 29.º
Objecto da autorização

1. A autorização de pesquisa confere ao empreiteiro o direito exclusivo de realizar, por sua conta e risco, todo o trabalho de prospecção e pesquisa de hidrocarbonetos dentro dos limites da área do contrato e até uma profundidade indeterminada, salvo se for previsto de outra forma.

2. Sem prejuízo da necessidade de declaração prévia do Governo, a autorização de pesquisa confere igualmente ao empreiteiro o direito à sua quota-parte de hidrocarbonetos que possam ser extraídos durante trabalhos de pesquisa e testes de produção.

ARTIGO 30.º
Prazos

1. A autorização de pesquisa é concedida por um período inicial máximo de 6 (seis) anos, que pode ser dividido numa ou mais fases de duração variável.

2. A autorização de pesquisa é renovável duas vezes, por períodos de 2 (dois) anos cada, de acordo com as condições previstas no contrato petrolífero. O empreiteiro pode requerer a renovação da sua autorização de pesquisa, de acordo com os procedimentos necessários e em conformidade com os termos e condições de renovação fixados por decreto, e desde que o empreiteiro tenha cumprido as suas obrigações durante o período de validade em causa. Tal renovação é concedida por regulamento, e poderá estipular o abandono de uma porção da área de superfície abrangida pela autorização de exploração, de acordo com as disposições do contrato petrolífero.

3. Sem prejuízo das disposições do n.º 4 deste artigo, a duração da autorização de pesquisa, incluindo as 2 (duas) renovações, não poderá exceder 10 (dez) anos, ou 12 (doze) anos para áreas de operações petrolíferas especiais.

4. O período de validade da autorização de pesquisa poderá ser prorrogado, se necessário, de acordo com os termos e condições do contrato, por forma a permitir o complemento de poços de pesquisa em curso, ou a avaliação e a delimitação de uma descoberta de hidrocarbonetos, nomeadamente no caso de uma descoberta de gás natural não associado, ou de uma descoberta localizada numa área especial de operações petrolíferas.

ARTIGO 31.º
Obrigações do empreiteiro

O empreiteiro titular de uma autorização de pesquisa obriga-se a realizar, durante o período inicial e, se for o caso, durante o período de renovação, o trabalho de pesquisa e o programa de despesas mínimas previstos no contrato petrolífero.

ARTIGO 32.º
Indemnização do empreiteiro ao Estado

Caso o empreiteiro não cumpra as obrigações de trabalho e as despesas estabelecidas no artigo 31.º, dentro dos prazos fixados e de acordo com as disposições do contrato petrolífero, o empreiteiro indemnizará o Estado de acordo com os termos e condições previstos no contrato petrolífero.

ARTIGO 33.º
Notificação de descoberta

1. O empreiteiro titular de uma autorização de pesquisa deverá notificar o Governo de qualquer descoberta de hidrocarbonetos.
2. Se tal descoberta conduzir à presunção da existência de um depósito.
3. Comercialmente explorável, o empreiteiro realizará o trabalho necessário para a avaliação e a delimitação de tal depósito com a maior diligência, sem prejuízo da oportunidade de testar e agregar estruturas contíguas.
4. Após a realização desse trabalho, o empreiteiro decidirá se tal descoberta é ou não comercial.

ARTIGO 34.º
Pedido de concessão de autorização de exploração

1. O empreiteiro que tenha fornecido prova da existência de um depósito de hidrocarbonetos comercialmente explorável na sua área de contrato deve solicitar a concessão de uma autorização de exploração e prosseguir as actividades de exploração. O empreiteiro apresentará um requerimento neste sentido ao Governo dentro dos prazos estabelecidos no contrato petrolífero.
2. A concessão de uma autorização de exploração nos termos deste artigo acarretará o cancelamento da autorização de pesquisa dentro da área de exploração, mas a referida autorização continuará válida fora dessa área até ao tempo da sua validade, sem modificação do programa mínimo de pesquisa prosseguido pelo empreiteiro.

ARTIGO 35.º
Termo da autorização de pesquisa

1. Quando uma autorização de pesquisa atinge o seu termo ou a data de renovação antes de ter sido tomada uma decisão relativamente a um requerimento devidamente apresentado para a prorrogação ou renovação de uma autorização de exploração, e caso o empreiteiro haja honrado os seus compromissos e satisfeito as suas obrigações resultantes desta lei, dos seus regulamentos de execução, e do contrato petrolífero, a validade da autorização de pesquisa para a área objecto do requerimento será prorrogada pelo Governo.

2. Até que a decisão seja proferida, o empreiteiro titular de uma autorização de pesquisa está unicamente autorizado a prosseguir o trabalho de pesquisa dentro dos limites da(s) área(s) abrangidos pelo seu requerimento.

ARTIGO 36.°
Operações de abandono e de protecção ambiental

Antes do termo final ou parcial da autorização de pesquisa, quer no fim de cada período de validade, quer no caso de abandono ou cancelamento, o empreiteiro deve realizar, a expensas suas, as operações de abandono e de protecção ambiental prescritas pelas leis e regulamentos aplicáveis bem como pelo contrato petrolífero. O empreiteiro fornecerá ao Governo toda a informação e dados petrolíferos em sua posse respeitantes à área abandonada.

TÍTULO V
A autorização de Exploração

ARTIGO 37.°
Direito exclusivo de exploração

A autorização de exploração, que será anexa ao contrato petrolífero, confere ao empreiteiro direitos exclusivos para realizar actividades de exploração dentro da área do contrato autorizada, no caso de um contrato de partilha de produção.

ARTIGO 38.°
Conteúdo e limites

1. A autorização de exploração confere ao empreiteiro seu titular o direito exclusivo de realizar, por sua conta e risco, todas as operações petrolíferas sobre um depósito de hidrocarbonetos comercialmente explorável, dentro dos limites da respectiva área e a uma profundidade indeterminada, bem como o direito de dispor de toda ou parte da produção de hidrocarbonetos, de acordo com as disposições do contrato petrolífero.

2. A concessão de uma autorização de exploração não conferirá, em nenhuma circunstância, o direito de propriedade sobre os depósitos. A autorização de exploração cria um direito de duração limitada que não é susceptível de hipoteca, e que é distinto da propriedade sobre a área de superfície.
3. O referido direito é susceptível de cessão e de transferência, de acordo com as condições estabelecidas no artigo 46.º desta lei.

ARTIGO 39.º
Duração

1. O termo inicial da autorização de exploração não poderá exceder 25 (vinte e cinco) anos para os campos que produzem petróleo bruto e 30 (trinta) anos para os campos que produzem gás natural, de acordo com as condições do contrato petrolífero.
2. A autorização de exploração poderá ser renovada por um ou mais períodos com a duração máxima de 10 (dez) anos cada um, de acordo com os procedimentos estabelecidos no artigo 30.º e nos termos dos regulamentos aplicáveis, contanto que o empreiteiro tenha cumprido as suas obrigações e demonstrado prova da possibilidade de continuar a produção comercial de hidrocarbonetos para além do período de validade prorrogado.

ARTIGO 40.º
Quem pode obter autorização de exploração

Apenas o empreiteiro titular de uma autorização de pesquisa válida pode obter autorização de exploração para a área abrangida pela autorização de pesquisa.

ARTIGO 41.º
Decreto de concessão

A autorização de exploração é concedida por decreto, o qual deverá prever a sua duração e os limites da área de exploração.

ARTIGO 42.º
Extensão da área de exploração

Salvo se o contrato petrolífero dispuser de forma diferente, a extensão da área de exploração é limitada à área de superfície, criada por linhas verticais apoiadas na área delimitada à superfície. A área de exploração será delineada de forma a abranger a área de superfície correspondente ao depósito sobre o qual o empreiteiro detém direitos.

ARTIGO 43.º
Cancelamento da autorização de exploração

Salvo o caso de força maior, se o trabalho realizado no depósito abrangido pela autorização de exploração não for efectuado de modo diligente, ou se a exploração estiver suspensa por mais de 6 (seis) meses, poderá ser ordenado, por despacho do Ministro, o cancelamento após ter sido efectuada e não ter sido tomada nenhuma medida para remediar a situação.

ARTIGO 44.º
Plano de abandono de campos e instalações

1. No início da produção comercial, o empreiteiro e o Estado, actuando directamente ou através de um departamento governamental ou de uma sociedade petrolífera estatal, deverão reunir-se com vista a chegar a acordo e preparar um plano para o abandono de todos os campos e instalações utilizadas nas operações petrolíferas.
2. As instalações, materiais e terrenos relacionados com a autorização de exploração que tenham sido necessários para levar a cabo a exploração deverão, por solicitação do Ministro, ser transferidos para o Estado, sem compensação para o empreiteiro, de acordo com as modalidades previstas no respectivo contrato petrolífero.

ARTIGO 45.º
Condições do pedido de autorização de exploração

1. O empreiteiro titular de uma autorização de pesquisa que através de trabalho de pesquisa realizado de acordo com as disposições desta lei, os seus regulamentos de execução e o contrato petrolífero, forneça prova da existência, dentro da área do contrato, de um jazigo de hidrocarbonetos comercialmente explorável, tem direito a obter uma autorização de exploração para esse jazigo.
2. Para o efeito, o empreiteiro poderá apresentar um pedido de autorização de exploração antes do termo do período de validade da sua auto-

rização de pesquisa, de acordo com os termos e condições previstos nesta lei e no seu decreto de execução.

TÍTULO VI
Cessão e Abandono de um Contrato Petrolífero

CAPÍTULO I
Cessão

ARTIGO 46.º
Condições de cessão

1. Os direitos e obrigações emergentes de um contrato petrolífero, bem como a autorização de exploração relativa a esse contrato são, com sujeição ao disposto neste artigo, susceptíveis de cessão e de transferência, no todo ou em parte, de acordo com os termos e condições estabelecidos pelo referido contrato e pelos regulamentos em vigor.

2. A aprovação do Governo ou o consentimento das outras partes será necessário, no caso de os direitos e obrigações serem transferidos para uma empresa não afiliada.

3. Não será necessária qualquer aprovação no caso de cessão ou transferência para uma empresa africana de um empreiteiro ou para um co--empreiteiro.

4. O cessionário de um direito ou de uma obrigação, nos termos deste capítulo, ficará sujeito às normas constantes desta lei e dos seus regulamentos de execução.

ARTIGO 47.º
Projecto de contrato a apresentar pelo empreiteiro

1. O empreiteiro parte num contrato petrolífero apresentará ao Governo, para aprovação, qualquer projecto de contrato ou de acordo através do qual o empreiteiro prometa conferir, ceder ou transferir, ou através do qual confira, ceda ou transfira, no todo ou em parte, os direitos e obrigações resultantes do contrato petrolífero e uma empresa não afiliada.

2. Qualquer contrato ou acordo com uma empresa não afiliada apenas poderá ser celebrado de acordo com as condições de aprovação referidas no n.º 1.

3. Qualquer contrato ou acordo celebrado em violação das disposições deste artigo será nulo, sendo passível de rescisão o contrato petrolífero pelo Estado.

ARTIGO 48.º
Alteração no controle da empresa

No caso de se verificar uma transacção que importe uma alteração no controle da empresa empreiteira, esta empresa informará o Ministro de tal facto, em conformidade com os termos e condições previstos no contrato petrolífero.

ARTIGO 49.º
Afastamento de co-empreiteiro

Quando um contrato petrolífero for detido por vários co-empreiteiros, o afastamento de um ou mais desses co-empreiteiros não implica a resolução do contrato, desde que os restantes co-empreiteiros assumam, eles próprios, as obrigações que tenham sido aceites nos termos do contrato. Esta retirada deverá ser comunicada ao Ministro.

CAPÍTULO II
Abandono

ARTIGO 50.º
Abandono da autorização de pesquisa

1. O empreiteiro titular de uma autorização de pesquisa pode abandonar, no todo ou em parte, as áreas de superfície abrangidas pela sua autorização, desde que o notifique ao Ministro com uma antecedência mínima de 2 (dois) meses. O abandono só se efectivará quando for aceite por despacho do Ministro e importará o cancelamento da autorização em causa.

2. Salvo se o contrato petrolífero dispuser de modo diferente, a realização de um abandono parcial não reduz as obrigações contratuais do empreiteiro.

3. Um abandono total provocará a caducidade do contrato petrolífero. O abandono apenas poderá ser aceite se o empreiteiro tiver cumprido todas as suas obrigações constantes do contrato petrolífero e dos regulamentos aplicáveis, nomeadamente no que se refere à protecção do ambiente, durante o período de validade em causa, ou conforme o caso, se tiver pago a compensação devida ao Estado em conformidade com o contrato petrolífero.

ARTIGO 51.º
Abandono da autorização de exploração

1. O empreiteiro titular de uma autorização de exploração poderá abandonar, no todo ou em parte, as áreas de superfície abrangidas pela sua autorização, desde que notifique o Ministro com uma antecedência mínima de 1 (um) ano, contanto que o empreiteiro haja cumprido, durante o período de validade em causa, as suas obrigações constantes do contrato petrolífero, nomeadamente no que respeita à protecção do ambiente.

2. O abandono apenas se efectivará depois de ser aceite pelo Ministro, por meio de despacho, o qual definirá a área a ser mantida pelo empreiteiro, se for o caso.

3. O abandono total provocará a caducidade do contrato petrolífero.

TÍTULO VII
Autorização de Transporte Doméstico

ARTIGO 52.º
Decreto de concessão

1. Durante o período de validade do contrato petrolífero, é concedida ao respectivo empreiteiro, por meio de decreto e após solicitação, uma autorização de transporte doméstico, de acordo com os termos e condições previstos neste título.

2. A autorização de transporte doméstico confere ao empreiteiro o direito de transportar, dentro do território de São Tomé e Príncipe, pelos seus próprios meios, ou de transportar através de terceiros, embora mantendo os direitos de propriedade, os produtos resultantes das actividades

de exploração do empreiteiro, ou a sua quota-parte nos mesmos, até aos pontos de entrega, tratamento, armazenamento, carregamento, ou até aos centros principais de consumo.

TÍTULO VIII
Relação com os Proprietários dos Terrenos

CAPÍTULO I
Disposições Comuns
a Todas as Operações Petrolíferas

ARTIGO 53.º
Titularidade dos terrenos

1. Para efeitos da concessão do direito de uso dos terrenos referidos no artigo 4.º desta lei, o empreiteiro de um contrato petrolífero deve apresentar às autoridades administrativas competentes um relatório sobre a propriedade, cujo conteúdo será determinado por decreto.

2. Os objectivos dessa investigação sobre a propriedade serão os seguintes:
   a) Identificar a situação das parcelas de terreno abrangidas pela autorização ou pelo contrato petrolífero;
   b) Efectuar um recenseamento dos titulares de direitos e proprietários de bens nessas parcelas de terra;
   c) Informar as pessoas referidas na alínea b) das condições de compensação pela perda dos seus direitos;
   d) Familiarizar os residentes com as operações petrolíferas.

ARTIGO 54.º
Requisitos de ocupação de terras

1. De acordo com os resultados da investigação, o empreiteiro titular de uma autorização ou de um contrato petrolífero apresentará os requerimentos necessários para a ocupação de terras, nos termos do disposto no decreto de execução desta lei e da legislação aplicável relativa ao uso e posse da terra e às terras do Estado.

2. Serão concedidas autorizações para a ocupação de terras, caso as mesmas sejam necessárias para o requerente realizar adequadamente as suas actividades petrolíferas, e caso o requerente haja cumprido as obrigações que sobre si impendem nos termos do disposto na legislação e regulamentos em vigor. Fora destes casos poderão ser negadas autorizações para a ocupação de terras.

3. As autorizações para a ocupação de terras são concedidas por meio de decreto quando tiverem por objecto parcelas de terras particulares, terras do domínio privado do Estado ou terras de domínio público, de acordo com os termos e condições estabelecidos pela legislação aplicável relativa ao uso e posse da terra e terras do Estado.

4. Quando a ocupação disser respeito a terras pertencentes a entidades privadas (pessoas singulares ou colectivas), deverá ser celebrado um contrato de arrendamento por escritura pública entre as referidas entidades e o empreiteiro de modo a regular a utilização da terra.

5. O Ministro poderá solicitar ao ministro da tutela sobre as terras que classifique como terrenos públicos pertencentes ao domínio privado do Estado, ou exproprie por utilidade pública com salvaguarda dos legítimos direitos dos proprietários e outros titulares as terras que:

a) Tenham que ser ocupadas para efeitos de construção, uso e manutenção de sistemas de transporte de hidrocarbonetos;

b) Se destinem a construir, por despacho fundamentado do Ministro, áreas protegidas dentro das quais as operações petrolíferas podem ser sujeitas a determinadas condições ou ser proibidas, com vista à protecção de edifícios e áreas urbanas, nascentes, estradas de acesso, obras de arte e obras públicas, ou sempre que tais áreas protegidas sejam consideradas de interesse público, sem que o empreiteiro titular de uma autorização ou de um contrato petrolífero tenha a exigir qualquer compensação. Esse despacho determinará os termos e condições aplicáveis à declaração de áreas protegidas.

6. Será, contudo, paga uma quantia compensatória representativa do montante de despesas referentes aos trabalhos de demolição ou abandono, se o empreiteiro titular de uma autorização ou de um contrato petrolífero for obrigado a demolir ou abandonar as obras autorizadas realizadas dentro de tais áreas antes das mesmas serem declaradas áreas protegidas.

ARTIGO 55.º
Utilização de árvores, cascatas e nascentes

O decreto previsto no artigo 54.º poderá, igualmente, autorizar o empreiteiro titular de um contrato petrolífero a:
 a) Dentro da área autorizada cortar árvores na medida do que for necessário para a realização das operações petrolíferas, pagando quaisquer direitos, taxas e rendas devidos nos termos da legislação aplicável, utilizar, para fins das operações petrolíferas, cascatas e nascentes que não estejam a ser exploradas ou que não sejam reservadas;
 b) Dentro e fora da área abrangida pela sua autorização ou pelo contrato petrolífero, realizar os trabalhos necessários às suas operações petrolíferas.

ARTIGO 56.º
Outras operações petrolíferas

Para efeitos de clarificação, as actividades, operações e trabalhos seguintes constituem também operações petrolíferas:
 a) Construção e utilização de geradores, instalações e linhas eléctricas;
 b) Sistemas de telecomunicações;
 c) Instalações de primeiros socorros;
 d) Armazenagem de materiais, equipamento, produtos, bem como as instalações destinadas a tratamento, e eliminação da poluição;
 e) Construções destinadas a alojamento, entretenimento, higiene, saúde e formação de pessoal;
 f) Construção ou melhoramento dos meios de acesso, em especial estradas, pontes, caminhos-de-ferro, canalizações, portos e pistas de aterragem;
 g) Estabelecimento de coordenadas e dos limites para os terrenos a serem utilizados.

ARTIGO 57.º
Declaração de utilidade pública

Se as actividades e operações referidas nos artigos 55.º e 56.º forem necessárias para a condução das operações petrolíferas pelo empreiteiro, o Estado pode usar o poder de domínio eminente para adquirir a terra necessária em benefício do empreiteiro.

ARTIGO 58.º
Pagamento de despesas e indemnizações pelo empreiteiro

O empreiteiro titular de um contrato petrolífero suportará as despesas, indemnizações e, de um modo geral, todas as taxas resultantes da aplicação dos artigos 53.º e 57.º.

ARTIGO 59.º
Condições do uso público das instalações do empreiteiro

1. As instalações de telecomunicações, linhas eléctricas, reservatórios de água e infra-estruturas médicas, educativas e recreativas construídas pelo empreiteiro podem ser usadas para servir as instituições vizinhas que assim o solicitem e encontrar-se disponíveis para uso público, desde que isso não prejudique a sua utilização pelo empreiteiro.
2. Uma compensação pelo uso de tais instalações será determinada por acordo entre o empreiteiro e o Governo.

ARTIGO 60.º
Reparação de danos causados pelas operações petrolíferas

1. O empreiteiro reparará quaisquer danos que as operações petrolíferas possam causar à área utilizada.
2. O empreiteiro ficará obrigado, neste caso, a pagar uma indemnização correspondente à medida do dano causado e determinada por acordo amigável entre as partes respectivas ou, na falta de tal acordo, pelos tribunais que tiverem jurisdição sobre a matéria.
3. O pedido de indemnização do requerente deve ser apresentado ao operador até 1 (um) ano após a data de extinção dos factos que provocaram os danos.

ARTIGO 61.º
Regime de reparação de danos

1. O empreiteiro de um contrato petrolífero que tiver causado algum dano físico ou material será objectivamente responsável por qualquer dano, incluindo dano ao ambiente que esteja relacionado, directa ou indirectamente com a prossecução das operações petrolíferas, actividades conexas ou instalações situadas dentro ou fora da área do contrato, quer tais

danos sejam causados por acções do empreiteiro ou dos seus subempreiteiros. Na falta de reparação do dano, a indemnização terá que corresponder ao valor do dano causado.

2. O Estado não incorrerá em responsabilidade extracontratual por quaisquer danos resultantes da execução das operações petrolíferas pelo empreiteiro.

3. O contrato petrolífero estabelecerá os termos e condições para as garantias e seguros que o empreiteiro tem a obrigação de obter a favor do Estado, de terceiros, do público ou do ambiente, de modo a assegurar a aplicação do disposto neste artigo.

TÍTULO IX
Direitos e Obrigações Relacionados com as Operações Petrolíferas

CAPÍTULO I
Prossecução das operações petrolíferas

ARTIGO 62.º
Deveres de diligências e competência do empreiteiro

O empreiteiro deve executar as operações petrolíferas pelas quais é responsável com diligência e em consonância com o actual estado da arte e as técnicas normalmente utilizadas na indústria petrolífera internacional.

ARTIGO 63.º
Subcontratação pelo empreiteiro

1. O empreiteiro pode subcontratar a execução das operações petrolíferas a empresas qualificadas, mantendo, no entanto, a responsabilidade sobre as mesmas.

2. Os subempreiteiros contratados pelo empreiteiro observarão o disposto neste capítulo, bem como as disposições da legislação e regulamentos aplicáveis, para os efeitos e no âmbito das operações petrolíferas que lhes foram subcontratadas.

ARTIGO 64.º
Preferência pelas empresas nacionais

Na adjudicação de contratos de construção, fornecimentos de mercadorias e prestação de serviços, o empreiteiro e os seus subempreiteiros darão preferência a empresas da RDSTP, na medida em que as condições de pagamento e serviço pós-venda.

ARTIGO 65.º
Preferência na contracção de cidadãos da RDSTP

1. Na execução das operações petrolíferas, o empreiteiro e os seus subempreiteiros devem empregar preferencialmente cidadãos da RDSTP devidamente qualificados.

2. Para o efeito, assim que se iniciem as operações petrolíferas, o empreiteiro deve criar e financiar um programa de formação profissional de cidadãos da RDSTP, para todas as áreas, de acordo com os termos e condições previstos no contrato petrolífero.

ARTIGO 66.º
Garantia do padrão de higiene e segurança

1. O empreiteiro assegurará, por sua conta e por conta dos seus subempreiteiros, o cumprimento dos padrões de higiene e segurança durante as operações petrolíferas, de acordo com a legislação e regulamentos aplicáveis e a prática da indústria petrolífera internacional.

2. O empreiteiro comunicará prontamente às autoridades administrativas competentes qualquer acidente grave que ocorra no decurso das operações petrolíferas.

3. O empreiteiro tomará quaisquer medidas que lhe sejam ordenadas pelo Governo e sejam consentâneas com as práticas adoptadas pela indústria petrolífera, incluindo a instalação, as suas expensas, de equipamento para prevenir ou eliminar quaisquer fontes de perigo que as suas operações petrolíferas possam causar à saúde pública, à segurança das populações, ao ambiente, à segurança e higiene do seu pessoal, ou à conservação de locais ou reservas protegidas, nascentes ou vias públicas, de acordo com o previsto na legislação e regulamentos aplicáveis.

4. O empreiteiro será porém, consultado sobre as condições de implementação dessas medidas por forma a que fiquem protegidos os interesses das partes interessadas.

ARTIGO 67.º
Contratos de unitização

1. No caso de o jazigo de hidrocarbonetos se estender por mais do que uma área contratual, quer essas áreas tenham sido concedidas a empreiteiros diferentes, quer resultem de contratos petrolíferos diversos contendo disposições distintas no que toca à partilha dos hidrocarbonetos, poderá ser imposto aos empreiteiros, consoante seja o caso, que celebrem um contrato designado de «unitização» por forma a que esse jazigo seja explorado nas melhores condições técnicas e económicas possíveis.

2. Esse contrato, assim como o plano de exploração conjunto, deverão ser aprovados pelo Governo.

CAPÍTULO II
Protecção Ambiental

ARTIGO 68.º
Deveres do empreiteiro

O empreiteiro deve executar as operações petrolíferas em consonância com as práticas adoptadas pela indústria petrolífera internacional por forma a garantir, em todas as circunstâncias, a conservação dos recursos naturais, especialmente dos jazigos de hidrocarbonetos, e a devida protecção das características essenciais do ambiente. Para o efeito, o empreiteiro deve, em especial tomar todas as medidas destinadas a preservar e proteger o ambiente, os ecossistemas e a natureza circundante, bem como a segurança de pessoal e bens.

ARTIGO 69.º
Estudo do impacte ambiental

1. Quando as operações petrolíferas a desenvolver pelo empreiteiro sejam susceptíveis de interferir com o ambiente, em razão da sua dimensão, natureza ou impacte no meio circundante, o empreiteiro deverá elaborar, a suas expensas, um estudo de impacte ambiental que permita avaliar os efeitos directos e indirectos dessas operações no equilíbrio ecológico da área do contrato e de qualquer das áreas vizinhas, no estilo e qualidade de vida das populações e no ambiente em geral.

2. O estudo de impacte ambiental estará disponível para consulta pública, quando tal for exigível.

3. Sem prejuízo da legislação ambiental em vigor, o decreto de execução desta lei estabelecerá as condições e o modo de implementação deste artigo, nomeadamente a lista das operações petrolíferas cuja execução está sujeita à realização de um estudo de impacte ambiental, o conteúdo desse estudo, bem como as condições em que será objecto de divulgação pública.

CAPÍTULO III
Supervisão Administrativa e Técnica e Controlo Financeiro

ARTIGO 70.º
Sujeição a normas

As operações petrolíferas estão sujeitas a normas de supervisão, controlo e segurança, de acordo com o previsto nesta lei e nos seus regulamentos de execução.

ARTIGO 71.º
Entidade responsável

1. O Governo é responsável pela aplicação das disposições desta lei e dos seus regulamentos de execução, bem como pelo cumprimento pelos empreiteiros de contratos petrolíferos das obrigações que lhes são impostas.

2. Neste âmbito, o Governo adoptará todas as medidas regulamentares necessárias e será responsável juntamente com a sociedade petrolífera estatal devidamente mandatada para o efeito, pela supervisão técnica e administrativa, pela inspecção económica e contabilística e pelo controlo financeiro das operações petrolíferas.

3. Os termos e condições em que será exercida a supervisão técnica e administrativa e a inspecção económica e contabilística serão definidos no decreto que regulamentar as disposições desta lei.

CAPÍTULO IV
Normas Aplicáveis à Supervisão e Relatórios

ARTIGO 72.º
Documentos a apresentar pelo empreiteiro

O empreiteiro fornecerá ao Governo todos os documentos, informações, amostras e relatórios periódicos resultantes ou relativos às operações petrolíferas, de acordo com as disposições desta lei e do contrato petrolífero.

ARTIGO 73.º
Suspensão dos trabalhos

1. Qualquer trabalho conduzido de modo a constituir violação ao disposto no título IX desta lei e dos seus regulamentos de execução, e que seja susceptível de prejudicar os interesses do Estado, deve ser suspenso mediante decisão da autoridade administrativa competente.

2. O trabalho será retomado logo que a causa que determinou a sua suspensão deixar de existir.

TÍTULO X
Disposições Fiscais, Aduaneiras e Cambiais

CAPÍTULO I
Disposições Fiscais

ARTIGO 74.º
Royalties e rendas

1. Serão pagos *royalties*, em espécie ou dinheiro, de acordo com o previsto no contrato petrolífero.

2. Os empreiteiros de contratos petrolíferos e de autorizações de prospecção estão sujeitos ao pagamento de uma renda de superfície anual, cujo valor e condições de pagamento são estabelecidos nos contratos petrolíferos.

ARTIGO 75.º
Cálculo de imposto sobre o rendimento

1. Os empreiteiros de contratos petrolíferos e os seus subempreiteiros estão sujeitos ao imposto sobre o rendimento, nas condições previstas nesta lei, com base nos lucros líquidos obtidos a partir de todas as operações petrolíferas realizadas no território de São Tomé e Príncipe, quer operem por conta própria, quer no âmbito de um consórcio com outras empresas, de acordo com as normas do Código do Imposto sobre o Rendimento, desta lei e do contrato petrolífero.

2. Para o efeito, cada empreiteiro de um contrato petrolífero, uma empresa, independentemente da sua nacionalidade, deverá manter, para cada ano fiscal, uma contabilidade separada para as suas operações petrolíferas por forma a registar a produção e os lucros e apresentar um balanço evidenciando os lucros dessas operações e o activo e o passivo atribuíveis a essas operações ou com elas directamente relacionados.

3. A matéria colectável referida no n.º 1 correspondente à diferença entre o rendimento bruto obtido pelo empreiteiro no ano fiscal como resultado das operações petrolíferas realizadas no território de São Tomé e Príncipe e os custos incorridos nesse ano com as operações petrolíferas definidos nos procedimentos contabilísticos.

4. O valor de qualquer prejuízo não amortizado em que o empreiteiro ou outra empresa haja incorrido no âmbito das operações petrolíferas poderá ser deduzido à matéria colectável para além do limite temporal estabelecido no Código do Imposto sobre o Rendimento para a recuperação de prejuízos, até que estes estejam totalmente absorvidos.

5. Os seguintes elementos, em particular, devem ser incluídos no rendimento bruto do empreiteiro ou de um co-empreiteiro:

   a) O valor dos produtos vendidos pelo empreiteiro ou co-empreiteiro, ou por sua conta, para benefício próprio, valor esse que deve estar em consonância com os preços correntes do mercado internacional estabelecidos de acordo com as disposições do contrato petrolífero aplicável ao empreiteiro. O valor a incluir no rendimento bruto não incluirá qualquer parte de hidrocarbonetos vendida pelo empreiteiro ou por um co-empreiteiro por conta de outrem ou do Estado;

   b) Eventuais receitas de armazenagem, processamento e transporte de hidrocarbonetos, bem como as resultantes da venda de substâncias afins;

c) Mais-valias resultantes da cessão ou transmissão, pelo empreiteiro ou co-empreiteiro, de quaisquer activos imobilizados. Se, contudo, a exploração estiver a ser executada por várias empresas associadas em consórcio, e uma participação no activo ou no capital do empreiteiro ou de um co-empreiteiro vier a ser transmitida entre essas empresas ou entre uma das empresas associadas e uma das suas afiliadas que venha participar nessa exploração, então as mais-valias resultantes dessa cessão serão excluídas de tributação, contando que os activos transmitidos desse modo sejam contabilizados pela cessionária pelo valor constante dos registos contabilísticos originais da cedente;
d) Toda e qualquer outra receita ou proveito resultante da prossecução das operações petrolíferas executadas no território de São Tomé.

ARTIGO 76.º
Cálculo do rendimento líquido

O rendimento líquido será determinado após dedução de todos os encargos incorridos necessários às operações petrolíferas, nomeadamente, mas de forma não exaustiva, os seguintes:
a) Os gastos gerais de qualquer tipo, despesas com o pessoal ou afins, rendas de imóveis, custos do fornecimento de mercadorias e custos dos serviços prestados aos empreiteiros;
b) Relativamente às despesas referidas na alínea anterior:
 i) Os custos das mercadorias, mão-de-obra ou serviços fornecidos ou prestados por afiliadas dos empreiteiros excederão os valores normalmente facturados, em condições totalmente concorrenciais, entre um vendedor independente e um comprador, pelo fornecimento de mercadorias ou pela prestação de serviços similares; apenas será dedutível o montante razoável dos salários do pessoal expatriado do empreiteiro ou de qualquer das suas afiliadas, desde que esse pessoal seja encarregue da execução de operações petrolíferas pelo empreiteiro no território de São Tomé e Príncipe;
 ii) Apenas um montante razoável das despesas administrativas incorridas na sede do empreiteiro no estrangeiro, imputáveis às operações petrolíferas no território de São Tomé e Príncipe, poderá ser deduzido de acordo com o estipulado no contrato petrolífero;

c) As amortizações escrituradas na contabilidade do empreiteiro, dentro dos limites das taxas definidas no contrato petrolífero ou à taxa estabelecida no mesmo, incluindo as amortizações que poderiam ter sido deferidas no decurso dos anos fiscais deficitários anteriores, iniciam-se na data em que os bens são usados pela primeira vez e continua até que os bens estejam totalmente amortizados;
d) Os juros e encargos bancários por capitais alheios postos à disposição do empreiteiro para fazer face às necessidade das operações petrolíferas de desenvolvimento de campos e transporte de hidrocarbonetos, desde que não excedam as taxas usuais e habituais dos mercados financeiros internacionais aplicacionais aplicáveis a financiamentos de tipo semelhante, não obstante o previsto no Código do Imposto sobre o Rendimento, juros e encargos bancários cobrados a associadas ou afiliadas incidentes sobre quantias postas à disposição do empreiteiro pelas mesmas para além da sua participação social, quando essas quantias sejam destinadas a cobrir uma quota-parte razoável das despesas para desenvolvimento de jazigos de hidrocarbonetos e para o transporte da sua produção no território de São Tomé e Príncipe, na medida em que as taxas de juros não excedam as taxas acima mencionadas. Além disso, se o financiamento por parte de terceiros tiver sido efectuado no estrangeiro, o Estado pode exigir ao mutuário que declare à
e) A perda de bens ou materiais resultantes de destruição ou danificação, património a ser abandonado ou entregue no decurso do ano, créditos incobráveis e indemnizações pagas a terceiros por danos;
f) As provisões de montante razoável efectuadas para fazer face a perdas ou despesas claramente definidas cuja ocorrência futura seja provável em face das circunstâncias presentes;
g) Salvo disposição contratual em contrário, quaisquer prejuízos ou encargos directamente relacionados com as operações petrolíferas, com excepção do imposto sobre o rendimento referido no artigo 76.º.

ARTIGO 77.º
Taxa aplicável

1. Salvo se o contrato petrolífero estabelecer uma taxa diferente, a qual não poderá ser inferior à taxa mínima fixada no Código do Imposto

sobre o Rendimento, e sem prejuízo do disposto no artigo 8.º, a taxa do Imposto sobre o Rendimento aplicável às receitas provenientes das operações petrolíferas é de 40%.

2. Às regras de incidência e cobrança do imposto sobre o rendimento são as constantes da legislação fiscal da RDSTP em vigor na data em que o contrato petrolífero começar a produzir efeitos, na medida em que não resultem desta lei, das normas do Código do Imposto sobre o Rendimento ou do contrato petrolífero.

3. O empreiteiro parte dum contrato petrolífero que execute operações petrolíferas no território de São Tomé e Príncipe pode manter a sua escrita e registo contabilísticos em dólares dos EUA e denominar o seu capital social nessa moeda. Os métodos aplicáveis a essa escrituração em dólares dos EUA podem ser previstos no contrato petrolífero.

4. O contrato petrolífero pode também prever regras contabilísticas específicas para as operações petrolíferas e, em especial, prever métodos de cobrança do imposto sobre o rendimento, incluindo a possibilidade de permitir o pagamento em moeda estrangeira convertível, instituir um sistema de pagamento em prestações antecipadas ou, no caso de um contrato de partilha de produção, permitir o pagamento do imposto em espécie.

ARTIGO 78.º
Pagamento de bónus

1. O contrato petrolífero poderá prever um bónus, designado como «bónus de assinatura», que o empreiteiro se vincula a pagar ao Estado com vista a celebrar um contrato petrolífero, assim como um bónus, designado como «bónus de produção», que o empreiteiro pagará ao Estado em função das quantidades de hidrocarbonetos produzidos.

2. Todos esses bónus, pagos nos termos do contrato petrolífero, serão dedutíveis, para efeitos do imposto sobre o rendimento, no ano do seu pagamento.

ARTIGO 79.º
Isenção a outros impostos

1. Salvo no que diz respeito aos impostos e contribuições a que o empreiteiro está sujeito nos termos desta lei, o empreiteiro de um contrato petrolífero ficará isento de todos os demais impostos, taxas e encargos

aplicáveis na RDSTP, exceptuando os montantes cobrados por mercadorias e serviços, nomeadamente:
a) Qualquer imposto sobre os lucros e dividendos pagos aos accionistas do empreiteiro;
b) Qualquer imposto directo aplicável aos lucros ou dividendos resultantes das operações petrolíferas, quer em benefício do Estado, quer das autoridades ou de qualquer entidade de direito público;
c) Direitos de importação e exportação;
d) O fornecimento de mercadorias e serviços de qualquer tipo, incluindo estudos que estejam directamente relacionados com a execução das operações petrolíferas ficará isento de qualquer imposto sobre vendas, imposto sobre o valor acrescendo, imposto sobre as receitas ou impostos similares;
e) O empreiteiro parte num contrato petrolífero é responsável nos termos gerais pelo pagamento dos emolumentos relativos à utilização de determinadas infra-estruturas, bem como do imposto sobre veículos, com excepção dos emolumentos relativos ao registo de empréstimos, garantias e contratos directamente relacionados com as operações petrolíferas;
f) O empreiteiro está sujeito a todas as obrigações de retenção na fonte em benefício das Finanças Públicas no que respeita ao imposto sobre o rendimento que incide sobre os lucros líquidos, e ao imposto sobre salários, com excepção de qualquer imposto ou taxa que incida sobre os juros pagos a mutuários não residentes por fundos respeitantes a despesas de desenvolvimento;
g) O empreiteiro está sujeito aos emolumentos e contribuições normalmente cobrados como contrapartida de serviços prestados.

ARTIGO 80.º
Tributação de actividades de transporte

1. As empresas e entidades que se dediquem a actividades de transporte e não sejam empreiteiros em contratos petrolíferos, serão tributados em sede de imposto sobre o rendimento, em relação aos lucros provenientes das suas actividades de transporte no território de São Tomé e Príncipe, a taxa de quarenta por cento (40%).

2. O lucro tributável será calculado de acordo com o disposto nos artigos 75.º e 76.º.

3. As isenções e deduções estabelecidas nesta lei serão aplicáveis a essas empresas e entidades relativamente às actividades referidas neste artigo.

CAPÍTULO II
Disposições Aduaneiras

ARTIGO 81.º
Sujeição ao Código Aduaneiro

Sem prejuízo do disposto nos artigos 82.º e 83.º desta lei, aplicáveis às operações petrolíferas, os empreiteiros de contratos petrolíferos e os seus subempreiteiros estão sujeitos ao disposto no Código Aduaneiro, com excepção das disposições que impõem direitos sobre importações e exportações.

ARTIGO 82.º
Direitos de importação

1. Os empreiteiros de contratos petrolíferos e os seus subempreiteiros têm o direito de importar para a RDSTP os materiais, estoques, maquinaria e equipamento necessários à execução das operações petrolíferas e do programa de trabalhos estabelecido, com isenção de quaisquer impostos e taxas aduaneiras, incluindo qualquer imposto sobre consumo. Esta isenção sobre a importação de bens aplica-se também aos acessórios e peças sobresselentes destinados à maquinaria e equipamento necessários à realização das operações petrolíferas.

2. Os bens referidos no número anterior que sejam importados pelo empreiteiro e que possam ser reexportados ou transmitidos depois de usados podem ser exportados com isenção de quaisquer impostos e taxas aduaneiras ou beneficiar do regime de importação temporária, de acordo com as normas em vigor.

3. Os trabalhadores expatriados que prestem serviços a favor dos empreiteiros de contratos petrolíferos e dos seus subempreiteiros têm o direito de importar para o território de São Tomé e Príncipe os seus pertences pessoais e artigos domésticos necessários para prover as suas necessidades com isenção de quaisquer impostos e taxas aduaneiras.

4. Quando os artigos importados ao abrigo dos n.ᵒˢ 1 e 3 deixem de ser utilizados directamente nas operações petrolíferas, ou para uso pessoal dos trabalhadores expatriados, e permaneçam no território de São Tomé e Príncipe, os mesmos deixarão de beneficiar do tratamento aduaneiro favorável previsto neste artigo.

5. Calculando-se o valor dos impostos e taxas aduaneiras a que o empreiteiro, os seus subempreiteiros ou os trabalhadores destes ficam sujeitos tomando por base o valor actual desses artigos.

6. As importações e exportações ficam sujeitas a todas as formalidades exigidas pela Administração Aduaneira. Porém, ser aprovadas por regulamento determinadas disposições especiais por forma a forma mais expeditas as formalidades exigidas pela Administração Aduaneira para a importação de artigos destinados às operações petrolíferas.

ARTIGO 83.º
Direito de exportação de hidrocarbonetos

1. Os empreiteiros terão o direito de exportar a parte de hidrocarbonetos a que têm direito ao abrigo dos contratos petrolíferos com isenção de quaisquer impostos e taxas aduaneiras sobre as exportações.

2. Porém, o Governo terá o direito de preferência na compra de uma parte de hidrocarbonetos exportados pelos empreiteiros.

CAPÍTULO III
Regime Cambial

ARTIGO 84.º
Legislação cambial aplicável

1. Sem prejuízo do previsto nesta lei em matéria de operações petrolíferas, os empreiteiros de contratos petrolíferos estão sujeitos à legislação cambial da RDSTP.

2. Os seguintes direitos são garantidos aos empreiteiros enquanto vigorarem os respectivos contratos petrolíferos e desde que os mesmos cumpram as suas obrigações, em especial as impostas pela legislação cambial e fiscal:
   a) O direito de abrir e movimentar contas em moedas nacional e estrangeira, na RDSTP, ou no estrangeiro;

b) O direito de transferir e depositar livremente no estrangeiro os fundos obtidos ou emprestados no estrangeiro, incluído os proveitos da venda da sua quota-parte na produção, e o direito de dispor livremente dos mesmos, na parte em que excederem os valores necessários para fazer face às suas obrigações fiscais e às necessidades locais das operações petrolíferas no território de São Tomé e Príncipe;
c) O direito de transferir para o estrangeiro e aí reter livremente as receitas das vendas de hidrocarbonetos, quaisquer rendimentos ou dividendos de investimentos financeiros, bem como os proveitos resultantes da liquidação ou venda dos seus activos;
d) O direito de pagar directamente no estrangeiro aos fornecedores não residentes de mercadorias e serviços necessários para a execução das operações petrolíferas.

3. A garantia da liberdade de conversão entre a moeda nacional e as moedas estrangeiras convertíveis é regulada pela legislação e regulamentos aplicáveis.

4. Os trabalhadores expatriados contratados pelo empreiteiro que residam na RDSTP têm o direito de converter e transferir livremente para o seu país de origem, no todo ou em parte, as quantias a que tenham direito, desde que estejam pagos os impostos e demais encargos que possam ser devidos ao abrigo da legislação aplicável.

5. O contrato petrolífero pode conferir os mesmos direitos aos subempreiteiros do empreiteiro do contrato petrolífero que sejam de nacionalidade estrangeira, assim como aos seus empregados estrangeiros.

6. O empreiteiro do contrato petrolífero deverá fornecer ao Governo qualquer informação respeitante ao movimento de capitais entre a RDSTP e um país estrangeiro relacionado com as operações petrolíferas, que seja considerada necessária pelo Governo para a actualização das contas nacionais respeitantes às exportações e à retenção de moedas estrangeiras convertíveis.

ARTIGO 85.º
Inspecção dos livros e registos contabilísticos

O Governo terá o direito de inspeccionar os livros e registos de acordo com os termos e condições estabelecidos no contrato petrolífero.

ARTIGO 86.º
Formas de implementação

As disposições constantes deste título serão implementadas, conforme o caso, por decreto ou por contrato petrolífero.

TÍTULO XI
Leis Gerais, Litígios, Infracções e Penalidades

ARTIGO 87.º
Legislação aplicável

Os empreiteiros de contratos petrolíferos e os titulares de autorizações estão sujeitos à legislação da RDSTP e, na falta de disposição expressa, aos princípios de direito internacional comummente aceites.

ARTIGO 88.º
Regimes especiais

O contrato petrolífero poderá estabelecer regimes especiais no caso de força maior e com vista à estabilização das condições fiscais e económicas, nomeadamente na eventualidade da execução do contrato ficar agravada pela aprovação na RDSTP de leis ou normas após a data em que o contrato entrar em vigor.

ARTIGO 89.º
Jurisdição aplicável e resolução de litígios

1. Quaisquer infracções a esta lei e aos seus regulamentos de execução estão sujeitas à jurisdição dos tribunais da RDSTP.
2. Todavia, o contrato petrolífero pode permitir um procedimento conciliatório e arbitral para a resolução de qualquer litígio relativo à interpretação ou execução do referido contrato que possa surgir entre o Estado e o empreiteiro, sem prejuízo das disposições regulamentares em vigor sobre a resolução de litígios de carácter técnico.

ARTIGO 90.º
Cancelamento da autorização e rescisão do contrato

1. Na eventualidade de o empreiteiro parte de um contrato petrolífero ou titular de uma autorização cometer alguma infracção grave às disposições desta lei e dos seus regulamentos de execução, ou violar a autorização ou o contrato petrolífero, abrir falência, ficar sujeito à concordata ou à liquidação do seu activo, o Ministro notificá-lo-á formalmente para remediar, dentro de determinado prazo, as violações registadas.

2. Se não for dado cumprimento à notificação dentro do prazo fixado, o Governo decidirá por decreto o cancelamento da autorização em causa e ou a rescisão do contrato petrolífero.

ARTIGO 91.º
Efeitos do cancelamento ou da rescisão

O cancelamento da autorização ou a rescisão do contrato petrolífero não eximem o empreiteiro do cumprimento das suas obrigações contratuais ou perante terceiros que continuem por cumprir pelo empreiteiro ao abrigo da sua autorização ou do contrato petrolífero com relação às operações petrolíferas.

TÍTULO XII
Disposições Finais e Transitórias

ARTIGO 92.º
Não retroactividade

1. A presente lei é aplicável aos contratos petrolíferos celebrados após a data da sua publicação.

2. Os contratos de partilha de produção em vigor à data da publicação desta lei permanecerão válidos pelo prazo pelo qual foram celebrados ou adjudicados, incluindo eventuais concessões e renovações de quaisquer autorizações de pesquisa ou exploração ao abrigo desses contratos.

3. Os empreiteiros que sejam partes em contratos petrolíferos em vigor à data da publicação desta lei continuarão sujeitos às disposições dos mesmos durante todo o prazo da sua vigência. Os empreiteiros poderão, no

entanto, requerer a sujeição às disposições desta lei nos 12 (doze) meses seguintes à sua entrada em vigor.

ARTIGO 93.º
Regime de organismos governamentais e sociedades petrolíferas nacionais

Qualquer organismo governamental ou sociedade petrolífera nacional devidamente mandatada para executar operações petrolíferas, quer por conta do Estado, quer por conta própria, quer por conta dos seus subempreiteiros, gozará dos mesmos direitos e estará sujeito às obrigações dos empreiteiros, nomeadamente, no que respeita às disposições fiscais, aduaneiras e cambiais previstas nesta lei e nos seus regulamentos de execução.

ARTIGO 94.º
Regulamento de execução

Os termos e condições de execução da presente lei constarão em regulamento próprio.

ARTIGO 95.º
Entrada em vigor

Esta lei entra em vigor nos termos legais.

Assembleia Nacional, em São Tomé, 29 de Julho de 2000.

O Presidente da Assembleia Nacional, *Francisco Fortunato Pires*.

Promulgado em 17 de Julho de 2000.

O Presidente da República, MIGUEL ANJOS DA CUNHA LISBOA TROVOADA.

CONSELHO NACIONAL DO PETRÓLEO
(Decreto-lei n.° 3/2004, de 18 de Junho)

Considerando a necessidade de se instituir um órgão incumbido da definição prévia em relação ao Governo das políticas nacionais de energia e de aproveitamento racional das suas distintas fontes;

Nestes termos, no uso das competências que lhe são conferidas pela alínea c) do Artigo 111.° da Constituição, o Governo decreta e eu promulgo o seguinte:

ARTIGO 1.°
Criação

É criado o Conselho Nacional do Petróleo, abreviadamente designado por CNP.

ARTIGO 2.°
Composição

1. O CNP é composto de quinze membros e integra o Presidente da República, o Primeiro-Ministro e Chefe do Governo, os Ministros responsáveis pelos sectores de exploração e produção de hidrocarbonetos e meio ambiente, pelos Negócios Estrangeiros e Cooperação, pelas Finanças, pela Defesa e pelas Pescas, pelo Presidente do Governo Regional da Região Autónoma do Príncipe, por um representante da Câmara de Comércio, Indústria, Agricultura e Serviços, por um representante do sector privado da Região Autónoma do Príncipe, por um representante das Centrais Sindicais, por duas individualidades designadas pelo Presidente da República e por duas individualidades designadas pelo Primeiro-Ministro e Chefe do Governo.

2. O Director-Executivo da Agência Nacional do Petróleo de São Tomé e Príncipe (ANP-STP) participa nas reuniões do CNP sem direito a voto e tem a responsabilidade de as secretariar.

3. O mandato dos membros do Conselho Nacional que o integram por inerência de funções, cessa com o fim do exercício das respectivas funções, com dispensa de quaisquer outras formalidades.

ARTIGO 3.º
Presidência

O CNP é presidido pelo Presidente da República e nas suas ausências e impedimento pelo Primeiro-Ministro e Chefe do Governo.

ARTIGO 4.º
Reunião

As reuniões do CNP terão uma periodicidade mensal, podendo, no entanto, reunir por convocatória do Presidente da República ou do Primeiro-Ministro, sempre que julgarem conveniente, e na presença da maioria dos seus membros.

ARTIGO 5.º
Deliberações

As deliberações do CNP são tomadas pelo voto da maioria dos seus membros.

ARTIGO 6.º
Secretariado

O Secretariado do CNP será assegurado pela Agência Nacional do Petróleo de São Tomé e Príncipe (ANP-STP), que deverá preparar todas as suas reuniões e incluir no seu orçamento todos os recursos necessários ao cumprimento das suas atribuições.

ARTIGO 7.º
Atribuições

1. Compete ao CNP adoptar em cada momento prévio em relação ao Governo as políticas nacionais e medidas específicas destinadas a:
   a) Promover o aproveitamento racional e a valorização dos recursos em hidrocarbonetos do país;
   b) Proteger o meio ambiente;
   c) Promover a atracção de investimentos necessários à valorização e exploração dos recursos em hidrocarbonetos do país.
2. Compete igualmente ao CNP:
   a) Dar parecer à nomeação do Director-Executivo da Agência Nacional do Petróleo de São Tomé e Príncipe (ANP-STP);
   b) Orientar a elaboração dos programas estratégicos da Agência Nacional do Petróleo de São Tomé e Príncipe (ANP-STP);
   c) Fiscalizar as actividades da Agência Nacional do Petróleo de São Tomé e Príncipe (ANP-STP).

ARTIGO 8.º
Publicidade das deliberações

As deliberações definitivas e executórias do CNP serão publicadas no *Diário da República*.

ARTIGO 9.º
Relatório

O CNP apresentará semestralmente ao Conselho de Ministros, para aprovação e adopção, respectivamente, o relatório das suas actividades e o plano de actividades para o semestre seguinte, devendo o relatório anual ser publicado no *Diário da República*.

ARTIGO 10.º
Regulamento interno

O CNP adoptará um regulamento interno.

ARTIGO 11.º
Entrada em Vigor

O presente Decreto-lei entra imediatamente em vigor.

Visto e aprovado em Conselho de Ministros de 22 de Janeiro de 2004.

A Primeira-Ministra e Chefe do Governo, *Maria das Neves Ceita Batista de Sousa*; O Ministro da Defesa e Ordem Interna, *Óscar Aguiar Sacramento e Sousa*; Pelo Ministro dos Negócios Estrangeiros e Cooperação, *Mateus Meira Rita*; Pelo Ministro do Planeamento e Finanças, *Jorge Amado*; O Ministro dos Recursos Naturais e Meio Ambiente, *Tomé Soares Vera Cruz*; O Ministro da Justiça, Reforma do Estado e Administração Pública, *Justino Tavares Veiga*; O Ministro da Agricultura, Desenvolvimento Rural e Pescas, *Jorge Amado*.

Promulgado em 14 de Junho de 2004.

Publique-se.

O Presidente da República, FRADIQUE BANDEIRA MELO DE MENEZES.

AGÊNCIA NACIONAL DO PETRÓLEO DE SÃO TOMÉ E PRÍNCIPE
(Decreto-lei n.º 5/2004, de 30 de Junho)

Considerando a necessidade imperiosa de se criar um organismo público dotado de meios e recursos suficientes para a gestão e controlo de todo o processo de pesquisa, exploração e produção do petróleo e gás;

Nestes termos, no uso das competências que lhe são conferidas ao abrigo da alínea c) do artigo 111.º da Constituição da República, o Governo decreta e eu promulgo o seguinte:

ARTIGO 1.º
Criação

É criada a Agência Nacional do Petróleo de São Tomé e Príncipe, abreviadamente designada por ANP-STP, cujos Estatutos constituem anexo ao presente Decreto-lei.

ARTIGO 2.º
Atribuições

1. A ANP-STP é o órgão regulador da indústria do petróleo, e tem por missão a execução das orientações do Conselho Nacional do Petróleo.
2. A ANP-STP exerce as suas atribuições sob tutela do Ministro responsável pelo sector do petróleo.
3. A ANP-STP tem por incumbência a regulação, a contratação e a fiscalização das actividades económicas integrantes da indústria petrolífera.

ARTIGO 3.º
Personalidade Jurídica

A ANP-STP goza de personalidade jurídica própria, autonomia patrimonial, administrativa e financeira.

ARTIGO 4.º
Sede e Delegações

A ANP-STP terá a sua sede na cidade de São Tomé e poderá instalar delegações ou nomear representantes em qualquer parte do território nacional ou estrangeiro, mediante proposta do seu Conselho de Administração e aprovação do Conselho Nacional do Petróleo.

ARTIGO 5.º
Entrada em Vigor

O presente Decreto-Lei entra imediatamente em vigor.

Visto e aprovado em Conselho de Ministros de 22 de Janeiro de 2004.

A Primeira-Ministra e Chefe do Governo, *Maria das Neves Ceita Batista de Sousa.*

O Ministro do Trabalho, Emprego e Solidariedade, *Damião Vaz d'Almeida.*

O Ministro do Planeamento e Finanças, *Eugénio Lourenço Soares.*

O Ministro da Justiça, Reforma do Estado e Administração Pública, *Justino Tavares da Veiga.*

Promulgado em 14 de Junho de 2004.

Publique-se.

O Presidente da República, FRADIQUE BANDEIRA MELO DE MENEZES.

ANEXO

ESTATUTOS DA AGÊNCIA NACIONAL DO PETRÓLEO

CAPÍTULO I
Da Natureza e Finalidade

ARTIGO 1.º
Natureza jurídica

A Agência Nacional do Petróleo de São Tomé e Príncipe, adiante designada de ANP-STP, é uma pessoa colectiva de direito público e goza de personalidade jurídica própria, autonomia técnica, patrimonial, administrativa e financeira, exercendo as suas funções sob a tutela do ministro responsável pelo sector do petróleo.

ARTIGO 2.º
Finalidade

A ANP-STP tem por fim a regulação, a contratação e a fiscalização das actividades económicas integrantes da indústria do petróleo, de acordo com a legislação em vigor e em conformidade com as orientações emanadas do Conselho Nacional do Petróleo.

ARTIGO 3.º
Princípios

Na execução das suas actividades, a ANP observará os seguintes princípios:
a) Preservação do interesse nacional;
b) Satisfação das necessidades actuais em matéria de pesquisa e exploração dos recursos em hidrocarbonetos, sem comprometer os interesses das gerações futuras;
c) Prevenção de potenciais conflitos entre as partes interessadas, através de um adequado relacionamento com os agentes económicos do sector e demais organismos públicos e a sociedade, em geral;
d) Estabelecimento de uma regulação que permita uma apropriação justa dos benefícios auferidos pelos agentes económicos e pelo Estado;
e) Estabelecimento de uma regulação que garanta a livre concorrência, transparência, coerência e responsabilização de todos os intervenientes no processo de pesquisa e exploração de hidrocarbonetos;
f) Fiscalização exercida no sentido da educação e orientação dos agentes económicos do sector, bem como da prevenção e repressão de condutas

violadoras da legislação pertinente, das disposições estabelecidas nos contratos e nas autorizações;
g) Promoção do desenvolvimento, ampliação do mercado do trabalho e valorização dos recursos de hidrocarbonetos;
h) Protecção do meio ambiente;
i) Comunicação efectiva com a sociedade, em geral.

CAPÍTULO II
Das competências

ARTIGO 4.º
Competências genéricas

Compete à ANP-STP, o seguinte:
a) Negociar e celebrar, mediante autorização expressa do CNP, em nome e representação do Estado, contratos no domínio de pesquisa e exploração de hidrocarbonetos;
b) Emitir directa ou através de organismos especializados independentes, pareceres sobre os estudos de impacto ambiental;
c) Implementar, na sua esfera de competência e nos termos da legislação em vigor, a política do Governo para o sector do petróleo e do gás natural;
d) Fazer cumprir as boas práticas de conservação e uso racional do petróleo, dos seus derivados e do gás natural e de preservação do meio ambiente;
e) Estimular a pesquisa e adopção de novas tecnologias;
f) Consolidar as informações de reservas nacionais de petróleo e gás natural, transmitidas pelas empresas, responsabilizando-se pela sua divulgação;
g) Promover a articulação com os outros órgãos governamentais sobre matérias de interesse comum;
h) Promover estudos visando a delimitação de blocos para efeito de concessão das actividades de exploração, desenvolvimento e produção de hidrocarbonetos;
i) Regular a execução de serviços de geologia e geofísica aplicados à prospecção petrolífera, visando o levantamento de dados técnicos, destinados à comercialização em bases não exclusivas;
j) Realizar actividades de promoção e licitações para a concessão de exploração, desenvolvimento e produção, celebrando os contratos mediante autorização do Conselho Nacional do Petróleo e fiscalizando a sua execução;

k) Fiscalizar directamente, ou mediante acordos com organismos especializados independentes, os contratos de pesquisa e exploração de hidrocarbonetos celebrados em nome e representação do Estado, bem como todas as actividades integrantes da indústria do petróleo e aplicar sanções administrativas e pecuniárias prevenidas nas leis, regulamentos ou contratos;
l) Instruir processos com vista à declaração de utilidade pública, para fins de expropriação e instituição de servidão administrativa das áreas necessárias à exploração, desenvolvimento e produção do petróleo e gás natural;
m) Organizar e manter todas as informações e dados técnicos relativos às actividades da indústria do petróleo.

CAPÍTULO III
Da estrutura e atribuições

ARTIGO 5.º
Estrutura básica

A ANP-STP terá a seguinte estrutura organizacional:
1. Conselho da Administração;
2. Director Executivo;
3. Departamentos.

ARTIGO 6.º
Conselho da Administração

O Conselho da Administração é o órgão colegial de gestão, administração e controle da ANP-STP, competindo-lhe nomeadamente:
a) Velar pelo cumprimento do orçamento anual aprovado pelo Conselho de Ministros;
b) Adoptar as políticas administrativas internas e de recursos humanos e seu desenvolvimento;
c) Adoptar quaisquer providências que se mostrem necessárias ao bom funcionamento da ANP-STP;
d) Adoptar as regras relativas à nomeação, exoneração, contratação e promoção do pessoal, nos termos da legislação em vigor;
e) Adoptar as normas internas de funcionamento da ANP-STP;
f) Propor ao Conselho Nacional do Petróleo a designação de representantes do país em organizações ou entidades internacionais ligadas aos hidrocarbonetos.

ARTIGO 7.º
Composição

1. O Conselho da Administração da ANP-STP é composto pelo ministro de tutela que o preside e mais quatro membros, designados, respectivamente, pelo Presidente da República, pelo Primeiro-Ministro e pelos Ministros do Planeamento e Finanças e da Defesa e Ordem Interna.

2. O Director Executivo é, por inerência de funções, membro do Conselho da Administração da Agência Nacional do Petróleo, sem direito a voto.

ARTIGO 8.º
Mandato

1. O mandato dos membros do Conselho da Administração é de três anos, não podendo nenhum membro ser nomeado para mais de dois mandatos consecutivos.

2. O mandato do Conselho da Administração anterior só cessa com a tomada de posse do Conselho da Administração seguinte.

3. Quando no decurso de um mandato for substituído ou nomeado um novo membro, este completará o mandato em curso.

ARTIGO 9.º
Atribuições comuns aos membros do Conselho de Administração

São atribuições comuns dos membros do Conselho de Administração:
a) Cumprir e fazer cumprir as disposições regulamentares no âmbito das atribuições da ANP-STP;
b) Zelar pelo desenvolvimento e credibilidade interna e externa da ANP-STP e pela legitimidade de suas acções;
c) Zelar pelo cumprimento dos planos e programas da ANP-STP;
d) Executar as decisões tomadas pelo Conselho da Administração;
e) Contribuir com subsídios para proposta de ajustes e modificações na legislação, necessários à modernização do ambiente institucional da actuação da ANP-STP.

ARTIGO 10.º
Reunião

O Conselho da Administração reúne-se trimestralmente em sessão ordinária e extraordinariamente sempre que necessário, com a presença da maioria dos seus membros e deliberará validamente com os votos convergentes da maioria dos seus membros.

ARTIGO 11.º
Processo decisório

1. O processo decisório da ANP-STP obedecerá os princípios da legalidade, impessoalidade, moralidade e publicidade.
2. Os actos decisórios da ANP-STP deverão ser publicados no *Diário da República*.
3. As sessões deliberativas do Conselho da Administração da ANP-STP que se destinem a resolver diferendos entre os agentes económicos e entre estes e os consumidores e usuários de bens e serviços da indústria do petróleo serão públicas.
4. O regimento interno da ANP-STP disporá sobre os procedimentos a serem adoptados para a solução de conflitos entre agentes económicos, e entre estes e usuários e consumidores.

ARTIGO 12.º
Delegação de poderes

O Conselho da Administração poderá delegar no Director Executivo poderes para decidir sobre questões do âmbito de sua competência.

CAPÍTULO IV
Da Direcção Executiva

ARTIGO 13.º
Director Executivo

1. O Director Executivo gere quotidianamente a ANP-STP e vela pelo cumprimento de todas as suas atribuições.
2. Em caso de ausência ou impedimento do Director Executivo, este será substituído por um dos Chefes de Departamento por ele designado, ouvido o ministro de tutela.

ARTIGO 14.º
Nomeação

1. O Director Executivo da ANP-STP é nomeado por despacho conjunto do Primeiro-Ministro e Chefe do Governo e do ministro tutelar da área do petróleo, com parecer favorável do Conselho Nacional do Petróleo.
2. Para o efeito deverão ser apresentados, no mínimo, três candidaturas.

ARTIGO 15.º
Mandato

O mandato do Director Executivo é de três anos, não podendo ser exercido mais de dois mandatos sucessivos.

ARTIGO 16.º
Atribuições específicas do Director Executivo

São atribuições específicas do Director Executivo:
a) Representar a ANP-STP, activa e passivamente, em juízo e fora dele, na qualidade do seu principal responsável;
b) Expedir os actos administrativos da competência da ANP-STP;
c) Firmar em nome da ANP-STP, após decisão válida do Conselho da Administração, contratos, acordos e quaisquer outros documentos vinculativos da ANP-STP;
d) Praticar os actos de gestão dos recursos orçamentais, financeiros e de administração;
e) Praticar actos de gestão de recursos humanos, homologar os resultados dos concursos públicos, nomear, demitir, contratar e praticar demais actos correlatos, previamente aprovados pelo Conselho da Administração;
f) Supervisionar o funcionamento geral da ANP-STP;
g) Manter as relações regulares e quotidianas com a Autoridade Conjunta da Zona de Desenvolvimento Conjunto.

CAPÍTULO V
Dos Departamentos

ARTIGO 17.º
Chefia dos Departamentos

Cada um dos Departamentos da ANP-STP será dirigido por um Director, nomeado pelo Conselho da Administração, sob proposta do Director Executivo.

ARTIGO 18.º
Departamentos básicos

A ANP-STP funcionará com um mínimo de quatro seguintes Departamentos, podendo, no entanto, serem adicionados outros em função do desenvolvimento das suas actividades, a saber:
a) Departamento Jurídico;

b) Departamento Económico;
c) Departamento Técnico;
d) Departamento de Administração e Relações públicas.

CAPÍTULO V
Do orçamento e receitas

ARTIGO 19.º
Orçamento

1. A ANP-STP terá orçamento anual próprio e autónomo aprovado pelo Conselho de Ministros instruído com parecer favorável do Conselho Nacional do Petróleo.
2. No início de cada mandato deverá ser elaborado um orçamento estimativo trienal, cobrindo todas as actividades e necessidades da ANP-STP.
3. As contas anuais devidamente auditadas, instruídas com parecer favorável do Conselho Nacional do Petróleo, serão submetidas à aprovação do Conselho de Ministros.

ARTIGO 20.º
Receitas

1. As receitas da ANP-STP provirão essencialmente de:
a) Dotações consignadas no Orçamento Geral do Estado, e quaisquer outras fontes de rendimento;
b) Os valores apurados na venda ou locação de bens e serviços, bem como os decorrentes da venda de dados e informações técnicas disponíveis.
2. Os valores excedentários apurados no fim de cada ano serão restituídos ao Tesouro Público.

CAPÍTULO VI
Do pessoal da ANP-STP

ARTIGO 21.º
Regime jurídico

1. Os quadros e outros agentes da ANP-STP obedecem a um regime jurídico próprio, distinto do regime geral da função pública, não gozando dos benefícios e regalias inerentes a esse regime.

2. O quadro de pessoal, o regime de carreira, bem como as regras de progressão serão definidos no regulamento interno.

3. O tempo de serviço prestado na ANP-STP conta para todos os efeitos legais.

4. Os quadros e outros trabalhadores da ANP-STP serão abrangidos pelo sistema nacional de Segurança Social.

ARTIGO 22.º
Recrutamento

1. Sem prejuízo do disposto no artigo 11.º, os quadros e outros trabalhadores da ANP-STP serão recrutados mediante concurso público, cujas regras e procedimentos serão previamente estabelecidos.

2. No cumprimento da missão que lhe está incumbida, a ANP-STP poderá contratar por um tempo determinado especialistas de que não dispõe, para a execução de trabalhos que lhe estão cometidos.

3. Exceptuam-se do regime estabelecido no n.º 1, os actuais membros do grupo técnico do Conselho Nacional do Petróleo.

ARTIGO 23.º
Regime salarial

Os quadros e outros trabalhadores da ANP-STP ficam submetidos a um regime salarial privativo.

ARTIGO 24.º
Regime disciplinar

Os quadros e outros trabalhadores da ANP-STP estão sujeitos ao regime disciplinar aplicável na Lei n.º 6/92, de 11 de Junho.

CAPÍTULO VII
Das disposições finais e transitórias

ARTIGO 25.º
Informações e documentos

Constituirá propriedade da ANP-STP todos os documentos, informações e quaisquer outros bens móveis e imóveis e direitos adquiridos ou afectos ao designado Gabinete de Petróleo e/ou do Conselho Nacional do Petróleo ou com eles relacionados.

ARTIGO 26.º
Regulamento interno

O Conselho da Administração adoptará um regulamento interno que deverá dispor sobre todas as questões contidas nos seus estatutos e relacionadas com as atribuições da ANP-STP, incluindo a sua estrutura, o quadro do pessoal e os procedimentos com eles relacionados.

São Tomé, 22 de Janeiro de 2004.

O Ministro dos Recursos Naturais e Meio Ambiente, *Tomé Soares da Vera Cruz.*

LEI-QUADRO DAS RECEITAS PETROLÍFERAS
(Lei n.º 8/2004, de 30 de Dezembro)

PREÂMBULO

A República Democrática de São Tomé e Príncipe deverá, brevemente, começar a receber receitas financeiras resultantes da exploração dos seus recursos petrolíferos. Associadas a esta realidade estão questões estratégicas complexas, que importa antecipar, resolver e regular, para que tais receitas possam potenciar o progresso e o desenvolvimento económico e social sustentado de São Tomé e Príncipe.

Com base nestes princípios, é adoptada a presente lei, guiada por duas ideias fundamentais. A primeira centra-se no pagamento e gestão das receitas petrolíferas. Procurou-se dar resposta às principais preocupações que a experiência internacional tem revelado, tomando em linha de conta a realidade nacional e a necessidade de ser o povo santomense a tomar as decisões estratégicas relativamente ao seu futuro.

Para o efeito, cria-se uma conta – a Conta Nacional do Petróleo – onde deverão ser directamente depositadas todas as receitas petrolíferas e introduzem-se mecanismos destinados a assegurar que as receitas não irão ser utilizadas indiscriminadamente. Para isso, são previstas limitações à sua utilização, mas sem com isso excluir a necessidade de tomar decisões acerca dos sectores prioritários onde irão ser concentradas as despesas e a respectiva repartição de valores.

De igual modo, prevêem-se mecanismos para evitar que as receitas sejam canalizadas para outras contas. Com efeito, as receitas apenas poderão ser depositadas nas Contas do Tesouro do Estado ou em contas abertas para o efeito, com a autorização da Assembleia Nacional em nome do Estado.

Introduzem-se limites quantitativos e qualitativos às receitas petrolíferas que poderão ser canalizadas para despesas orçamentais anuais. Os primeiros definem com alguma amplitude os montantes máximos das despesas anuais financiadas pelas receitas petrolíferas. Os segundos fixam os princípios básicos que devem presidir ao cálculo daquelas despesas dentro dos limites máximos fixados, a saber: (i) planeamento e previsão futura de receitas; e (ii) ausência de distorções na economia.

Foi também ponderada a natureza finita dos recursos petrolíferos e a necessidade de introduzir mecanismos que permitam a São Tomé e Príncipe enfrentar a era posterior ao petróleo com um mínimo de repercussões económicas. Para isso, criou-se uma subconta de reserva – o Fundo Permanente de São Tomé e Príncipe – onde deverão ser depositadas parte das receitas petrolíferas e cuja utilização está fortemente condicionada, salvo quanto aos rendimentos que forem gerados pelas suas aplicações. Pretende-se que, quando os recursos petrolíferos se esgotarem, o povo santomense possa ainda continuar a beneficiar de receitas dos rendimentos gerados pelas aplicações desta subconta de reserva.

A gestão e investimentos das receitas petrolíferas é atribuída a um Comité de Gestão e Investimentos, que é a instituição com competência atribuída por lei para o efeito; devendo actuar de acordo com a regra do investidor prudente, com os princípios estabelecidos na presente lei e na política de gestão e investimentos.

Introduzem-se mecanismos que assegurem a gestão e o investimento eficazes das receitas petrolíferas, estabelecendo distintas prioridades em função da sua afectação. Todas as receitas destinadas ao financiamento da despesa pública deverão ser geridas em função de preocupações de liquidez imediata, enquanto que as que são depositadas no fundo permanente deverão ter objectivos de rentabilidade a médio e longo prazo. Estes princípios deverão estar reflectidos na política de gestão e investimentos, que guiará a gestão e investimentos das receitas.

A segunda ideia fundamental da lei centra-se nos mecanismos de auditoria, publicidade e fiscalização da gestão das receitas petrolíferas, que se consideram da maior importância para assegurar que a presente lei seja executada de acordo com os seus objectivos.

Estão previstas duas auditorias anuais às contas do petróleo onde serão depositadas as receitas petrolíferas: uma realizada pelo Tribunal de Contas e outra realizada por uma empresa internacional de auditoria de reputação internacional.

Consagram-se regras claras de transparência e publicidade relativamente a todos os actos e documentos relacionados com o exercício da actividade petrolífera. Por um lado, introduzem-se mecanismos que limitam a confidencialidade dos contratos que tenham por objecto recursos ou receitas petrolíferas, e o registo e publicidade obrigatória de todos os documentos e informações relacionados com o sector. Por outro, são conferidos a todas as pessoas amplos direitos de acesso à informação.

Cria-se também uma Comissão de Fiscalização do Petróleo, com características de independência e autonomia administrativa e financeira, que lhe assegurem uma actuação eficaz, com poderes fiscalizadores, investigatórios e sancionatórios.

Por último, a lei clarifica que as suas disposições aplicam-se à Zona de Desenvolvimento Conjunto; estabelece um leque de incompatibilidades ao exercício de cargos nos órgãos criados pela lei; e agrava de um terço, nos seus mínimos, as sanções previstas em lei geral para punir condutas que violem as disposições da presente lei.

Nestes termos, a Assembleia Nacional decreta nos termos da alínea b) do artigo 97.º da Constituição, o seguinte:

LEI-QUADRO DAS RECEITAS PETROLÍFERAS

CAPÍTULO I
Definições e âmbito de aplicação

ARTIGO 1.º
Definições

1. Para os efeitos desta lei:
a) "Administração" ou "Administração do Estado" – significa a administração directa, indirecta, autónoma ou independente de São Tomé e Príncipe, incluindo-se nela todos os ministérios, entidades, agências, departamentos, escritórios, institutos, serviços, serviços de apoio aos órgãos de soberania, assim como os órgãos do poder local e regional e todos os seus serviços, departamentos, e todas as entidades, sociedades e unidades de produção controladas ou participadas, total ou parcialmente, directa ou indirectamente, pela administração central, regional ou local;

b) "Agência Nacional do Petróleo" – significa a pessoa colectiva de direito público competente para a regulação da indústria petrolífera nacional;
c) "Agente" ou "Agente da Administração do Estado" – significa qualquer pessoa que exerça qualquer função, seja empregado, funcionário, contratado, ou a qualquer título actue em nome ou em representação da Administração do Estado, incluindo ministros, directores, administradores, gerentes, procuradores, comissários ou concessionários de qualquer entidade da Administração Pública;
d) "Ano" – significa o período compreendido entre 1 de Janeiro e 31 de Dezembro;
e) "Associação Empresarial" – significa qualquer associação permanente de empresários ou profissionais liberais criada para defesa e promoção dos seus interesses empresariais ou profissionais;
f) Autoridade Conjunta de Desenvolvimento – significa a pessoa colectiva criada para os fins descritos no Tratado;
g) "Banco Central" – significa o Banco Central de São Tomé e Príncipe, criado pela Lei n.º 8/92, de 3 de Agosto de 1992;
h) "Banco de Custódia" – significa qualquer instituição financeira, suas filiais, sucursais ou agências, de um centro financeiro internacional, classificado com o melhor índice por duas agências de análise de risco de referência e reputação internacionais, capaz de receber e manter saldos em moeda internacionalmente convertível, assegurar, por si própria ou por meio de um agente, a custódia de activos financeiros, manter os registos de movimentações e contabilidade das Contas do Petróleo e de prover ao público, directamente ou através das entidades competentes, as informações sujeitas ao princípio da transparência nos termos da presente lei;
i) "Banco Aprovado" – significa qualquer banco comercial estrangeiro, suas filiais, sucursais ou agências, de um centro financeiro internacional, classificado com o melhor índice por duas agências de análise de risco de referência e reputação internacionais;
j) "Comité de Gestão e Investimentos" – significa o serviço organizado para assegurar a gestão das Contas do Petróleo e o investimento das receitas petrolíferas nelas depositadas;
k) "Comissão de Fiscalização do Petróleo" – significa a pessoa colectiva independente que assegura a supervisão de todas as acti-

vidades relacionadas com os recursos petrolíferos e receitas petrolíferas nacionais;
l) "Contas do Petróleo" – significa a Conta Nacional do Petróleo e o Fundo Permanente de São Tomé e Príncipe, quando referidos colectivamente;
m) "Conta do Tesouro" – significa qualquer das contas e sub-contas referidas como Conta do Tesouro Público, abertas pela Direcção do Tesouro no Banco Central, nos termos do Decreto-lei n.º 51/96, de 29 de Outubro;
n) "Conta Nacional do Petróleo" – significa a conta aberta e mantida pelo Banco Central no Banco de Custódia, nos termos da presente lei;
o) Contratos Petrolíferos – são instrumentos negociais que têm por objecto Recursos Petrolíferos ou Receitas Petrolíferas.
p) "Declaração Conjunta de Abuja" – significa a declaração sobre a transparência e boa governação na Zona de Desenvolvimento Conjunto, assinado no dia 26 de Junho de 2004, pelos Presidentes da República Federativa da Nigéria e da República Democrática de São Tomé e Príncipe.
q) "Estado" ou "Estado santomense" – significa a República Democrática de São Tomé e Príncipe, tal como definido no artigo 1.º da Constituição;
r) "Fundo Permanente" ou "Fundo Permanente de São Tomé e Príncipe" – significa a subconta aberta no Banco de Custódia, destinada a constituição de uma reserva de poupança permanente, nos termos do n.º 1 do artigo 3.º e do artigo 10.º da presente lei;
s) "Gabinete de Registo e Informação Pública" – significa o serviço de registo e informação pública, tal como definido no artigo 18.º da presente lei;
t) "Gás natural" – Significa todos os hidrocarbonetos que à pressão e temperatura atmosférica estão em estado gasoso;
u) "Governo Estrangeiro Aprovado" – significa o governo de qualquer país estrangeiro, agência ou ente governamental, que seja classificado com o melhor índice por duas empresas de notação de risco de referência e reputação internacionais;
v) "Início de produção" – significa a data em que, em qualquer bloco do território nacional, incluindo a Zona Económica Exclusiva e a Zona de Desenvolvimento Conjunto, se dê início à produção comercial de hidrocarbonetos;

w) "Hidrocarbonetos" – significa os hidrocarbonetos tal como definidos no Tratado, nos Regulamentos do Tratado e na alínea m) do artigo 1.º da Lei-quadro das Actividades Petrolíferas;
x) "Lei-quadro das Actividades Petrolíferas" – significa a Lei n.º 4//2000, de 23 de Agosto de 2000 e todas as suas alterações;
y) "Orçamento Geral do Estado" – significa o Orçamento Geral de Estado previsto e regulado na Lei n.º 1/86, de 31 de Dezembro;
z) "Organizações não-governamentais" – significa qualquer associação, organização, colectividade, fundação, instituição ou sociedade e outras entidades legalmente equiparadas e representados em São Tomé e Príncipe, sem carácter lucrativo, que prossigam, predominantemente, fins científicos, culturais, de caridade, assistência, beneficência, solidariedade social, desenvolvimento económico e social, protecção de direitos humanos, protecção ambiental e outros fins conexos com estes;
aa) "Parte Irrestrita da Conta Nacional do Petróleo" – significa o saldo da Conta Nacional do Petróleo, excluindo o Fundo Permanente de São Tomé e Príncipe;
bb) "Pessoa" – significa qualquer pessoa singular ou colectiva, nacional ou estrangeira, residente ou não em São Tomé e Príncipe;
cc) "Petróleo" – Todos os hidrocarbonetos que à pressão e temperatura atmosférica estão em estado líquido;
dd) "Política de Gestão e Investimentos" – significa o documento que contém as regras de gestão e investimento das Receitas Petrolíferas depositadas nas Contas do Petróleo, de acordo com os princípios previstos na presente lei;
ee) "Preços Médio Futuro Esperado" – significa o preço calculado nos termos da alínea a) do n.º 1 do artigo 7.º;
ff) "Preços de Referência Internacionais" – significa, para o período antes de passarem dez anos sobre o Ano do Início de Produção, o preço oficial de hidrocarbonetos cotado publicamente no Brent FOB Sullom Voe e, a partir do sétimo ano após o Início de Produção, o preço efectivo de venda de petróleo bruto de São Tomé e Príncipe, incluindo as vendas de hidrocarbonetos da Zona de Desenvolvimento Conjunto;
gg) "Produção de Petróleo" – significa a produção comercial de petróleo ou outro tipo de hidrocarbonetos na Zona Económica Exclusiva ou na Zona de Desenvolvimento Conjunto;

hh) "Programa de Desenvolvimento de Campo" – significa o documento detalhado, que nos termos do Tratado, dos Regulamentos do Tratado ou da Lei-quadro das Actividades Petrolíferas, conforme o caso, seja submetido por um operador petrolífero, para o estabelecimento, construção e operação de instalações e serviços para a recuperação, processamento, armazenamento e transporte de hidrocarbonetos no bloco do operador contratado;

ii) "Receita Petrolífera" – significa qualquer pagamento, ou obrigação de pagamento, de qualquer Pessoa, devido ao Estado, que seja directa ou indirectamente relacionado com os recursos petrolíferos de São Tomé e Príncipe, incluindo, mas não se limitando a:

    i) Todo e qualquer pagamento da Autoridade Conjunta de Desenvolvimento proveniente das actividades relacionadas com hidrocarbonetos desenvolvidas na Zona de Desenvolvimento Conjunto, ou a esta relativa;

    ii) Todos os pagamentos resultantes das actividades relacionadas com os Recursos Petrolíferos da Zona Económica Exclusiva, nomeadamente, mas sem se limitar, participações do Estado nas vendas de petróleo bruto e gás; bónus de assinatura e de produção; *Royalties*; rendas; receitas da venda de activos; impostos; taxas; obrigações e tarifas aduaneiras; emolumentos e taxas pela prestação de serviços públicos; lucros líquidos de sociedades petrolíferas estatais; receitas resultantes dos direitos participativos do Estado em contratos petrolíferos; vendas de petróleo bruto; actividade comercial resultante de transacções, que tenham por objecto ramas de petróleo, gás ou produtos refinados; rendimentos sobre investimentos de receitas petrolíferas; todo e qualquer pagamento gerado com a produção comercial de hidrocarbonetos;

    iii) Outras receitas de natureza análoga ou que a lei considere como tal;

jj) "Receita Petrolífera Extraordinária" – significa, para o período após o início da Produção de Petróleo, qualquer bónus de assinatura ou outro pagamento, incluindo os pagamentos recebidos da Zona de Desenvolvimento Conjunto, relacionado com uma área que ainda não esteja em produção;

kk) "Recurso Petrolífero" – significa qualquer depósito, jazigo, bloco ou área onde se encontrem hidrocarbonetos, comercializáveis ou não, dentro do território nacional, incluindo na Zona Económica Exclusiva e, nos termos do Tratado, na Zona de Desenvolvimento Conjunto;

ll) "Regra do Investidor Prudente" – significa que na execução de quaisquer operações e na prestação dos demais serviços de investimento, o agente deve assegurar a manutenção de padrões de elevada qualidade e eficiência, devendo proceder nas suas funções no sentido da protecção dos legítimos interesses do Estado com a diligência de um gestor criterioso e ordenado, de acordo com o princípio da repartição de riscos e da segurança dos investimentos, respeitando as regras de investimento aprovadas pelo Comité de Gestão e Investimentos, nos termos da presente lei;

mm) "Regras de Movimentação" – significa o documento que contém as regras de movimentação das Contas do Petróleo;

nn) "Regulamentos do Tratado" – significa os regulamentos aprovados pelas entidades competentes ao abrigo e nos termos do Tratado;

oo) "*Royalties*" – significa as receitas liquidadas derivadas da venda ou da disposição do petróleo bruto ou gás natural, tal como definidas no Tratado, nos Regulamentos do Tratado e na Lei-quadro das Actividades Petrolíferas;

pp) "Taxa de Retorno Real a Longo Prazo" – significa a taxa calculada nos termos definidos no n.º 4 do artigo 8.º da presente lei;

qq) "Taxa de Serviço" – significa qualquer pagamento devido pelos serviços de administração, gestão, manutenção das Contas do Petróleo, bem como pelos investimentos realizados com as Receitas Petrolíferas nelas depositadas;

rr) "Tratado" – significa o tratado datado de 21 de Fevereiro de 2001, celebrado entre a República Federal da Nigéria e a República Democrática de São Tomé e Príncipe, relativo à Zona de Desenvolvimento Conjunto de recursos petrolíferos e não petrolíferos;

ss) "Sindicato" – significa qualquer associação permanente de trabalhadores constituída para defesa e promoção dos seus interesses sócio-profissionais;

tt) "Valor Presente Esperado dos Rendimentos Petrolíferos Futuros" – significa, para qualquer período, o montante calculado nos termos da alínea c) do n.º 1 do artigo 7.º da presente lei;

uu) "Verba Anual" – significa a quantia a ser transferida para a Conta do Tesouro nos termos da presente lei;
vv) "Zona de Desenvolvimento Conjunto" – significa a área definida para os fins previstos no Tratado;
ww) "Zona Económica Exclusiva" – significa o território aquático definido na Lei n.º 1/98, de 31 de Março.

2. Os termos definidos no singular podem ser utilizados no plural e vice-versa, com a correspondente alteração do respectivo significado, salvo se do contexto claramente resultar o contrário.

ARTIGO 2.º
Âmbito de aplicação

A presente lei regula o pagamento, a gestão, a utilização e fiscalização das receitas petrolíferas, provenientes das operações petrolíferas, realizadas em todo o território nacional, tanto em terra como no mar, incluindo na Zona Económica Exclusiva e na Zona de Desenvolvimento Conjunto, criada pelo Tratado.

CAPÍTULO II
Contas do Petróleo

SECÇÃO I
Disposições gerais

ARTIGO 3.º
Abertura das Contas do Petróleo

1. O Banco Central, actuando em nome do Estado, abre e mantém as Contas do Petróleo junto de um Banco de Custódia seleccionado pelo Governo, nos termos da presente lei.

2. Na celebração do contrato de abertura e gestão das Contas do Petróleo, o Banco Central entrega ao Banco de Custódia as Regras de Movimentação, que farão parte integrante do respectivo contrato, e o número da Conta do Tesouro para onde deve ser transferida a Verba Anual.

ARTIGO 4.º
Proibição de ónus e encargos

1. É proibido todo e qualquer acto praticado pelo Estado ou pelos seus Agentes que, sobre as Contas do Petróleo ou quaisquer outros Recursos Petrolíferos e Receitas Petrolíferas, actuais ou futuros, ou com eles relacionados, directa ou indirectamente, crie, permita, assuma ou prometa a existência de empréstimos públicos, títulos de dívida pública, direitos reais de garantia ou outros ónus ou encargos.
2. Exceptuam-se do disposto no número anterior, os encargos financeiros com a manutenção e gestão das Contas do Petróleo, que não excedam um ano após a sua data de constituição.
3. São nulos, os actos praticados em violação do disposto nos números anteriores.

ARTIGO 5.º
Regras de Movimentação

1. Todas as transferências realizadas sobre as Contas do Petróleo devem ser efectuadas electronicamente.
2. O Banco Central prepara e apresenta ao Governo, que submete à Assembleia Nacional, para aprovação por Lei, as Regras de Movimentação das Contas do Petróleo, nas quais deverão constar regras relativas a:
    a) Autorizações para movimentações e transferências a serem realizadas entre a Conta Nacional do Petróleo e o Fundo Permanente;
    b) Prazos para a realização de transferência para as Contas do Petróleo;
    c) Certificação, registo e comprovação de movimentos;
    d) Autorizações para movimentos relativos a investimentos sobre as Contas do Petróleo;
    e) Pagamentos de taxas, comissões, emolumentos e outras Taxas de Serviço pelos serviços e operações bancárias;
    f) Outras regras relativas ao depósito e entrega de receitas petrolíferas ao Estado.
3. As Contas do Petróleo só podem ser movimentadas à débito com as assinaturas seguintes:
    a) Presidente da República;
    b) Primeiro-Ministro;
    c) Director do Tesouro e Património;
    d) Director de Operações Exteriores do Banco Central.

4. O contrato referido no n.º 2 do artigo 3.º deve prever que nenhuma transferência de Receitas Petrolíferas depositadas nas Contas do Petróleo pode ser feita para qualquer outra conta bancária que não esteja aberta no nome do Estado santomense nem para qualquer outra conta que não tenha sido autorizada por lei aprovada para o efeito pela Assembleia Nacional.

SECÇÃO II
Conta Nacional do Petróleo

ARTIGO 6.º
Depósitos

1. Todas as quantias devidas ao Estado, a título de Receita Petrolífera, são depositadas, directamente na Conta Nacional do Petróleo pelas Pessoas que tiverem o encargo de proceder ao seu pagamento, devendo o Banco Central e as demais instituições que tenham ou possam vir a ter responsabilidade na matéria, aprovar todos os regulamentos e instruções necessárias.

2. Qualquer Receita Petrolífera apenas se considera paga pelas Pessoas quando estiver efectiva e integralmente depositada na Conta Nacional do Petróleo.

ARTIGO 7.º
Previsões de Receitas Petrolíferas

1. Até 30 de Junho de cada Ano, a Agência Nacional do Petróleo deve calcular e publicar:

a) O Preço Médio Futuro Esperado do barril de petróleo que será o preço médio de referencia internacional dos últimos 10 anos cotados publicamente no Brent FOB Sullom Voe, o qual deverá ser ajustado por um diferencial de preços resultado da diferença de qualidade entre o Brent e os diferentes tipos de petróleo de São Tomé e Príncipe. O Preço Médio Futuro Esperado para o gás natural será o preço médio futuro de referência praticado nos acordos contratuais de gás natural e ajustado nos termos previstos para o petróleo.

b) As vendas futuras esperadas de hidrocarbonetos pelo Estado ou em seu nome, baseando-se apenas na produção nos blocos em produção ou em desenvolvimento comercial e consistentes com as estimativas de produção actualizadas pelas operadoras dos blocos.

c) O Valor Presente Esperado dos Rendimentos Petrolíferos Futuros, estimado pela soma das receitas depositadas na Conta Nacional do Petróleo durante os doze meses anteriores, com término em 30 de Junho do Ano em questão, acrescidos da receita esperada para todos os Anos futuros, com os devidos descontos. As receitas futuras esperadas serão estimadas usando o Preço Médio Futuro Esperado do petróleo e gás natural como definido na alínea a) e as vendas futuras esperadas de hidrocarbonetos como definido na alínea b) desde artigo. Para o desconto das receitas futuras esperadas será utilizada uma taxa fixa de 7%.

2. A Agência Nacional do Petróleo deve submeter os seus cálculos, por escrito, ao Presidente da República, à Assembleia Nacional, ao Governo, ao Governador do Banco Central, à Comissão de Fiscalização do Petróleo e proceder ao respectivo registo.

3. No prazo máximo de 30 dias contados a partir da data de entrega dos cálculos pela Agência Nacional do Petróleo prevista neste artigo, a Comissão de Fiscalização do Petróleo deverá verificar se os cálculos foram feitos de acordo com as disposições da presente lei.

ARTIGO 8.º
Determinação e limite da Verba Anual

1. O Governo incluirá na proposta do Orçamento Geral do Estado uma Verba Anual, a ser transferida da Conta Nacional do Petróleo para as despesas previstas nos termos do artigo 9.º da presente lei e que só será transferida da Conta Nacional do Petróleo para a Conta do Tesouro, após a aprovação definitiva do Orçamento Geral do Estado.

2. A Verba Anual para 2005 será a que constar do Orçamento Geral do Estado aprovado pela Assembleia Nacional.

3. Nos Anos seguintes, na determinação da Verba Anual devem ser observados os seguintes limites:

a) Para cada Ano, a partir de 2006 até o fim do primeiro Ano após o Início de Produção, a Verba Anual não deve exceder o maior dos seguintes valores:

i) 20% do valor do saldo da Conta Nacional do Petróleo em 31 de Dezembro de 2005, como estimado pelo Banco Central;

ii) 20% do valor total estimado da Conta Nacional do Petróleo no fim do Ano imediatamente anterior, como estimado pelo Banco Central;
iii) Em cada Ano após a data em que for anunciada a descoberta comercial de hidrocarbonetos e após a garantia de produção, o montante correspondente ao valor total previsto para a Conta Nacional do Petróleo no fim do Ano imediatamente anterior, como estimado pelo Banco Central, dividido pelo número de anos remanescentes até o término do primeiro Ano após o previsto Ano de Início de Produção.
b) Para cada Ano a partir do segundo Ano após o Início de Produção, a Verba Anual não deve exceder o menor dos seguintes valores:
i) O montante correspondente à soma de:
A) A Taxa de Retorno Real a Longo Prazo multiplicada pelo saldo do Fundo Permanente em 30 de Junho do Ano anterior, e
B) A Taxa de Retorno Real a Longo Prazo multiplicada pelo Valor Presente Esperado dos Rendimentos Petrolíferos Futuros em 30 de Junho do Ano anterior.
ii) O montante resultante da soma de:
A) A Taxa de Retorno Real a Longo Prazo multiplicada pelo saldo do Fundo Permanente em 30 de Junho do Ano anterior, e
B) O saldo da parte irrestrita da Conta Nacional do Petróleo em 30 de Junho do Ano anterior.

4. Para efeitos deste artigo, a Taxa de Retorno Real a Longo Prazo deve ser a Taxa de Retorno Real esperada de uma carteira de valores composta por activos proporcionais àqueles mantidos no Fundo Permanente durante o período, nunca devendo a Taxa de Retorno Real a Longo Prazo exceder 5%. O ajuste à inflação deve utilizar as taxas de variação de índices de preços oficiais das moedas nas quais a carteira de activos do Fundo Permanente esteja aplicada.

ARTIGO 9.º
Afectação da Verba Anual

1. A afectação da Verba Anual é descentralizada, sectorial e territorialmente e tem por objectivo promover a eliminação da pobreza e a melhoria da qualidade de vida do povo santomense, a boa governação e o

desenvolvimento económico e social. E, destina-se, nomeadamente, a reforçar a eficiência e eficácia da Administração do Estado, o desenvolvimento harmonioso e integrado do país, a justa repartição da riqueza nacional, a coordenação da política económica com as políticas social, educativa e cultural, o desenvolvimento do mundo rural, a preservação do equilíbrio ecológico, a defesa do ambiente, a protecção dos direitos humanos e a igualdade dos cidadãos perante a lei.

2. A Verba Anual só pode ser utilizada conforme as políticas e acções definidas num plano nacional, regional ou autárquico de desenvolvimento e numa estratégia nacional de redução da pobreza.

3. Na ausência das políticas ou dos planos e estratégia referidos no número anterior, a Verba Anual é prioritária e essencialmente afecta aos sectores de educação, saúde, infra-estruturas, desenvolvimento rural e reforço da capacidade institucional do Estado, conforme proposta do Governo e aprovação da Assembleia Nacional.

4. Um montante não inferior a 7% da Verba Anual é reservado anualmente a despesas públicas da Região Autónoma do Príncipe.

5. Um montante não inferior a 10% da Verba Anual é reservado anualmente à participação do Estado no orçamento das autarquias locais, distribuída nos termos da Lei das Finanças Locais.

6. As afectações das reservas previstas neste artigo devem constar do Orçamento Geral do Estado, competindo à Assembleia Nacional aprovar os mecanismos, procedimentos orçamentais e contabilísticos suficientes para garantir o controlo eficiente da respectiva utilização.

7. As propostas de afectação da Verba Anual são acompanhadas de relatórios que as fundamentem.

SECÇÃO III
Fundo Permanente de São Tomé e Príncipe

ARTIGO 10.º
Fundo Permanente

1. Até ao Ano de Início de Produção, o Governador do Banco Central deve estabelecer uma subconta da Conta Nacional do Petróleo que constituirá o Fundo Permanente, e cujas transacções serão efectuadas somente nos termos dos números seguintes.

2. Até ao dia 31 de Janeiro, de cada Ano a partir do segundo Ano após o Início de Produção, e após a transferência da Conta Nacional do

Petróleo para a Verba Anual e dos montantes devidos pelas Taxas de Serviço, o saldo da Conta Nacional do Petróleo, em 30 de Junho do ano anterior deve ser transferido para o Fundo Permanente.

3. Após o Início de Produção, qualquer Receita Petrolífera Extraordinária depositada na Conta Nacional do Petróleo deverá ser transferida para o Fundo Permanente no prazo de 30 dias contados a partir do respectivo depósito.

4. Até ao dia 31 de Janeiro, a partir do segundo ano após o Início de Produção, pode, se necessário, ser transferido do Fundo Permanente para a Conta Nacional do Petróleo, para financiamento da Verba Anual, um montante não superior ao estipulado nos incisos (i)(A) e (ii)(A) da alínea b) do n.º 3 do artigo 8.º da presente lei.

5. São proibidas e nulas todas e quaisquer transferências de Receitas Petrolíferas depositadas no Fundo Permanente em violação do disposto no número anterior, sem prejuízo das transferências expressa e exclusivamente autorizadas para a realização de investimento nos termos previstos nas Regras de Movimentação e na Política de Gestão e Investimentos.

SECÇÃO VI
Gestão e investimento das Contas do Petróleo

ARTIGO 11.º
Princípios e regras de gestão

A gestão e os investimentos das Receitas Petrolíferas depositadas nas Contas do Petróleo são assegurados por um Comité de Gestão e Investimentos, que actuará de acordo com a Regra do Investidor Prudente, com os princípios e regras estabelecidas na presente lei e na Política de Gestão e Investimentos.

ARTIGO 12.º
Comité de Gestão e Investimento

1. É instituído o Comité de Gestão e Investimentos, presidido pelo Ministro do Planeamento e Finanças e integrando o Governador do Banco Central, como vice-presidente, e por mais três membros, sendo um indigitado pelo Presidente da República e outros dois pela Assembleia

Nacional, sendo um destes obrigatoriamente indicado pelos partidos da oposição.

2. As Pessoas indicadas pelo Presidente da República e pela Assembleia Nacional devem ter experiência comprovada na gestão de carteiras de investimentos internacionais, podendo ser Pessoas nacionais, singulares ou colectivas, residentes ou legalmente representados em São Tomé e Príncipe.

3. Cada um dos membros indicados pelo Presidente da República e pela Assembleia Nacional deve cumprir um mandato de dois anos, renovável por uma única vez por igual período, contados da data da sua respectiva indicação.

4. No caso de vacatura, o novo membro inicia um novo mandato.

5. O Comité de Gestão e Investimentos só pode reunir-se com a presença da maioria dos seus membros, devendo as decisões para serem válidas, serem tomadas com o voto favorável de, pelo menos, três membros presentes.

6. Os membros do Comité de Gestão e Investimentos, à excepção do Ministro do Planeamento e Finanças e do Governador do Banco Central, recebem um honorário a ser estabelecido pelo Governo, e não podem receber nenhuma outra remuneração, além do reembolso para despesas previamente autorizadas.

7. O Comité de Gestão e Investimentos estabelece as suas regras operacionais internas, sujeitas a aprovação da Assembleia Nacional.

8. O Orçamento Geral do Estado prevê uma dotação para o orçamento anual do Comité de Gestão e Investimentos.

ARTIGO 13.º
Política de Gestão e Investimentos

1. O Comité de Gestão e Investimentos elabora e propõe ao Governo, que submete à aprovação da Assembleia Nacional, a Política de Gestão e Investimentos que deve satisfazer os seguintes objectivos:
   a) Provisão de liquidez para satisfazer a Verba Anual;
   b) Rentabilidade máxima do Fundo Permanente de São Tomé e Príncipe sujeita a níveis especificados de risco aceitável no horizonte de investimento;
   c) Gestão transparente, moderna e diversificada dos activos financeiros que fazem parte da caderneta de investimento das Contas do Petróleo.

2. A Política de Gestão e Investimentos deve ser aplicada para cada uma das Contas do Petróleo e deve incluir, no mínimo:
   a) Os tipos de investimentos permitidos, inclusive as categorias de activos e instrumentos;
   b) As mínimas taxas e classificações de investimentos de risco permitidas, com base em classificações propostas por firmas especializadas de reputação internacional;
   c) Regras relativas a diversificação dos activos por sector e emissor;
   d) Regras para determinar e monitorar riscos de mercado, nomeadamente riscos de moeda e riscos de taxas de juro;
   e) O nível aceitável de flutuação do valor de mercado durante o prazo do investimento;
   f) Regras destinadas a assegurar liquidez suficiente, de acordo com as exigências da Verba Anual.

3. Os investimentos da Conta Nacional do Petróleo devem ser mantidos somente em moeda internacionalmente convertível, através dos seguintes instrumentos:
   a) Depósitos bancários à vista, num Banco Aprovado;
   b) Obrigações directas negociáveis emitidas por qualquer Governo Estrangeiro Aprovado;
   c) Títulos e valores mobiliários emitidos ou directamente garantidos ou assegurados por qualquer Governo Estrangeiro Aprovado, com prazo de vencimento até dois anos contados a partir da data de sua respectiva aquisição, desde que tal garantia conte com a fé pública do respectivo Governo Estrangeiro Aprovado;
   d) Aceites bancários e certificados de depósito a taxas flutuantes emitidos pelo Banco Aprovado, com prazo de vencimento até dois anos contados a partir da data de sua respectiva aquisição;
   e) Fundos de investimento, cujos activos sejam compostos por títulos e valores mobiliários do tipo descrito nos sub-parágrafos a) e c) anteriores, independentemente da data de vencimento dos activos que os componham;
   f) Outros instrumentos financeiros de risco, rentabilidade e liquidez similares aos instrumentos referidos nos sub-parágrafos anteriores, aprovados pelo Comité de Gestão e Investimentos.

4. O Comité de Gestão e Investimentos poderá delegar em gestores especializados em investimentos, os aspectos operacionais incluídos no quadro das suas competências.

5. É proibida a aplicação das Receitas Petrolíferas depositadas nas Contas do Petróleo em investimentos domiciliados em São Tomé e Príncipe ou em investimentos controlados, directa ou indirectamente, total ou parcialmente, por qualquer Pessoa nacional, residente ou não em São Tomé e Príncipe ou que se encontre na situação prevista no n.º 1 do artigo 30.º da presente lei.

CAPÍTULO III
Auditorias

ARTIGO 14.º
Auditorias anuais

1. A gestão e actividades, incluindo todos os investimentos, depósitos, levantamentos e transferências, das Contas do Petróleo são sujeitas a duas auditorias anuais, uma realizada pelo Tribunal de Contas e outra, externa e independente, realizada por uma empresa internacional de auditoria, que devem ser concluídas no prazo máximo de seis meses, após o final de cada Ano a que se referem as auditorias.

2. As auditorias referidas no número anterior incidem sobre a conformidade com a presente lei e com as demais leis relativas à administração financeira do Estado, a Política de Investimento, as Regras de Movimentação, bem como com as demais normas relativas às actividades relacionadas com a gestão e movimentação das Contas do Petróleo no Ano anterior, nomeadamente, quaisquer investimentos, depósitos, levantamentos e transferências.

3. Os relatórios das auditorias são remetidos simultaneamente ao Presidente da República, à Assembleia Nacional, ao Governo, à Comissão de Fiscalização do Petróleo, à Procuradoria-Geral da República e ao Gabinete de Registo e Informação Pública, no prazo de 30 dias, após a realização das auditorias, nos termos dos números anteriores.

4. Os relatórios referidos no número anterior incluem, necessariamente, todos os documentos, notas e observações que permitam a sua integral compreensão.

ARTIGO 15.º
Selecção da empresa de auditoria

1. A empresa de auditoria é seleccionada pelo Comissão de Fiscalização do Petróleo, mediante concurso público, aberto a empresas de reputação e experiência internacionais.
2. Sem prejuízo dos requisitos acima mencionados, as empresas de auditoria concorrentes devem fazer prova da sua capacidade técnica para auditar sociedades comerciais com acções cotadas em mercado de cotações oficiais, conforme os padrões internacionais de auditoria e contabilidade.
3. É correspondentemente aplicável o disposto no artigo 22.º.

ARTIGO 16.º
Debate público

1. Após o início de cada sessão legislativa, a Assembleia Nacional agenda e debate, em reuniões plenárias, separadas, nos termos previstos no seu Regimento:
   a) A política geral de hidrocarbonetos, no qual estarão presentes os membros do Governo, para responderem a perguntas e pedidos de esclarecimento dos Deputados;
   b) Os relatórios de auditorias realizadas às Contas do Petróleo, no qual participarão, com direito ao uso da palavra, os ministros responsáveis pelas áreas das finanças e dos hidrocarbonetos, os membros do Comité de Investimento, o Governador do Banco Central, o Presidente do Tribunal de Contas, o Presidente da Comissão de Fiscalização do Petróleo, os demais membros do Comité de Gestão e Investimentos, um administrador da empresa de auditores externos, que tenha realizado a auditoria e o Director Executivo da Agência Nacional do Petróleo.
2. Os temas previstos no número anterior são debatidos com a sociedade civil, em sessões públicas organizadas pela Comissão de Fiscalização do Petróleo, que deverão anteceder, sempre, os debates a realizar na Assembleia Nacional.

CAPÍTULO IV
Integridade Pública

SECÇÃO I
Transparência e publicidade

ARTIGO 17.º
Princípio da transparência

1. São sujeitos ao princípio da transparência todos os actos de pagamento, gestão, utilização e investimento de Receitas Petrolíferas ou de Recursos Petrolíferos.

2. O princípio da transparência implica a publicidade e o acesso público, nomeadamente, dos seguintes actos:
   a) Os pagamentos e respectivos comprovativos, a gestão e os movimentos, a crédito e a débito, bem como os saldos das Contas do Petróleo;
   b) O contrato de abertura, gestão e manutenção das Contas do Petróleo celebrado entre o Banco Central e o Banco de Custódia;
   c) A distribuição das receitas resultantes da actividade petrolífera desenvolvida na Zona de Exploração Conjunta;
   d) As Regras de Movimentação das Contas do Petróleo e eventuais modificações;
   e) A previsão das Receitas Petrolíferas elaborada pela Agência Nacional do Petróleo;
   f) Todos os ónus e encargos constituídos sobre as Conta do Petróleo, nos termos permitidos pelo n.º 2 do artigo 4.º;
   g) Os relatórios e demais documentos das auditorias do Tribunal de Contas e da empresa de auditoria, relativos à gestão e execução das Contas do Petróleo;
   h) A Política de Investimento das Contas do Petróleo;
   i) O relatório anual da Comissão de Fiscalização do Petróleo;
   j) Todos os orçamentos que beneficiem de transferências da Verba Anual, incluindo o Orçamento Geral do Estado e o da Autoridade Conjunta de Desenvolvimento;
   k) Todos os contratos que envolvam participações do Estado ou de qualquer empresa ou entidade detida ou controlada, total ou parcialmente, pelo Estado, cujo âmbito compreenda, directa ou indi-

rectamente, actividades relacionadas com recursos petrolíferos ou Receitas Petrolíferas;
l) As situações de incompatibilidade previstas no artigo 30.°, os respectivos processos e sanções aplicadas.

3. Os actos sujeitos ao princípio da transparência são publicados através de uma página electrónica criada na *Internet* para efeitos de consulta.

ARTIGO 18.°
Gabinete de Registo e Informação Pública

1. É estabelecido um Gabinete de Registo e Informação Pública, onde são arquivados, compilados, mantidos e postos à disposição do público todos os documentos e informações referentes às actividades ligadas aos Recursos Petrolíferos e à gestão das Receitas Petrolíferas, mencionados no artigo anterior.

2. Os documentos e informações referidos no número anterior devem ser enviados, para arquivo, à entidade responsável pela organização e manutenção do Gabinete de Registo e Informação Pública, pelas respectivas entidades da Administração do Estado ou Pessoas que tiverem a seu cargo a elaboração, a submissão, o recebimento ou a aprovação desses documentos e informações, no prazo máximo de dez dias úteis a contar da data da ocorrência do respectivo facto sujeito a registo.

3. A organização e manutenção do Gabinete de Registo e Informação Pública ficam sob a tutela da Assembleia Nacional.

4. Lei especial regulamentará a instalação e funcionamento do Gabinete de Registo e Informação Pública.

ARTIGO 19.°
Publicidade e acesso à informação

1. A informação sujeita a transparência deve ser transmitida de forma que um destinatário de compreensão e conhecimentos básicos apreenda o seu sentido e alcance, devendo nomeadamente:
   a) Ser apresentada em língua portuguesa;
   b) Ser completa, integral, clara, objectiva, verdadeira e actual;
   c) Ser de acesso universal e gratuito.

2. Sem prejuízo do carácter universal e gratuito do acesso à informação, o Governo regulamentará as formas de publicidade e acesso, esta-

belecendo, nomeadamente, as taxas a cobrar pela prestação de certidões, traslados ou cópias, prazos de obtenção da informação e as garantias de acesso à informação.

SECÇÃO II
Contratos Petrolíferos

ARTIGO 20.º
Cláusulas de confidencialidade

1. As cláusulas de confidencialidade ou outros mecanismos inseridos em Contratos Petrolíferos ou em qualquer instrumento negocial que tenha por objecto qualquer Receita Petrolífera ou Recurso Petrolífero, que impeçam ou tentem impedir o acesso aos documentos e informações a que se refere o artigo 17.º desta lei, são nulas e de nenhum efeito e contrárias aos princípios de ordem pública.

2. Ficam, porém, expressamente excluídas do âmbito dos deveres de publicidade, as informações relativas aos direitos de propriedade industrial, de titularidade privada, na medida em que a sua confidencialidade seja protegida pela lei nacional, pelo Tratado, pelos Regulamentos do Tratado ou pela lei internacional.

3. O disposto no número anterior, em caso nenhum, se aplica a quaisquer informações de natureza ou conteúdo financeiro.

4. A Pessoa interessada em beneficiar da confidencialidade prevista no número anterior, deve fazer prova da sua protecção, nos termos previstos para a prova documental, nos termos do Código Civil.

ARTIGO 21.º
Cláusulas contratuais implícitas

Todos os Contratos Petrolíferos ou outros instrumentos negociais que tenham por objecto Recursos Petrolíferos ou Receitas Petrolíferas, devem prever e, nos casos em que sejam omissos, consideram-se implicitamente neles incluídas, as seguintes cláusulas:
   a) "Nenhum empréstimo, recompensa, vantagem ou benefício foi concedido a qualquer Agente ou a qualquer outra pessoa visando beneficiar o dito Agente ou terceiros, como contrapartida de quaisquer actos ou omissão, por parte do Agente relativamente ao

desempenho de suas funções e obrigações ou a fim de induzir o referido Agente a fazer uso de sua posição para influenciar quaisquer actos ou decisões da Administração referentes a este Contrato. A inobservância dos termos da presente cláusula acarretará a invalidade e anulação do presente Contrato pela Administração do Estado.";

b) "A validade, eficácia e vigência do presente contrato ficam sujeitas ao pleno cumprimento de todas as regras aplicáveis de direito administrativo, relativas à contratação com o Estado.";

c) "O presente Contrato é elaborado e arquivado nas línguas portuguesa e inglesa, prevalecendo, em caso de desconformidade, a versão em língua portuguesa.";

d) "O presente Contrato deve ser tornado público, mediante a remessa de um exemplar ao Gabinete de Registo e Informação Pública, no prazo máximo de dez dias, a contar da sua assinatura."

ARTIGO 22.º
Concurso público

1. Todos os Contratos Petrolíferos ou outros instrumentos negociais a celebrar com a Administração do Estado, que tenham por objecto Recursos Petrolíferos ou Receitas Petrolíferas, a prestação de serviços referentes aos Recursos Petrolíferos ou que de qualquer forma estejam relacionados ao sector petrolífero ou a actividades que lhe sejam afins, devem ser precedidos de concurso público, nos termos da lei geral.

2. Na ausência de legislação vigente sobre concursos públicos, os Contratos Petrolíferos ou outros instrumentos negociais referidos no número anterior, devem, antes da sua assinatura, ser previamente aprovados pela Comissão de Fiscalização do Petróleo.

3. Todos os Contratos Petrolíferos ou outros instrumentos negociais referidos nos números anteriores devem ser tornados públicos pelo Estado ou por qualquer Pessoa que seja parte, com antecedência mínima de dez dias antes da sua assinatura, sem prejuízo do disposto nos n.os 2 a 4 do artigo 20.º.

4. Os Contratos Petrolíferos ou outros instrumentos negociais celebrados com violação do disposto no presente artigo são considerados nulos e não produzem nenhum efeito, sem prejuízo da responsabilidade dos Agentes e Pessoas a que houver lugar.

5. As disposições deste artigo não eximem qualquer Pessoa ou Agente da Administração de qualquer obrigação legal, salvo aquelas que sejam incompatíveis com o disposto no presente artigo.

CAPÍTULO V
Fiscalização Pública e Garantias de Aplicação

SECÇÃO I
Comissão de Fiscalização do Petróleo

ARTIGO 23.º
Criação da Comissão de Fiscalização do Petróleo

1. É instituída a Comissão de Fiscalização do Petróleo, dotada de personalidade jurídica e autonomia financeira e administrativa, que assegura a fiscalização permanente de todas as actividades de pagamento, gestão e utilização das Receitas Petrolíferas e Recursos Petrolíferos.

2. A Comissão de Fiscalização do Petróleo é composta por onze membros, designados ou eleitos da seguinte forma:
a) Um membro designado pelo Presidente da República;
b) Três representantes da Assembleia Nacional, sendo um obrigatoriamente designado pelos grupos parlamentares que formam a oposição;
c) Um juiz conselheiro com mais de cinco anos de carreira, designado pelo Conselho Superior Judiciário;
d) Um representante da Região Autónoma do Príncipe;
e) Dois representantes das autarquias locais;
f) Um representante de Associações Empresarias;
g) Um representante dos Sindicatos;
h) Um representante das Organizações não-governamentais;

3. As decisões da Comissão de Fiscalização do Petróleo, para serem válidas, devem ser tomadas com o voto favorável de um mínimo de seis membros.

4. A respectiva lei orgânica regula, nomeadamente, a organização e funcionamento, a forma de designação e destituição dos membros da Comissão de Fiscalização do Petróleo, a duração dos mandatos, a remuneração, bem como o estatuto e incompatibilidades dos seus membros.

ARTIGO 24.º
Competências e poderes da Comissão de Fiscalização do Petróleo

1. Sem prejuízo dos poderes de fiscalização atribuídos pela lei a outros órgãos, a Comissão de Fiscalização do Petróleo tem competência para fiscalizar a regularidade da execução de todas as actividades relacionadas com a aplicação da presente lei, nomeadamente:
   a) A determinação e a regularidade da execução das despesas da Verba Anual;
   b) A gestão e investimento das Receitas Petrolíferas, incluindo as operações cambiais de crédito e débito nas Contas do Petróleo e o respectivo fluxo de fundos, em obediência às Regras de Movimentação e aos critérios definidos na Política de Investimento;
   c) A execução das regras de publicidade;
   d) A auditoria da empresa de auditoria externa;
   e) A certificação da data de Início de Produção.

2. Para o exercício das suas competências, a Comissão de Fiscalização pode, nomeadamente:
   a) Solicitar informações e documentos relevantes a quaisquer Pessoas;
   b) Realizar inquéritos para averiguação de infracções de qualquer natureza relativas aos recursos petrolíferos e receitas petrolíferas;
   c) Iniciar processos de investigação e inquérito quando tenha conhecimento directo, ou por denúncia de terceiros, da prática de alguma irregularidade ou de violações da presente lei;
   d) Proceder a buscas, inspecções e apreensão de quaisquer documentos ou valores que constituam objecto, instrumento os produtos de infracção ou que se mostrem necessários à instrução do respectivo processo;
   e) Apresentar relatórios que poderão incluir a descrição pormenorizada de qualquer dos actos sujeitos à sua fiscalização, sobre os processos de investigação e inquérito iniciados e concluídos e recomendações relativamente à adopção de procedimentos;
   f) Instruir, julgar e aplicar sanções, em processos de mera ordenação social, por factos ilícitos praticados em violação da presente lei;
   g) Denunciar às autoridades competentes a prática de irregularidades ou a verificação de violações da presente lei, susceptíveis de serem objecto de procedimento disciplinar, civil ou criminal;
   h) Constituir-se parte civil em processos judiciais.

SECÇÃO II
Garantias de aplicação da lei

ARTIGO 25.º
Mecanismos de aplicação da lei

Os mecanismos de garantia de aplicação da presente lei são regulados por lei especial, a qual regulará, em especial, as responsabilidades civis, penais e de mera ordenação social por factos praticados em violação da presente lei.

ARTIGO 26.º
Ministério Público e autoridades policiais

1. Sempre que tiver conhecimento da violação da presente lei, o Ministério Público inicia, oficiosamente, os respectivos processos judiciais para efectivação da responsabilidade dos Agentes ou Pessoas, nos termos da sua Lei Orgânica, das leis processuais penal, civil e das demais leis vigentes.

2. As autoridades policiais prestarão à Comissão de Fiscalização do Petróleo a colaboração que esta lhes solicite, no âmbito das suas atribuições de fiscalização.

ARTIGO 27.º
Providências cautelares administrativas

1. Em qualquer momento, antes de ser proferida uma decisão definitiva, o órgão competente para a decisão final pode, oficiosamente ou a requerimento dos interessados, ordenar as medidas provisórias que se mostrem necessárias, se houver justo receio de, sem tais medidas, se produzir lesão grave ou de difícil reparação dos interesses públicos em causa.

2. A decisão de ordenar ou alterar qualquer medida provisória deve ser fundamentada e fixar o respectivo prazo de validade.

3. A revogação das medidas provisórias também deve ser fundamentada.

4. O recurso hierárquico necessário das medidas provisórias não suspende a sua eficácia, salvo quando o órgão hierarquicamente superior do autor do acto o determine.

5. Salvo disposição especial, as medidas provisórias caducam:
a) Logo que for proferida uma decisão definitiva;
b) Quando decorrer o prazo que lhes tiver sido fixado, ou a respectiva prorrogação;
c) Se decorrer o prazo fixado na lei para a decisão definitiva;
d) Se for revogada por decisão judicial transitada em julgado.

ARTIGO 28.º
Recurso aos tribunais

1. Qualquer Pessoa titular de direitos protegidos pela presente lei pode interpor recurso das decisões finais dos órgãos da Administração, nos tribunais judiciais competentes.

2. O recurso interposto, nos termos do número anterior, tem efeito suspensivo, salvo se da suspensão resultar grave lesão do interesse público e o tribunal o declarar por despacho fundamentado.

3. Nos recursos interpostos das decisões tomadas pela Comissão de Fiscalização do Petróleo, no exercício dos poderes de fiscalização, presume-se, até prova em contrário, que a suspensão da eficácia determina grave lesão do interesse público.

CAPÍTULO VI
Disposições Finais

ARTIGO 29º
Autoridade Conjunta de Desenvolvimento

1. Sem prejuízo do disposto no Tratado, as disposições da presente lei aplicam-se a todas as Receitas Petrolíferas do Estado provenientes da Zona de Desenvolvimento Conjunto e a todos os Agentes da Administração do Estado, ou qualquer outra Pessoa que seja empregado, contratado, ou a qualquer título actue em nome ou em representação da Administração do Estado santomense no Conselho Ministerial Conjunto ou na Autoridade Conjunta de Desenvolvimento.

2. Em especial, as Pessoas e Agentes referidos no número anterior devem actuar, de modo a implementar, em conjunção com o representante da República Federativa da Nigéria, a Declaração Conjunta de Abuja como se aplica à Autoridade Conjunta de Desenvolvimento.

3. Toda informação que deve ser tornada público segundo a Declaração Conjunta de Abuja, deve também sê-lo, nos termos do n.° 3 do artigo 17.° e do n.° 2 do artigo 18.° da presente lei.

4. Nenhuma contribuição financeira do Estado pode ser feita para os orçamentos da Autoridade Conjunta de Desenvolvimento ou no cumprimento de qualquer outra obrigação imposta nos termos do Tratado, sem que seja devidamente aprovada pela Assembleia Nacional.

ARTIGO 30.°
Incompatibilidades

1. É proibida a nomeação ou a manutenção no cargo para que hajam sido nomeados, de Pessoas que tenham, directamente ou indirectamente, por si ou por intermédio de terceiros, quaisquer interesses económicos, financeiros, participativos ou de qualquer outra natureza, nas actividades relativas às Receitas Petrolíferas, ou que ocupem cargos em órgãos sociais, sejam representantes, procuradores, mandatários, comissários, ou que a qualquer outro título, actuem em representação de qualquer Pessoa na qual estejam depositados ou investidos as Receitas Petrolíferas depositadas nas Contas do Petróleo.

2. Qualquer Pessoa que se encontre na situação prevista no número anterior, deve recusar a sua nomeação, ou pedir a sua demissão do cargo para que haja sido nomeado, conforme o caso.

3. Quem nomear, designar, aceitar ou exercer cargos de Administração Pública, sabendo da existência de uma incompatibilidade prevista no n.° 1 deste artigo, será punido com uma coima correspondente ao triplo da remuneração que haja recebido desde a ocorrência do facto, até ao momento da sua descoberta.

4. O Agente que, por efeito de interesse que tenha ou que em razão das funções que exerça, receba, por si ou por terceiro, por qualquer forma ou natureza, uma vantagem económica, em violação do disposto neste artigo, será punido com uma coima correspondente ao triplo do montante da vantagem económica que haja recebido.

5. Acessoriamente às coimas previstas neste artigo, o agente será condenado a devolver ao Estado todo o montante correspondente ao valor do produto económico, incluindo neste todos os frutos civis eventualmente percebidos, obtido por si ou por terceiro, com a infracção.

6. A tentativa é sempre punível, com uma coima correspondente a metade da coima prevista para o ilícito consumado.

ARTIGO 31.º
Violação da lei

1. Até que seja aprovada a lei prevista no artigo 25.º da presente lei, e sem prejuízo das sanções expressamente previstas na presente lei, as condutas que violem o disposto nesta lei e que constituam crime ou contra-ordenação nos termos gerais, quando tenham por objecto Recursos Petrolíferos ou Receitas Petrolíferas, são agravadas de um terço nos seus mínimos.

2. Para efeitos desta lei, cada dia de multa corresponde ao valor de três salários mínimos nacionais praticados ao tempo da acção ou omissão.

3. Os actos praticados em violação de normas injuntivas desta lei são nulos e não produzem qualquer efeito contra o Estado, sem prejuízo dos direitos de terceiros de boa fé previstos e protegidos nos termos das leis em vigor e da responsabilidade dos agentes.

ARTIGO 32.º
Direito subsidiário

Os casos não previstos pela presente lei e pelas suas normas complementares, são regulados pelas normas da presente lei aplicáveis aos casos análogos e, na falta ou insuficiência de normas, observam-se, subsidiariamente, as normas da Lei-quadro das Actividades Petrolíferas.

ARTIGO 33.º
Entrada em vigor

A presente lei entra em vigor cinco dias após a sua publicação no *Diário da República*.

Aprovado pela Assembleia Nacional de São Tomé e Príncipe, aos 26 de Novembro de 2004.

O Presidente da Assembleia Nacional, interino, *Jaime José da Costa*.

Promulgado em 29 de Dezembro de 2004.

Publique-se.

O Presidente da República, FRADIQUE BANDEIRA MELO DE MENEZES.